제2판

세계경제 이해를 위하여

세계경제의
성장과 위기구조

김일식 저

박영사

제2판 머리말

2020년 들어 세계는 일찍이 경험해보지 못한 정치·경제적 위기와 군사적 충돌로 인해 세계경제·사회가 급변하였다. 2020년의 세계경제는 2019년의 경제·사회 환경과는 판이하게 다른 환경이 전개되었다. 먼저 2020년 코로나19의 세계적인 확산에 따라, 각국 대부분의 항만과 공항들이 폐쇄되면서 일시적으로 인적 및 물적교류가 중단되다시피 했다. 그 결과 소비재는 물론이거니와 중간재 및 원자재의 공급부족까지 나타나면서, 세계경제는 1970년대의 스태그플레이션(stag-flation)과 같은 경제현상을 재현했다. 즉, 세계경제는 그때까지 경험해 보지 못한 공급 쇼크에 의해 한국을 비롯하여 상당수의 나라들이 일거에 마이너스 경제성장률로 돌아섰다. 그 충격이 채 가시기도 전에, 이미 미국－아프가니스탄 전쟁에 의해 유포된 과잉 달러화는 세계적인 자산거품을 불러일으켰다. 이 와중에 터진 러시아의 우크라이나 침공은 원유 및 천연가스 가격을 폭등시키면서 유럽을 비롯한 아시아 각국 및 미국경제에 경제적 충격을 주었다. 미국 및 한국, 그리고 유럽의 소비자물가는 순식간에 폭등하였고, 결국 2022년 미국 연방준비제도는 그때까지의 저금리 정책을 포기하고 2달에 한 번씩 정책금리를 올리기 시작하였다. 급기야 경제주체들과 시장은 공급부족에 시달리면서 2020년 이전과는 판이하게 다른 경제 불황에 시달렸고, 2022년부터는 금리인상에 따른 높은 금융비용을 감당해야 하는 이중고를 겪고 있다.

한편 2020년 이후 가장 큰 변화는 생산비이론에 반하는 역내 중심의 생산조직 및 산업구축이라는 '자급자족적 경제체제로의 전환'을 미국 및 유럽, 그리고 일본이 구축하려는 정책기조가 강렬하다. 이제는 무역마찰과 코로나19의 영향으로 선진공업국을 중심으로 핵심 및 전략산품에 대하여 자국 내 생산을 전제로, 그리고 자유진영을 중심으로 새로운 공급망(SCM)을 구축하려 한다. 코로나19에 따른 경제 쇼크 후, 자본주의 경제체제는 '편입과 융합'을 선택하기보다는 새로운 패권경쟁 구조와 맞물리면서 본격적으로 '배제와 붕괴'를 선택하여, 보다 공고한 자국 중심의 경제체제를 구축하려 한다. 이 같은 국제 생산시스템의 변화는 국제적인 공급부족의 문제로 나타날 수 있을 뿐만 아니라, 극단적으로는 정치·경제적 불안에 의한 군사적 충돌로까지 번질 수 있는 개연성을 강하게 내포하고 있다. 더군다나 한반도의 경우 2020년 들어 과거와는 달리, 중국, 북한, 러시아의 경제 및 군사동맹으로 연결되는 횡선(橫線)과 한국, 일본, 호주 및 미국의 연합으로 연결되는 종선(縱線)이 충돌하는 지점(地點)에 한국이 위치하고 있어, 경제적으로나 군사적으로나 그 위험성은 더욱 크다고 하겠다.

이런 어려운 시기에 『세계경제의 성장과 위기구조』 제2판(개정판)을 출간하게 되었다. 본서의 제목이 『세계경제의 성장과 위기구조』인 만큼, 현재의 경제 상황이 저자에게 다행인지 어떤지는 모르겠으나, 여하튼 저자가 입원 중에 집필하기 시작해서 이제 출간하게 되었다. 사실 2019년 9월 『세계경제의 성장과 위기구조』라는 책(초판)을 출간할 때도 어려웠다. 2017년 초판을 집필할 당시 세계경제는 저성장 속에서 비교적 순항하고 있었고, 자산시장은 물론이거니와 실물경제도 비교적 양호했다. 이런 경제 환경 속에서 저자는 『세계경제의 성장과 위기구조』라는, 당시로서는 뜬금없는 「경제위기론」에 해당하는 책을 출간했지만, 그로부터 6개월 후인 2020년부터 세계는 사회·경제적으로, 그리고 정치·군사적으로 급변하였다.

이 때문인지 어떤지, 운 좋게도 본서는 2020년 대한민국 학술원 및 교육부 우수학술도서로 선정되었다. 초판은 2년간의 집필 과정을 거쳤지만 여전히 부족한 면이 많았다는 아쉬움이 있었다. 이런 와중에 2020~2023년의 세계경제 및 한국경제는 위기에 직면하면서, 그간 부족하게 느꼈던 2008년 이후의 세계경제와 최근의 경제위기를 보완 및 집필할 필요성이 크게 대두되어 서둘러 『세계경제의 성장과 위기구조』 제2판(개정판)을 출간하게 되었다. 역시나 초판의 집필처럼, 시간이 많으나 적으나 내용적으로 부족한 부분은 어쩔 수 없었다. 이번 집필은 저자가 큰 수술 중에 집필한 것이므로 시간적으로나 정신적으로나, 무엇보다도 육체적으로 몹시 힘든 가운데 집필된 것이어서, 이 같은 상황들을 핑계 삼아 부족한 부분을 면해 보고자 한다. 다만 다음에 기회가 있다면, 좀 더 나은 책을 집필한다는 것으로 마감하고자 한다.

이번 제2판에서는 초판에서 다루지 못했던 2008~2023년까지의 미국경제 문제를 다루었다. 그리고 제3장 유럽경제도 최근 자료를 토대로 수정하였다. 초판의 제4장 일본경제는 1990년 버블 붕괴 후의 내용이 부실했는데, 제2판에서는 1990~2023년까지의 자료를 토대로 전면 개정했다. 특히 제5장의 중국경제는 초판에서 내용적으로 많이 부실했는데 이번 개정을 통해 최근 자료를 토대로 넓고, 깊게 기술하였다. 그리고 제2판에서는 10장, 11장, 12장을 새로이 첨부하여 기술하였다. 특히 제11장과 제12장은 당면한 한국의 경제문제와 경제위기이므로, 다른 어떤 부분보다도 많은 시간을 할애하여 집필하였다.

끝으로 이 책을 집필할 수 있도록 정신적으로, 그리고 육체적으로 혼신을 다해 도와준 아내에게 감사하다는 말을 이 지면을 통해 꼭 전하고 싶다. 그리고 병원에 있는 동안 혼자서 잘 지내주고, 아빠를 기다려준 우리 딸 보민이에게도 고맙다는 말을 전하고 싶다. 끝으로 제2판을 준비해 주신 박영사 관계자분들께도 감사의 말씀을 올리고 싶다.

2024년 3월 10일

광운대학교 연구실에서 김 일식

초판 머리말

어느덧 20세기도 지나고 21세기에 들어선 현재의 아시아 지역은 새로운 문제로 골머리를 앓고 있다. 그것은 말할 필요도 없이 급변하는 국제경제 사회의 변화 속에서 국내의 정치·경제·군사 더 나아가 역사적 문제를 포함한 민족 및 종교 문제 등이 산적해 있다. 더욱이 아시아의 세기를 보면, 그것은 억압과 해방의 세기/자립과 종속의 세기/저개발과 개발의 세기로부터 아시아지역에서 기적적인 경제발전과 절망적인 경제위기가 뒤섞인 혼란의 시기였다라고 말할 수 있다.

1955년 이후 일본을 시작으로 아시아 NIES 및 ASEAN, 중국 등의 여러 나라들이 연이어 화려하게 경제성장을 달성하여, 세계경제의 성장 센터로 말하기에 충분한 결과를 낳았다. 제3세계 여러 나라들의 역사적인 과제는 '빈곤으로부터의 탈출'과 '자립경제'이고, 그 과제는 고도경제성장으로부터 달성되는 것처럼 여겨졌다. 그러나 1997년 아시아의 경제위기는 경제학적으로는 '예측범위 내의 사건'이었다. 당시에 아시아의 경제위기는 과거 경제성장률이 화려했던 것만큼이나, 그 쇼크의 반동은 컸다.

동아시아의 경제·통화위기에 앞서 발생한 1990년 이후 일본의 장기 경기침체는 백약이 무효이듯 끝을 모르고 진행하다가 2015년 들어 겨우 진정 및 회복의 길목에 들어섰다. 그리고 일본 경제의 장기불황 끝에 발생한 2007년 미국 발 세계 금융위기는 세계경제를 1930년대의 대공황 수준으로 몰고 갔다. 그리고 그 후유증의 뒷면에서 새로운 경제통합의 시도와 확장의 선상에서 2012년 유럽 발 재정위기가 터지면서 유럽 경제를 다시금 위기로 몰아넣었다. 급기야 불안정한 경제통합의 전선에 파열음이 일기 시작하더니 영국이 EU에서 탈퇴를 고심하는 결정을 하게 되는 격동의 시기를 맞이하고 있다.

게다가 최근에는 세계의 생산기지 역할을 해오던 중국이 그간 축적해온 그들의 자본과 군사력을 바탕으로 동남아시아를 중심으로 정치·경제·군사적인 확장을 꾀하면서 미국과 충돌하고 있다. 미국은 그간 시장경제체제를 유지 및 확장시키면서 서방국가들의 방패막이 역할을 해왔다. 그러나 최근 미국의 정책은 미국우선주의에 입각하여 경제 부문에서는 서방 세계와 충돌하고, 군사적으로는 중국과 충돌하고 있다. 2007년 세계 금융위기의 충격에서 채 벗어나지도 못한 상태에서 미국과 중국의 정치·경제·군사적인 충돌은 한국을 비롯한 여러 동남아시아 국가들을 여러 가지 측면에서 불안하게 한다.

특히 최근 공업화 여부와 관계없이 아시아 및 유럽의 여러 나라들이 통화·경제위기에 수시로 노출되어 있다. 심지어 일정부분 공업화에 도달한 유럽 국가에서조차 경제위기가 발생하고 있다. 즉, 공업화 수준이 선진국에 도달한 나라이든 아니든 간에 선후진국을 불문하고 경제위기는 파상적으로 그리고 연쇄적으로 나타나고 있다. 따라서 이 책은 세계경제의 기본적인 구조 및 흐름을 이해하고 또한 경제발전 과정에서 발생하는 경제 및 통화위기 문제를 이해하는 것에 주안점을 두었다. 그리고 전공 및 부전공 학생들에게 필요한 기본적인 자료를 제공하고자 집필했다.

이 책은 기본적으로 제1부와 제2부로 구성되었다. 먼저 제1부에서는 기본적으로 각국의 경제를 거시적인 분석의 틀 속에서 '경제성장과 위기구조의 생성'이라는 관점에서 기술했다. 이런 관점에서 각국의 경제를 이해하는 것에 중점을 두었다. 그 선두에는 역시 미국 경제의 성장과 위기구조의 생성이라는 측면에서 접근한다. 뒤이어 대륙별로 EU경제, 일본, 중국, 필리핀, 말레이시아, 대만과 한국 경제도 같은 방법으로 접근해 들어간다.

한편 제1부에서 경제구조의 틀 속에서, 그리고 산업구조적인 틀 속에서 '경제성장 과정과 경제적 모순 및 왜곡'을 기술했다면, 제2부에서는 '경제적 모순 및 왜곡'이 어떻게 주요국의 경제위기로 진화했는지에 관해 서술하였다. 즉, 논점의 중심에는 아시아 국가들의 통화·경제위기의 이질적인 특징을 산업구조의 상이(相異)와 경제발전 과정의 이질성에서 접근했다. 그 때문에 대기업과 중소기업의 형성과정의 상이가 경제발전의 상이와 어떻게 연관되어 있는가에 관하여 서술했다. 그리고 한국 경제의 구조적인 문제와 위기구조, 그리고 한국의 제3차 경제위기 및 장기 경기침체의 가능성을 살펴보았다.

그리고 2009년의 '아시아 경제발전의 한계와 위기구조의 검증-아시아 경제발전과 중소기업의 역할-'이라는 저자의 일본 출판물을 최근의 자료로 첨부하여 끝부분에 약간부분 첨부하였다. 끝으로 이 책은 '세계경제의 이해'라는 대학의 강의를 위해 집필되었기 때문에 다소 미흡한 점이 있음을 부인하기 어렵다. 그런 부분은 차후 수정 및 교정을 통해서 보완할 예정이다. 그리고 이 책을 집필하기까지 많은 부분에서 도움을 준 동료 교수님들, 그리고 학생들에게 감사한다. 특히 광운대학교 윤성준, 임정아 학생에게 감사하고 싶다. 그리고 늘 기다려 준 아내와 딸에게 감사한다.

2019년 7월 30일

광운대학교 연구실에서 김 일식

목차

제2판 머리말   i

초판 머리말   iv

PART 1   각국 경제의 이해

CHAPTER 01   세계경제의 구조   3

section 01   국제경제에서 세계경제로   3

1. 전통적 의미의 국제경제   3
2. 새로운 사태의 발생과 새로운 접근   4
3. 세계시스템론   5

section 02   세계경제의 구성요소   6

1. 중심 - 주변 이론   6
2. 패권시스템   8
3. 사회주의 국가와 세계시스템   9

section 03   세계경제의 전체와 부분   10

1. 세계체제   10
2. 무역과 국제투자의 시스템   11
3. 노동 공급시스템   12
4. 국제통화시스템   13

CHAPTER 02 미국경제의 쇠퇴와 부활　　　　　　　14

section 01 미국경제의 번영과 쇠퇴　　　　　　　14

1. 달러 위기의 서설(序說)　　　　　　　14
2. 세계 인플레이션과 1974~1975년의 공황　　　　　　　17
3. 국제금융시장의 구조 변화(1975년 이후)　　　　　　　21

section 02 미국의 과점적 축적체제와 문제　　　　　　　23

1. 과점적 축적체제의 구조와 문제　　　　　　　23
2. 과점적 축적체제의 실패 요인　　　　　　　27

section 03 레이건(Reagan)의 정책과 그 결과　　　　　　　30

1. 레이건(1981~1989) 노믹스의 등장　　　　　　　30
2. 레이건의 경제정책과 그 결과　　　　　　　33
3. 레이건 경제정책의 본질　　　　　　　38

section 04 미국경제 부활과 금융위기(1990~2009)
- 클린턴의 경제정책과 금융위기의 전야(前夜) -　　　　　　　40

1. 클린턴(Bill Clinton: 1992~2001) 행정부의 장기 번영　　　　　　　41
2. 미국발 금융위기의 발현(2008년)
   - 조지 W. 부시 정부의 실책 -　　　　　　　50

section 05 2008년 미국의 대불황과 경제 부흥책
- 중산층 중심의 오바마 정부정책(Obama: 2009~2017) -　　　　　　　57

1. 글로벌 금융위기와 미국 정부의 대응　　　　　　　57
2. 재정확대 및 금융완화정책의 결과　　　　　　　59
3. 오바마 정부의 경제격차 축소정책의 성과　　　　　　　63

section 06 기업 중심의 경제정책과 인플레이션의 발현　　　　　　　65

1. 기업 중심의 트럼프 경제정책(Trump: 2017~2021)　　　　　　　65
2. 바이든 정부의 경제정책과 인플레이션의 발현　　　　　　　68

3. 금융자산의 고축적(高蓄積)과 인플레이션의 발현   70

CHAPTER 03   유럽의 경제 통합 – 발전과 분열 –   84

section 01   EU경제의 서설   84

   1. EU 지역의 특징   85

   2. 유럽의 두 기둥   86

section 02   EU의 경제성장과 불황   89

   1. 1970년 이후 경기 동향   89

   2. 고용정체와 감소   92

   3. 설비투자의 저조와 감소   94

section 03   EU의 경제위기   98

   1. 유럽 국가의 경제구조   98

   2. 경제 불균형과 자본이동   102

section 04   영국과 EU   106

   1. 영국경제의 개요   106

   2. 영국의 EU 탈퇴   109

CHAPTER 04   일본의 경제발전과 경제불황   119

section 01   1970년대 일본경제의 구조 변화   119

   1. 장기불황의 서설(序說)   119

   2. 경기순환기별 경제 상황   121

   2. 위기구조의 내적 배양기(1970~1981년)   127

section 02　1980년대 자산가격의 폭등과 폭락　138

　1. 위기구조의 형성과 자산 폭등(1982~1990년)　138

　2. 자산가격의 폭락과 장기불황의 시작　148

section 03　버블(bubble)경제의 붕괴와 저성장　150

　1. 1990년 이후 일본의 경제 상황　150

　2. 민간소비와 저축　155

　3. 디플레이션과 저성장의 원인　157

　4. 일본의 엔고(円高)와 디플레이션　165

section 04　디플레이션의 탈출과 재정·금융정책　168

　1. 아베 노믹스의 등장　168

　2. 정책 성공에 관한 시나리오　169

　3. 아베 노믹스의 성과　170

　4. 아베 노믹스에 대한 비판　175

　5. 일본경제에 대한 사후적(事後的) 논의

　　　- 통화정책과 수요부족의 문제 -　181

CHAPTER 05　중국의 경제성장과 거품경제　196

section 01　경제발전의 초기 단계　196

　1. 초기 경제발전 상황　196

section 02　중국의 시장개방과 경제성장　202

　1. 세계의 공장 중국　202

　2. 중국 시장의 국제화　214

　3. 금융완화정책과 물가　217

section 03   중국의 경제성장과 한계   223
　　1. 경제성장의 저해 요인   223
　　2. 인구구조의 변화 및 임금상승 문제   224
　　3. 소득 및 빈부격차의 확대   226

section 04   중국의 버블경제와 경제위기   228
　　1. 중국의 버블경제   228
　　2. 중국 자산 버블의 진행과 특징   233
　　3. 가계와 기업부채 문제   237

section 05   중국경제의 시스템 위기와 경제 재구책   241
　　1. 시진핑(習近平) 지도부의 등장 배경   241
　　2. 경제정책의 전환과 그 결과   243
　　3. 시진핑 지도부의 중국경제   247

CHAPTER 06   필리핀의 경제구조와 저성장   254

section 01   필리핀경제의 서설(序說)   254

section 02   필리핀경제의 역사적 접근   255

section 03   필리핀경제의 정책적 접근   259
　　1. 필리핀경제 상황(1950~1960년대)   259
　　2. 수입대체 공업화 전략의 한계   267

CHAPTER 07   말레이시아의 경제발전과 위기구조   273

section 01   말레이시아의 기본 여건   273
　　1. 인종과 사회 · 경제구조   273

2. 차별정책과 그 결과   275

section 02   경제성장의 특징과 구조   277

   1. 제조업의 성장과 구조   277

   2. 외국인 직접투자 주도의 성장과 구조전환   281

section 03   경제성장의 부작용과 정부의 대응   285

   1. 거품 경제의 형성   285

   2. 국제 투기자본에 대한 대응   287

CHAPTER 08   한국과 대만의 경제구조 형성과 한계   290

section 01   경제위기의 서설(序說)   290

section 02   경제구조의 차이에 대한 사적(史的) 접근   292

   1. 대·중소기업의 형성과 차이(相異)   292

   2. 대기업의 자본축적과 중소기업의 형성   302

section 03   경제성장에 대한 정책적 접근   306

   1. 수입대체 공업화의 초기조건   306

   2. 수입대체에서 수출주도형 경제로의 전환   312

   3. 구조전환을 위한 정부의 역할   319

   4. 중화학공업화 정책의 배경과 전개   321

PART 2   아시아의 경제위기
- 과거의 위기구조와 현재 -

CHAPTER 09   동아시아의 경제성장과 위기구조
- 대기업과 중소기업의 역할 -   327

section 01   아시아 경제성장의 문제   327

section 02   제1차 경제위기(1979~1980년 석유위기)   332

section 03   제2차 경제위기(1997년): 동아시아 경제위기   338

  1. 무역수지 흑자의 유혹   338

  2. 1997년 경제위기의 전야(前夜)   339

CHAPTER 10   동아시아의 경제위기의 전개   344

section 01   동아시아 경제위기에 대한 견해   344

  1. 달러 위기의 서설(序說)   344

section 02   동아시아 경제위기에 대한 재고(再考)   346

  1. 동아시아 경제위기의 특징   346

  2. 동아시아의 경제구조의 특성과 중소기업   350

section 03   경제구조의 차이와 충격의 차이   355

CHAPTER 11   글로벌 금융위기 후의 한국경제
- 2007년과 2020년 위기구조 -   363

section 01   제3차 경제위기(2007년): 미국발 금융위기   363

  1. 2007년 경제위기의 전야(前夜)   363

  2. 2000년 이후 한국의 경제문제   365

section 02   코로나19의 쇼크와 새로운 경제위기의 생성   371

  1. 경제위기의 생성: '3저(低)'와 '3고(高)'의 문제   371

  2. 저출산의 원인   376

  3. 3고(高)의 문제: 고물가과 고비용, 높은 소득격차 385

CHAPTER 12 한국경제위기의 배양과 발현(發現)　397

section 01 새로운 경제위기의 도래　397

　1. 2020년 세계경제의 구조변화　397

section 02 한국경제의 위기구조 배양　402

　1. 해외의 불안정 경제 요소의 배양　403

　2. 한국경제의 불안 요소의 배양　406

section 03 새로운 경제위기의 발현(發現)　416

글을 마치며　425

참고문헌　428

색인　441

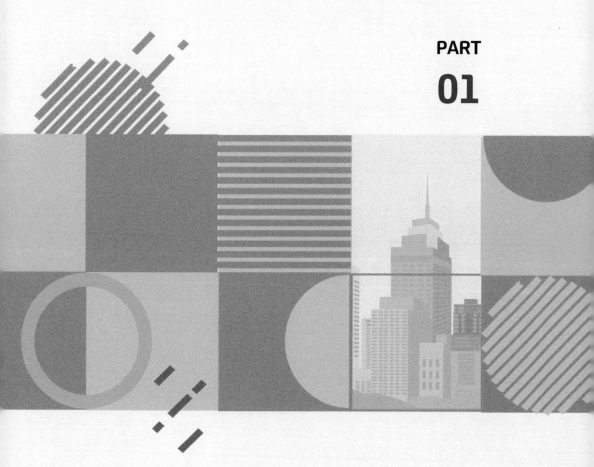

각국 경제의 이해

CHAPTER 01 세계경제의 구조

section 01 국제경제에서 세계경제로

1. 전통적 의미의 국제경제

우리는 지금 세계경제라는 말을 일상적으로 사용하고 있지만, 경제학의 용어로는 20세기 초기의 독일 경제학자 함스(B. Harms)나 마르크스 학파의 경우를 제외하고, 그것에 대해 명확한 이론적 의미가 부여된 적은 없었다. 그리스의 고전파(古典派) 경제학의 흐름을 이은 정통적인 국제경제학은, 국민국가를 초월하는 경제 정도를 세계경제(World Economy)라기 보다는 오히려 국제경제(International Economy)로서 받아들여 왔다.

국제경제라는 것은 바로 inter-national economy, 즉 나라와 나라 사이의 경제라는 것이고, 그것은 나라, 보다 정확하게는 국민국가(國民國家)를 기반으로 세워진 분류이다. 정통적인 국제경제학은 국민국가를 이론의 출발점이자 그 전제로서 상호간의 상품교환을 주로 하는 대상이라고 하였다. 각국에 있어서 생산요소의 부존으로 인해 규정된 국제 특화에 기초를 두는 국제교환의 설명이 그것이다. 1930년대에 들어 국제경제학은 자본이동론을 도입하는 것으로 그 대상 및 영역을 확장했지만, 그때에도 이러한 이론적 틀의 기본은 바뀌지 않았다. 그것은 변함없이 국민국가 간의 자본이동으로서 받아들여져 있었던 것이고, 결국 국민

국가라는 것이 모든 이론 구축의 기초가 되고 있었다[1]

2. 새로운 사태의 발생과 새로운 접근

그런데, 이러한 국제경제학의 전통적인 틀로는 받아들여질 수 없는 사태가 제 2차 대전 후에 발생했다. 하나는 다국적기업이나 유럽시장에서 볼 수 있는 '생산 과 자본의 국제화' 내지 '세계화'라고 불리는 현상이고, 또 하나는 구(舊)식민지 의 독립에 따른 남쪽의 발전도상국과 북쪽의 선진국과의 사이의 남북문제의 발 생이다.

먼저 세계화를 살펴보면, 종래 기업의 생산활동의 중요한 무대는 개별의 국민 국가 영역 내부에 있고, 국민국가의 영역을 넘는 활동은 주로 생산물의 판매였 다. 하지만 기업의 대외직접투자에 의한 해외생산이 증대함에 따라 국민국가의 정치적 영역은 그 나라 출신의 기업경제 활동의 영역과 점점 다르게 나타나게 되었다. 다국적기업은 세계를 하나의 국민국가 내의 시장과 똑같이 간주하고 활 동하는 기업이고, 국제분업은 기업 내의 분업에 포섭해 버리는 것이다. 또한, 유 럽시장에 있어서 채권 발행에는 국민국가의 틀을 넘어 다수국의 투자가들의 자 금이 모여, 시장은 소재지의 국민국가에 의한 규제를 받지 않는다는 점에서 전통 적인 국제금융·자본시장과는 양상을 달리하게 된다.

이렇듯이 1960년 이후로 현저해진 생산과 자본의 국제화·세계화는 국민국가 를 출발점이자 이를 전제로 하는 국제경제학의 전통적인 분석의 틀로는 해명하 는 것이 곤란한 사태를 발생시킨 것이다. 후자의 남북문제에 대해서는, 제2차 대 전 후에 출현한 많은 신흥 발전도상국과 선진공업국의 사이에는 커다란 경제적 격차와 구조적 차이가 있다. 남북관계라는 국제경제의 관계에서 볼 때, 국제경제 학의 국제 특화에 의거하는 국제교환의 이론을 적용하는 것은 곤란하다. 이 같은 관점은 기본적으로 자국의 국민경제를 상정하고, 그것들의 외적인 관계로서 국

---

1) C.A 미샬레. '국제교환에서 세계경제로'『경제평론』.

제경제 관계를 받아들이는, 말하자면 2국 모델이 아니고 자국민 국가를 포괄하는 전체의 시스템(=세계경제)의 안에서의 그 위치 부여가 자국민 국가와 그 국제경제 관계를 규정하고 있다고 하는 인식이, 남북관계의 해명에 보다 유효성을 발휘한다고 생각하고 있다. 즉, 국민국가에서 출발하는 것이 아닌, 세계경제에서 출발하는 것이 문제의 이해를 가능하게 해주는 것이다. 새로운 사태의 발생 때문에, 분석의 중심을 국민국가에서 세계경제에, 또는 국민국가를 기초로 하는 국제경제에서 세계경제에 이동시키는 필요가 이제야 널리 인식 받게 되었다.

3. 세계시스템론

그런데 '국민적' 자본의 '국제화'라든가, 자본주의는 20세기에 들어서 처음으로 '세계적 확장'이 되었다고 주장하는 것은 그릇된 생각이고, 자본주의는 처음부터 '세계경제'의 문제였고 국민국가의 문제가 아니라고 하는 것이 I. 월러스테인 (Immanuel Wallerstein)이다.

그는 근대에 있어서 사회변동의 과정을 분석하고, 어떠한 사회를 대상으로 해야 하는가를 생각하다가 주권국가가 아닌, 세계시스템을 분석 단위로 해야 한다는 결론에 도달했다. 사회변동은 사회시스템의 안에서밖에 분석할 수 없고, 유일한 사회시스템은 세계체제기 때문이다. 즉, 주권국가는 유일의 사회시스템의 안에서 기능하는 조직구조의 하나에 불과했다.

월러스테인(I. Wallerstein)에 의하면, 세계체제는 고유의 환경과 조직구조와 구성원, 어떠한 법체계, 일체감 등을 지닌 사회시스템이고 광범위한 분업체제를 기초로 해서 경제적·물질적인 자급이 가능하게 되었고, 또한 내부에 다수의 문화를 포함하고 있다. 그것에는 지금까지 두 가지 종류가 있었다. 한 가지는 세계제국이고 다른 한 가지는 '세계경제-world-economy[2])'이다. 전자에는 그 영역 전체에 단일의 정치시스템이 작용하고 있는데, 후자에는 모든 공간을 덮는 단일

---

2) I. 월러스테인이 말하는 world-economy는 세계경제와 반드시 함께 표시되어 있다.

의 시스템이 결핍되어 있다.

세계경제는 근대 이전에도 몇 번인가 존재했지만, 그 모두가 구조적으로 지극히 불안정해, 머지않아 세계 제국으로 변화하던지, 분해되어 버렸다. 중국, 페르시아, 로마 등이 그것이다. 그것에 대해서, 15세기 말부터 16세기 초에 출현한 '유럽의 세계경제'는 세계 제국으로 변화되는 일 없이 500년이나 살아남아, 전(全) 지구적 규모로 발전했다. 그것은 바로 근대 세계체제이고, 자본주의 세계경제이기도 하며, 오늘 날에도 그것이 전 지구를 감싸고 있다. 이 같은 세계경제는 어디까지나 경제상의 통일체이고, 그 내부에 여러 제국이나 도시국가, 국민국가 등을 포함하고 있다. 자본주의라고 하는 경제조직은 그 세계경제의 내부에 단일은 아니지만, 다수의 정치시스템을 포함하고 있었기에 번성할 수 있었다.

이상과 같은 월러스테인의 세계체제로서의 자본주의 '세계경제'라고 하는 인식, 소위 세계체제론은 현대의 세계경제의 해명에도 기본적으로 유효한 관점을 부여해주는 것이라고 생각된다.

section 02 세계경제의 구성요소

1. 중심-주변 이론

세계경제는 중심(center)과 주변(periphery)이라고 하는 양극적인 구성요소로 이루어져 있다고 하는 것이 오늘 날 널리 받아들여지고 있는 견해이고, 여기서도 기본적으로 그러한 위치에 서 있다.

이미 1950년대에 아르헨티나의 경제학자 라울 프레비슈(Rau, l Prebisch)는, 세계경제 안에서의 중심에 대응하는 주변으로서 라틴아메리카 경제를 평가하고 있었지만, 동일한 견해를 갖고 있던 한스 싱어(Hans w. Singer)와 두 명의 이름을 쓰는 유명한 '싱어=프레비슈 명제(命題)'에서도 볼 수 있듯이, 그곳에서는 중심과 주변의 관계를 공업제품과 1차 산품과의 관계로서 받아들여, 공업화의 진행이 늦어짐이 결국 주변이 중심에 대하여 불리한 지위를 초래한다고 생각하였다. 1960년대에 들어서, 이러한 견해에 대한 비판이 라틴아메리카의 내부에서부터 생겨났지만, 그것에 호응해서, 중심-주변의 관계를 지배-복종의 관계로서 받아들여 라틴아메리카의 저(低)개발성을 해명한 것이, 안드레 군더 프랭크(Andre Gunder Frank)였다.

프랭크는 중심-주변을 중추(metropolis)-위성(satellite)이라고 부르고, 이 중추-위성의 양극 구조를 발전시켜 저개발의 구조로서 이해했다. 즉, 현대의 저개발의 대부분은 과거에도 지금도 이어져 오는 저개발적 위성제국과 선진적 중추제국(metropolis)의 사이의 경제를 시작으로 하는 여러 관계의 역사적 소산물과 다르지 않고, 그것은 세계적 규모의 자본주의체제의 구조와 발전의 본질적 부분을 이루고 있다'라고 한다. 저개발은 경제발전이 낳은 것과 같은 역사 과정, 즉 자본주의의 발전 그 자체로 인해 창출됐다. 그 발전은-저개발의 메카니즘은-중추에 의한 위성으로부터의 경제적 잉여의 영유(領有)와 수탈(收奪)이다.

월러스테인(I. Wallerstein)도 저개발을 자본주의 발전의 역사적 소산이라고 보는 점에서, 프랭크와 공통의 인식에 서 있고, 그것은 '세계경제'의 분업체제 안에서 주변적 지위로 인해 초래된 것이다. 그러나 월러스테인은 '세계경제'의 구성요소를 중심으로, 즉 중핵과 주변의 양극 구조만으로 다루는 것이 아니라, 중핵-반주변-주변이라는 3층 구조로서 다루어야 한다고 했다. 또한, 반주변은 '그 외(기타)'라는 것과 같은 편의적인 개념이 아니라, 세계경제에 있어 불가결한 구성요소로 보았다. 그것은 마치 한나라의 중산층의 그것과도 닮아 중핵과 주변 사이의 '완충지대의 역할'을 맡는다.

세계경제는 그 발전 정도로 지역 간의 경제적·사회적 격차를 확대하는 경향이 있고, 또 중추의 우위는 근대 세계체제의 전체 역사를 통해 점점 강해져 주변이나 반주변의 잉여들을 흡수해가지만, 각각의 지역이나 국가에 대해서는 세계체제 내부에서 위치의 교대를 만들어 내는 것이다. 중핵(中核) 국가도 반주변이

될 수 있고, 반주변이 주변에 전락하는 일도 있었다. 또한 반대로, 세계경제 내에서의 자신의 구조적인 역할을 보다 유리한 것으로 바꿔가는 것도 가능하다.

2. 패권시스템

세계경제의 구성요소로서, 우리는 기본적으로 중심과 주변이라는 두 가지를 설정하고 그 양극적 구조로 세계체제를 받아들이지만, 국가의 구조로서는, 우리는 오늘날 여전히 패권시스템의 아래에 살고 있다. 이 시스템으로는 중심부에 속하는 나라들은 명확하게 패권국과 그 이외의 중심부로 분류할 수 있다.

이노구치 쿠니코(猪口邦子)는 국제정치 및 경제시스템(세계체제)을 구성하는 국가를 (1) 패권국, (2) 비패권 중심국, (3) 준(準)주변국, (4) 주변국으로 정리하고, 각각의 국가가 특정의 정치·경제요소를 제공하고, 그것을 축으로 해서 세계체제에 들어가게 되는 현상을 다음과 같이 받아들이고 있다.

여기서 무엇보다도 중요한 것은 패권국이 중심 및 주변국에 제공하는 국제질서이다. 국제질서의 제공자로서의 활동에는 방대한 비용이 들기 때문에, 그것을 하기 위해 패권국은 잉여가치 창출자로서도 NO.1의 위치를 점해왔다. 그렇게 함으로서 패권국은 경제적 중심성을 한층 더 깊고 강하게 세계체제에 군림한다. 하지만 패권국만이 국제질서의 수혜자인 것은 아니고, 비패권 중심국도 또한 그 수혜자였다. 패권국과 비패권 중심국과의 차이점은, 전자가 국제질서의 제공자라는 것에 대해, 후자에는 그 기능이 없는 것이다. 거기서 비패권 중심국의 세계체제의 역할은 패권국이 지휘하는 질서에 대해 강력한 지지를 제공하는 것이다.

이것에 대해 준주변국과 주변국은 경제적 중심성의 반대에 위치해, 자신들의 잉여가치를 창출해 축적하는 수단에 주저 없이, 오히려 중심국이 잉여가치 창출을 위해 접근성을 가진 세계의 한쪽의 말단을 구성하는 위치에 쫓겨나게 된다. 준주변국과 주변국은 복종(compliance)이라는 정치적 요소로 인해 시스템에 합쳐지게 된다. 그들에게 있어서 기존의 국제질서는 지지하는 대상은 절대 아니었고,

그들에게 필연적으로 내재(內在)하는 반체제적 운동에도 불구하고, 일반적으로 그들이 그것에 대해 암묵적인 지지 내지 침묵의 복종을 나타내는 것은, 그 국제질서가 주변부의 순종을 강요하는 확고한 구조를 이끌고 가기 때문이다. 이노구치(豬口)는 이렇게 세계체제의 국가 간의 구조를 받아들이고 있다.

이 같은 모습의 국가 간의 구조를 월러스테인은 '인터스테이트 시스템(Interstate System)'라고 불렀다. 인터스테이트 시스템이라는 것은 '여러 국가가 그것에 따라 움직이지 않을 수 없는 일련의 규칙'이고, '그 내부에 여러 국가가 한정되는(defined) 틀'이다. 자본주의 '세계경제' 내의 여러 국가가 인터스테이트 시스템의 틀 안에 존재하고 있다는 사실이, 다른 관료주의적 국가로부터 근대국가를 구별하는 종차(differentia specifica)인 것이다. 단일의 강국이 다른 여러 나라를 복종시키는 일이 없는 '세력 균형'이나 패권시스템(강국 중에 일국이 일시적으로 다른 모든 나라에 대해 상대적 우위에 서 있는 상태를 패권(hegemony)이라고 한다)도 그 내부에 다수의 정치시스템을 가진 자본주의 세계경제의 자본축적 양식에 기초를 두고 있다고 생각할 수 있다.

3. 사회주의 국가와 세계시스템

일반적으로 '사회주의국'이라고 불리는 사회주의의 정치시스템을 가진 나라는 세계체제로서의 세계경제의 안에서 어떠한 위치를 점하고 있을까? 그것은 중심－주변 구조나 인터스테이트 시스템(Interstate System)의 구조 밖에(외부) 존재한다고 생각해야 하는 것일까? 이 점에 대해서도 월러스테인의 관점이 하나의 시사점을 부여해 준다.

그는 오늘날 '세계경제'에는 봉건적 시스템이 존재하지 않으며 똑같이 사회주의 시스템도 존재하지 않는다. 왜냐하면 오직 하나의 세계체제가 존재하고 있을 뿐이기 때문이다. 그것은 세계경제이고, 정의에 의하면, 형태상 자본주의적이라고 주장했다. 오늘날 존재했거나 존재하는 구소련이나 중국과 같은 사회주의 국가나 그 경제시스템은 독립의 시스템이 아니고, 세계체제로서의 자본주의 세계경제의 하나의 구성요소인 것이다. 따라서 그것들도 세계경제의 하나의 중심(중핵)과 주변 구조 안에 위치하고 있다(구소련은 중핵, 중국은 반주변 내지 주변으로서).

한편, 월러스테인은 사회주의를 '새로운 종류의 세계체제의 창출'로 받아들이고 있다. 자본주의 세계경제는 내부에 다수의 정치시스템을 포함하는 것으로 인해 "경제적 손실을 정치체(政治体)가 끊이지 않고 흡수하면서" 끊을 틈이 없이 발전하는 것이 가능하게 되었지만, 그 발전에 의해 얻을 수 있는 보수의 분배는 극단적으로 불균등해졌다. 이만큼 높은 생산수준을 유지하면서, 이것과 다른 분배제도를 가진 세계체제가 있다고 하면, 그것은 여러 수준에서 정치상의 결정권과 경제상의 그것이 재통합되는 듯한 형태의 것이 아니면 안 된다는 것이다. 그것은 다른 종류의 세계체제가 될 것이다라고 하였다. 그것은 세계 제국도 '세계경제'도 아닌 사회주의 세계 정부일 것이라고 지적했다.

현재 세계에 존재하는 사회주의 각국이 실행하고 있는 시장원리를 도입한 경제개혁이나 자유화·개방정책의 채용(세계시장에 자신을 연결한 것)과 그 모순을 이해하면서, 월러스테인의 견해는 충분한 검토할 만하다.

section 03   세계경제의 전체와 부분

1. 세계체제

각각 독립된 국가의 경제발전을 해명할 때에, 그것이 그 부분을 구성하고 있는 전체로서의 세계체제 안에 점하는 위치, 또는 그 세계체제로의 진입 방법을 중시하는 것이 세계체제론이지만, 그것에 대해, 각각의 국가 내부적인 요인을 무시하고 있다고 하는 비판이 있다. 이러한 세계체제론에 대한 비판은 외부와 내부로서 문제를 받아들이고 있다는 점에 충분한 방법론적 근거가 있다고는 생각되지 않는다. 하지만, 전체로서 세계체제의 규정을 전혀 받아들이지 않는 부분으로서의 국가는 존재하지 않지만, 전체로서의 세계체제는 부분으로서 각각 국가의 사회·경제구조의 차이, 즉 그 다양성의 모두를 명확하게 하는 것은 아니다. 그렇기에, 각각 국가의 발전 모습은 세계시스템의 구성에 변화를 일으킨다[3].

이 전체와 부분, 세계체제와 국가와의 사이의 회로 또는 연결고리가 되는 것이 무역·국제투자·국제 노동이동이고, 그것들의 활동을 원활하게 하는 것이 국제통화이다. 세계체제는 이것들의 회로 또는 연결고리를 통해 전 세계적인 분업체제 안에 모든 국가를 포섭하여 위치시키고, 또한 각각의 국가는 이것들을 통해 세계체제에 진입해 영향을 끼친다.

오늘날 지구상의 모든 지역과 국가가 세계체제 속의 분업체제에 들어가 있지만, 그것을 초래한 것은 비약적으로 확대한 무역·국제투자·국제 노동이동과 국제통화의 효과이고, 네트워크이다. 따라서 여기서는 그것들의 회로와 연결고리의 네트워크를 글로벌 시스템이라고 부르기로 한다. 이 글로벌 시스템이 세계 시스템으로서의 세계경제를 지탱하고 있다고 말할 수 있다.

2. 무역과 국제투자의 시스템

세계경제를 지탱하는 글로벌 시스템을 여기서는 4가지로 나누어서 받아들이고 있다. (1) 무역시스템, (2) 투자·금융시스템, (3) 노동시스템, (4) 통화시스템이 그 것이다. 먼저 무역시스템에 대해서 말해 보자면, 근대 이전의 그것은 각지의 특산품이나 사치품을 주체로 하는, 이른바 중개무역이고, 그것이 당시 세계무역에 큰 역할을 했다는 것은 16세기 유럽경제의 '신대륙'무역의 역할이나, 그리스 산업혁명의 삼각무역(노예무역)의 지위를 보면 명확하다. 또한, 이 무역은 세계경제의 중심─주변구조의 형성에 결정적인 의의를 가지고 있다. 하지만 한편으로는, 무

----

3) 월러스테인은 단선(單線)역사관(歷史觀)을 비판하는 한편 '세계체제' 규모의 발전 모델을 설정하고, 세계가 하나 되어 있는 한 이 모델은 단선으로밖에 있을 수 없다'라고 비판하였다.

역은 어떤 경우에는 주변 지역의 지위 향상에도 기여했다. 최근의 공업제품 무역에 의한 아시아 NIES의 급성장은 좋은 실례(實例)이다. 세계경제의 발전을 지탱하는 무역시스템으로서, 오늘 현재에도 자유무역에 대한 신뢰는 사라지지는 않았지만, 역사가 보여주듯이 현실적으로는 자유무역은 강국에 의해 큰 이익의 할당을 불러오는 것이었다. 이것이 근대의 세계경제를 구성하는 각국의 힘의 불균등한 발전(패권 시스템의 동요)을 동반해 GATT 협정의 수정이나 보호무역의 대두(擡頭)를 초래했다.

한편 무역과 나란히 세계경제를 지탱해온 것이 국제투자이다. 고전파 무역론이 국제 간의 자본이동을 이론의 틀에서 추방시킨 일도 있어서, 현실적으로 국제투자가 무역과 밀접하게 관계하여 세계경제에 커다란 역할을 맡아 온 것이 경시되는 경향도 있었다. 그러나 근대의 국제분업 형성은 국제투자에 때문에 일어난 것이고, 주변부에서 잉여의 수탈에 의한 중심－주변 구조의 강화에 결정적인 역할을 맡기도 했다. 근년에는 중심 제국 간의 투자가 세계경제 발전의 원동력이 되어 있기도 하다. 국제투자는, 형태별로는 직접투자, 증권투자, 대부(貸付)로 구별되고, 기간별로는 장기투자와 단기투자로 나누어져 있다. 하지만 직접투자와는 별도로 증권투자, 대부(貸付)에 있어서는 장기와 단기의 구별은 꼭 명확한 것은 아니고, 또한 국제금융과 국제투자를 구별하는 것도 곤란한 상황이 많다.

3. 노동 공급시스템

노동력의 이동이 근대의 세계경제의 발전에 있어서 더없이 중요한 지위를 점해왔던 것은, 수천만 명에 이른다고 알려진 아프리카로부터 '신대륙'으로의 노예노동력의 이전, 북미와 그 외의 신개척지에, 그리고 유럽으로부터의 대량의 이민, 식민지체제 아래에서의 1차 생산품의 재래식 농업경영을 위한 외국인 노동자의 이식 등을 예로 들어보면 명백했다. 제2차 대전 후에 대해서 말하자면, 주변 지역에서 서유럽 중심국으로의 노동력 이동, 석유위기 후에는 아랍이나 아시아인들이 중동 산유국으로 혹은 다른 지역으로 돈벌이를 위한 노동자의 이동 등이 있었다. 더욱이 아시아 NIES를 중심으로 하는 최근의 아시아의 경제성장의 그늘에는 화교나 인교(해외에 이주한 인도 사람과 그 자손)가 이뤄 온 역할이 있었다는 것도 부정할 수 없다.

4. 국제통화시스템

마지막으로, 무역, 국제투자, 노동력 이동을 원활하게 기능시키는 데 필요한 적절한 국제통화시스템이 존재하지 않으면 안 된다. 국제통화시스템이 유난히 '문제'로서 다뤄진 것은, 어떠한 특정국의 국민적 통화가 국제통화가 되고, 세계화폐로서 금을 대신하여 국제거래의 결제통화로서 유통되게 되면, 그 나라는 그것에 어울리는 경제력이 뒷받침되지 않기 때문이다. 이러한 사태는, 일반적으로 달러본위 제도라 불리는 국제통화시스템의 아래에서 생겨났다. 특히 1971년 8월 이래, 금과의 태환성을 잃은 달러가 국제결제 수단으로서 기능하고 있다는 정황은, 이 통화시스템의 문제성을 공공연하게 드러냈다. 오늘날, 세계경제에 있어서 국제통화시스템의 안정이 무엇보다 긴급한 과제의 하나가 되어 있는 것은 이러한 사정에 따른다.

그런데 이 국제통화시스템은, 미국을 패권국으로 하는 현재의 패권시스템과 깊게 관련되어 있어, 달러본위 체제의 행방은 패권시스템의 귀추에 달려있다. 패권의 성립이나 그 붕괴를 결정짓는 가장 중요한 요인은 경제력에 있기 때문이다. 미국의 경제력이 상대적으로 저하함에 따라 그 패권은 쇠퇴의 길을 향하고, 일본이나 EC제국 등 다른 중심국을 포함한 합의와 협조 시스템으로의 이행이 주장되고 있다. 그것에 대응해 국제통화시스템도 사실상 복수의 중심국 통화를 국제통화로 하는 시스템으로의 이동이 계속되고 있다.

CHAPTER 02 미국경제의 쇠퇴와 부활

section 01 미국경제의 번영과 쇠퇴

1. 달러 위기의 서설(序說)

제2차 대전 후, 미국은 자신들의 고립주의와 세계공황이 제2차 세계대전의 원인이라고 인식했다. 따라서 세계는 경제적 혼란이 정치상황의 악화를 초래했다는 자기반성으로부터 미국 경제력의 절대적인 우위 속에서 '미국적 세계체제(Pax Americana)'로서 IMF 및 GATT 체제[1])가 구축되었다. 미국 주도로 형성된 이 같은 세계 경제체제는 1958년 말의 서구 자본주의 국가의 통화교환성 회복에 따라 '무역과 환전의 자유화'를 실현하게 되었다. 마침내 세계경제는 1930년대 이래 처음으로 세계시장의 통일성을 회복하고, 새로운 발전의 시대를 맞이하였다. 이 체제를 주도해온 미국은, 여기서 전후(戰後) 경제의 부흥을 완료하고 1950대 중반에 들어 재차 세계경제에 복귀를 바라는 일본 및 유럽의 산업자본으로부터 도전을 받게 되었다.

그렇지만 이 같은 서구 산업자본의 도전에 대하여 수요 측면에서 살펴보면, 미

---

1) General Agreement on Tariffs and Trade: 관세장벽과 수출입 제한을 제거하고, 국제무역과 물자교류를 증진시키기 위하여 1947년 제네바에서 미국을 비롯한 23개국이 조인한 국제적인 무역협정.

국기업은 1950년대 후반부터 일본 및 유럽의 부흥에 더하여 자신들의 기술력과 자본력의 우위를 배경으로 대외직접투자를 강화하였다. 이러한 대외투자 전략은 서구 지역 내의 시장경제에 진입하여 현지생산=현지판매를 통해 미국계 다국적기업의 시장지배를 확보하고자 했다. 이리하여 1960년대는 미국계 다국적기업의 '황금시대'가 열리게 되었고, 미국은 세계 최대의 자본수출국이 되었다. 하지만 이러한 미국 자본(기업)의 거대한 해외진출의 영향으로 미국의 상품 수출은 급증했지만, 다른 한편으로는 해외진출을 통한 미국의 상품 수출 앞에는 당시 EC(European Community: 유럽공동체)나 일본의 도전을 받았다. 이에 따라 세계시장에서 미국의 점유율은 점차 후퇴하고, 마침내 미국은 국내시장에서조차 격렬한 가격경쟁에 직면하게 되었다.

무역수지에서는 무역흑자의 축소에도 불구하고, 미국의 패권을 유지하기 위한 하나의 방법으로서 대외원조나 해외 군사비지출에 이어, 다국적기업화에 어울리는 민간자본의 수출 확대로 인해, 미국의 국제수지 적자는 계속 확대되었고, 이같은 계속된 달러의 유출은 서유럽에 과잉 달러의 유포 및 누적을 초래했다. 미국의 공적 금(金)준비를 뛰어넘는 외국 여러 나라의 단기 달러채권의 누적은 금가격이 인상될 것이라는 기대를 낳으면서 '달러 위기'의 도화선이 되었다.

1960년 가을의 런던 금시장(金市場=금융시장)에서 금 가격의 폭등 후에 '금풀(Gold Pool)[2]'결성, IMF 일반차입협정(GAB), 미국 연방준비은행과 선진국 중앙은행(BIS를 포함한)과의 스와프 협정 등, 잇따라 실시된 국제금융 협력에도 불구하고, 미국의 국제수지 균형은 회복되지 않았다. 해외로 유출된 방대한 과잉 달러는 달러화의 가치하락에 대한 가치 보존을 위해 각국이 벌인 금 투기(金投機)와 같은 '골드 열풍'에 의해 1968년 봄에는 마침내 금 1온스 당=35달러의 확정 금

---

2) 런던 자유 금시장에서의 금 가격을 공정가격(1온스=35달러) 가까이 유지함으로써 투기적인 변동과 그에 따른 국제적인 환시세의 혼란을 방지하기 위하여 구미(歐美) 8개국의 중앙은행 사이에서 1961년 10월에 합의된 제도. 그러나 1965년경부터는 만성적인 파운드 불안이나 미국의 국제수지 적자 때문에 금 매각 금액이 많아져서 1967년에는 프랑스가 사실상 탈퇴하였고, 1968년 3월에는 금의 2중 가격제가 채용되었기 때문에 금풀은 활동을 정지하였다.

태환(金兌換)을 명시화하는 '금의 이중가격제(double price system)'의 이행을 중지하지 않을 수 없게 되었다.

이에 따라, 마침내 미국은 1971년 8월에는 닉슨 대통령이 '금·달러 교환성 정지'를 선언하기에 이르게 되었다. 이는 미국이 자신들의 금 보유를 보호한다는 측면도 있지만, 미국 중심의 세계 경제체제가 흔들리고 있었다는 신호이기도 했다. 금과의 교환성을 포기하고 달러 가치의 인하를 통해 국제수지의 개선을 계획하던 닉슨 행정부의 정책은, 미국인 자신들을 포함한 대량의 달러투기 거래를 초래하여 1971년 12월의 스미소니언(Smithsonian) 합의3)는 간단히 무너지고 1973년 2월에는 재차 달러화 가치의 인하에 몰리게 되었다. 그 결과, 고정환율제로의 복귀의 기대는 무너지고 마침내 전후 미국 중심으로 구축된 브래튼우즈 체제(Bretton Woods system)4)는 완벽하게 무너지게 되었다. 결국 미국의 대번영이 종말을 고한 것은 1971년 닉슨 대통령의 금본위제 폐지에 따른 국제금융 시스템의 붕괴와 1973~1974년 겨울 제1차 석유파동으로 유가가 4배나 인상된 데에 따른 것이었다. 결과적으로 미국은 그때까지 한 번도 겪어 보지 못한 스태그플레이션(stagflation)이란 경제 혼란을 경험하게 되었다. 이는 기존의 복지 자본주의에 대한 수정을 요구하는 사건이기도 했다.

---

3) 1971년 12월의 스미소니언 합의에 의해 채택된 새로운 환평가를 말한다. 종래에는 par value가 금평가이며 가맹국은 환율을 평가의 상하 1% 이내에서 고정시킬 것을 의무화하였는 데 비해 센트럴 레이트는 금과 달러의 교환성이 중지되었기 때문에 금평가가 아니며 환율의 변동폭도 센트럴 레이트를 중심으로 상하 2.25%씩 허용되었다. 이 제도는 잠정적으로 채택된 환평가방식으로 본격적으로 변동환율제를 채택한 자마이카 합의(Jamaica Agreement)에 의해 폐지되었다.

4) 1944년 7월 미국의 브래튼우즈(Bretton Woods)에서 1930년 이래의 각국 통화가치 불안정, 외환관리, 평가절하 경쟁, 무역거래제한 등을 시정하여 국제무역의 확대, 고용 및 실질소득 증대, 외환의 안정과 자유화, 국제수지균형 등을 달성할 것을 목적으로 체결된 브래튼우즈 협정에 의하여 발족한 국제통화체제를 말한다. 이 협약의 기본 이념은 고정환율과 금환본위제를 통하여 환율의 안정, 자유무역과 경제성장의 확대를 추구하는 데에 있다. 이를 실현하기 위하여 각국에 필요한 외화를 공급하는 국제통화기금(IMF)과 전후 부흥과 후진국 개발을 위한 국제부흥 개발은행(IBRD)이 창설되었다.

2. 세계 인플레이션과 1974~1975년의 공황

1971년 8월 금과 달러의 교환이 정지된 결과, 달러 중심의 국제통화제도와 국제통화기금(IMF) 평가(平價)를 상하 1% 범위 내에서 유지하여야 하는 고정환율제는 붕괴되고, 이를 대신하는 새로운 제도로서 변동환율제(1978년 킹스턴 체제)가 구축되었다5). 그러나 환율의 변동을 시장의 수급 관계에 위임함으로써 국제수지 균형이 자동적으로 회복된다는 변동환율제론자의 주장과는 정반대로, 변동환율제(Floating system)하에서의 세계경제에서는 환율 차익을 요구하는 핫머니(국제단기자금)의 이동이 급증하였다. 결국 국제수지 적자 국가인 미국에서 달러의 유출은 갈수록 커져, 서유럽의 무역수지 흑자 국가로 유입되어 국제수지 불균형을 한층 더 확산시키는 결과를 만들었다. 이렇게 하여 각국에 누적된 과잉유동성은 수입 수요를 자극하여 국제 상품가격의 급등을 초래했을 뿐만 아니라, 국제시장에서 상품투기·통화투기를 초래하기에 이르렀다. 또한 금과의 교환성을 포기한 미국뿐만 아니라, 외화준비를 늘린 다른 나라들도, 일제히 침체되어 가는 자국 경기를 자극하기 위한 대책으로 통화를 증발(增發)하여 세계적인 인플레이션은 한층 더 격렬하게 전개되었다.

한편 미국 내에서는 1953년 한국전쟁의 휴전과 더불어 경기가 급속히 침체하면서 실업률이 급증하였다. 소비자물가도 마이너스를 기록하는 등 불황의 조짐이 뚜렷하였다. 제2차 대전 이후 미국에서 생산이 급속하게 증가한 시기는 두 차례 있었다. 하나는 한국전쟁 시기이고, 다른 하나는 1961년~1969년까지 케네디-존슨 행정부의 감세 직후부터 월남전쟁의 정점 시기까지이다. 결론적으로 생산 증가는 전쟁비용을 충당하는 과정에서 총수요가 크게 증가했기 때문이다. 특히 1960년대 후반부터 세계는 잇따른 경제위기에 시달리기 시작하면서 위대한 사회를 구현하고자 했던 존슨 대통령이 베트남 전쟁 비용과 더불어 복지비용을

---

5) 즉, 각국은 고정환율제이든 변동환율제이든 자유롭게 채용할 수 있으나, 고정환율제를 택할 경우 대량의 외화 유입에 대하여 정부의 공개시장 조작만으로 해결이 안 되면 시장 추세에 따라가는 변동환율제로 전환하는 것을 골자로 한다.

과도하게 지출하면서 국내적으로도 풍부해진 달러는 인플레이션을 유발하는 또 다른 요인으로 작용했다.

여기에 더하여 1960년부터 미국은 북베트남에 대하여 부분적으로 하던 군사개입을 1964년부터 본격화하였다. 미국과 북베트남 간의 전쟁 과정에서 미국은 막대한 전쟁 비용을 지불하게 되었다. 이 같은 북베트남과의 전쟁 비용은 1965년부터 1973년 1월 27일까지 장기간에 걸쳐서, 그리고 거대한 비용으로 지출되면서 서유럽 및 아시아 NIES(Newly Industrializing Countries), 그리고 일본에 거대한 달러가 유포되고 누적되었다[6]. 1970년 이후에는 미국은 캄보디아 및 라오스까지 군사적인 개입에 나서면서 전쟁의 영역이 넓어지는 만큼 전쟁 비용도 커지고 되고, 그에 따라 미국의 달러는 더욱더 서방 세계에 광범위하게 그리고 광대하게 유포 및 누적되었다. 다시 말하자면, 1960년대 중반부터 미국을 비롯한 세계경제는 풍부한 달러 공급을 바탕으로 세계적인 수요 폭증이 발생하여 이미 인플레이션 상태에 진입해 있었다.

한편 공급 측면에서는 그때까지 낮은 가격으로 유지되어오던 농작물 가격이 구소련의 흉작으로 인해 세계의 식량가격이 크게 올랐다. 여기에 더하여 OPEC 산유국은 1950년대 이후 석유가격이 국제 석유자본에 의해 낮은 가격에 억눌려 있어 공업제품과의 가격차에 의한 교역조건의 악화에 고민해왔다. 이에 따라 OPEC 산유국은 1973년 가을 제4차 중동전쟁을 계기로 석유를 무기로 전환하여 석유금수(禁輸)를 '공격무기'로 한 원유가격의 대폭적인 인상을 결정하여 비산유국들에게 유래에 없는 '오일 쇼크'를 불러일으켰다[7].

국제 과잉유동성을 기반으로 진행하고 있던 세계적인 인플레이션은 OPEC 산유국의 '석유 공격'으로 인해 한층 더 가열되어 일거에 두 자릿수의 인플레이션으로 불타올라, 각국 정부는 인플레이션의 진정화를 위해 긴축정책에 쓸 수밖에 없었다. 실제로 원유가격은 1973년에 1배럴 당 $3에서 1981년에 $34로 무려 10

---

6) 베트남 전쟁 기간은 특수작전 시기부터 계산하면 1961년~1972년까지 총 12년간으로 전쟁비용은 1조 2천억 달러라고 하며, 이는 1968년 기준 미국 GDP의 3.8%에 달한다.

7) 허버트 스테인(1994), 『대통령의 경제학』, 감영사, p.206.

배 이상으로 폭등하였다. 이 같은 원유가격의 대폭적은 상승은 사우디아라비아 등 OPEC 산유국들이 미국을 포함한 여러 나라로부터 보다 많은 재화나 서비스를 얻을 수 있게 되었지만, 석유 수입국들은 그 반대 현상을 겪어야 했다. 특히 1973년의 1차 석유위기는 자본주의 시장경제체제하에서 처음 겪는 경제 쇼크로써 그 충격이 커지만, 경기침체 기간은 비교적 단기적이었다. 그러나 1979년도의 제2차 석유위기는 1973년의 석유 쇼크의 경제적인 충격이 1979년의 제2차 석유 쇼크와 중첩(重疊)되면서 불황의 정도는 1차 석유위기에 비해 경기침체 기간은 길고, 인플레이션의 정도도 더 높았다. 즉, 1973년 $3에서 시작한 원유가격의 폭등에 충격이 가시기도 전에 1979년에 원유가격이 다시금 $10에서 $34로 폭등하였기 때문이다. 그런 만큼 일반 미국인 가정은 실질임금의 감소를 겪어야만 했다. 언제나 그렇듯이 상품가격의 상승은 소비자에서 판매자로 소득을 이동시켰다. 하지만 이 경우 판매인들은 외국인이었고 소비자는 미국인들이었다. 그러므로 외국 석유가격의 증가는 결과적으로 미국에서 평균 구매력을 감소시켰다.

그림 2-1   미국의 통화량(M1)과 인플레이션 (단위: %)

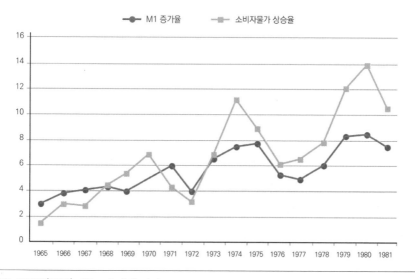

자료: OECD(1990), Historical Statistics.
주: 소비자물가지수는 미국 CPI 인플레이션과 M1 통화에 대한 2년 이동평균임.

미국에서도 인플레이션으로 인한 실질소득의 저하가 개인소비의 감퇴를 초래하고, 주택건설의 부진과 더불어 1973년 제3/4반기부터 공황 국면에 들어, 정부의 긴축조치의 실행과 함께 기업의 설비투자나 재고투자도 급감하였다. 1975년의 제1/4분기까지, 전후(戰後)에 있어 무엇보다도 장기적이고 심각한 1974~1975년의 공황을 경험하게 되었다. 이 공황은 그때까지 경험했던 세계 2차 대전 이후의 경기후퇴 중에서도 최대의 경기후퇴를 기록했을 뿐만 아니라, 이러한 경기후퇴에도 불구하고 두 자릿수의 물가상승률을 기록했다는 점에서 일찍이 경험해 보지 못했던 공황적인 특징이었다. 게다가 이 공황은 미국에서 전후 최대였을 뿐만 아니라, 자본주의 세계의 모든 선진국을 끌어들인, 문자 그대로의 세계 공황이었다. 이 공황에 의해서 전후 자본주의경제에 의한 황금의 고도경제성장 시대는 끝이 나고, 정체와 혼미(混迷)의 스태그플레이션(stagflation)[8]의 시대가 시작되었다.

이처럼 1974~1975년 사이에 발생한 전대미문의 세계적인 공항, 즉 스태그플레이션(stagflation)의 발생의 원인을 단순히 OPEC 산유국의 '석유 공격'으로만 설명해서는 안 되고, 앞서 언급한 것처럼([그림 2-1]) 1960년대의 미국의 자본유출과 더불어 발생한 북베트남과의 전쟁 비용으로 인한 대량의 달러 공급, 그에 따라 이미 인플레이션은 세계적으로 진행 중에 OPEC 산유국의 '석유 공격'이 더해진 인플레이션의 중첩(重疊) 상태의 결과가 바로 1970년대 중반에 발생한 스태그플레이션(stagflation)의 정체(실상)라고 말할 수 있다. 다시 말해서 1950년대부터 시작된 미국에 의한 대량의 달러화 유포는 각국의 무역흑자를 통해 과잉유동성을 유발하면서 세계적인 수요 증가를 촉발했고, 다른 한편에서는 OPEC 산유국의 석유 공격에 의해 원유가격의 상승은 원재료 및 생산비의 상승을 초래하면서 세계적인 공급 감소를 만들어 냈다. 즉, 미국의 과잉 달러화 공급에 의한 세계적인 수요 증가와 OPEC 산유국의 석유 공격에 의한 생산비 상승 및 세계적인 공급 감소가 1974~1975년에 맞물리면서 그때까지 누렸던 황금의 고도경제성장의

---

8) 인플레이션의 물가상승과 디플레이션의 경기침체가 동시에 나타나는 현상.

시대는 끝이 나고, 일찍이 경험해 본 적이 없는 거대한 인플레이션(물가상승)과 디플레이션 현상(경기침체)이 동시에 나타나는 혼미(混迷)의 스태그플레이션(stagflation)의 시대를 경험하게 되었다.

3. 국제금융시장의 구조 변화(1975년 이후)

세계경제를 덮친 석유 쇼크에 의해 국제수지의 대폭 적자에 빠진 비산유국(일반적으로 선진국 및 아시아 공업국 등)들은 석유수입에 대한 달러 수요가 급증해, 미국 은행들이 이들의 수요에 대응하는 형식으로 대부(貸付)자본 형태로 미국으로부터 자본수출을 확대했다. OPEC 산유국에 유입된 대량의 오일달러의 일부는 OPEC 산유국의 공업화 자금으로써 선진공업국으로부터 자본재 및 원재료의 수입으로 돌릴 수 있었지만, OPEC 산유국 내에서 흡수할 수 없는 '로우 앱소버(low absorber)[9]'국가의 과잉자금은 유럽 시장이나 미국의 예금과 증권투자에 맡겨졌다.

대량의 오일 달러를 받아들인 유럽 시장은, 당시 스태그플레이션하에 있던 선진국에서 자금 수요가 저조했기 때문에 ─ 일본 및 당시 서독일은 원유가격이 높게 오름으로서 일시적으로 국제수지의 대폭 적자에 빠져들었지만, 동시에 선진공업국가들의 공업제품 가격의 상승과 산유국으로의 수출 확대에 의해 적자를 단기간에 수복했다 ─ 이 자금은 발전도상국(아시아 NIES 등)으로 대부(貸付)의 형태로 흘러 들어갔다. 유럽 시장에서는 신디케이트론(syndication loan)[10]이 개발되어, 은행 간의 신용을 통해 국제금융시장에 경험이 없는 지방은행이나 기관투자가의 자금까지 동원하여 유럽 중·장기은행의 대부사업을 빠른 속도로 팽창시켰다.

....

9) 흡수율이 낮은 국가, 즉 수출을 통해 벌어들인 소득이 이에 걸 맞는 수입품에 대한 수요를 창출해 내지 못한다는 뜻.
10) 두 개 이상의 은행이 차관단 또는 은행단을 구성하여 공통의 조건으로 일정금액을 융자해 주는 중장기 대출로 '신디케이션론(syndication loan)'이라고도 한다. 한 나라의 국내 금융시장에서도 이루어지고 있으나 일반적으로 유로시장과 미국 금융시장에서 대규모 대출의 경우에 사용되고 있다.

그림 2-2 세계 인플레이션과 국제금융시장 구조

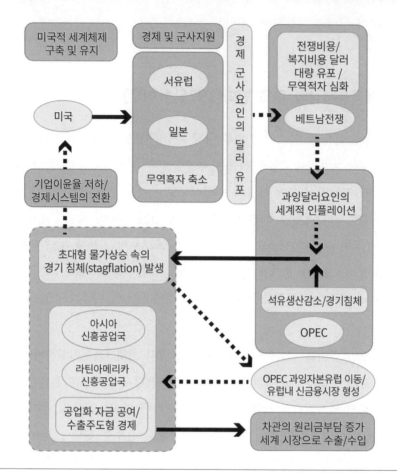

자료: 저자 작성.

그 결과, 지금까지 세계은행이나 국제개발기관을 통해서만이 국제금융시장에 접근할 수 있었던 발전도상국이 이제는 직접 자금조달을 할 수 있는 루트를 얻게 되어 공업화 계획을 위한 대량의 차입이 가능해졌다. 즉, 라틴아메리카나 아시아의 신흥공업국(NIES)이라 불리는 나라들이 그 중심에 있었다(1972년에는 중국의 중화학공업화 시발). 1970년대의 세계무역은 선진국 상호간의 무역을 중심으로 발전해온 그때까지의 전후 세계무역의 패턴과는 많이 달라져 선진국 간에는 스태그플레이션의 부담 전가를 두고 '무역마찰'이 격화되어, 선진국 간 무역은 절대액(絶對額)에서 정체되는 가운데, OPEC과 NIES에 의한 공업제품의 수입 확대가 세계무역의 부진을 일정 정도 완화하는 역할을 하였다.

그러나 여기에도 함정은 있었다. 계속되는 달러의 가치하락에 반발한 OPEC 산유국의 제2차 석유가격의 상승 때문에, 1979년 세계는 또 다시 '오일 쇼크'에 직면했고 선진국의 경기후퇴는 1차 석유위기 때와는 다르게 발전도상국에도 수출 부진이라는 결과로 돌아왔다. 특히 국제금융시장으로부터 대량의 자금을 차입해 오던 아시아 NIES 등이 수출의 정체로부터 채무변제의 곤란에 빠졌다. 1979년부터 '새로운 금융조절 방식'을 채용한 미국의 정책 전환에 의한 금리의 상승이 채무변제에 박차를 가해 한국을 포함한 발전도상국의 누적채무 문제가 국제금융시장의 중대한 문제로 대두되었다. 라틴아메리카에 거액의 대출을 해준 미국 은행은 미국 정부를 움직여 IMF의 주도하에 리스케줄링(만기된 채무의 상환 기간 연장)을 실시하여 다른 선진국의 협조 융자를 요구하고, 이를 이용하여 미국 은행 스스로 라틴아메리카에 제공했던 대부(貸付)자금의 회수를 노리는 고도의 수법을 사용했다.

section 02 미국의 과점적 축적체제와 문제

1. 과점적 축적체제의 구조와 문제

한편 세계적인 경제체제의 변화와 더불어 미국 내에서도 경제시스템의 변화가 나타났다. 다시 말해서 전후 세계경제에 있어서 미국경제의 후퇴는 세계시장에서 미국적 세계체제의 축소를 의미하는 것뿐만 아니라, 미국 국내의 과점적 축적체제의 파탄의 결과이기도 했다. 전후 미국은 1930년대의 '장기 정체'의 악몽에 따라, 서둘러서 '1946년 고용법'을 제정된 후 적어도 케네디−존슨 행정부 때까지 '완전고용과 경제안정'의 실현이 연방정부의 경제정책의 기본 목적으로서 설정되었다. 그러나 1970년대 초 닉슨 행정부는 통화를 줄이고, 재정지출은 늘리는 것으로 인플레이션과 경기수축이라는 두 마리 토끼를 잡으려 했다[11]. 그러나 기본적으로 총수요 관리정책에서 크게 벗어나지는 않았다. 즉, 미국에서 케인즈주의적 수요관리정책이야말로 전후 미국경제의 지속적 성장을 불러온 기본적 메커니즘이었다.

그림 2-3 미국의 노동생산성 상승률 추이 (단위: %)

자료: 石崎照彦 외 3인(1993) 『現代のアメリカ経済』, p.16.

11) 김영사(1999), 『대통령의 경제학』, p.164.

한편 미국적 생산방식에서 보면, 그것은 1920년대에 확립된 포드시스템에 기초를 둔 미국적 대량생산 방식에 의해 노동생산성의 상승을 파악하면서, 한편으로는 지방에서 노동조합과의 단체협약을 통해 노동자에게 일정의 양보를 해주는 것으로 '노동력의 확보와 산업내 평화'를 유지하였다. 그러나 전후 미국의 노동생산성 상승률은 경향적으로 하락하는 가운데 노동조합의 임금상승이 이루어졌다. 따라서 이러한 생산조건 및 방식은 시장에서 강고한 과점적 지배에 따라 과점가격을 형성하고, 물가상승을 제품가격으로 전가하는 메커 업(make up) 방식에 의한 과점적 고이윤을 확보하는 것이기도 했다. 이는 명목임금의 상승을 허용하는 것으로 노동운동을 자본의 지배하에 순화시키며 시장에서의 물가지배를 통해 자본분배율을 확보하고, 고이윤을 유지하고자 하는 이 같은 축적방식은, 뉴딜(New Deal) 기간에 정착했다. 이러한 정부의 통화관리와 재정확대에 대한 총수요 관리정책이 과점기업의 물가형성을 지탱해 주어 소위 '클리핑 인플레(creeping in-flation: 소폭의 물가상승)'을 동반한 경제성장을 실현했다.

그림 2-4 미국의 비금융 법인기업의 이윤율 (단위: %)

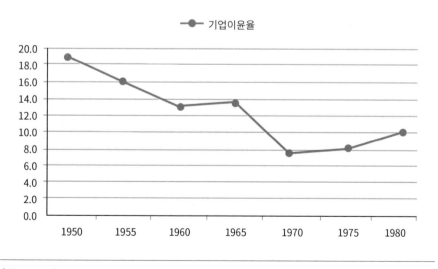

자료: United States Department of Commerce(1982), survey of Current Business.

이러한 축적체제 아래서 미국의 과점기업이 얻은 경험적인 결과는 ① 투자 결의를 할 때 높은 기대이윤율을 요구하고, ② 리스크를 동반한 경쟁적인 선행투자보다는, 오히려 과점적인 상호의존 관계 속에서 현행의 시장질서를 유지하는 등의 협조적·보존적 투자 결의 및 행태로 전향하는 경향이 강해졌다. 그리고 ③ 명목임금의 상승이 대중소비를 확대하는 것으로 나타나면서 대량생산=대량판매의 과점상품의 시장을 보장하고, 수요 확대를 쫓는 형태의 설비투자 확대가 실행되었다. 그 결과, 전체적으로 전후 미국경제는 ④ 투자주도형의 경제성장이 아니라, 정부소비 및 민간소비의 확대를 견인력으로 하는 '소비주도형의 경제성장 패턴'을 찾아갔다. 높은 저축률과 높은 자본 축적률에 견인된 일본이나 당시 서독의 '투자주도형 경제성장 패턴'의 고성장에 비교해 미국의 경제성장률이 상대적으로 낮았던 것은, 다른 요인도 있지만 기본적으로 이러한 자본축적의 구조 위에 유래하는 것이었다.

과점적 축적체제는 전후 세계경제의 절대적 우위를 배경으로 1950년대부터 1960년대에 있었던 미국의 경제성장을 불러 일으켰지만, 미국의 절대적 우위의 후퇴와 함께 이 축적체제에도 모순이 생기기 시작해 1960년대에는 위기에 이르게 되었다. 이 일을 실증하는 가장 특징적인 지표는 미국의 기업이윤율의 저하이다. 와이스코프의 측정에 의하면, 미국 비(非)금융 법인기업의 평균이윤율은 실질생산량(高)와 함께 경기순환에 따라서 주기적인 변동을 반복하고 있지만, 호황의 초기 국면에 급상승한 기업이윤율은 실질생산량이 더욱 상승을 계속하는 번영의 국면에서 이미 하강으로 바뀌어 공황 국면에서는 생산의 감퇴와 함께 대폭적인 감소를 나타내고 있었다. 미국 상무부(商務省)의 통계에 의한 1970년대 후반의 수치를 살펴보면, 1960년대에 들어 강력한 상승을 보였던 미국의 기업이윤율이 1965~1966년을 정점으로 하락하기 시작해, 1960년대 말에는 급격한 하강을 기록했다. 여기서 주목해야 할 것은, 그 후 미국경제는 1974~1975년 공황 때문에 전후 최저수준까지 떨어져, 1970년대를 걸치는 동안 한번도 1966년 이전의 수준까지 회복은 보지 못하고, 이후 낮은 경제수준에 빠지기만을 지속했다. 이러한 기업이윤율의 하락에서 볼 수 있듯이, 전후 미국의 과점적 축적체제는 1960년대 초부터 노동생산성 상승률의 하락 속에 차질이 생기면서 과잉축적의 부조화 상태를 드러내었다. 1970년대의 스태그플레이션은 이 같은 자본의 과잉축적 체제라는 기본적인 틀 속에서 발생한 것이었다.

2. 과점적 축적체제의 실패 요인

이러한 미국의 과점적 축적체제의 파탄을 불러일으킨 요인은 첫 번째로, 미국적 대량생산 방식의 모순을 얘기할 필요가 있다. 포드시스템에 뿌리를 두는 미국적 대량생산 방식은 노동자의 생산적 노동을 세분화하여 규격화하는 것으로 인해, 노동자가 가지고 있는 숙련(熟練)을 빼앗고, 그것을 기계로 대체함과 동시에 기계설비의 운동속도를 가속화 하는 것이다. 이것은 노동지출의 강도를 높이고, 잉여가치율을 높여 이윤율의 확보를 노리는 것이었다. 세계 2차 대전 후에 이러한 노동절약적 기술진보는 자동화 및 로봇화의 형태로 나아갔지만, 그것은 필연적으로 자본의 유기적 구성의 고도화를 초래했다. 그러나 이 같은 노동절약적 기술진보는 이윤분배율 또는 잉여가치율이 한층 더 상승하지 않는 이상 기업이윤율의 저하 요인으로 한몫했다.

심지어 포드시스템이 지향하는 노동의 기계에 의한 대체가 어떻게 진행되든 간에 생산과정으로부터 노동을 완전히 배제하지는 못했다. 그뿐 아니라, 노동자들의 숙련기술의 박탈은 작업 중 실수의 증가에 의한 불량품이나 로스 타임의 증대를 초래했다. 동시에 단순 노동의 반복적인 강제가 노동자의 소외감과 불만을 높여 무단결근이나 태업(Sabotage)을 낳는 결과로 나타나 노동생산성의 상승에 큰 악영향을 끼치게 되었다.

두 번째로 미국 국내에서 과점기업에 의한 물가의 지배가 외국 상품의 미국 내 시장유입을 유발하는 함정에 빠지게 되었던 것을 지적하지 않을 수 없다. 1958년 말의 서구의 통화교환성 회복에 의한 '자유화'의 실현은, 동시에 서구 선진국의 미국에 대한 도전의 시작이기도 했다. 게다가 1960년대에는 일본·서독(당시)을 시작으로 하는 외국상품의 진출 때문에 미국은 해외시장에서 수출 비중이 줄어들었을 뿐만 아니라, 미국 국내시장까지 잠식당하게 되었다. 1950년대 초부터 오랜 기간 안정되어가고 있던 미국의 수입의존도는 1966년 이후부터 상승하기 시작해 1970년대에는 급속적인 상승을 기록했다. 이러한 국제시장에서 외국제품의 진출은 과점기업이 시장지배를 통해 배제해 왔던 가격경쟁을 부활시키는 것으로 과점가격의 형성을 제약하고, 그때까지와 같은 비용상승분을 제품가격에 전가하여 이윤율을 확보한다는 안이한 기업성장 노선을 택할 수 없게 되었다. 그렇기 때문에, 이러한 사태는 연방정부의 유효수요 창출정책이 국내 생산물보다는 외국제품의 수입수요를 확대하고, 무역수지 악화를 일으킨다는 딜레마를 만들어 냈다. 실제로 1960년대 후반에 미국의 무역수지는 더욱 악화해, 1971년에는 전후 처음으로 적자가 발생했다.

세 번째로 발전도상국의 자원 내셔널리즘의 고양과 그 결과로 일어난 원료·에너지 가격의 폭등을 이야기할 필요가 있다. 전후 식민지 체제로부터 이탈한 발전도상국은 IMF · GATT 체제 아래서 1차 생산품 가격의 하락과 무역조건의 악화에 고민하게 되어, 선진국 중심의 세계경제 운영을 향한 반발이 싹트기 시작했다. 그중에서 개발도상국은 자국(自國) 내에 존재하는 천연자원을 자유롭게 개발하는 권리가 자국 주권의 불가분의 일환이라는 것을 주장하였다. 이는 1952년 이래 십 년간에 걸쳐서 유엔 총회의 장에서 기존의 외국자본 세력이나 다국적기업의 권익을 지키고자 하는 선진 자본주의 국가와의 대결을 키운 후, 1962년의 제17회 총회에서 드디어 '천연자원에 대한 영구주권'을 인정하는 결의를 채택시켰다. 그와 함께 1960년대를 통해 개발도상국은 자국 내의 외국기업에 대한 경영참가나 국유화를 추진시켰다. 1973년 가을의 '중동 전쟁'을 계기로 한 OPEC 산유국의 '석유 공격'은 이러한 개발도상국의 자원 내셔널리즘의 고조를 배경으로 전개되었다.

한편 OPEC의 산유국은 석유가격의 대폭적인 인상으로 인해 1950년대 이래 문제가 되어 왔던 교역조건의 악화를 한 번에 되돌리려고 했다. OPEC 산유국의 성공에 힘입어 자원보유국 중심으로 생산국 동맹이 하나 둘씩 결성되어 1차 생산품 가격의 인상이 발생했다. 그 모두가 성공을 거둔 것은 아니지만, 이러한 개발도상국 측의 '공격'은 원료시장의 공급조건을 크게 변화시켜, 선진공업국이 지금까지 싼값으로 누려온 무제한적인 원료 공급은 보장받을 수 없게 되었다. 원료·에너지 가격의 폭등은 미국기업에서도 비용상승 압력으로 나타나 기업이윤율의 저하 요인이 되었다[12].

네 번째로 이러한 자원 제약과 함께 1960년대에는 미국 내에서 크게 활성화를 보인 흑인의 시민권운동이나 여성해방운동 및 공해투쟁 등에 의해 기업에 대한 '사회적 규제'가 강화되어 공해방지·고용·노동조건 등에 대한 정부규제가 자본 면에서 회사의 비용부담을 증대시켰다. 특히 존슨 정권하에 '빈곤과의 싸움'의 명목 하에 확대된 '사회보장지출'이 재정팽창의 요인이 되었다.

마지막으로, 무엇보다 중요한 요인으로 미국 과점기업이 취한 행동이다. 외국 기업의 도전을 받아 과점적 가격형성이 제약을 당해, 어쩔 수 없이 미국 내에서 이윤율의 저하를 맞이하게 된 미국 과점적 기업은 해외직접투자를 통해 생산과정을 해외로 옮겨 현지생산=판매를 통해 해외시장의 확보를 노렸다. 이와 동시에 미국의 과점적 기업은 노동집약적 과정을 라틴아메리카나 아시아의 발전도상국으로 옮겨 저(低)임금 노동력을 이용한 제품·반제품을 미국으로 역수입을 했다. 더욱이 저임금 국가에서 OEM 생산이나 하청가공으로 자신의 제품을 해외에서 조달했다. 이러한 과점기업의 행동은, 보다 높은 이윤율을 추구하는 극소수 레벨에서 기업행동으로서는 합리적이라 할지라도, 미국 국내에서 생산활동의 쇠퇴와 실업의 증대를 불러일으켜 거시적으로는 미국 산업의 '공동화(空洞化)'현상을 발생시키는 결과가 되었다. 이렇게 해서 개별 자본의 논리에 따른 과점기업의 행동이 자신들의 과점적 축적체제의 파탄으로 인도하게 되었다는 점에서 미국 자본주의의 최대 딜레마를 지적할 수 있다.

---

12) 무엇보다도 이 요인은 미국기업에만 부담이 된 것이 아니라 비산유국에게는 타격이 더욱 커서, 오히려 미국 석유기업은 국제물가의 폭등에 의해 거액의 이윤을 얻었다.

1. 레이건(1981~1989) 노믹스의 등장

1970년대에 일어난 미국 패권의 후퇴가 국제적 요인뿐만 아니라, 미국 국내에서 축적체제의 파탄에 기인하고 있었다는 것은 지금까지의 논증으로 명확해졌지만, 1980년대에 들어서 이것에 대한 대응책으로서 '강한 미국의 재생'을 내걸고 등장한 것이 레이건의 정책이었다.

1970년대의 스태그플레이션(stagflation)이 민주당 정권(카터 정권: 1977~1981년)에 의한 케인즈주의적 경제정책의 소산물임을 비판하여 선거전에서 승리한 레이건(Ronald Reagan: 1981~1989) 대통령은 취임 직후의 대통령 교서에서 '미국경제의 재생계획'을 의회에 제안했다. 이 계획에서 그는 군사비용의 증액과 더불어 감세, 규제철폐, 작은 정부라는 4개의 핵심 가치를 내걸었다. 이것은 기본적으로 '큰 정부'에 대한 회의적인 입장을 견지하는 신자유주의 입장이었다. 레이건은 당시 소련을 '악의 제국' 또는 '악의 중심'이라고 맹비난하며 소련에 대한 강경책을 취한다. 실제로 레이건 취임 이후 3년간 미국은 국방 예산을 30%나 증액했고 핵무기와 재래식 무기의 현대화를 통한 군사력 증강에 힘을 쏟았다.

구체적으로 보면, ① 1970년대 다소 약화된 미국의 국력과 자신감 회복을 강조하면서 강력한 반공주의를 바탕으로, 카터 행정부에서 1조 1천억 불이었던 국방비를 5년 만에 1조 5천억 달러까지 증액시켰다. ② 사회보장비용·일반 행정비용의 삭감을 통해 '재정적자를 축소'하고, 1984재정년도에는 '재정수지 균형'을 회복한다는 것이다. 그리고 개인소득세의 세율 간소화와 세율 인하, 또한 고정자산의 법정감가상각 기간의 대폭 단축과 신규투자에 대한 세금공제의 확대에 의한 법인세 감세를 하고 3년간에 걸쳐서 '대폭 감세'를 한다. ③ 각종의 가격통제, 공해규제, 안전규제의 재검토 등을 통해 연방정부의 기업 활동에 대한 '규제를 완화'한다.

또한 ④ 케인즈적 경제정책이 행해진 재량적 통화관리가 적자재정과 통화팽창을 일으켜 인플레이션을 촉발했다고 비판하고 경제성장률에 대응한 일정한 통화 공급의 상승을 보장하는 '중립적 통화관리'를 주장했다. 인플레이션 진정화를 위해 '통화공급량(억제)'이 많아지는 것을 안정시켜 낮은 수준에 억누른다. 더욱이 ⑤ 민간 경제활동에 정부의 개입 때문에 '거대 정부'가 생겨나, 민간기업의 활동의 자유가 저해되고 있는 것이 경제정체를 초래했다고 해서 '작은 정부'의 실현을 내걸고 각종의 '자유화'와 민영화를 강조했다. 즉, 레이건의 정책은 군사비 증액, 대폭 감세, 규제철폐, 통화량 억제를 중심으로 하는 것이었다.

과거 카터 정부의 경제정책은 케인즈주의(keynesism) 경제학에 입각해서 총수요관리정책에 중점을 두면서 유효수요 창출정책을 취한 것에 대해서, 1980년대 레이건 행정부는 미국경제의 쇠퇴는 공급력의 저하에 따른 것이라고 보았다. 이같은 이유 때문에 공급력 증가를 위하여 기업과 가계에 대하여 감세에 의한 저축률의 상승을 통해 투자율을 높여 공급력을 강화하는 것으로 미국의 대외경쟁력의 회복을 꾀했다.

한편 당시 레이건 노믹스는 케인즈주의를 비판하면서, 공급경제학(supply side economic)과 통화주의(monetarism)에 의거하여 공급을 늘리면서, 동시에 통화증가를 억제하여 1975년 이후 미국 전역을 강타한 스태그플레이션(stagflation)의 경제문제를 수요 측면의 억제와 공급 측면의 증가를 통해 해결한다는 경제정책의 전환을 노렸다. 사실 1970년대 중·후반의 최대의 경제문제는 높은 실업률에 상응하는 높은 물가상승 현상이었다. 1970년대 후반의 민주당의 카터 행정부는 경제정책의 성공을 가름하는 최고의 척도를 '실업률을 낮추는 것'으로 보는 사회 분위기에 동참했을 뿐만 아니라 그런 움직임을 선도했다. 카터 행정부는 재정정책을 통한 경제를 활성화하기 위해 한시적으로 세금을 삭감하고, 1977~1979년에 급격한 통화량의 증가는 명목 GNP의 급속한 증가로 나타났다. 이것은 당시 급격한 수요 증가는 다시 두 자리 숫자의 인플레이션을 유발했다([그림 2-1]).

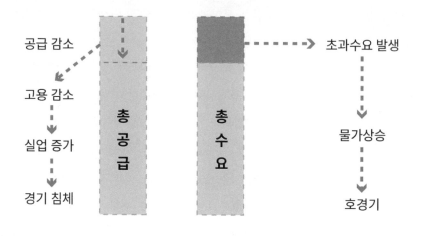

그림 2-5 스태그플레이션(Stagflation) 원인과 구조

공급 감소 → 고용 감소 → 실업 증가 → 경기 침체

총공급

총수요

초과수요 발생 → 물가상승 → 호경기

자료: 저자 작성.

따라서 1979년 이후 미국 내에서의 분위기는 앞으로 경제정책의 방향은 이전과는 반대 방향으로 가야 할 것이라는 판단이 보다 분명해졌다. 미국은 이제 20년간의 정부지출, 정부세금, 정부적자, 정부규제, 정부에 의한 통화공급 등이 급속도로 증가한 시기를 마감해야 할 것이라는 것을 공감하고 있었다. 마감 시점에서의 미국경제는 인플레이션이 높고, 실질 경제성장은 느리고, '정상 실업률' – 호경기 때의 실업률 – 은 그 어느 때보다도 높았다. 이런 상황이었기 때문에 미국의 경제문제는 정부의 역할 증대에서 비롯된 것이며, 따라서 그런 추세를 반전시키든가 적어도 더 이상의 증대를 막아야 한다는 결론에 도달한 것은 매우 당연한 귀결이었다.

문제는 미국의 경제문제를 수요 측면(demand – side)에서 접근하여 해결할 것이냐, 아니면 공급 측면(supply – side)에서 접근할 것인가의 문제였다. 그런데 앞서 언급한 것처럼, 스태그플레이션(stagflation)의 경제문제는 '높은 실업률에 상응하는 높은 물가상승 현상'이었기 때문에 이론적으로 보면, [그림 2-5]에서 보듯이 수요가 일정한 상태에서 석유위기나 자연재해, 인건비 상승 등과 같은 요인에 의해 공급이 감소하면서 고용감소 및 실업률 증가가 발생한다. 동시에 상대적으로 공급감소로 인해 시장에서는 상대적인 초과수요(공급 부족) 상태가 발생하고 여기에 더하여 통화량이 급격히 증가하면 인플레이션은 거대해질 수밖에 없다(물가폭등). 따라서 인플레이션을 억제하면 실업률 증가에 의한 경기침체가 나타나고, 경기부양 정책을 위한 재정확대 및 통화량 증가는 인플레이션을 확대 재생산하는 구조이기 때문에 정책 결정의 어려움은 가중될 수밖에 없다.

수요 측면(demand-side)에서 접근하여 해결할 경우 기존의 시각에서 보면 통화량을 통제함으로써 인플레이션을 줄이는 방법은 실업이 증가하는 과도기적 과정이 필요하다. 이 기간이 얼마나 오래갈지 혹은 실업률이 얼마나 치솟을지 아무도 장담할 수 없다. 이 같은 상황은 국가적으로도 매우 심각한 문제이기 때문에, 특히 정치인은 이런 문제에 민감할 수밖에 없다. 따라서 미국 정치인의 입장에서는 실업자들을 희생시키면서까지 과도한 통화 억제를 통해 인플레이션을 해결하는 정치적 모험은 피하는 것이 당연하다. 다시 말해서, 인플레이션 문제를 해결하려면 실업이 불가피하다는 주장을 정치인 어느 누구도 강력하게 펼 수 없다는 것이다. 즉, 정치적인 부담이 큰 상태에서 통화주의(monetarism)에 의거하여 통화 증가를 억제하는 수요 측면(demand-side)의 정책을 포기하고, 공급 측면의 정책 전환을 결정하는 것은 다음 정권이 선택할 수 있는 필연적인 경제정책이었다. 이처럼 당시 미국 내의 경제상황은 상대적으로 정치적인 부담이 작은 공급경제학적(supply side economic) 경제 논리를 받아들일 수밖에 없었다. 그렇다고 해서, 통화정책을 포기한 것은 아니고 공급 중시의 경제정책 속에서 과거 정부와는 다르게 통화 증가를 안정적으로 관리하여 스태그플레이션(stagflation)의 경제문제를 해결한다는 레이건 행정부의 경제정책은 어찌 보면 당연한 귀결이라 하겠다.

2. 레이건의 경제정책과 그 결과

이상과 같은 레이건의 경제 정책이 미국경제에 초래한 것은 결과적으로 '쌍둥이 적자'의 확대였다. 먼저 정부지출의 삭감에 의한 재정수지의 균형 회복은 '강한 미국'을 지향하는 레이건의 군비확장 정책에 의해 세출(歲出)이 최초의 계획을 웃돌아서 팽창한 반면, 세입은 감세와 경기후퇴 때문에 예상 세금을 크게 밑돌았다. 그 때문에 재정수지가 균형화하기는커녕 적자가 대폭 확대되어서 1983년도에는 2000억 달러까지 늘었다. 재정적자의 팽창에 따라 국채의 발행 증가는 민간저축을 흡수하고, 심지어 통화주의에 따라 통화공급의 상승이 억제되었기 때문에 국내 금융은 급박하게 금리가 높이 올랐다. 그것이 주택건설이나 소비자 신용을 압박하여 1980~1982년에 경기후퇴라는 경제적인 타격을 입었다. 미국의 고금리는 서구나 일본으로부터 증권투자나 은행대부의 형태로 자본유입을 증대시켜 달러 의 환율은 상승했다(달러가치 상승). 레이건은 '강한 달러'를 스스로 자찬(自讚)했으나, 그것은 달러 상품의 대외경쟁력을 한층 더 낮추고 미국의 무역수지 적자는 무서운 기세로 불어났다.

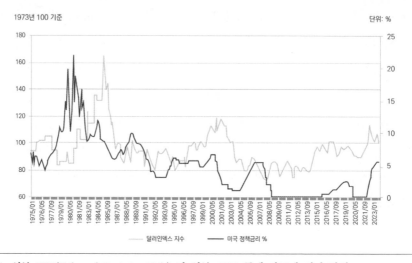

그림 2-6 미국의 금리 변동과 달러 인덱스13) 지수 동향

자료: 일본 TSH(Trilateral Statistics Hub) 및 일본 CEIC 통계 자료에 의거 작성.

- -

13) U.S. Dollar Index(USDX): 유로, 엔, 파운드, 캐나다 달러, 스웨덴 크로네, 스위스 프랑 등 경제 규모가 크거나 통화가치가 안정적인 6개국 통화를 기준으로 산정한 미 달러화 가치를 지수화한 것. 즉, 1973년 3월을 기준점인 100으로 하여 미국 연방준비제도 이사회(FRB)에

공급경제학이 주장한 대폭적인 감세에 의한 저축률의 상승이 기업의 고정자본 투자를 촉구하여, 그것에 의해 미국 산업의 재생과 대외경쟁력의 회복을 노린다는 주장은 사실적으로 보면 완전히 반대의 결과가 나왔다. [그림 2-6]처럼, 미국의 저축률은 레이건 정권이 들어서면서부터 크게 저하되어 재정수지 적자의 확대와 더불어 민간 투자자금(주택건설을 포함)을 조달하지 못하고, 해외로부터의 자본수입에 의해 이 같은 저축의 갭(Gap: 저축−투자)을 채우고 있는 실정이었다. 더구나, 기업 감세에 의한 기업의 통화 흐름의 증대는 고정자본의 투자 확대로는 이어지지 않고, 단기적인 캐피털 게인(capital gain)[14]을 추구하는 인수·합병(M&A)자금에 할당되어 기업의 대형 합병이 연달아 일어났다.

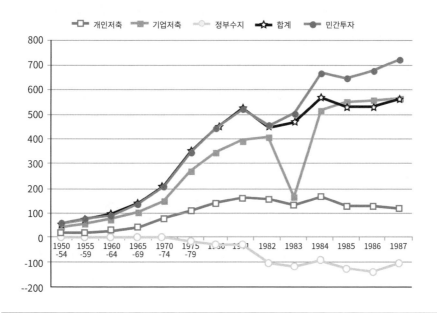

그림 2-7　미국의 저축과 투자 (단위: 억 달러)

자료: United States Department of Commerce(1982), Survey of Current Business.

서 작성, 발표한다. 달러인덱스가 상승하면 미 달러 가치가 오른다는 뜻이다. 예) 특정시점 달러 인덱스가 82.439라면 주요국 통화 대비 미 달러화 가치가 1973년 3월보다 18%가량 떨어졌다는 뜻이다.

14) 각종 자본적 자산의 평가변동에서 발생하는 차익.

1983년 이래, 미국의 경기는 회복 단계에 접어들어 5년간에 걸쳐서 경기상승이 계속되었지만, 이 호황은 레이건노믹스의 성과라기보다는 단기적으로 정부의 적자재정과 민간소비의 확대가 유지되었던 '소비주도형 경제성장'의 결과였다. 그런 의미에서는 오히려 레이건 정부는 그들이 거부했던 케인즈주의적 수요창출 정책과 같은 길을 가고 있었다고 말할 수 있다. 감세와 적자재정에 의한 수요창출에도 불구하고, 단기적으로 그것에 대응한 국내에서의 공급 능력의 확대가 따라오지 못했기 때문에, 소비재뿐만 아니라 자본재의 수입도 급증해 수입은 수출의 1.6배까지도 달성해 연간 무역적자는 1600억 달러까지 달성했다. 재정수지와 무역수지의 '쌍둥이 적자'는 외국으로부터의 투자나 차입에 의해 상쇄되었지만(주로 일본), 그 결과 거액의 자본수입이 미국의 대외투자 포지션을 악화시켰다. 제2차 세계대전 후 증가해 오던 미국의 대외순자산은 1961년 말의 1411억 달러를 정점으로 급감해서, 1985년 제1/4분기에는 1914년 이래 1970년 말에 순 채무국에 전락해 1987년 말에는 3682억 달러의 채무초과가 되었다.

한편 미국의 무역수지 적자 규모의 확대는 필연적으로 상대국의 무역수지 흑자로 나타나는데, 그 주요 상대국이 일본이었다. 그리고 한국은 1985년 이후 처음으로 그때까지 경험하지 못했던 무역수지 흑자를 기록하였다. 특히 일본에 대한 미국의 무역수지 적자 규모는 1987년에 870억 달러, 1991년에는 1000억 달러, 1993년에는 1314억 달러로 일본의 GNP 대비 3%를 넘어섰다(4장 참조). 이 흑자 규모를 현재 중국과 비교해 보면, 2016년 기준으로 미국에 대한 중국의 무역수지 흑자 규모는 3561억 달러(일본: 676억 달러, 한국: 302억 달러)로 거대한 규모임에도 불구하고, 중국의 GNP대비 3%를 넘지 않는다는 점을 고려해 보면, 당시 미국에 대한 일본의 무역수지 흑자 규모가 얼마나 크고 심각했는지를 알 수 있다.

결국 1980년대 초 레이건 행정부의 '강한 달러'로부터 시작된 미국의 무역적자 및 재정적자는 1985년 이후 '약한 달러'로 전환되었으나, 미국의 무역수지 적자 문제는 좀처럼 개선되지 않았다. 미국과 다른 선진공업국과의 무역수지 적자 문제는 '강한 달러' 때문에 발생하는 일시적인 문제가 아니라, 미국 생산성에 기초한 차이라는 점, 즉 다른 선진공업국의 제품과 큰 차이가 없거나 질적으로 낮은 데에도 불구하고 더 비싸다는 데 문제가 있었다.

그림 2-8 레이건 경제정책의 요인과 결과 구조도

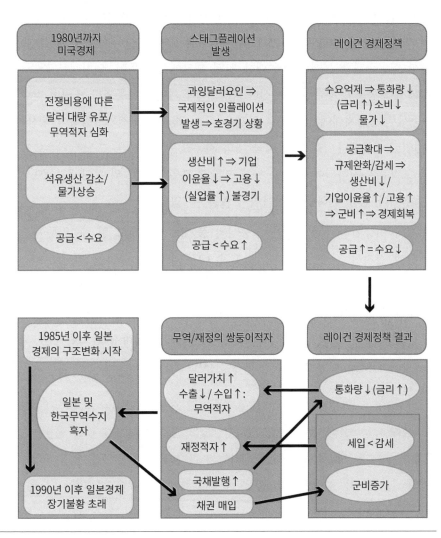

자료: 저자 작성.

3. 레이건 경제정책의 본질

레이건 정책의 본질은, 앞에서 말한 과점적 축적체제의 파탄에 의한 이윤율의 저하에 직면한 자본 측으로부터의 반노동자 공격임이 틀림없었다. 레이건 행정부는 1970년대의 두 자릿수의 인플레이션에 대한 '대중적 반감'을 이용해 케인즈주의를 공격하고, 통화주의(monetarism)에 따라 디플레이션 정책을 강행하여 '대량의 실업'을 배경으로 노동자에게 임금 인하를 압박했다. 레이건이 취임 직후에 실행한 항공관제관 동맹파업에 대한 일제 해고에서 보듯이, 연방정부 스스로가 솔선해서 노동조합 부수기에 나섰다. 한편 미국 기업은 노동조합 조직이 강한 북부·중서부 공업지대에서 남부로 공장을 이전, 혹은 다국적기업화하여 생산기지를 해외로 이동했다. 그 결과, 미국 내의 전통적 공업지역은 고스트 타운화해 조합의 조직률은 저하되어 유력한 전국 조합도 고용 확보를 위해 단체협약으로 임금 동결이나 임금 인하를 받아들이지 않을 수 없었다.

미국의 비농업의 실질임금은 노동성의 통계에 의해서도 알 수 있듯이 전후 20년간에 걸쳐서 지속해온 상승 경향이 1973~1974년 공황을 계기로 반전해, 1980년대에 들어서부터는 더욱더 하락하여 1973년을 정점으로 1986년까지 14%나 감소해 있었다. 또한 정부가 정한 '빈곤선' 이하의 소득밖에 얻지 못한 인구는 1960년의 3990만 명에서 1973년에는 2300만 명까지 감소했지만, 그 이후 증가세로 변해 1981년 이후는 다시 3000만 명을 넘어서 1985년에는 3320만 명에 도달했다.

그림 2-9 미국 노동자의 실질임금 (단위: 억 달러, 1977년 기준)

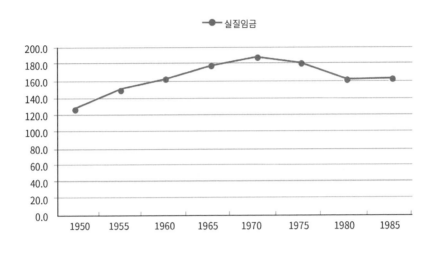

자료: U.S. Government Publishing Office(1988), Economic Report of the President

블루스톤의 분석에 의하면, 미국에서는 분명히 고용증가는 지속하고 있지만, 1980년대에 들어 눈에 띄는 것은 저임금 노동자의 고용증가였다. 그리고 고임금 부분의 비중도 약간 증가했지만, 중간층의 비중이 감소해 미국의 '고용 양극화'가 진행되었다. 그 결과, 미국의 노동자들 사이에서의 불평등이 확대되고 있었지만, 그것은 탈공업화(de-industrialization)와 기업 내의 노사관계의 구조조정(파트타임에의 전환, 이중 임금체계의 채용, 시간 임금의 인하를 동반하는 보너스제의 도입 등)에 의한 것이라고 그는 지적하고 있다[15].

한편 미국의 상용 풀타임 노동자 중에는 연간 임금이 1만 1100달러(1986년 가격) 이하의 저임금 층이 전체에서 차지하는 비중은 1963년의 21.4%부터 1970년에는 12.4%까지 하락했다. 그 후 1978년까지는 큰 변화는 없었지만, 1979년 이후 증가하기 시작해 1986년에는 17.2%까지 역전했다. 1979~1986년에는 고용은

15) 삿포로 미국연구세미나(1988년도)의 B.블루스톤 보고(The Great U-Turn: An Inquiry into Recent U.S. Trends in Employment, Earning, and Family Income)에 의한다.

18%로 늘었지만, 그 와중에 저임금 계층의 고용이 47%나 늘어 중간계층(1만 1100~4만 4400달러)의 증가는 11.5%에 멈추었다. 또한 미국 전세대(全世代)의 소득에 대해 지니계수를 계측해 보면, 1947년에는 0.376이었지만, 1968년에는 0.348로 소득의 평균화가 진행되었고, 그 후 반전 상승하였다. 특히 1980년 이후 소득의 불평등 지수는 급속하게 악화해 1986년에는 0.39로 1929년 대공황 이래의 최대 수준에 달했다. 전후 20년간에 진행된 소득의 평균화는 그 이후의 20년간 완전히 역전해 소득불평등으로 유턴하는 현상을 보였다. 이것은 1930년대 이래 미국 민주주의의 전통을 지켜온 '뉴딜연합(자본가와 노동자의 연합)'은 레이건 정책에 의해 완전히 파괴되어 노동자 계급은 자본의 공격 앞에 노출되어 후퇴할 수밖에 없게 된 것이 오늘의 미국 자본주의의 실태이다.

section 04 미국경제 부활과 금융위기(1990~2009)
- 클린턴의 경제정책과 금융위기의 전야(前夜) -

1990년대 미국경제의 세 가지 특징은 ① 미국 역사상 가장 긴 경기확대와 더불어, ② 초강세 주가 상승을 기록하고, ③ 실업률과 인플레이션이 낮은 '번영의 1990년대'를 실현했다는 점이다. 이 시기의 미국경제를 저널리즘이 표현하기를 '뉴 이코노미(New Economy)'라고 명명했다. 이 말은 베트남 전쟁 이후의 경제·사회의 장기정체 및 낮은 성장에서 벗어나서 자신감을 되찾은 미국인들의 마음에 새겨진 1990년대 미국을 상징하는 키워드가 되었다.

장기정체에서 벗어난 배경에는 ① IT(정보기술) 혁명으로 대표되는 혁신과 ② 금융투자 및 무역 면에서의 세계화 등의 진행 때문에 미국경제의 체질이 바뀌고, 그 결과 '강한 미국경제'가 부활했다는 인식이 있다. 특히 그것은 'IT산업'에 뒷받침된 국제경제에서 미국의 우위가 21세기가 되어도 흔들리지 않는다는 자신감을 나타내는 단어라고 할 수 있다. 그러나 그러한 열광(irrational exuberance)은 2000년 이후 소위 '하이테크 불황'의 그림자로 나타나 미국을 비롯하여 전 세계에 퍼졌다.

1. 클린턴(Bill Clinton: 1992~2001) 행정부의 장기 번영

■ 1990년대 초 미국경제 상황

1990년대 미국경제는 1990년 8월 걸프 전쟁의 발발을 계기로 짧은 기간의 경기침체(1990년 제3분기~1991년 제1분기 3분기)로부터 시작했다. 조지 W. 부시 대통령(아들)의 아버지 조지 부시(George Bush)대통령 시절(1989~1992)의 행정부(공화당)는 레이건 공화당 정권의 유산인 경기의 장기 확장이라는 긍정적인 유산과 더불어 거액의 무역적자 · 재정적자, 소위 '쌍둥이 적자'와 '노동생산성 저하'라는 부정적인 유산도 물려받았다. 이 같은 경기침체의 유산에 더하여 거액의 '쌍둥이 적자'까지 물려받은 조지 부시 대통령은 당면한 경제문제를 해결해야 하는 절박함에 놓여 있었다. 그러나 레이건 대통령의 후광을 업고 대통령에 당선된 조지 부시 대통령의 경제정책은 처음부터 정책적인 제한성을 가지고 있었다.

그림 2-10 미국의 경제성장률 추이 (단위: %)

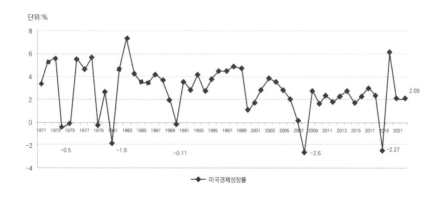

자료: OECD, http://stats.oecd.org/, IMF-World Economic Outlook에 의거 작성.
주: 경제성장률 = (금년도 실질 GDP − 전년도 실질 GDP) ÷ 전년도 실질 GDP × 100

[그림 2-10]에서 알 수 있듯이, 미국의 경제 상황은 1980년부터 시작된 경기 침체가 1983년부터 경기가 회복하더니 1985년을 정점으로 하락하기 시작하여 1987~1988년에는 경기침체가 저점에 이르러 이윽고 회복하는 듯이 보였다. 그러나 회복하는 듯 보였던 경기침체가 1990년 들어 다시금 더욱 심각하게 진행되고 있었다. 이러한 경제문제를 해결하기 위해서 어떻게든 재정 건전성을 회복해야 했던 조지 부시 대통령은 '증세와 지출감소 법안'을 제안했던 결과 분노한 공화당으로부터 배신자의 낙인을 받게 되었다. 이는 집권 초기 90%에 육박했던 지지율이 폭락하여, 설상가상으로 해당 법안을 통과시키던 시점 이후부터 미국경제가 더욱 침체 속에 빠져들었다. 여기에 실업률이 치솟게 되어 1992년까지 미국의 경기침체는 심각하게 전개되고 있었다.

　한편 이 같은 부정적인 유산 및 과제를 처리하는 중에 일어난 이라크군의 쿠웨이트 침공[16]은 1980년대 말의 경기침체 속에 찬물을 퍼붓는 결과로 나타났다. 결국 1990년대 초의 경기침체는 레이건 시절 장기간의 경기확대에 대비되어 상대적으로 심각한 경기침체를 초래했다. 또한 1980년대 후반 소비자물가 상승률이 연 4%를 넘어 미 연방은행(FRB)은 인플레이션 억제를 위한 금융긴축정책에 돌입했다. 그 결과 금융긴축이라는 마이너스 효과가 있던 것 외에도 걸프 전쟁으로 유가가 급등한 영향으로 소비자의 실질소득은 감소했다. 게다가 화이트칼라를 중심으로 하는 실업의 증대로 미국경제의 불확실성이 강해지면서 개인소비가 떨어졌다. 미국기업도 소비 감소에 대응하여 생산조정과 재고압축 및 인원 감소를 수반하는 대규모 구조조정(사업재구축)에 노력했다. '스태그플레이션(stagflation)의 재현'이라고도 말하는 당시의 경제 상태는 1992년 대선에 영향을 미쳤다. 조지 부시 대통령은 걸프전의 승리로 지지율은 높았지만, 민주당의 빌 클린턴 후보에게 패배해 재선을 이루지는 못했다.

　민주당의 빌 클린턴은 대통령(1992~2001) 선거 기간에 버스를 타고 미국전역

----

16) 1990년, 조지 부시 대통령(1989년~1992년 재임)은 사담 후세인 정권을 "세계평화를 위협하는 무법정권"이라고 매도하면서 이라크에 1차 전쟁을 벌였다. 아들 조지 W. 부시 대통령은 아프칸, 그리고 이라크와 2003년에 2차 이라크 전쟁을 실행함.

을 도는 신선한 방식의 선거유세와 '바보야, 문제는 경제야(It's the economy, stu-pid!)'라는 슬로건으로 미국인의 심리를 정확하게 알고 대중들에게 접근했다(그리고 젊고 잘생겼으며 매력적인 연설 솜씨 등이 승리의 원인이었다). 클린턴 행정부는 대내적으로 미국경제의 쌍둥이 적자(무역적자, 재정적자)를 해결하기 위해 우선 ① 정부기관의 상당 부분을 전자화해 공무원 30만 명을 해고하여 재정적자를 줄이기 시작했다. 또한 레이건 정부 이후부터 이어져 왔던 ② 감세정책을 폐기하고 누진세를 확대해 재정수입을 늘렸다. 한편 대외적으로는 재임 직후 나프타(NAFTA: 북미 자유무역협정)를 체결했고, 미국 통상법 301조(속칭 슈퍼 301조)를 부활시켜 거의 ③ 모든 국가의 무역, 관세장벽을 무너뜨리고, 우루과이 라운드 체제를 통해 미국의 비교우위 분야인 농산물, 서비스, 엔터테인먼트 사업 부분의 시장개방을 강제해 미국 산업의 시장 확대를 통한 무역적자 해소를 꾀했다.

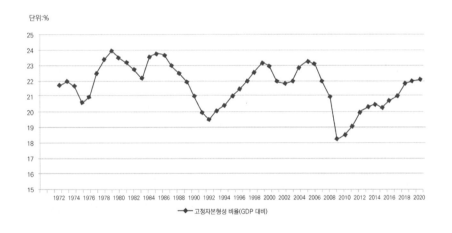

그림 2-11 미국 GDP 대비 고정자본형성 비율 (단위: %)

자료: 세계은행 DB에 의해 작성.

한편 더욱 중요한 것은 ④ 산업구조도 과거의 재래식 산업에서 미래산업으로서, 즉 'IT 산업과 금융산업'을 중점적으로 육성했다. 이러한 정책으로 마이크로소프트 주도의 IT 산업, 디즈니의 오락산업 등 최첨단 산업이 크게 발전했다. 다시 말해서 클린턴 정부의 가장 중요한 공적이라면, 다른 정권의 경제정책과는 다르게, 그 정책이 단지 통화 및 재정정책을 통한 경제재건이 아니라, 미국 산업의 재구축을 통한 일자리 창출이었으며 결과적으로 고용은 증가하고 실업률은 하락하는 호조건을 만들었다는 점이다. 물론 앨런 그린스펀 위원장을 필두로 하는 미연방은행(FRB) 주도의 경제개혁도 성과를 보여 정부재정이 흑자로 전환되었다. 선거 공약대로 클린턴은 미국의 경제를 최대 호황으로 끌어올렸고 교육개혁에서도 적잖은 성과를 거두었다. 또한 이스라엘과 중동 간의 평화협상을 위해 꾸준한 노력을 기울였고, 1998년 체결된 북아일랜드 평화협정에 막후 해결사 노릇을 하기도 했다[17]. 여하튼 빌 클린턴 대통령은 국제정치로도, 그리고 경제정책에서도 성공적인 성과를 거두었다는 점은 부인하기 어렵다. 빌 클린턴 행정부의 경제적 성과를 구체적으로 보면 다음과 같다.

1) 미국 역사상 최장기의 경기확대

1990년대는 미국 역사상 가장 긴 경기확대를 경험하는 시기였다. 미국의 경기순환 지표로부터 1990년대를 살펴보면, 세계경제를 견인하는 미국경제는 1960년대 이후 최장의 경기확대를 경신해 왔다. 즉, 미국경제의 첫 번째의 특징은 1990년대 장기간에 걸친 미국의 경기확대에 따른 번영이다. 사실 1990년대의 미국의 장기 번영은 이미 조지 부시 시대에 시작했다. 그 시작은 1991년 4월부터였다. 경기확대의 지속 월수는 2001년 2월로 119개월에 이른다. 제2차 대전 이후 미국경제는 지금까지 10번의 경기순환을 경험하고 있지만, 케네디·존슨 시대의 '황금의 60년대'의 경기확대가 1961년 3월 시작하여, 1969년 12월에 끝나기까지

---

17) 공산주의의 맹주였던 소련이 붕괴하면서 클린턴 집권기간 중에는 미국을 견제할 수 있는 거대 세력이 사라진 상태였다. 그렇기에 미국이 주도하는 세계화 정책을 무리없이 펴나갈 수 있다는 점에서 매우 유리한 위치에 있었다.

106개월로 과거 최장의 기록이었다. 1990년대에 세계경제를 견인하는 미국경제는 2000년 2월 시점에 1960년대의 기록에서 늘어나 이후 최장기 기록경신을 계속 해왔다. 이 장기간의 경기확대야말로 1990년대 첫 번째 번영의 특징이다.

실질 경제성장률은 연평균으로 볼 때, 1990년대 초반(1991~1995년)과 후반(1996~2000년)은 전반이 2.38%, 후반이 3.30%로 1996년 이후 경기확장이 가속하는 것이 특징이다. 1990년대 전반은 jobless recovery라고 하여 "고용 증대를 수반하지 않는 경기회복"으로 나타났다. 이 시기 미국을 대표하는 거대 기업이 대규모 감원·구조조정을 시행했다. 그 때문에 경기회복에 강력함이 느껴지지 않았다. 그러나 후반은 주가 상승도 있었으며, 기업은 설비투자, 고용 확대를 적극적으로 실시해 소비자도 금융·토지자본 및 생산증가에 따라 안심하고 대출을 늘려 소비경기 상승의 발걸음은 빨라져 경기회복의 강력함을 동반했다.

또한 1990년~1991년의 경기침체가 8개월 만이고, 이것은 제2차 대전 후의 수축 기간에 해당하는 평균 10.6개월에 비해 상대적으로 짧았다. 조지 부시 대통령의 마지막 경제보고서 (1993년 1월)에서 "성장의 중단은 일시적이었다"고 말했다. 한편 민주·공화 양당이 1990년대 공전의 호황을 만든 것은 누구의 공훈이냐고 논쟁했을 때, 민주당이 "클린턴 행정부야말로 미국경제를 구했다"고 주장한 데 대해, 공화당은 "1990년대 번영의 씨앗을 뿌린 것은 1980년대 공화당 정권(레이건 정권)"이라고 하였다. 이 장기간의 경기확대는 1982년 12월에서 시작되었다. 1990년대의 미국의 번영을 만들어 낸 요인을 생각할 때 유의해야 할 사항이다.

2) 낮은 인플레이션과 낮은 실업률의 양립

1990년대의 경기확장의 두 번째 특징은 낮은 물가와 실업률이 낮은 수준에서 안정적으로 장기간 양립했다는 점이다. 1990년대는 실질 GDP 성장률이 상승을 지속하는 것과 반대로 실업률과 근원 소비자물가(식량·에너지 가격을 제외한)에 상승률은 하락이 이어졌다. 미국의 실업률은 1997년 이후 5%를 밑돌아 비교적 낮은 수준으로 이어져 2000년 4월에는 3.9%로 낮아졌고 이것은 1969년의 3.5% 이후 30년 만의 낮은 수준을 기록했다. 한편 취업자 수는 기록적인 수준에 도달했

다. 비군사 취업자 수는 1억 3571만 명 (2000년 4월)에서 16세 이상 인구에서 차
지하는 비군사 부분의 노동참가율은 67.5%로 나타났다. 1960년대의 참여율은 겨
우 60.1%(69년)였다. 또한 1990년대 10년간 취업자 수의 증가는 1470만 명에 달
했다. 취업자는 10년간 12.4% 성장한 것이다.

물가도 근원 인플레이션(core-inflation)[18]은 낮은 상태로 안정이 이어졌다. 인
플레이션의 가속에 경기확대가 발목을 크게 잡혀 금융긴축 등을 통해 경기확대
가 끝나는 패턴이 지금까지 자주 반복되어 왔다. 즉, 제2차 대전 후 미국의 장기
경기확대기(60년대, 80년대)를 보면, 1960년대에는 당초 5년간은 낮은 인플레이션
하에서 경기의 강력한 확대가 나타났으며, 번영과 완전고용을 실현했다. 그러나
1960년대 중반 이후 베트남 전쟁에 의한 군사비 지출 증대가 인플레이션의 주요
인이라는 측면에서, 가속하는 인플레이션하에서 마침내 금리 상승과 금융긴축을
초래하여 1960년대의 경기확대는 종식되었다.

그림 2-12 미국의 금리와 실업률 (단위: %)

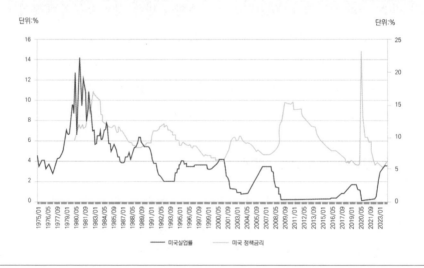

자료: 일본 CEIC 통계자료에 의거 작성.

18) 소비자물가지수에서 곡물 이외의 농산물과 석유류 등 외부 충격에 의해 일시적으로 급등
락하는 품목을 제거하고 난 뒤 산출하는 기조적(基調的) 물가지수.

1970년대 말에는 제2차 오일 쇼크의 영향도 있었고, 스태그플레이션하에서 막을 열었지만, 1980년대는 강력한 금융긴축에 따른 인플레이션 억제가 거꾸로 경제성장에 공을 세워 경기확대가 시작되었다. 경기확대 초기에 레이건 대통령의 '강한 미국' 정책 아래에서 달러 강세의 정책이 채택되고, 또한 유가의 급격한 하락도 다행스러운 요인으로 작용하여 인플레이션은 억제되었다. 그러나 경기확대가 장기화하고 실업률도 7% 이하로 낮아지자, 이후 인플레이션이 우려되어 금융긴축정책이 취해졌다. 이 긴축정책은 1987년 10월 19일 블랙 먼데이(주가 급락)의 한 원인이 된 것이다.

1990년대 미국경제에서 근원 인플레이션이 안정화된 배경에 대해 주로 다섯 가지의 요인을 들고 있다. 첫째, 세계화에 의한 수입처(국)의 다양화와 달러화 강세 정책에 따른 수입물품의 가격하락 및 안정요인이다. 특히 중국으로부터의 저가의 공산품 수입은 기업의 비용을 낮출 뿐만 아니라, 시장의 경쟁을 통해 가격인상을 억제하는 작용을 했다. 둘째, 제조업 설비가동률이 완전가동에 이르지 못해 항상 가동 능력에 여유를 남기는 수준으로 유지했다는 것이다. 셋째, 노동생산성 증가율이 높았다. 높은 고용 경제는 필연적으로 임금상승에 따른 물가상승이 발생하기 쉽지만, 생산성 증가가 임금상승을 흡수하고 물가상승으로 이어지지 않았다고 생각되는 것이다. 넷째, 규제완화의 효과도 물가하락을 주도했다고 말할 수 있다. 1970년대에 시작한 각 산업에서의 규제완화는 신규진입과 시장경쟁의 활성화로 이어졌다. 한 예로, 전력 및 통신산업을 들 수 있다. OECD는 규제완화에 의해 미국의 전력산업에서 0.13% 포인트, 통신산업에서 0.17% 포인트의 생산자물가가 낮아진 것으로 추측하고 있다.

마지막으로 인플레이션에 대한 기대는 소비자도 기업도 낮았던 것으로 생각된다. 특히 2001년 이후 세계적인 경기악화, 디플레이션의 경향이 강해져 생각해 보면, 5~10년 사이에 다시 인플레이션의 기대가 높아지는 것은 생각하기 어렵다. 한편에서는 경기가 후퇴 국면에 들어가면 실업자가 늘어나면서 실업률이 상승하는 것은 불가피하다. 2001년 들어 IT 불황이 9월 11일 동시다발 테러의 그림자가 널리 퍼지면서 경기침체의 색이 강해지고 미국에도 고용불안의 그림자가 퍼지기 시작했다.

3) 초강세 주식 시장

1990년대의 경기확장의 세 번째 특징은 주식시장이 장기간에 걸쳐 초강세를 유지했다는 것이다. 먼저 1990년대 주식시장의 상황은 대단히 예외적이었다. 뉴욕 증권거래소의 다우존스 공업 30업종(NY다우) 평균주가도 NASDAQ(나스닥 장외시장)주가도 '극적인 황소시장'을 전개했다. 그린스펀의 경고(1996년 12월)도 무시하고 2000년에 들어가면서 NY다우는 1만 1722달러(1월 14일), 나스닥 종합지수는 5048.62(3월 10일)의 최고치까지 뛰어올랐다. 1990년대 초반 NY다우는 3000달러대(1991년 4월 17일)에 머물러 있던 것이, 1995년 4000달러, 약 1년 후인 1996년에 6000달러, 1997년 7월에는 8000달러, 1998년 9000달러에 이어, 1999년 3월에 1만 달러대를 달성했다. 마침내 1999년 5월에는 1만 1000달러가 되었다. 1999년부터 2000년 사이 미국의 주식시장은 그야말로 초강세가 지배했다.

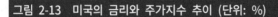

그림 2-13 미국의 금리와 주가지수 추이 (단위: %)

자료: KDB 대우증권 리서치센터(2017), 『KDB 투자 보고서』.

그렇다면 이 같은 미국의 초강세 주식시장이 어떻게 발현되었을까? 미국 주가 상승의 배경으로는 다음과 같은 설명이 일반적이었다. 첫째로는 1990년대 초 '기업실적의 회복'과 '금리인하'가 지렛대가 되었다. 먼저 NY다우를 구성해야 하는 기업은 씨티그룹, GM, IBM, AT&T 등 미국의 산업, 금융계를 대표하는 대기업인데 1980년대 후반에서 1990년대 초반 국제경쟁력 저하, 경영 악화에 시달려 최고 경영책임자의 해임과 거액의 적자기록에 몰렸다. 위기에 직면한 기업은 대규모 구조조정을 시행한 결과 기업성과를 급속히 회복시켰다. 기업실적의 회복과 경기의 순조로운 확대는 주가 상승을 연출하는 충분한 배경이라고 할 수 있지만, 1990년대 주가 상승의 설명은 그것만으로 충분하다고는 말할 수 없다.

한편 둘째로는, NY다우의 상승 외에 신흥시장으로 간주되어 왔던 나스닥 시장의 주가 상승이 견인차 역할을 한 것이다. 나스닥 주요 종목에는 마이크로 소프트, 인텔, 델 컴퓨터, 야후 등 창업한지 얼마 되지 않은 1980년대에서 1990년대 초에 걸쳐 급성장한 벤처기업이 많았다. 이 기업의 대부분은 정보기술(IT)관련 첨단기술(하이테크) 기업들이었다. 즉, IT혁명에 올라탄 나스닥이 비정상적인 주가 상승에 크게 기여한 것으로 생각된다. 주가 상승으로 주식시장에 자금 유입도 증가했다.

셋째로는 미국에서는 베이비 붐 세대(1946~1964년생 세대)가 노후를 위해 적립해 놓은 기업연금제도(401K 등)와 퇴직연금계좌(IRA: Individual Retirement Account)의 자금이 운용을 위해 주식에 대량으로 들어왔다. 즉, 미국인은 노후생활 설계의 기초가 되는 연금자금의 약 70%를 주식에 맡겼다고 말한다. 또한 해외에서도 뉴욕 주식의 상승을 보고 증권투자가 유입되었다. 미국의 가계는 1994년 이후 주가 상승 때문에 부가 급증했다. 이 같은 부의 증대는 소비의 성장을 매년 약 1.33% 올렸다. 한편에서는 자산이 늘어 주머니가 두둑해 짐에 따라 소비자의 지출증가는 가처분소득 증가를 초과는 방향으로 나타나 가계저축률은 2000년 제3분기에는 마이너스를 기록했다.

끝으로 연방정부의 재정수지 흑자 전환이 또 하나의 요인이다. 레이건 및 부시 공화당 정권이 국방비를 늘려 1990년에는 국방비가 세출 전체의 23.9%의 비중을 차지하여 재정적자를 확대시켜 미국경제에 무거운 부담이 되었다는 것을 고려할 때, 클린턴 정권이 국방비를 억제하거나 삭감 및 감소가 재정적자 감축에 기여한 것은 분명하다. 재정흑자는 미국경제의 21세기 전망을 밝게 했다. 2000년 클린턴이 대통령직을 떠날 당시 미국의 재정흑자 규모는 5590억 달러로 사상 최고를 기록했다. 당시 클린턴 대통령은 "강한 경제를 유지하기 위해서는 재정건전화 노선은 필수적"이라는 입장을 강조하고 2000년 1월에 미국 국채를 사들이거나 상환에 응해 연방 채무상환계획을 2년 앞당겨 시행하여 2013년에는 시중에 나돌고 있던 연방채권 3조 6000억 달러를 제로로 만들어 사실상 무차입할 방침을 나타냈다 할 정도였다.

2. 미국발 금융위기의 발현(2008년)

- 조지 W. 부시 정부의 실책 -

1) 금융완화 정책과 주택 버블의 확대

금융제도가 잘 작동하면 경제의 소득과 지출이 원활하게 계속 순환한다. 반면에 금융제도가 잘못 작동하면 금융시장에 심각한 문제가 발생하여 총산출, 고용 그리고 물가수준에 극심한 변동이 초래될 수 있다. 2007년~2008년에 미국의 금융위기를 설명하면서 금융제도가 '잘못' 작동되었다고 표현하는 것은 비교적 좋게 표현한 말이다. 이 시기에 미국의 금융제도는 1930년대 대공황 이후 가장 큰 위기를 맞았다.

2007년 미국발 금융위기의 배경에는 미국내 주택투자를 촉진하는 정책이 존재하고 있었다. 클린턴 행정부를 대신하여 2001년에 출범한 조지 W. 부시(George W. Bush: 2001~2009년, 조지 H. 부시의 아들) 행정부는 'IT거품 붕괴'로 인한 경기침체에 대처하기 위해 재정·금융정책을 적극적으로 활용해 경기회복의 하나의 방법으로 실시하지만, 그 과정은 경제활성화를 위해 개인소비, 주택투자를 대폭 확대한다는 것이었다. 먼저 '큰 정부'의 상징으로 간주한 재정흑자를 국민에게 환원하기로 하고 ① 대폭적인 감세정책을 실시했다. 2001년의 감세 규모는 10년간 1조 3500억 달러 규모로 주로 소득세를 대폭적으로 인하하고 상속세는 점진적 감소 이후 폐지한다는 내용이었다. 감세정책 이후 부시 행정부는 매년 새로운 감세법안을 성립시켜 2002년 950억 달러, 2003년 3510억 달러, 2004년 1400억 달러 규모로 감세를 실행했다. 또한 매년 새로운 감세법안과 더불어 법인세 인하, 자본이득의 세금 감면 등 투자우대세제의 확충도 실시하면서 대폭적인 감세정책을 계속했다.

한편 2001년의 9.11 테러 사건을 계기로 대테러 전쟁을 시작하고 ② 국방비 지출은 2945억 달러(2000년)에서 6073억 달러(2008년)로 2배 이상 확대했다. 미국의 국방지출은 군수산업이 국방상의 이유로 내수산업으로 형성되어 왔기 때문에 국내경제에 큰 자극 효과를 가지고 있다. 이러한 재정지출에 의한 경기부양책에 따라 2001년 1분기에 −1.3%였던 GDP 성장률은 2분기에는 +2.6%(정부지출의 성장기여도 +1.48%, 개인소비 +1.03%)로 상승했다. 재정지출의 확대는 경기침체를 억제하고 경기회복으로 움직이기 시작하는 데 큰 역할을 했다.

동시에 ③ 금융정책도 변경되어 금융완화 상태(저금리 상태)가 장기간 계속되었다. 미연방 공개시장위원회(FOMC)는 단기 정책금리였던 FF의 유도금리(은행 간 콜금리에 해당하는 미국의 대표적인 단기금리)를 2001년의 6.5%에서 2003년 6월에 1%까지 연속 13회에 걸쳐 인하했다. 그 결과, 단기 금리는 소비자물가 상승률(약 2%) 이하로까지 하락하고 실질 금리가 마이너스가 되는 금융완화 상황이 만들어졌다. 이 금융완화정책에 의해 주택금리와 소비자금리는 크게 하락했다. 미국의 모기지 금리(mortgage rate: 주택담보금리)[19]는 30년 고정금리가 8.05%(2000년)에서 5.83%(2003년)로 낮아지고, 여기 더하여 변동금리도 7.04%(2000년)에서 3.76%(2003년)로 크게 감소하여 역사적으로 낮은 수준의 금리가 유지되어 지금까지 일찍이 없었던 주택투자, 건설투자 붐의 요인이 되었다. 그리고 이 투자 붐이

---

19) 주택자금 수요자가 은행을 비롯한 금융기관에서 장기저리자금을 빌리면 은행은 주택을 담보로 주택저당증권을 발행하여 이를 중개기관에 팔아 대출자금을 회수하는 제도이다. 중개기관은 주택저당증권을 다시 투자자에게 판매하고 그 대금을 금융기관에 지급하게 된다.

바로 서브프라임(subprime: 비우량) 위기를 준비하는 서곡이 되었다. 동시에 금융완화정책 속에서 하락세를 나타내고 있던 주식시장도 2003년에 들어 반전하여, 다우존스 산업평균 지수는 2006년 후반에는 2000년 때의 최고치를 경신하기까지 회복하고 2007년에는 1만 4000달러를 넘는 수준까지 상승했다.

이러한 상황을 가계의 금융자산으로부터 살펴보면, 2000년부터 2002년까지 약 3.8조 달러로, 10% 이상 감소했다. 그중에서도 주식자산은 약 2.6조 달러, 약 33%라는 대폭적인 감소를 나타내고 있었다. 한편 같은 기간 총자산은 감소하지 않고, 금융자산의 감소액이 거의 실물자산의 증가 금액으로 상쇄되었다. 부동산은 약 13.3조 달러 증가하고 있었으며, 같은 기간 주택모기지 증가액을 공제하고도 약 12.1조 달러의 증가가 나타났다. 이 금액은 주식자산의 하락 폭의 5배 미만에 이르고, 부동산 가격 상승이 순자산의 감소를 보충하는 구조였다. 그리고 2003년 이후 주식시장의 호전과 함께 금융자산 가치가 증가하기 시작하여 금융자산과 실물자산이 함께 급속히 확대하고 2007년에 정점을 맞이하게 되었다. 이 양자의 관계에 더하여 주택자산의 가격 상승에 따른 현금(캐시 아웃)활용 방식을 살펴보면, 미국은 일본과는 달리 주택을 실제로 매각하지 않아도 주택가격 상승분을 현금화하는 방법이 일반화되어 있다. 그 방법은 주택가격 상승분을 담보로 신규차입을 하는 '캐시 아웃(cash-out)'이라 불리는 것으로, 2000년대에는 이 캐시 아웃이 매우 커졌다. 현금에 의한 수입(收入)이 개인소비로 돌아와 일정 부분 미국의 내수를 지탱하고 있었다.

그린스펀(전 연방은행 총재) 등에 의한 추계에 따르면, 캐시 아웃에 의해 현금화된 규모는 2004년 한해 연도에 5995억 달러, 가처분소득 대비 6.9%라는 규모였다. 동시에 이 현금화된 부분은 2001~2005년에서 보면, 주택의 수리비 충당분은 약 19%로 낮았고, 직접 소비지출에 약 21%가 충당되고 있었다. 소비자신용 등의 상환에 충당된 부분(약 16%)은 실제로 직접 소비지출과 같으므로 총액 기준으로 약 37%가 소비로 돌아온 셈이다. 한편 약 45%는 금융자산 등 자산구입에 충당되어 주택가격의 상승이 주식시장에 자금 유입의 큰 원천이 되었다. 즉, 주택가격의 상승이 주식시장의 상승도 지원하고 그 양자가 함께 주택 거품을 낳고 있었던 것으로 이해할 수 있다. 이러한 자산가격의 상승과 그에 따른 현금화 과정에서 미국의 개인소비는 크게 확대되어, 결과적으로 저축률이 크게 저하되어 일시적으로 마이너스로까지 떨어진 것이다. 이른바 미국이 과잉소비를 하는 배경에는 이상과 같은 구조가 있었다고 말할 수 있다.

한편 2001년 경기침체 이후 미연방 준비제도는 1990년대 후반 일본이 경험했던 극심한 디플레이션을 우려하여 2002~2003년 동안 연방 준비자금의 금리(federal funds rate)를 1% 포인트 인하된 수준에서 1년간 동결하였다. 그러다가 2004~2006년에는 미 연준이 인플레이션을 우려하여 통화긴축으로 돌아서서 기준금리를 1%대에서 5%대([그림 2-12] 참조)로 급속히 올렸으나 이미 주택가격에 거품이 형성되었고, 오히려 주택담보대출의 이자부담이 증가하면서 결국 비우량 주택담보대출의 부실을 가져왔다. 그리고 2008년 초 금융공황 상태를 완화하기 위해 미연준 금리를 다시 2%로 내렸는데, 이는 원유를 포함한 1차 상품가격(commodity price)의 상승을 부채질했다. 또한 2000년대 이후 미국이 막대한 경상수지 적자를 보여 왔지만, 중국 등 아시아 국가들은 지속해서 경상수지 흑자를 유지하는 세계경제 불균형 현상도 글로벌 금융위기의 주요 원인이 되었다. 중국 및 일본을 포함한 신흥시장 국가들이 대규모 대미 경상수지 흑자로 벌어들인 달러로 미국 국채를 매입하는 과정에서 엄청난 규모의 달러가 다시 미국으로 흘러들어가 유동성, 즉 화폐공급을 늘려주었고 장기금리의 하락을 가져왔다. 이에 2004년 미연준이 단기금리를 올리기 시작했지만, 장기금리(주택담보대출에 영향을 주는 금리)는 여전히 낮은 수준에 머물렀다. 하지만 당시 그린스펀(A. Greenspan) 미연방 준비제도 의장은 이러한 현상에 대해 신속한 금리인상을 통한 적극적인 대응에 나서지 않았다. 그 결과 비우량 주택담보대출을 포함한 대출이 크게 늘면서 이것이 2008년 금융위기를 가져온 주요 원인 중 하나가 되었다.

2) 주택 모기지론(주택 담보대출)의 실행과 문제

미국은 4년간 지속된 저금리(2000~2004년)로 인해, 인플레이션 압력이 커지자 2005년부터 정책 금리를 올리기 시작했고([그림 2-13] 참고), 이로 인해 대출이자

부담의 급등을 이기지 못한 파산자들이 속출하였다. 이에 따라 금융회사의 부실 채권이 급등하면서 집값 및 주가 급락으로 이어지고 소비침체의 악순환을 가져 왔다. 저금리로 불어난 통화가 주택가격 급등을 일으켰고, 부동산 버블이 커지면서 경기침체와 채권보증 회사의 부실 등 금융시스템의 불안을 동시에 초래한 것이다. 이 시기 미국은 전년 대비 집값이 6.7% 하락했고, 실업률도 전년 대비 5%로 늘었으며, 소비경제가 70%를 좌우 하는데, 소비위축의 악순환으로 미국경제는 심각한 타격을 받게 되었다.

2007년에 모기지 대출(주택담보대출)의 채무불이행이 크게 증가하면서 모기지 대출을 직접해준 금융기관뿐만 아니라, 주택담보대출을 취급하는 금융기관이나 이에 직·간접적으로 투자한 많은 금융기관이 재무 건전성에서 의심을 받기 시작했다. 주택담보 채무불이행은 대부분 비우량 주택담보에서 발생하였다. 서브프라임 모기지(subprime mortgage: 비우량 주택담보대출)[20]란 신용도가 평균보다 낮은 주택 구입자에게 이루어지는 대출로 이자율이 비교적 높다. 그런데 은행들이 이러한 서브프라임 주택담보에 대규모 간접투자를 하였다. 은행으로부터 대출을 받은 투자회사들이 주택담보대출을 직접 행한 회사로부터 주택담보대출의 채권을 인수한 것이다. 그런데 주택담보대출이 잘 상환되지 않자 투자회사는 빈털터리가 되었고, 은행은 이들로부터 대출자금을 회수할 수 없게 된 것이다. 결국, 은행들은 투자회사에 대한 대출금을 부실 처리할 수밖에 없었고, 이에 따라 은행의 지급준비금이 줄어들어 대출 여력도 많이 감소하였다. 이로 인해 경제는 큰 위험에 처하게 되었다. 소비자나 기업은 소비나 투자에 필요한 자금을 은행대출에 의존하고 있기 때문이다.

흥미로운 점은 위기가 터지기 전까지만 해도 은행이나 규제 당국은 주택담보대출의 채무불이행이 발생하더라도 은행의 손실은 크지 않을 것이라고 잘못 믿고 있었다. 즉, 주택담보증권이라는 혁신적인 상품이 손실을 줄여줄 것이라고 믿

----

20) 미국의 주택담보대출은 '프라임, 알트-A, 서브프라임' 3등급으로 나뉘는데, 프라임은 신용이 높은 개인을, 알트-A는 중간 정도, 서브프라임은 신용도가 일정 기준 이하인 저소득층을 대상으로 하는 상품으로 부실 위험 때문에 일반적으로 대출금리가 2~4% 정도 높다.

었던 것이다. 주택담보증권이란 주택담보대출의 상환금을 담보로 발행되는 채권이다. 예를 들어 은행이나 주택담보대출 회사가 주택담보대출을 하였다고 하자. 이들은 대출을 자산으로 보유하면서 매달 원리금을 상환 받을 수 있다. 그렇지만, 그렇게 하지 않고 이들은 수백 수천 개의 주택담보대출을 하나의 펀드로 묶어 이를 채권으로 팔아치울 수 있다. 펀드에 포함된 주택담보대출의 상환금을 받을 수 있는 권리를 파는 셈이다. 은행은 채권을 팔아 주택담보대출을 한꺼번에 회수할 수 있고 채권 투자자는 주택담보대출의 상환금을 투자수익으로 얻게 된다.

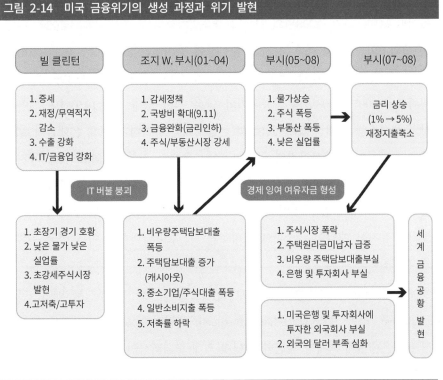

그림 2-14 미국 금융위기의 생성 과정과 위기 발현

자료: 저자 작성.

이것이 은행의 입장에서 보면 괜찮은 사업으로 보였다. 은행은 미래에 발생할 수 있는 주택담보대출의 채무불이행 위험을 채권 투자자에게 떠넘겼기 때문이

다. 그리고 은행은 주택담보대출의 족쇄에서 벗어났다고 생각했다. 그러나 불행하게도 은행은 주택담보증권을 팔아 회수한 자금의 상당량을 이들 증권에 투자한 투자펀드에 빌려주었다. 뿐만 아니라, 은행 스스로도 모기지 담보증권에 투자하였다. 규제 당국이 설정한 은행의 자기자본 비율을 맞추는데 도움이 되었기 때문이다. 그래서 주택담보대출의 채무불이행이 발생하면 은행이 직접 피해를 보는 일은 거의 없지만 간접 피해를 피할 수는 없었다. 실제 많은 주택 구입자들이 주택담보대출의 채무를 불이행하자 은행들은 아직 보유하고 있던 주택담보대출로 손실을 입었다. 그뿐만이 아니라, 주택담보증권의 투자자에 대한 대출도 날려버렸다. 그리고 투자회사에서 매입한 주택담보증권에서도 손실을 입게 되었다.

돌이켜 보면, 2007~2008년의 글로벌 금융위기와 세계 경기침체는 1929~1933년 은행위기와 대공황 이후 선진 금융시장에 불어 닥친 가장 큰 경제위기라는 점에서 1930년대 대공황과 비교해 볼 여지가 있다. 실제로 1929~1933년 당시 은행위기는 2007~2008년의 금융위기와 닮은 점이 있다. 즉, 1930년대 대공황 당시 은행시스템 전체적으로 예금주의 현금수요를 충족하기 위해 은행들이 보유자산을 투매하면서 자산가격의 급락과 함께 은행의 지불정지와 도산을 가져왔다. 이와 유사하게 2008년 글로벌 금융위기 때는 은행들이 유동성 확보를 위해 은행 간에 시장에서 앞 다투어 대출 회수에 나서면서 은행시스템 전체적으로 은행들의 보유자산 매각이 급증함에 따라 자산 가격이 급락하고 이는 결국 은행파산을 가져왔다.

2008년 미국에서 비우량 주택담보대출(서브프라임 모기지) 부실로 베어스턴스(Bear Sterns), 리먼 브라더스(Lehman Brothers), 메릴린치(Merrill Lynch) 등 미국의 대형 투자은행 3개 회사가 파산하고 세계 최대 보험회사인 AIG는 파산 직전까지 가면서 촉발된 글로벌 금융위기의 이면에는 오랫동안 국제금융시장 및 세계경제에 잠복되어 있던 구조적 문제점들이 있었다. 그중에는 저금리 정책기조, 세계경제 불균형(global imbalances), 금융기관 레버리지(총자산/총부채)의 경기 순응성과 고위험 고수익 파생상품 시장의 급속한 확대, 금융감독의 비효율성 및 대응능력 부족 등이 있었다.

section 05   2008년 미국의 대불황과 경제 부흥책
- 중산층 중심의 오바마 정부정책(Obama: 2009~2017) -

2008년 미국발 글로벌 금융위기에 대응하여 각국은 대규모 재정진작(fiscal stimulus)과 통화팽창을 실행했다. 특히 2008년 하반기와 2009년 상반기를 전후하여 선진국의 중앙은행들은 신속하게 정책금리를 낮추고, 신용공급을 확대하는 방식으로 시중에 유동성을 공급했다. 오바마 정부가 들어선 후, 미국경제는 시기적으로 경제위기의 한 중간에 놓여있었고, 그 상황은 공적자금의 도입과 실행이 없으면 곧바로 경제·사회가 대혼란에 빠질 수 있는 위기의 순간이었다. 따라서 당시 오바마 정부의 경제정책은 정부의 시장개입이라는 금융구제로부터 시작되었지만, 특히 금융제도개혁을 실행하지 않으면 안 된다고 생각했다.

따라서 오바마 정부의 경제정책은 ① 중간소득층(middle cless economics)을 중시하는 경제정책을 명시하여 레이건 정권 이후의 신자유주의적 경제정책과 결별했다. 그리고 '작은 정부론'이 아니고, '현명한 정부론'을 강조하면서 미국에 ② 이노베이션을 일으켜 민간투자를 활성화하는 기능과 ③ 교육에의 투자를, 그리고 ④ 재정정책(재정지출)을 통해서 경제를 부흥시킨다는 전략을 전개하려고 했다.

1. 글로벌 금융위기와 미국 정부의 대응

2007~2008년 미국의 대불황에서 경제부흥과 그 후의 경제성장은 연방준비제도이사회(FRB)의 금융정책과 오바마 정부의 재정정책의 혼합 정책의 성과로써 평가될 듯하다. 특히 미국 연방준비제도(FRB)의 적극적인 정책 대응은 버냉키(Ben S. Bernanke) 연준 의장에 의해 주도되었다. 미국 연준(FRB)은 연방 준비자금의 금리인하에 뒤이어 국채뿐만 아니라, 단기금융시장에서 기업어음(commercial paper)을 직접 매입하는 방식으로 시중에 자금을 지원하는 양적완화정책(quantitative easing)을 사용했다.

미국 연준(FRB)의 양적완화정책은 2008년 금융위기와 그 후의 대불황에 대응하기 위하여 사실상의 제로 금리정책과 양적완화정책이라는 두 가지의 비전통적인 정책을 실시했다. 다시 말해서, 미국 연준(FRB)은 2008년 12월에 정책금리인 FF금리[21])의 유도 목표를 연 0~0.25로 인하하여, 사실상 제로 금리를 실시했다. 그 후로도 3회에 걸쳐 양적완화정책을 사용하여 계속 시장에 자금을 공급했다. 1회의 양적완화정책은 2008년 11월부터 2010년 3월까지 계속되었다. 이 기간 중에 미국 연준은 3000억 달러분의 미국 장기국채를, 그리고 5000억 달러분의 주택론 담보증권(MBS) 등을 구입하여 시장에 총 8000억 달러분의 자금을 공급하였다[22]). 2014년이 되면서, 미국 연준은 출구전략에 돌입하여 그때까지의 채권 매입을 줄여나가기 시작했다.

이 결과 미국 연준(FRB)의 자산은 금융위기 전의 약 9000억 달러에서 약 4조 5000억 달러까지 폭증하였다. 즉, 금융위기를 해결하기 위해 4조 5000억 달러분의 유동성 자금이 시중에 대량으로 공급된 것이다. 미국 연준(FRB)은 이 같은 대량의 자산을 갑자기 축소하면 부활하던 미국경제에 대해 타격이 클 것으로 생각해 양적완화 종료 후에도 만기 채권에 대해 재투자 형식으로 4조 5000억 달러의 자산규모를 유지했다. 즉, 이 자산규모 만큼 시장에는 풍부한 자금 공급이 유지되면서 미국경제는 유동성 부족에서 벗어날 수 있었고, 게다가 미국경제는 다시금 부활할 수 있었다. 미국경제가 9년째 성장을 계속하면서 마침내 2017년 7월 이후 미국 연준(FRB)은 자산 축소에 돌입하였다.

한편 오바마 정부는 미국 연준(FRB)의 양적완화정책에 더하여 경제부흥 및 성장정책을 지원하기 위하여 많은 재정 관계의 법률 성립을 추진하였다. 구체적으로 보면, 개인 및 기업에 여러 가지 감세 및 공공사업을 확대하여 총액 7870억 달러의 미국의 부흥·재투자법, 대다수의 미국인 및 중소기업에 대해 감세의 영

---

21) 민간은행이 연방준비은행에 맡겨야 하는 준비예금의 과부족으로 은행 상호간에 빌리거나 빌려줄 때 적용되는 금리. 한국의 콜금리와 비슷함.
22) 여기에 더하여 3회째의 양적완화정책은 2012년 9월부터 2014년 10월까지 실시되어, FRB는 매월 400억 달러분의 주택론 담보증권(MBS)을 구입하였고, 2013년 1월부터 매월 450억 달러분의 미국 장기국채도 매입하여 시장에 자금을 공급하였다.

구화, 주정부 및 지방 정부에 재정지원이나 임시 실업급여의 연장을 담은 2012
년의 미국 납세자 구제법 등이 있다. 2015년에 예산법이 성립되고, 2016~2017
년 미국 국채의 상한선을 정지하여, 예산 가이드라인이 만들어져 강제적인 세출
삭감의 부담이 경감되면서 경기의 하락을 막았다.

2. 재정확대 및 금융완화정책의 결과

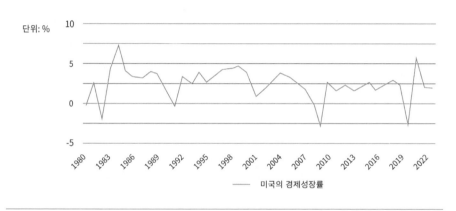

그림 2-15 미국의 경제성장률 추이

자료: IMF 통계자료에 의함.

  2009년 이후 실시된 금융완화 및 재정확대 정책의 결과로 미국의 주요 경제지
표들은 확실히 호전되었다. 즉, 2009년 7월부터 시작된 경기확대가 2018년까지
약 10년 가까이 경기확대가 지속되었다. 이 시기의 경기확대는 전후 최장기의 경
기확대였다. 그러나 아쉽게도, 2009년부터 2018년까지 10년간을 평균성장률로
추계하면 2%에는 도달하지 못했다. 즉, 이시기 미국의 경제성장률은 제2차 대전
이후 경기회복 국면에서 보면 가장 낮았다. 임금상승률도 완만한 증가세를 보였
다. 당시 오바마 정부는 이 같은 10년간의 장기 경제성장률은 강력한 경제기조
덕에 이루어진 것이라고 했다. 그러나 다른 한쪽에서는 금융위기 전의 경기 고점
에 비하면, 2009년부터 2017년까지의 미국경제는 연평균 1.25%의 성장으로, 과

거 50년간의 연율 평균 실질 GDP의 성장률의 절반이하라고 비판 받았다. 게다가 경기회복이 지리적 및 세대 간의 불평등밖에 일어나지 않았다고 지적하기도 했다.

한편 2008년 금융위기 후의 경제 상황을 보면, 개인소비 및 물가지수 등은 모두 상승 경향에 놓여 있어, 장기 목표인 2%를 향해 상승 중에 있었지만 목표에 도달하지 못했다. 왜냐하면, ① 저금리를 배경으로 개인소비가 견인하는 형태로 경기가 확대되었지만, 미국의 베비 붐 세대가 차례로 노동시장으로부터 퇴장하면서 노동참가율이 하락하는 중에 고용의 확대는 제조업 분야보다도 비제조업, 즉 서비스 분야에서 고용증가가 진행되었다. 게다가 고용증가의 상당 부분이 비정규직 노동자의 고용증가에 의해 지탱되었기 때문에 임금상승에 강력함이 결여되어 있었다. 그러나 2009년 10월 이후 실업률은 하락 경향에 이르러, 2017년 4월에는 4.4%에 이르렀다. 이것은 IT 버블 말기의 2001년 5월의 4.3%와 대략 비슷한 수준까지 하락했다.

그림 2-16   미국의 실업률과 임금 상승률

주: 민간 생산 및 비관리 근로자, 계절조정 백분율.
자료: 일본 ニッセイ基礎研究所에서 인용.

또한 소비자물가도 기대한 것만큼 상승하지 않은 결과로 나타났다. 왜냐하면, ② 2009년 10월 당시에 실업률([그림 2-16])이 지난 26년간 가장 높은 10%를 기록했다. 이것은 2006년 및 2007년의 평균 실업률인 4.6%보다 5.4% 포인트 더 높았다. 당시 높은 실업률은 임금상승을 억제했고, 동시에 2009년 중동의 민주화 사태로 인해 원유가격이 40달러에서 105달러까지 폭등했다. 그러나 원유가격의 폭등은 2014년부터 진정되어 1970년대의 35달러 수준까지 떨어졌다. 이 같은 생산비 상승 요인으로 인해, 일시적으로 미국의 물가수준은 2012년 4%까지 상승했지만, 2013년부터 2%대까지 하락한 후 2017년까지 안정적으로 유지되었다. 물론 오바마 정부도 경제성장을 강력하게 지속시키기 위해 경제지표를 나쁘게 만드는

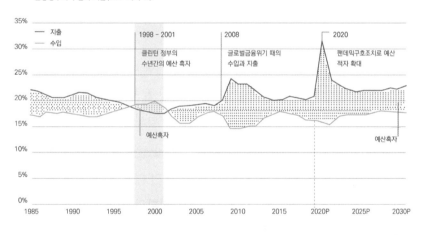

그림 2-17 미국 정부의 연도별 예산구조 추이

연방정부의 수입과 지출(GDP 대비 %)

자료: Peter G. Peterson Foundation에서 인용함.

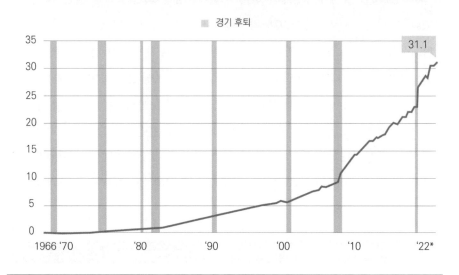

자료: Fed of St. Louis, Department of the Treasury에 의함.
주1: 2022년 10월5일 기준. 주2: 미국의 총 연방 공공 부채

배경 요소들에 대해 구조개혁을 제기했다. 구조개혁의 내용으로는 ① 노동생산성, ② 경제격차, ③ 노동참가, ④ 경제적 지속성 문제 등 4가지를 열거하면서, 이들 구조 문제의 개선이 미국 중산층의 부활에 열쇠가 된다고 생각했다.

한편 오바마 정부의 재정정책을 살펴보면, 2000년대 재정적자는 부시 대통령(아들 부시) 정권하의 대규모 감세와 아프가니스탄의 파병에 의한 군사비 지출 확대로 대폭 확장되었다. 게다가 2007~2009년 대불황의 여파로 세수가 대폭 하락하였고, 다른 한편으로는 그 불황에서 탈피하기 위해 대규모 공공투자와 감세를 진행한 2009년의 부흥법 및 불량채권 매수 프로그램, 주택공사의 구제, 여기에 더하여 차후에 진행되는 경기대책을 위한 재정입법 등에 따라 대규모적인 재정동원을 실행하고 있었다. 이 때문에 미국은 거대한 재정적자를 가지고 있었고, 채무잔고도 매년 폭증하고 있었다([그림 2-17, 그림 2-18] 참조).

오바마 정부는 전임 부시정부 시절의 재정적자 1.3조 달러를 반으로 줄이겠다

고 공약했다. 그런데 실제로 2008~2009년까지 연방 재정적자는 1조 4127억 달러(GDP 대비 9.8%)에 이르렀지만, 2013년에는 4075억 달러로 감액되어 재정적자는 6795억 달러(GDP 대비 4.1%)가 되었다. 재정적자 감소 내역을 보면, 2012년~2013년에 걸쳐 세입이 3251억 달러 증가하였고, 세출이 824억 달러 감소한 영향이 크다. 이는 경기의 회복에 따라 개인소득 세수와 법인 세수가 증가했기 때문이지만, 보다 주요한 것은 부시 정권 때 감세정책의 혜택자였던 45만 명의 고소득자들로부터의 증세의 영향이 크고, 세출 면에서는 국방비 관련 경비의 삭감이 주효했다. 오바마 정부 2기에도 끊임없는 재정적자 축소의 노력에도 불구하고, 2016년도 말까지 5847억 달러 재정적자로 총 14조 5394억 달러의 채무잔고가 남아 있었다. 그러나 결과적으로 보면, 2011년 재정 관리법 및 강제적 세출삭감 조치에 의해 오바마 정권기에 연방정부 재정수지(적자)는 대폭적인 개선으로 나타났다.

3. 오바마 정부의 경제격차 축소정책의 성과

오바마 정부의 '복지국가의 확대'는 세출 면에서 의무적 지출(복지관련 지출)이라는 '보이는 복지국가'와 세입면에서의 조세지출(복지 목적의 감면세)라는 형태의 '감춰진 복지국가'가 존재하여, 이 두 가지 형태의 복지국가를 위한 복지지원 세제가 계속 확대하고 있었다. 이 두 가지의 복지국가 확대를 위한 지원세제(稅制)의 소득재분배 효과가 미국의 소득격차를 어느 정도 축소시켰는지에 관하여 살펴볼 필요가 있다.

오바마 정권하의 자료를 토대로 살펴보면, 2013년도 지니계수는 0.442로, 2007년도 부시 정부하의 지니계수보다 축소되었다. 경제격차의 축소 구조는, ① 2009년 부흥법으로 대표되는 부흥성장정책으로부터 경제회복이 초래되어, 실업률이 크게 하락하고, 많은 실업자에 해당하는 저소득층의 소득수준이 상승했다. 또한 ② 일련의 조세정책의 의해서 고소득층의 조세부담이 증가한 반면, 저소득층의 조세부담은 경감 되었다. ③ 2010년 의료비의 경감부담 최적화법(오바마 케어)이 2014년부터 본격적으로 적용되어 저소득층에서는 의료비 격차가 크게 개선되었다는 것이다. 이들 세 가지의 경제격차 축소 요인을 근거로 할 수 있었던 것은 오바마 정권이 성립시킨 법률 때문이다.

1) 실업률 하락과 경제격차 축소

2007~2009년의 대불황에 대한 조치로써 공공투자와 감세정책을 주축으로 하는 2009년 부흥법 및 그 후의 재정입법에 의해서 고용자 수가 크게 증가하였다. 실제로 [그림 2-16]에서 당시 미국의 실업률을 보면, 2009년에 9.3%에서 2016년도에는 4.9%로 크게 하락했다. 또한 하락하던 임금이 2012년부터 상승 전환되어, 임금이 2009년에 비해 1억 8338만 달러로 증가했다. 이처럼 경기회복에 따라 노동시장이 호전되면서 저소득층의 소득은 상승하였다. 한편 고소득층은 투자소득이 많지만, 경제회복이 완만한 것에 더하여 2010년 금융규제 개혁법이 성립했기 때문에 IT버블기(2000~2008년)와 같은 투기적 행동들은 없어졌다. 또한 2012년 조세법으로 고소득층에 대한 세부담이 무거워지면서 그들의 소득 비중의 증가는 나타나지 않았다.

2) 오바마 케어의 실시와 경제격차 축소

의료비 최적화법(오바마 케어)은 2014년부터 본격 실행(2010년 3월 제정)되었다. 오바마 케어의 도입에 따라 2016년 초까지 2000만 명이 새롭게 의료보험에 가입해 무보험자율은 8.9%까지 하락했다. 오바마 케어는 약자, 소수인종, 저소득자를 포함하여 가입률이 낮았던 많은 사람들에 대해서 무보험자율을 크게 낮추었다. 이 때문에 연령, 인종, 소득 각층의 의료보험 가입의 격차를 감소시켰다. 이 같은 정책은 빈곤과 소득격차를 감소시키게 되었다. 미국 재무부 통계에 의하면, 2017년 오바마 케어에 가입으로 제10분위의 최저소득자의 소득이 25% 상승하였고, 제5분위의 최저소득층의 소득이 16% 상승했다고 한다. 또한 제2분위 세대의 소득은 5% 상승했다고 한다[23].

3) 감세정책의 실시에 따른 경제격차 축소

오바마 대통령은 취임 후에 근로자나 중간계층 세대의 근로를 지원하고, 빈곤을 감소시켜, 그들에게 많은 기회가 주어지기 위해서 새로운 조세법을 개정하였다. 모든 미국 국민이 최적의 의료보험에 가입할 수 있도록 하기 위해서 새로운 세액공제를 창설하였고, 또한 고소득층에 대해서는 클린턴 시대의 세율을 부활시켰다. 즉, 오바마 케어의 가입자 확대비용을 고소득자들의 책임 있는 증세를 통해 완전히 대체 지불하도록 했다. 오바마 정부가 실시한 증세는 최상위 소득계층에 부담이 집중되었다. 2017년 상위 0.1%의 소득계층의 세대는 그 해 평균 50만 달러 이상의 증세와 증세 후 소득의 9% 세액 감소를 감내해야 했다[24]. 이들 고소득자의 증세는 재정적자 삭감과 오바마 케어의 확대에 대한 재정 확보를 지탱해 준 것에 더하여, 직접적으로 세후 소득의 격차를 축소시켰다. 따라서 과세 후 소득분포는 오바마 정권 하의 소득재분배 정책이 중소득층에게 유리하게 작용하고, 고소득층에게 불리하게 작용했다. 특히 상위 0.1%의 최고 부유층은 소득분포의 비중이 크게 하락하였다.

section 06 기업 중심의 경제정책과 인플레이션의 발현

1. 기업 중심의 트럼프 경제정책(Trump: 2017~2021)

트럼프 정부에 이르러서는 미국의 정책 전개가 완전히 달라져, 오바마 정부의 경제정책을 완전히 바꾸는 특징이 있다. 트럼프 정부의 경제정책은 2017년 성립

---

23) 片桐正俊 (2018), 「オバマ政権の経済再生・財政健全化・経済格差縮小政策の成果と課題」, 「経済論集」第58券－3,4(中央大学).

24) 그 해 평균 50만 달러 이상의 증세와 증세 후 소득의 9% 세액 감소를 감내해야 했다. 그리고 상위 1% 세대는 평균 3만 달러의 증세와 증세 후 소득의 5% 세액 감소를 감내해야 했다.

된 '감세 및 고용법'이라는 2개의 축으로 이루어졌다. 먼저 법인세를 35%에서 21%로 기업 중심으로 하락시켰고, 개인소득세율도 인상시켰다. 그리고 투자를 모두 비용화하여 기업투자를 촉진하는 것으로 추진하였다. 즉, 트럼프 정부에 따르면, 법인소득 세제는 고도화 및 가속적으로 움직이는 자본과 세계시장에 비해 경쟁상 극히 불리한 세제라고 했다. 그 결과 미국 내의 자본형성이 저해되고, 자본의 심화가 없어 결과적으로 임금상승이 정체한다고 지적했다.

왜냐하면, 미국의 세제는 오래전부터 전 세계 과세였다. 즉, 미국의 기업은 세계 어느 지역에서 영업해 이익을 얻더라도, 미국 조세제도에 따라서 납세하지 않으면 안 되었다. 그러나 해외법인 납세유예 제도가 있기 때문에 이익을 본국에 가져오지 않은 한 과세되는 일은 없다. 따라서 많은 미국기업들은 기업이익을 세율이 낮은 조세 회피 지역으로 이전시켜 미국에 가져오지 않았다. 실제로 트럼프 정부의 조세정책 수정 후, 2018년에는 미국 투자가 급속하게 상승하는 사태를 목도하는 일이 벌어졌다. 트럼프 정부는 기업의 이윤이 법인세 감세에 의해서 증대되고, 그 결과 노동임금의 상승을 초래한다고 지적했다. 또한 설비투자의 완전 비용화에 따라 투자가 활성화되어, 노동수요가 증대해 임금이 상승한다는 완전한 '낙수효과(trickle down)의 가설'을 신봉하고 있었다.

한편 트럼프 정부는 최저임금을 상승시키는 것이 무엇보다도 중요하다는 말은 하지 않고, 오직 법인기업의 감세조치에 의해 노동임금의 상승을 초래한다는 증거만을 열거했다. 사실 2017년 과세법을 통과시킨 이후, 미국기업은 설비투자를 적극적으로 진행했다. 게다가 전 세계 과세에서 원천지 과세로 전환됨에 따라 감세에 의해 2018년에는 미국 다국적기업의 해외수익의 본국 송금이 급증했다. [그림 2-16]에 따르면, 감세에 따른 기업이익의 상승은 확실히 노동자에게 일시적인 임금상승을 초래했다. 기업 활동의 활성화는 노동수요의 증대를 초래해 실업률이 지금까지 없었던 낮은 수준에 머물렀다. 그러나 그것은 최저임금의 대폭적인 상승에 따른 소비수요 등의 경제저변의 성장(bottom up)에 의해 창출된 것이 아니라, 계속적인 경제성장에 의한 것이다. 또한 감세법은 레이건의 감세 이후 공화당 보수의 신자유주의적 경제정책의 특징을 계승한 것이었다.

트럼프 정부는 감세정책으로 개인소비가 향상되자, 오바마 정권의 보험최적화법에서 의무규정을 제외하고 보조금 삭감 및 규제완화 정책을 추진했다. 이처럼, 트럼프 정부는 오바마 정권과는 완전히 다른 정책 형태를 보였다. 즉, 트럼프 정부의 경제정책은 공급 중시의 경제정책이었고, 기업의 감세정책을 진행해, 투자를 적극적으로 장려하면 고용도 증가한다는 경제 논리는 오바마 정권과는 완전히 반대의 입장에 서는 정책 방향이었다. 다시 말해서, 최저임금의 인상 등에 따른 경제저변(bottom up)에 의한 경제 부흥 정책이 아니라, 기업의 투자활동의 결과로써 고용을 촉진시켜, 임금이 상승한다는 정책이었다. 확실히 미국의 임금은 당시 상승 경향에 놓여 있었고, 노동참가율도 상승하고 있었다. 그러면서 트럼프 정부는 지난 4년간 "산출, 고용, 고용자 보수의 상승은 모두 2017년 전에 구축해 놓았던 예측치를 초과했다"면서 자찬했다.

사실 트럼프 정부의 미국경제는 '대확대' 중에 있었다. 이처럼 말하는 이유로 실질 GDP의 성장이 있었다. 2019년 12월에 미국경제는 경기확대 127개월 차에 진입하고 있었다. 경제지표는 실질 GDP의 성장이 2009년 7월부터 2019년 12월까지 42분기의 플러스를 지속하고 있다는 점을 지적했다. 그러나 사실, 이 장기간을 경기의 '대확대'로 말한다면, 과거 실적에 비해 무엇인가 부족함을 느끼는 것도 어쩔 수 없다. 왜냐하면, 경기의 '대확대'로 말하기에는 너무나도 미국의 경제성장률이 지나치게 낮았기 때문이다. [그림 2-15]에서 보면, 2009년 7월부터 2019년 12월까지 미국의 실질 GDP 성장률이 2%를 넘지 않기 때문이다. 굳이 말하자면, '저성장 속의 고용증가'라는 비교적 양호한 경제 환경이 만들어졌을 뿐이다.

실제로 감세 및 고용법에 의해 2018년 이후 미국기업의 설비투자는 상승으로 전환되었고, 이에 따라 주식시장의 화려한 상승 경향이 초래된 것은 명확하다. 또한 노동수요가 증가하여 미국 사상 처음으로 3.2%의 낮은 실업률을 실현한 것도 명확하다. 그러나 실업률의 하락은 확실히 노동임금의 상승을 초래했다라고 말할 수 있지만, 그것은 기업의 이익에 비교해 보면 정도의 차이가 크다고 말할 수 있다. 트럼프 정부의 생각은 노동시장의 규제를 철폐하면 노동자의 빈곤은 해소되고, 공적지원으로부터 자유로워진다고 했다. 또한 직업상의 면허규제가 폐지되면, 노동자는 자유롭게 직업을 선택할 수 있고, 민간투자가 자유화되면 그들 지역의 경제성장과 함께 노동자의 경제적 지위가 향상된다고 생각했다.

그러나 장기에 걸친 미국경제의 안정적인 성장의 공과를 엄밀하게 말하면, 이 시기의 경기확대는 2009년 세계 경제위기 당시, 오바마 정부의 긴급 경제대책(금융완화 및 재정확대 정책)과 미국 부흥법, 그리고 재투자법의 실시 때부터 시작되었다고 말할 수 있다. 이때부터 미국의 실질 GDP 성장률이 플러스로 전환되었기 때문이다. 그 후 오바마 정부는 공화당의 방해에도 불구하고, 중간층 중시의 경제정책에 의해서 플러스 경제성장률의 유지를 8년간 지속할 수 있었다. 그 연장선상에서 트럼프 정부의 경제성장의 과실이 연결된 것이라고 보는 것이 타당할 것이다.

2. 바이든 정부의 경제정책과 인플레이션의 발현

코로나 위기 한창 진행 중이던 2021년에 바이든 정부(Joe Biden: 2021년~현재)가 들어섰다. 바이든 정부의 경제정책은 기본적으로 ① 공공투자의 확충, ② 노동자에 대한 인재 투자, ③ 경쟁 촉진을 통한 중소기업의 성장 지원이라는 세 가지 축으로 이루어졌다. 이는 중간층의 확대에 의한 경제성장의 실현을 목적으로, 앞선 오바마 정부의 경제정책과 괘를 같이한다. 즉, 부유층이나 대기업에의 감세가 경제를 활성화시켜, 저소득자층을 포함하는 사회전체에도 경제적 혜택이 돌아간다는 신자유주의의 '낙수효과(trickle down) 이론'을 거부하고, 경제 저변의 소득 증대(bottom-up)를 통한 경제 부흥의 논리는 종래의 경제구조의 근본적인 개혁을 목적으로 하는 것이다. 바이든 정부에 따르면, 유권자는 소비자와 노동자라는 두 개의 측면이 있기 때문에 비용인하 등을 통해서 소비자의 메리트뿐만 아니라, 임금상승 등을 통해서 노동자에게 경제적인 혜택을 초래하는 경제정책을 추진한다고 하였다. 즉, 비용인하와 임금상승을 통한 경제 저변의 소비수요 증대는 생산 및 투자를 유발하여 경제활성화를 도모한다는 논리였다.

그림 2-19 바이든 정부의 3대 정책

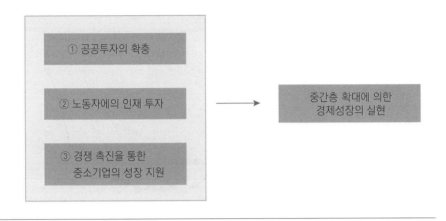

한편 바이든 노믹스는 트럼프 정부가 진행했지만, 충분히 실현되지 않았던 인프라 투자 및 국내 산업진흥을 계속 진행하는 부분도 있다. 이런 측면에는 공급경제학적 경제정책에 준하고 있다는 점에서 일정부분 트럼프 정부와 유사한 점도 있다. 실제로 바이든 정부의 공약대로 공공투자의 확충에 관해서 2021년 11월에 인프라 정비 등을 위한 인프라법, 2022년 8월의 안전보장 및 중요 산업지원을 위한 과학법과 인프라 억제법이 성립되었다. [그림 2−20]에 따르면, 그 결과 제조업 분야와 건설지출이 크게 확대되었다 . 또한 인프라 투자에 의해 도로, 다리, 공공교통, 항만 및 공항을 중심으로 한 교통 인프라 중심의 지출이 2,250억 달러 이상 배분되었다. 그리고 경제는 코로나19 당시부터 회복 국면에 놓여 있어 실업률이 역사적으로 낮은 수준에 머물렀다. 그 중에서도 소수인종이나 여성, 저소득자층의 고용환경 및 임금수준이 개선되었다고 한다. 또한 부유층과 대기업으로부터의 증세를 강화하는 방침을 발표하기도 했다.

그림 2-20 미국의 건설 지출의 추이 (2016년 1월 = 100)

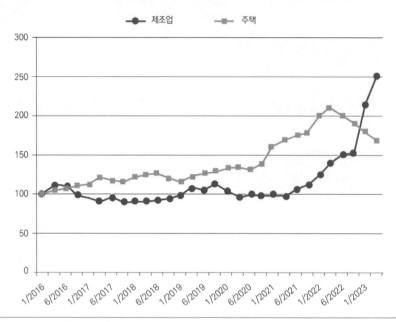

그림 2-20 미국의 건설 지출의 추이 (2016년 1월 = 100)

자료: 미상무성 자료에 의거 작성.

3.금융자산의 고축적(高蓄積)과 인플레이션의 발현

1) 금융자산의 고축적(高蓄積)과 그 문제

이 시점에서 우리가 주목하지 않으면 안 되는 것이 바로 경기확장기 동안에 발생한 자산 축적에 관한 문제를 살펴 볼 필요가 있다. 미국에서 자산이라고 하면 주택자산과 주식자산이 있고, 이 두 가지를 합쳐서 자산저축이라 한다면, 1991~2001년까지는 주식자산의 현저한 상승 경향이 특징적이다. 따라서 주택자산의 현저한 상승은 나타나지 않았지만, 자산순저축은 상승하고 있었다. 그러나 2009~2020년의 경우, 미국의 리먼 쇼크 후 주택자산의 상승은 상당히 억제되어 있어서 리먼 쇼크 이전의 수치를 회복되지는 않았지만, 주식자산의 상승은 리먼 쇼크 이전의 수준을 추월하여 자산순저축은 사상 최고의 수치를 기록하고 있다는 사실이다. 그러나 여기에 더하여, 2020년 이후 최근에는 주택자산의 급격한 상승까지 동반되어 주식자산과 더불어 자산시장의 급격한 상승을 경험하게 되었다. 이는 클린턴 정부 시절의 주식시장의 자금이 주택시장으로 옮겨가면서 양 시장이 동반 상승하는 경험적 사실과 맥을 같이 한다.

다시 말해서, 1990년대와 2009년 이후에는 실물경제로부터 벗어난 금융자산의 증대를 축으로 경제가 확장되었다는 점이다. 그렇지만 트럼프 정부는 금융을 기반으로 경제 번영이 계속되고 있다는 사실이 있음에도 불구하고, 이것에 관해 심도 있는 검토를 회피했다. 왜냐하면, 금융을 기반으로 한 부의 축적을 의논하기 시작하면 금융을 기반으로 부를 축적하는 계층과, 다른 한편으로 일하는 노동자 측에는 임금의 정체로부터 빈곤이 축적되어져 왔다는 신자유주의적 정책에 대한 부정적인 역사적 사실이 밝혀지기에, 트럼프 정부로써는 그 자체가 마주하기 싫은 현실적인 문제로 다가오기 때문이다. 오바마 정부는 경제불평등 문제를 정책과제의 정면에 배치한 후에 소득, 자산, 기회의 불평등을 어떻게 극복하고, 모든 성장의 과실은 모든 계층에 포괄적으로 실현되지 않으면 안 된다는 생각인 반면에, 트럼프 정부는 전혀 그렇게 생각하지 않았다. 트럼프 정부의 생각은 소득, 자산, 기회의 불평등에 관해서 그 무엇도 지적하지 않았다. 오히려 트럼프 정부는 감세와 규제철폐, 그리고 이노베이션의 촉진과 같은 구조개혁이 경제정체를 극복하여 계속적인 경제성장을 가능하게 했다고 자찬했을 뿐이다.

2009년부터 미국경제가 회복됨에 따라, 금융자산의 대폭적인 상승에 의한 경기확대기에는 경제격차가 크게 벌어지는 시기가 되었고, 금융위기와 함께 경제격차가 축소되었다. 그렇지만 경제위기를 극복하고 재차 금융자산의 대폭적인 상승에 의해 경제격차가 다시금 크게 벌어지는 현상이 반복되어, 일부 부유층의 광대한 부의 집중은 더욱 커지게 되었다. 결과적으로, 이 같은 부의 재구축이 가능했던 것은 위기 시에 정부가 채용하는 대량의 공적자금 투입과 대폭적인 감세정책, 그리고 중앙은행에 의한 대량의 자금 공급에 의해 부의 축적이 재건되었다고 해도 무방하다. 즉, 신자유주의 시대에 부유층이 경제위기로 인해 너무 힘들어지면, 그들은 정부를 움직여 그들 입맛에 맞게 경제위기로부터 탈출할 수 있는 정책을 유도하여, 마침내 금융자산을 기반으로 경기확대를 만들어내 더욱 높은 단계의 부의 축적이 가능하도록 움직였다. 결국 경제위기의 결과는 부유층의 몰락이 아닌 정부 정책을 통해서 더욱 공고한 부의 축적이 이루어지고, 빈곤층은 실직과 더불어 강력한 인플레이션 때문에 실질소득의 하락으로 인해 과거보다 더 낮은 소득불평등 속에서 살아가게 된다.

2) 2020년 인플레이션의 원인

근래의 마지막 경제위기는 2008년 미국발 금융위기로, 이것은 미국의 과도한 부동산 대출과 이를 이용한 금융채 발행이 원인이었다. 다시 말해서, 2008년 미국발 금융위기는 불량부동산을 채권화해 이들을 매매했다는 약간의 차이만 있을 뿐, 원론적으로는 자산시장의 거품에서 시작됐다는 일본의 사례와 크게 다르지 않다. 그로부터 10년이 지난 2018년 당시, IMF(국제통화기금)는 세계경제가 굴곡 없이 순조롭게 성장해 나갈 것이라는 전망을 견지하고 있었다. 실제로 2018년 시점에서 세계경제를 견인하는 미국의 소비가 증가세를 유지하고 있었고, 유럽도 소비가 회복기조를 유지하고 있었다. 당시 중국경제도 공공투자가 경기를 지탱하고 있는 가운데, 부동산 문제를 내포하고 있었지만 소비증가는 그다지 줄지 않고 있었다. 일본만은 소비위축이 남았지만, 그 만큼을 기업수익과 주택투자가 커버하고 있기 때문에 당분간은 큰 문제가 없었다. 세계경제 전체로 보면, 저성장 추세가 지속되는 가운데 여전히 호황의 한 부류에 속한다고 할 수 있다.

그러나 2019년의 본서에서 전망했듯이 "향후 세계경제를 생각할 때, 호황에서 불황, 그리고 위기로 전환될 수 있는 본질적인 문제가 경제의 심층부에서 불균형이 축적되고, 휘발성이 강한 불균형적인 요소들이 언제 발화해도 이상하지 않은 상황에 있다"는 점을 저자가 지적한 후 2023년 현재, 신은 우리의 문제를(경제문제를) 배반하지 않았다. 이미 경험하고 있는 것처럼, 현재 유럽은 물론이거니와 미국을 비롯한 아시아 각국의 인플레이션이 1981년 이후 최고 수준으로 폭등하는 상황을 목도하고 있다. 특히 지금까지 안정적으로 물가를 관리 및 유지하고 있던 미국의 물가수준은 2022년 12월에는 8.3%까지 급등하면서, 1981년 이후 최고 수준에 도달하였다. 당연히 미국 연방준비제도이사회(FRB)에서는 급격한, 그리고 과거에는 볼 수조차 없었던 과격한 금리인상을 수차례에 걸쳐 단행하기에 이르렀다. 2023년 현재 미국의 물가수준은 3% 중반에 머물러 있지만, 여전히 목표 금리(2%)보다 높은 수준에 머물러 있다. 그렇다면 2020년 이후 세계적인 인플레이션은 언제, 무엇 때문에 시작되었고, 그것은 과거의 인플레이션과 어떻게 다를까? 결론적으로 말하면, 2020년에 발생한 세계적인 인플레이션은 현실적으로 2020년 중국발 코로나19 때부터 시작되었다고 말할 수 있다. 그러나 더 엄밀하게 말하면, 현재의 인플레이션은 2009년부터 누적된 대량의 유동성 공급과 코로나19로 인한 대량의 유동성 공급의 결과가 「중첩」되면서 나타난 부작용이라고 보아야 할 것이다.

다른 측면에서, 2020년 코로나19로부터 시작된 세계적인 공급 쇼크와 급격한 경기침체, 그 후의 거대한 인플레이션의 발생은 구조적으로 1970년대인 석유위기 때의 세계적인 인플레이션과 유사하다고 말할 수 있다. 1970년대 초의 물가폭등의 원인은, 1960년 초부터 세계적인 달러 공급의 확대 과정 속에서 소비수요는 증가하는데, 반대로 석유가격의 상승 및 곡물 생산량의 감소 때문이었다. 특히 1973년~1974년 1차 석유위기는 전 세계를 충격의 도가니 몰아넣기에 충분했다. 소위 '경제침체 속의 물가폭등'이라는 전대미문의 스태그플레이션 (stagflation)을 경험하게 되었다. 이 충격은 1975년부터 조금씩 회복하는 듯 보였으나, 그로부터 4년 후인 1979년에 또 다시 2차 석유위기가 터진 것은 주지의 사실이다.

한편 미국이 베트남 특수작전으로 참전하기 시작한 것이 1961년이고, 그로부터 1971년 7월까지 10년간 미국은 베트남 전쟁에 추계 1억 2000만 달러를 투입했고, 1968년 기준 미국 GDP의 3.4%에 달하는 거액을 투입했다고 한다. 이 거액의 달러들은 전 세계로 유포·확대되면서 선진공업국은 물론이거니와 당시 발전도상국들의 경제발전에 마중물 역할을 함과 동시에 새로운 달러화 위기를 초래했다. 이것이 세계적인 인플레이션의 발현으로 나타났고, 또한 미국 중심의 세계체제가 흔들리기 시작하는 동기가 되었음을 부인하기 어렵다. 여기서 중요한 점은, 베트남 전쟁으로 광범위하게 유포된 달러화에 의한 세계적인 인플레이션 속에서 생산비용을 결정하는 석유위기가 터졌다는 것이다. 이 두 가지 요인이 시차를 두고 「중첩」되면서 세계경제는 '경제침체 속의 물가폭등'이라는 스태그플레이션(stagflation)을 발현시켰다.

문제는 제1차 석유쇼크의 충격이 해소되기도 전에 1979년 2차 석유위기가 시간적으로 「중첩」되면서, 1980년 초의 세계경제는 36개월이라는 최장기 경기침체를 경험하게 되었다. 게다가 심각한 것은, 석유가격이 1960년대 초에 3달러 수준에서 1974년에는 14달러 수준까지 무려 4배 이상 폭등하면서 미국의 소비자 물가수준을 14%([그림 2-1])까지 끌어올렸다. 따라서 1980년에서 1984년까지 유럽 및 일본경제는 최장 36개월이라는 장기 불황을 겪게 되었고, 그리고 한국의 경우는 1981년 1차 외환위기를 겪게 되었다. 이 세계사적 경험을 통해서 선진공업국들은 경제·산업구조를 재편하게 되었다는 것 또한 말할 필요도 없다.

이 책이 2019년 처음 출간되고 4개월 후, 중국에서 코로나19 사태가 터지고, 그 다음해인 2020년 2월에 코로나19 사태로 인해 전 세계의 항구 및 항만이 봉쇄되었다. 그 때문에 국제물류가 마비되면서 순식간에 전 세계는 원재료 및 중간재, 그리고 인적교류가 단절되면서 세계적인 공급부족 사태가 발생하기 시작했다. 또한 그동안 진행되었던 미·중 무역마찰로 인한 경제 관계가 패권 및 안보 영역으로, 그리고 자유진영의 생산관리 시스템으로 새롭게 전환 및 재편되면서 새로운 위기의 토양이 되었음은 말할 필요가 없다. 여기에 더하여 러시아의 우크라이나 침공은 엎친데 덮친격으로 석유가격의 폭등을 유발하면서 세계경제를 순식간에 1970년대 제1, 2차 석유위기 때와 같은 공황상태로 몰아갔다. 이 같은 일대 사건은 2019년 본서가 처음 발간 된지 불과 1년 후에 발현된 세계사적 사건이자 충격이었다.

그림 2-21 미국 소비자 물가지수(CPI)와 CPI주거비 추이

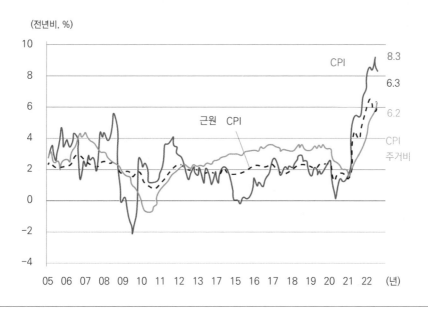

(전년비, %)

자료: Bureau of Labor statistics 및 블룸버그에서 인용.
주: CPI주거비는 주택임대 및 귀속임대로 구성되고, CPI는 32.2%, 근원
　　CPI는 41.5%를 점유(2022년 7월 시점).

　2020년 이후 미국의 소비자 물가수준은 2021년에 최고 8.3%수준으로 1970년 대 보다 낮은 수준이지만, 1981년 이후 최대의 물가상승률을 경험하였다. 그렇다 면 2020년 이후의 물가폭등은 1970년대의 경제상황과 무엇이 다르고, 또한 무엇 이 유사할까? 1970년대 석유위기에 의해 발생한 '스태그플레이션(stagflation)'이 자본주의 시장경제에서 처음 경험해 보는 경제 쇼크였다면, 2020년 코로나19에 의한 경제 쇼크 또한 21세기에 맞이한 초유의 경제 현상이자 '경제공황'이었다. 이 경제 쇼크는 각국의 사회·경제·문화, 그리고 더 나아가 세계사적 경제운영 시스템의 본질적인 변화를 초래했다.

　먼저 수요 측면에서 현재 상황을 1970년대 전후의 경제에 비추어 살펴보자. 2008년 미국발 금융위기에 대한 경제적 해결 및 사회복지 개선을 위해 취했던 미국의 막대한 재정지출과 금융완화정책의 결과로 유포된 달러가 회수되기도 전

에, 공교롭게도 2020년 코로나19가 세계적으로 발생·확산되면서, 각국은 순식간에 항만 및 공항 출입을 통제하였다. 일명 공급 쇼크가 세계적으로 발생하면서 세계경제는 순식간에 경기침체에 직면하였고, 이를 해결하기 위해서 각국은 역시 막대한 재정지출과 금융완화정책을 통해 유동성 증가를 유도했다. 즉, 2020년 코로나19에 의한 경기침체를 극복하기 위해서 미국을 비롯한 각국 정부 및 금융당국은 앞 다투어 재정지출 확대와 통화량 증대로 대응하였다.

더욱 문제가 되는 것은, 2008년 미국발 금융위기 때에 공급된 확대 재정지출과 중앙은행에 의해 공급된 대량의 달러화, 그리고 지난 20년간의 미국의 아프가니스탄 전쟁비용에 따른 대량의 달러 유출이 2017년의 금리인상에 따라 해소되기도 전에, 불행하게도 2020년 코로나19의 위기 해결을 위한 대량의 달러 공급이 「중첩」되면서, 누적된 대량의 달러화 공급이 광대한 소비수요의 증가로 작용했음은 말할 필요도 없다. 공교롭게도, 2008년 이후 누적적으로 증가한 달러화의 대량 공급(수요증가)과 2022년 러시아의 우크라이나 침공은 석유가격의 폭등에 따른 공급감소와 맞물리면서 세계경제를 순식간에 1970년대의 제1, 2차 석유위기 때와 같은 공황상태로 몰아갔다. 이것이 오늘날 1970년대와 같은 '경기침체 속에 물가상승'라는 경제현상을 만들어 낸 본질이라고 말할 수 있다.

더욱 심각한 것은, 미국이 아프가니스탄 전쟁에 투입된 것이 2001년부터 2020년 7월까지 20년간이며, 이 기간에 아프가니스탄 전쟁을 위해 투입된 미국의 전쟁비용이 2억 4000만 달러(한화 2700조 원)라고 한다. 이 금액은 당시 미국 GDP의 4.3%에 해당하는 거대한 금액으로, 이 전쟁을 위해 지출 및 유포·확대되었다. 또한 미국의 대외전쟁은 경기침체를 초래하기 보다는 대체로 경기확장을 불러와서 호경기를 만들어 낸다[25]. 따라서 오바마 정부든 트럼프 정부든 이라크(2003년) 및 아프가니스탄 전쟁(2001년)을 통한 재정지출과 경기확대의 혜택을 양정부 모두 받았음은 부인하기 어렵다. 당연히 1970년대처럼, 달러화의 가치는 폭락하기 시작했고, IT버블과 함께 세계적인 자산가격의 상승을 불러왔다. 또한 화

· ·

25) LG주간경제, 전쟁과 경제, 2001.10.17.

폐시장에서는 달러 자산을 대체하고자하는 욕구가 분출되면서 '가상화폐의 전성기'를 만들어내는 기이한 경제 현상까지 만들어졌다.

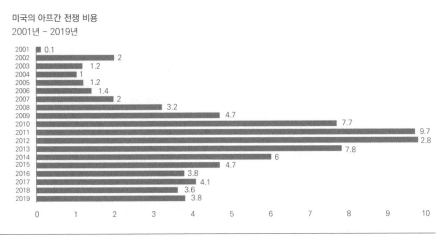

미국의 아프간 전쟁 비용
2001년 – 2019년

자료: BBC News 코리아 2020.03에서 인용(원자료: 미국 국방부).

주: 마샬K는 통화량(M2)를 명목 GDP로 나눈 값. 점선은 1998년~2019년 12월까지의 트랜드 선.
자료: 일본 CEIC 통계자료와 일본은행 통계자료에 의거해 작성.

한편 이 같은 경제 현상을 마샬K로부터 살펴보면, 마샬K는 통화량(M2)을 명목 GDP로 나눈 것으로, 이는 국내총생산량(GDP)에 대해서 통화량이 얼마만큼 적절하게 공급·유지되고 있는지를 나타내는 지표이다. 마샬K([그림 20-23])를 통해 2008년 이후 미국의 통화량 추이를 보면 네 가지 정도의 특징을 발견할 수 있다. ① 미국의 통화량이 2003년부터 명목 GDP 대비 0.6배에 근접하는 증가를 보이고 있다. 이때는 아프가니스탄과의 전쟁 초기였고, 2007~2009년에는 글로벌 금융위기로 통화량이 감소하였다. ② 오바마 정부 때인 2009년부터 2018년까지 명목 GDP 대비 통화량은 0.7배까지 10년간 지속적으로 증가했다. 이렇게 공급된 달러화 급증에 더하여, ③ 2020년부터는 코로나19에 대응하여 공급한 통화량이 거의 수직 상승하면서 마샬K는 0.94배까지 급증하였다. 그리고 ④ 2003년부터 미국의 통화량은 2023년까지 우상향의 경향적 증가세를 보이고 있다는 점이다. 이처럼 가히 폭발적인 통화량 급증에 걸맞게 미국을 비롯한 대부분의 국가들에게서 근래에 보기 드문 거대 인플레이션이 발현되는 것은 너무도 당연한 일이었다. 즉, 2009년부터 시작된 대량의 달러화 공급에 더하여, 지난 20년간의 아프가니스탄 전쟁비용에 따른 대량의 달러 공급이 「중첩」되면서 부(-)의 경제적 파급효과가 상당히 커졌다는 것이다.

게다가 [그림 20-21]의 소비자물가 그래프를 살펴보면 몇 가지 특징이 있다. 먼저 ① 2011년부터 2020년까지 근원 CPI보다 CPI 주거비가 장기간에 걸쳐 더 높게 상승하는 것을 알 수 있다. 즉, 근원 CPI(식품, 에너지 제외)는 안정적으로 유지되는 반면에, CPI 주거비는 통화량 급증에 대응하여 사무실 및 주택 임대비용이 장기간에 걸쳐 증가하고 있다. 이것은 2021년 이후 부동산가격 상승으로 나타났음은 말할 필요도 없다([그림 20-24] 참조). ② 또한 2021년부터 마샬K가 급증할 때 CPI 주거비도 정확히 동시에 급증했다는 것은 부동산가격 상승은 거의 대부분이 통화량에 의해 크게 영향을 받는다는 것을 간접적으로 알 수 있다. ③ 2021년부터는 CPI 지수가 석유가격 폭등에 영향을 받아 CPI 주거비보다 높고 가파르게 상승하고 있다는 점이다.

즉, 이때부터는 미국 연준(FRB)이 기준금리를 인상하기 시작하면서 CPI 주거비의 상승 속도가 둔화되기 시작한 반면에, CPI는 통화량 급증과 공급부족이 「중첩」되면서 오히려 급상승하기 시작했다는 점이다. 그 결과 미국 연방은행은 그때까지 경험해지 못한 속도로 금리를 1.2%에서 5.5%까지 2개월에 한번씩, 심지어 금리인상을 한번에 0.75%포인트씩 올리기도 했다. 그 덕분에 현재 미국의 물가는 진정되는 듯 보였으나 여전히 3%대 중반에 머물러 있다.

그림 2-24 미국의 주택가격과 주택 임대비 추이

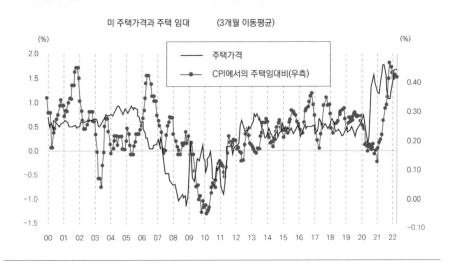

자료: Business insider.jp, 07.15. 2022에서 인용.

한편 공급 측면에서 보면, 2020년 이후 가장 큰 변화는 리카도의 무역이론에 근간을 둔 생산비이론에 반하는 역내 중심의 생산조직 및 산업구축이라는 '자급자족적 경제체제로의 전환'을 미국 및 유럽, 그리고 일본이 구축하려 한다는 점이다. 종래에는 미국을 중심으로 저가의 생산품은 중국을 통해서 수입하고, 첨단제품은 수출한다는 무역구조에서, 이제는 무역마찰과 코로나19의 영향으로 선진 공업국을 중심으로 핵심 및 전략산품에 대하여 자국내 생산을 전제로 하는, 그리고 자유진영을 중심으로 새로운 공급망(SCM)을 구축한다는 전략은 세계경제 시스템에서 보면 기회이자 위기를 불러오고 있다.

과거에는 사회주의 경제체제와 자본주의 경제체제는 본질적인 이질성을 가지면서도, 현실적으로 타협하면서 자본주의 경제체제 안으로 '편입 및 융합' 시키려는 시도가 비교적 강렬했다. 그러나 2020년 코로나19에 따른 경제 쇼크 후, 미국 중심의 자본주의 경제체제는 '편입과 융합'을 선택하기보다는, 중국과의 무역마찰에 더하여 새로운 패권경쟁 구조와 맞물리면서 본격적으로 '배제와 붕괴'를 선택하는 듯 보였기 때문이다. 이들 대부분의 구조변화는 공급부족의 문제로 나타났음은 말할 필요도 없다.

이것은 단순히 물류를 통제한다는 조치를 넘어서, 미·중 무역마찰과 패권경쟁과 결합되어 그때까지 구축 및 유지되어왔던 다국적 경제시스템이 수정되어, 영내 중심의 산업생산 시스템으로의 전환을 의미하는 것이었다. 이 과정 속에서 각국 경제는 필연적으로 공급망에 충격이 발생했고, 생산·공급에 심각한 문제를 초래했다. 이는 공급부족에 따른 경기침체를 불러왔고, 여기에 더하여 2021년 러시아의 우크라이나 침공은 곡물가격의 폭등과 더불어 석유 및 천연가스 가격의 폭등으로 나타났다. 게다가 저가의 중국 공산품 수입이 2014년부터 감소하기 시작하여, 트럼프 정부 때에는 더욱 감소하여 미국의 물가상승 압력으로 작용했다. 특히 2022년 2월 러시아의 우크라이나 침공은 제2차 석유위기 때와 같이 석유가격을 폭등시키면서 '물가폭등 속의 경기침체(stagflation)'라는 1970년대의 '공급 쇼크'를 그대로 재현시켰다.

여기서 한 가지 의문점은, 1970~1980년 초에 소비자 물가수준은 14%를 넘었는데 왜 현재의 소비자 물가수준은 1970년대와 유사한 구조 속에서도 2022년 8.3%까지만 폭등했을까에 관한 문제이다. 1970년대 원유가격 상승폭을 [그림 2－25]에서 살펴보면, 1973~1974년 사이에 원유 가격은 3달러 수준에서 14달러 수준으로 4배정도 폭등했고, 1979년~1981년에는 20달러에서 70달러 수준으로 3.5배 수준으로 폭등한 상태였다. 그러나 2000년 이후 원유가격은 많이 올라야 70달러 수준에서 140달러 수준으로 약 2배 정도의 폭등이었고, 이 가격 상승은 미국을 비롯한 서방 세계의 GDP 증가에 1/2정도밖에 안 되는 상승이다. 즉, 원유가격의 상승 정도에 비해 선진 각국의 소득증가가 더 높았기 때문에 원유가격

상승의 부정적 효과가 상당부분 상쇄되었다고 생각한다. 다시 말해서, 원유가격의 상승과 같은 공급 쇼크와 수요증가가 「중첩」되더라도 원유가격 자체가 과거에 비해 1/2밖에 폭등하지 않은 상태에서는, 즉 물가폭등의 현상이 나타나더라도 1981년과 같은 14%대의 고물가 현상은 나타나지 않았다라고 생각할 수 있다.

그림 2-25 원유가격 추이

자료: http://www.garbagenews.net/.07.18.2023에서 인용.

　물론 20년간의 미국의 아프가니스탄 전쟁비용과 우크라이나에 대한 전쟁비용 지원에 따른 대량의 달러 유출과 그를 위한 대량의 미국 채권 발행의 부정적 결과는 상당기간 지속될 것으로 보인다. 즉, 대량의 미국채 발행은 채권가격을 하락시키고, 채권 금리는 반대로 상승하면서 미국 및 각국의 시장금리를 상승시켜, 결국에는 실물경제의 침체와 부동산을 비롯한 자산시장의 폭락을 초래할 가능성도 생각할 수 있다. 실물경제의 침체는 실업률을 증가시키면서 다시금 소비침체와 더불어 생산 감소로 이어진다는 것은 말할 필요도 없다. 그러면 미국을 제외한 선진 각국의 경기침체는 최소한 2020년부터 2024년까지 역대 최장기 불황으로 기록될 가능성까지 내포하고 있다고 볼 수 있다.

소결

1970년대 미국 패권의 후퇴는, 1980년대에 들어서 레이건 정권에 의해 '쌍둥이 적자'의 확대에서부터, 채무국으로의 전락에 이르기까지 경제적인 문제를 초래하게 되었다. 미국의 산업적 쇠퇴에 의한 무역수지 적자는, 지역별로는 일본, 독일, 중국에 멈추지 않고, 선진 공업국은 물론 라틴아메리카를 포함한 발전도상국에까지 번지고 있다. 미국이 기술적 우위에 의해 여전히 흑자를 유지하고 있는 것은 간신히 항공기뿐 이다.

레이건 정책에 의한 달러화 강세가 미국의 무역수지를 악화시킨 직접적인 요인이긴 하지만, G5합의(1985년) 이후 지금까지 꾸준히 실행된 달러가치의 하락이 미국 상품의 가격경쟁력을 회복시켜 무역적자의 해소를 불러일으키기에는 역부족일 수밖에 없다. 달러화 가치의 인하로 인해 무역수지 개선에 어느 정도의 효과는 있겠지만, 지금까지 그래왔듯이 그 효과는 일시적인 것에 지나지 않는다. 왜냐하면, 달러화가치 인하에 의한 외국상품의 인상은 미국 과점기업의 제품인상에 의한 수익개선을 초래할 뿐, 이미 몇몇 품목에서는 국내의 공급능력 그 자체가 사라져버려, 국산품이 수입품을 배제하고 수입의 삭감에 성공한다고는 생각하기 힘들다.

따라서 미국 정부와 의회는 클린턴 정부가 그랬듯이 앞으로도 '공정무역(fair trade)'이라는 명목으로 상호주의의 원칙을 강조해 무역흑자 국가에 대해 시장개방을 강요하지만, 미국산업의 국제경쟁력 회복이 없는 이상, 사태의 해결에는 도달하지 못할 것이다. 관련된 두 국가 간의 정치 접충(接衝)에서 상대국의 양보를 강요하는 방법은, 어차피 외교적 압력으로 무역흑자 국가에 대해 '수출 자주규제'를 강요하는 것으로 '관리무역'을 확대하는 것뿐이고, 자유무역의 원칙을 부정하고 보호무역주의를 강화하는 것이라고 말할 수 있다.

한편 2020년 코로나19 이후 가장 큰 변화는 생산비이론에 반하는 역내 중심의 생산조직 및 산업구축이라는 '자급자족적 경제체제로의 전환'을 미국 및 유럽, 그리고 일본이 구축하려는 정책기조가 강렬하다. 이제는 무역마찰과 코로나19의 영향으로 선진공업국을 중심으로 핵심 및 전략산품에 대하여 자국 내 생산을 전제로, 그리고 자유진영을 중심으로 새로운 공급망(SCM)을 구축하려 한다. 코로나19에 따른 경제 쇼크 후, 자본주의 경제체제는 '편입과 융합'을 선택하기보다는 새로운 패권경쟁 구조와 맞물리면서 본격적으로 '배제와 붕괴'를 선택하여 보다 공고한 자국 중심의 경제체제를 구축하려고 한다. 이들 대부분의 국제생산 시스템의 변화는 국제적인 공급부족의 문제로 나타날 수 있다.

오늘날 미국이 일부 무역상대국에 대해 거액의 무역적자를 언제까지나 계속 이어가는 것은 통화체제의 면에서도 불가능이고, 조만간에 상당히 과격한 수입시장 및 수입제한 조치에 결단을 내릴 수밖에 없을 것이다. 이 일은, 전후 세계무역의 확대를 지지해왔던 세계 수출에 대한 흡수처(absorber)로서의 미국의 역할은 이미 한계에 다다른 것을 말하는 것이고, 이 역할에 의존해 유지됐던 전후 자유무역체제 그 자체의 존부를 결정하게 될 것이다. 이후 자유무역 원칙이 바뀌지 않더라도 유지될지 안 될지는, 이제는 '자유무역'의 최대수익자가 된 중국과 일본 등 신흥부국이 자신의 시장개방을 포함해 어디까지 이 원칙을 옹호할 것인가, 그 노력과 능력에 달려있다.

CHAPTER 03 유럽의 경제 통합 - 발전과 분열 -

EU(European Union; EU)의 성립 과정에서 가맹국의 동쪽으로의 확대는 두 가지의 측면을 낳았다. 하나는 ECSC(유럽석탄철강공동체)의 설립에서 과거의 적국이었던 독일을 유럽의 협조 체제에 편입시킴으로써 유럽의 평화와 경제적 풍요의 구축을 도모했다. 즉, 과거 적대적인 국가를 받아들임으로써 유럽 전체로 공조 체제를 구축하겠다는 이념을 살렸다는 측면에서 매우 큰 의의가 있었다. 다른 하나는 지금까지의 가맹국에 있어서는, 조직이 비대해져 신규 가입국의 재정지원 등의 큰 문제가 새롭게 대두되면서 불만을 가져왔다. 즉, EU 가맹국의 동쪽으로 확대는 신규 회원국의 급격한 증가로 인하여 지역내 경제격차가 중요한 문제가 되어 왔다.

우선 농업 면에서는 관세가 폐지되어 작물 유통이 쉬워졌다. 또한 EU 역내의 통일된 가격과는 다르게 지역 밖에서 수입하는 저렴한 물건에는 수입과징금이 부과되었다. 같은 공동의 농업정책을 수립함으로써 생산성이 낮은 나라의 농업을 지탱해 왔다. 그러나 이 보호정책에 의해 역외수출에 대한 보조금 증대에 따른 EU의 예산 압박은 농산물을 수출하는 국가의 반발을 불러왔다. 한편 공업에서 보면, 기존의 EU 국가들은 사회주의 체제하에서 경제가 침체되었다는 점 이외에도 저임금 근로자가 많고, 저렴한 공업용지 등의 신규 가입국의 많은 부분을 이용했다. 그 때문에 다양한 공업제품의 생산거점이 서유럽에서 신규 회원국이 많은 동유럽(사회주의체제)으로 옮겨져, 제조업을 중심으로 한 산업의 공동화를 불러왔다. 독일이나 프랑스와 같은 선진공업국에서는 전쟁으로 인해 국내의 인력부족을 메우기 위해 외국인 근로자가 받아들였다. 그 때문에 EU의 동구권으로의 확대는 서유럽의 산업공동화를 초래함과 동시에 서유럽의 외국인 노동자에 대한 실업률을 상승시켰다. 또한 이민에 대한 실업 급부와 같은 사회보장에 대응하면서 부담도 커졌다.

1. EU 지역의 특징

유럽연합(European Union; EU)은 유럽연합 조약으로 설립된 지역통합체에서 2021년 기준 회원국은 27개국에 이르고 있다. 2012년 명목 GDP는 미국과 같은 정도로 일본의 2.8배, 인구는 미국의 1.6배로 일본의 3.9배 규모에 이르고 있다. 이 정도로 많은 나라가 참가하는 지역 통합은 그 밖에 유례를 볼 수 없다. 가히 성공적인 지역공동체의 형성이라고 말할 수 있다.

한편 유럽지역 공동체의 형성에는 몇 가지 차이점과 유사점들이 나타난다. 먼저 유럽의 종교와 언어의 분포는 종교적으로 유사하며 크게 세 그룹으로 나누어진다. 유럽은 비교적 작은 국가들이 모여 있고 대부분은 기독교를 바탕으로 한 공통의 문화기반을 갖고 있다. 영국이나 스웨덴 같은 북유럽은 '프로테스턴트' 계열이고, 이탈리아·프랑스라고 하는 남유럽은 '가톨릭' 계열, 그리스 등 동유럽에선 '정교회'의 인구비율이 높은 지역이다. 또한 언어적으로는 영어나 독일어를 중심으로 하는 북유럽의 게르만어파와 이탈리아어 및 프랑스어 같은 남유럽을 중심으로 한 라틴어 계열의 국가들, 폴란드어 우크라이나어 같은 동유럽을 중심으로 한 '슬라브어파'로 나뉜다. 그리고 폴란드처럼 슬라브계지만 가톨릭이면서, 루마니아는 라틴계가 많은 것도 특징이다.

또한 18세기 후반 이후 영국은 기계화에 의한 비약적인 공업생산력의 증대를 가져왔고, 그 결과 자유무역을 발전시켜 '세계의 공장'으로서 세계 각국에 큰 영향을 주었다. 그러나 한편으로 유럽 각국 간의 전쟁이 반복되어, 두 번의 세계대전이 벌어진 곳이기도 하다. 또한 제2차 세계대전 전후 사회주의체제의 동유럽과 자본주의체제의 서유럽으로 나뉘어져 20세기 말까지 냉전이 이어졌던 지역이기도 하다. 그리고 전후 유럽 각국은 식민지를 상실했고, 더욱이 동서 냉전구조로 영국 총리 처칠은 유럽합중국 구상을 스위스 취리히 대학교에서 연설하면서 유럽 통합의 움직임이 거창하게 구체화했다.

한편 유럽 전체의 공동 성장 및 통합의 직접적인 계기를 준 것은 1947년 마셜 플랜(유럽 부흥계획)이다. 이는 당시 미국 국무장관인 앤드루 마셜이 제안한 것으로 제1차 및 제2차 대전 당시 피폐된 유럽 국가에 대한 부흥원조를 한다는 내용이었다. 미국이 유럽에 손을 내민 이유는 유럽이 자력으로 부흥하기 매우 어려울 정도로 손상된 것, 그리고 미국은 당시 소비에트 연방을 중심으로 한 공산주의국과 냉전 중이었으며, 소련이 동유럽으로 확장한 공산주의를 유럽 전체로 확산시키지 못하게 한다는 정치적 목적 때문이기도 했다. 프랑스와 독일, 유럽 각국이 마셜 플랜에 의해 부흥의 계기를 마련한 후 '유럽 통합'을 자신들의 목표로 하고 있었다. 추진의 배경에는, 프랑스와 독일에 의한 "양국 간에 두 번 다시 전쟁을 일으키지 않는다"는 강한 결의가 있었다.

2. 유럽의 두 기둥

독일과 프랑스 양국의 경제 규모를 보면, EU 전체에서 차지하는 비중(2020년)은 명목 GDP에서 독일은 약 25%를 차지하고, 프랑스는 약 17%이다. 인구는 독일이 약 16%, 프랑스는 약 13%이다. 프랑스와 독일은 1870년대의 보불 전쟁, 그리고 제1차, 제2차 대전에서 교전한 국가들로 이들은 서로 강한 적대심을 품고 있었다. 그러나 프랑스에는 두 번의 대전을 일으키고 유럽 국가 중 경제력이 유난히 특출한 독일을 '유럽 통합'의 테두리 안에 끌어들이고 싶다는 생각이 있었다. 한편 독일은 타국의 불신을 떨쳐버리고 신뢰를 얻고 싶다는 생각이 있었다. 결국 양국의 속셈이 맞아떨어졌고, 프랑스와 독일이 양보해 유럽 통합의 핵심 국가로서 역할을 하게 되었다. 각 나라들마다의 주장 및 방침은 달라도, 서로 다른 곳에 있지 않도록 양국은 긴밀히 연락을 취해, EU회원국 간의 조정 역할을 담당하고 있다.

1) 유럽석탄철강공동체와 관세동맹

현재의 EU의 기초가 되는 지역공동체는 1951년에 설립된 유럽 석탄·철강공동체(European Coaland Steel Community; ECSC)이다. 각국 단위가 아니라 유럽 전체의 경제 부흥을 목표로 하는 것을 약속하고 프랑스, 서독(당시), 이탈리아, 네덜란드, 벨기에, 룩셈부르크 6개국이 석탄·철강공동체(ECSC) 조약에 조인했다(이 6개국은 EU의 원회원국이라고 불린다). 이어 1957년에는 유럽 경제공동체(EEC) 조약이 원회원국에 의하여 조인되어 역내시장에서의 사람, 물건, 자본 이동 자유화를 촉진할 것, 그것을 위한 역내의 장해 철거, 공동체 내부에서의 구조 개혁의 추진을 목표로 하는 것으로 정했다. 이 첫 단계로 '관세동맹'이 1968년 7월에 완성됐다. 역내의 관세를 단계적으로 내려 제로로 하고 공산품의 수량규제도 철폐됐다. 그리고 역외무역에는 공통관세율을 적용하게 되었다. EU전체의 수출입에서 차지하는 역내의 비율이 매우 높고 60% 전후로 추이하고 있다.

2) 유럽 자유무역연합(EFTA)

한편 EC에 대항하여 1960년에 EFTA(유럽 자유무역연합)가 발족했다. 영국을 중심으로 하는 유럽파의 많은 국가들이 EFTA에 가입하여 서유럽을 양분하는 세력으로 나타났다. 그러나 영국은 해외시장 축소로 인한 경제침체 등으로 그 상황을 벗어날 목적도 있었고, 아일랜드 및 덴마크와 함께 1973년에 EC에 가입하게 되었다. 곧이어 네덜란드 남부도시 마드리드에서 조인된 마드리드 조약(Treaty of Madrid)으로 1993년에 EC가 EU로 발전했다. 이 조약으로 경제통합의 상징인 유로에 의한 통화 통합이 정해졌다. 그것과 더불어 1999년부터 금융기관에서 결제에 도입되고 2002년부터 현금 유통이 도입되게 되었다. 또, 금융시장의 통합된 것에 의해, 사람·물·자본의 이동이 국경에 의하지 않고, 자유롭게 할 수 있게 되었다.

3) 경제·통화동맹

EU에 가입하고 있는 모든 나라들은, 장래적으로 경제·통화동맹(Economic and Monetary Union; EMU)에 참가한다고 유럽연합 조약에 규정되어 있다. 유럽이 지향하는 EMU란 EU 전체에 단일통화인 유로를 도입해, 유럽중앙은행(European Central Bank; ECB)이 일원화된 금융정책을 실시한다는 것이다[1]. 1969년 헤이그에서 열린 정상회의에서 1980년까지 EMU로 단계적으로 나아가는 것, 즉 단일시장 완성(EU확대 및 정치협력)이 합의되었다. EMU의 첫 단계는 자본이동의 자유화로 1990년 7월에 시작되었다. 그리고 1993년 1월에는 단일시장(역내의 사람, 물자, 자본, 서비스의 이동의 자유화)이 완성 및 시동했다. 둘째 단계는 유럽통화기금(European Monetary Institute; EMI)의 설립이다. 1994년 1월에 설립된 EMI는 현재의 ECB의 전신인 기관으로 1998년 6월에는 EMI 대신 ECB가 출범했다. 마지막 단계는 단일통화 유로 도입과 ECB에 따른 금융정책의 일원화이다. 유럽의 단일통화의 명칭을 '유로'로 결정한 것은 1995년 12월이었지만, 유로가 통화로 등장한 것은 1999년 1월이었다(유로화와 참가국 통화 환산가치를 고정). 2002년 1월에 열매를 맺어 유로지폐와 동전의 유통이 시작되어 동년 2월 참가국 통화와의 병용기간이 종료되었다.

EU는 회원국의 국가 주권의 일부를 초국가 기구에 이양하고 회원국의 정치적 경제적 통합을 추진하는 것을 목표로 하고 있기 때문에 기구의 권한도 기존 국제기관과는 비교가 안 될 정도로 강화되고 있다. 특히 경제 분야에서는 EU가 배타적 권한을 가지고, 마치 국가처럼, 제3국과 교섭을 실시하거나 협정을 체결하고 있다. 또한 EU는 회원국의 국가 영역이 전체적으로 어느 정도 EU의 영역적 성격을 띠고 있어 단일시장의 발족 후에는 특히 그 성격을 강하게 하여 국가 영역에 상당하는 수준에 가까워지고 있다.

---

1) 현재 영국은 유럽통화동맹(EMU)에 가입하지 않고 있다. 향후 경제 여건 및 국민 여론을 살펴 가며 가입을 추진하겠다는 입장이었다.

section 02 EU의 경제성장과 불황

1. 1970년 이후 경기 동향

EU 각국의 경제 상황은 1970년 이후 경제성장률의 저하, 실업률의 증대, 제조업 가동률의 저하라는 불황의 조짐에 전형적으로 나타나는 것처럼, 기초적 경제조건의 악화를 장기간에 걸쳐 경험하는 시대였다. 경제조건(fundamental)의 악화는 1980년대 후반에 들어서야 어느 정도 개선되어 1992년 역내시장의 형성과 더불어 EU경제는 1970년대 중반 이후 10년에 걸친 장기불황으로부터 겨우 탈출하는 것처럼 보였다. 그러나 1991년 2/4분기 이후 재차 성장률이 둔화하고 실업률이 증가하는 등의 지표가 표면화되어, 1980년대 후반의 경제조건의 개선이 성장추세로의 본격적인 복귀를 나타내는 것은 아니었다는 것이 차츰 명백해졌다.

당시 EU주요국의 GDP 성장률 및 공업생산의 장기동향을 보면, 첫번째 특징은 1973년의 제1차 석유가격의 폭등 이후 EU주요국은 1974~1975년과 1980~1982년에 GDP 성장률 및 공업생산 성장률의 추세치가 하락하는 현상이 나타났다. 이는 2회에 걸친 경기후퇴가 발생했다는 것을 의미한다. 두 번째의 특징은 2회에 걸친 경기후퇴 기간 중 1980~1982년의 경기후퇴가 가장 길게 나타났다. GDP 및 공업생산율의 저하로부터 보면, 1974~1975년이 가장 크지만 기간으로 보면 1980~1982년의 경기후퇴는 3~4년에 이르고, 게다가 회복에서 재상승의 추세가 극히 미약했다. 경기후퇴의 기간을 보면, 영국의 경우 1978년부터 시작한 경기후퇴가 1980년말에 종료한 나라가 있는가 하면, 독일처럼 1982년 2/4분기에 회복하는 듯했던 경기가 1984년 1/4분기에 재차 하락하는 나라도 있었다. 또한 프랑스를 제외하고 다른 주요 3개국들은 공업생산 및 GDP도 다함께 1978년~1979년에 경험했던 경기회복을 1989년에도 회복할 수 없었다. 따라서 1980년대 후반에 실질 GDP 성장률의 연이은 상승은 당초보다 미약했고, 1987~1989년에 들어 겨우 성장으로의 전화 및 가속화가 가능했지만, 1990년에 재차 경제성장률의 둔화가 나타났다.

한편 1980년대 후반에 들어 은행부문의 위기를 발생시킨 노르웨이를 제외하고, 유럽은 계속 하락하던 물가가 상승 전환하더니 급기야 경기과열이 나타나게 되었다([그림 3-1]). 이에 따라 1988부터 경기침체 속에 물가가 상승하기 시작했다. 즉, 1991년 이후 공업생산의 저하와 GDP 성장률의 둔화는 유럽경제를 다시금 불황으로 몰아넣었다. 1990년대 초반 유럽의 심각한 경기불황은 1970년대의 불황과는 다르게 석유가격의 상승 때문이 아니고, 1980년대 후반부터 유럽 주요국에서 발생한 자산가격의 붕괴를 계기로 한 통화투자 및 통화불안에 기인한다. 이 때문에 거의 대부분의 유럽 국가들은 심각한 불황에도 불구하고, 1980년 중반이후부터 경제국제화의 진전에 따른 국제자본 이동이 자산가격의 폭등을 초래했다[2].

그림 3-1 EU의 GDP 성장률과 실업률, 물가 (단위: %)

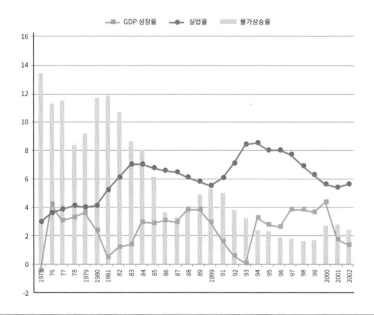

자료: 樋渡展洋 (2010) 「90年代国際的ディスインフレ期の不況と経済政策選択」 『東京大学』, pp.4~9.

---

2) 樋渡展洋 (2010). pp.4~9.

또한 1990년대 초반에 발생한 심각한 경기후퇴와 대외수지 불균형 등 대외적인 경제문제에 직면하면서도 유럽 국가들은 긴축적인 금융재정정책으로 전환 또는 강화를 할 수밖에 없었다. 당시 OECD 전망에 따르면, 1970년대 중반 이후 3회(1974, 1980, 1990)에 걸친 경기후퇴는 1993년 4/4분기부터 회복하기 시작하여, 1994년에는 실질 GDP 성장률은 적으나마 재차 성장을 향한 가속화가 지속되었다. 그 결과 1994년부터 경기는 재빠르게 회복을 실현했다. 즉, 1990년대 초반 경기후퇴 때의 긴축적 금융재정정책의 성과로 유럽의 경제성장률이 1990년대 중반부터는 1980년대 중반 수준으로 회복했다. 그러나 그 대가로써 각국의 실업률은 1980년대 초반에 비해 월등히 높아지는 결과를 초래했다. 다시 말하자면, 1990년대의 낮은 물가 상태에서의 경제성장의 회복은 상대적으로 높은 실업률 상태하에서 이루어졌다고 볼 수 있다. 이는 1990년대 중반에 경기회복하에서의 높은 실업률은 유럽의 각 정부가 재정출동에 의한 경기대책보다는 재정재건을 우선시한 결과이다. 즉, 작은 정부를 지향한 결과였다.

표 3-1 EU 주요국의 거시경제 지표

	실질 GDP 성장률			실업률			경상수지[1]			재정수지[1]		
	17	18	19	17	18	19	17	18	19	17	18	19
독일	2.2	2.1	2.0	3.7	3.5	3.2	7.8	7.5	7.2	0.9	1.0	1.1
그리스	1.6	2.5	2.5	21.8	20.4	18.7	-0.2	0.4	1.0	-1.2	0.9	0.8
스페인	3.1	2.5	2.1	17.4	15.6	14.3	1.7	1.9	1.9	-3.1	-2.4	-1.7
프랑스	1.6	1.7	1.6	11.3	10.9	10.5	2.5	2.5	2.3	-2.1	-1.8	-2.0
이탈리아	1.5	1.3	1.0	11.3	10.9	10.5	2.5	2.5	2.3	-2.1	-1.8	-2.0
오스트리아	2.6	2.4	2.3	5.6	5.5	5.4	2.2	2.9	3.7	-1.0	-0.9	-0.6
EU(28)	2.4	2.2	2.0	8.2	7.7	7.2	3.0	2.9	2.9	-1.1	-0.9	-0.8
미국	2.2	2.3	2.1	4.5	4.3	4.1	-2.7	-2.8	-2.9	-5.0	-4.9	-5.1
일본	1.6	1.2	1.0	2.9	2.8	2.7	3.9	4.1	4.0	-4.3	-3.8	-3.1

자료: 유럽집행위원회, 주: 1) GDP 대비 비중

한편 최근의 경제동향을 살펴보면, EU경제는 2001년부터 경제가 하락하기 시작하여 2003년의 경제는 단기적 저점에 이르렀다. 그러나 2006년까지 잠시 회복하는 듯했던 경제는 2007년 미국발 금융위기를 계기로 −4.5%까지 떨어지면서 공황 상태에 이르렀다. 또한 2017~2019년까지 EU 주요국의 거시경제지표를 살펴보면, EU(28) 평균성장률은 약 2.2%로 미국이나 일본에 비교하여 크게 나쁜 상황은 아니라고 말할 수 있다. 경상수지에 있어서도 관리 가능한 수준에서 잘 운영되고 있다. 그러나 재정수지는 여전히 적자를 보이고 있다.

문제는 같은 EU 회원국이라 하더라도 그리스, 스페인, 프랑스, 이탈리아의 실업률은 EU의 평균치를 넘었다. 특히 3.5%대 독일의 낮은 실업률에 비교할 때, 스페인의 16%대, 그리스의 20%대의 높은 실업률은 2010년 유럽발 재정위기가 끝난 지금까지 해결되지 않은 미해결 과제로 남아있다. 더불어 EU 회원국의 취업자 추이를 살펴보면 2007년까지 증가하던 청년 취업자 및 전체 취업자 수가 2007년의 미국발 금융위기를 계기로 2014년까지 계속 하락 추세에 있었다. 그만큼 실업률의 증가는 불가피했고, 2013년까지 천제 취업자 수는 증가하는 가운데 청년 취업자의 감소는 2015년까지 이어졌다. 당연히 청년 실업률은 증가하는 추세였다는 것은 말할 필요가 없다.

2. 고용정체와 감소

1980년대를 전체적으로 보면, EU 경제가 장기정체, 생활수준의 현저한 저하를 나타내는 또 다른 유력한 지표는 고용 증가세가 정점에 이르거나 혹은 저하하여, 그 결과로서 실업률의 급속한 상승이 있었다. 이 같은 경향은 1974~1975년부터 조금씩 표면화되었지만, 1980년대에 들어서 급속히 현재화 및 일상화되는 상황이 연출되었다. EU 주요국은 1980~1983년에 신규 고용의 절대적 감소가 나타나는 중에 1985년 이후 미약하게나마 증가세로 전환되어, 그 증가세가 큰 폭으로 나타나게 된 것은 경제성장률이 가속화한 1988~1990년이 되어서 겨우 현실화되었다([표 3−2], [그림 3−1]). 그러나 1991년에 재차 신규 고용의 감소, 실업률의 상승 경향이 표면화되어, 1991년 말의 실업률은 EU가맹 12개국(당시 수치) 평균으로 9.1%에 이르렀다. 이 실업률 수준은 1929~1932년 대공황 이후의 높은 수준이라고 불렀던 1987년의 11.2%보다 약간 낮은 2번째로 높은 수준이었다. 이처럼 높은 수준의 실업률을 초래한 직접적인 원인은 청년층(15세~24세)의 실업률이 급격히 증가한데 기인한다. EU 여러 나라들은 1980년대에 들어 청년층의 높은 실업률 상태가 일상화되었다고 한다.

표 3-2 EU 각국의 실업률 동향 (단위: %)

국가	실업자(1989년) (1000명)	1989	1990	1991	1992	1993
벨기에	384	9.3	8.8	9.4	9.7	9.6
덴마크	265	9.2	9.5	10.3	10.2	9.6
프랑스	2,281	9.4	8.9	9.4	10.1	10.2
독일	1,651	5.6	5.1	4.6	5.0	5.1
그리스	298	7.5	7.2	8.6	9.6	10.5
아일랜드	202	15.6	13.7	15.8	16.5	16.0
이탈리아	2,865	12.1	11.2	10.9	10.8	10.7
룩셈부르크	2	1.3	1.3	1.4	1.4	1.3
네덜란드	390	7.4	6.5	6.1	6.4	6.3
폴란드	233	5.1	4.6	3.9	4.5	5.3
스페인	2,561	17.3	16.3	15.9	15.2	14.6
영국	1,756	6.2	5.9	8.7	9.9	9.7
EU	12,889	9.0	8.4	8.9	9.3	9.3

자료: OECD, Economics Outlook 50, December 1991, p.133, Tab. 42~43에서 작성.

이 같은 상황을 초래한 원인을 간단하게 분석하기 어렵지만, 가장 유력한 요인으로 말할 수 있는 것은 '하이테크 부분으로 산업구조의 중심의 이행'에 따라 새로운 '숙련'에 도달하는 기간이 연장되었다는 점을 지적한다. 더욱이 이 같은 현상을 초래한 구조적인 요인으로는 1960년대 말의 포드-테라 시스템의 좌절 이후에 생산 및 노동의 단순 세분화, 노동관리 방식의 현저한 변모를 들 수 있다. 1980년대 EU 여러 나라들의 고용에서 나타나는 또 하나의 현저한 특징은 1988~1990년에 발생한 성장률의 재차 가속시기에 이에 대응하는 신규 고용이 눈에 띄게 증가하지 않았다는 것이다. 이 시기에 신규 고용의 증가세는 그 전의 수년에 걸친 증가를 상회했다고는 하지만, 증가율은 GDP 및 공업생산의 증가율을 밑돌아 고용 증가가 특별히 주목할 만한 것은 아니었다. 이 같은 현상은 고용과 그것을 규정하는 생산 및 노동방식의 현저한 변화가 1980년 말에 EU 여러 나라들에게서 대략 정착하는 상황에 이르렀다. 즉, 생산과 부가가치가 일정정도 증가해도 그것에 비례해서 고용은 증가하지 않게 되었다.

3. 설비투자의 저조와 감소

1970년대 중반 이후 EU의 여러 나라들의 GDP와 경기순환을 지탱한 여러 요인들을 검토할 경우, 무엇보다도 주목해야 할 것은 국내 고정투자 형성의 저조와 감소이다. 1973년을 기준으로 하는 지수들을 보면 첫째로, 1973년 이후 주요국의 기계 및 설비투자는 예외 없이 다른 GDP의 여러 지표의 신장률을 크게 밑돌았다. 둘째로는, 1970년대 말까지 이미 EU 주요국에 있어서, 또는 1980년대 전반에는 유일하게 이탈리아를 예외로 하고 기계 및 설비투자의 절대적인 하락이 발생했다. 그것은 1980년대 중반 이후 재차 상승으로 전환되었지만, 그 상승률은 다른 GDP 구성요소의 신장률에는 미치지 못했다. 셋째로는, 1973년 이후 이탈리아를 제외하고, 영국, 독일, 프랑스의 기계 및 설비투자의 추세를 보면 이들 3개국은 1980년대 중반까지 장기간에 걸친 투자 저조가 지속되었고, 게다가 2회의 걸친 경기후퇴 국면에서는 예외 없이 투자의 절대적 하락이 발생했다. 즉, 이탈리아를 제외하고, 다른 3개국은 1973년부터 1980년대 중반에 이르기까지 10년 이상에 걸친 기계 및 설비투자의 정체가 계속되었다. 이 같은 현상으로부터 보면, 1960년대와 비교할 때 1973년 이후 1987년까지 계속된 EU 여러 나라들의 장기간의 경기침체는 고정자본 형성의 저조와 하락을 주요 원인으로 하는 고전적인 경기불황의 현상이었다.

표 3-3 EU 각국의 GDP에 점하는 제조업 부가가치 비중 (단위: %)

국가	1960	1974	1980	1985	1989
벨기에	30.5	30.8	24.4	2.3.1	–
덴마크	29.5	18.1	17.2	17.1	15.8
프랑스	29.1	27.9	24.2	22.0	21.3
독일	40.3	36.1	32.6	31.9	31.1
그리스	14.5	18.2	17.4	16.3	15.3
이탈리아	28.6	28.6	27.8	24.1	23.2
룩셈부르크	41.7	41.8	28.5	30.0	28.4
네덜란드	33.6	25.0	17.9	18.0	20.2
폴란드	27.9	33.8	31.0	30.4	–
스페인	26.7	27.7	28.2	27.4	–
영국	32.1	26.7	23.1	20.6	–
EU	32.3	29.3	26.4	24.5	23.9

자료: OECD, Economics Outlook 50, December 1991, p.63, Tab. 53에서 작성.

표 3-4 EU 주요국의 소유자의 경제활동별, 고정자본 형성의 비중 (단위: %)

산업	프랑스		독일		영국	
	1970	1988	1970	1987	1970	1987
농림/어업	5.1	3.5	4.7	3.6	3.4	5.4
광산업						
제조업	30.8	20.0	32.8	23.1	26.6	14.6
전력/가스/수도업		5.0	5.1	5.9	9.8	5.0
건설업	3.6	3.5	3.4	1.5	2.0	0.8
도소매업/호텔/레스토랑	60.5	10.4	5.8	6.3	5.9	10.5
운수/창고/ 통신/		9.3	10.2	10.4	14.8	8.4
금융/ 보험/ 부동산업		44.3	32.5	29.9	27.7	41.1
지방 및 사회 서비스		3.9	7.9	19.3	6.4	7.5
전 산 업	1000.0	100.0	1000.0	100.0	100.0	100.0

자료: OECD, national Accounts 196~1983, Main Agggregates Vol.1 상동 1976~88, Detailed Tables Vol.11로부터 산출.

주: 오차 때문에 전산업 100은 되지 않음.

다시 말해서 GDP에 점하는 제조업 비중의 저하, 즉 '탈공업화' 경향의 진행에 의한 것이었다. 따라서 EU 각국에 있어서 고정자본의 형성의 부문별 비중에도 제2차 산업부문의 비중 저하에 반하여 제3차 산업부문의 비중 상승의 경향이 현저해짐에 따라 나타나는 현상이었다. 한편 2014년 GDP의 점유율에 따른 주요국의 산업구조를 비교해 보면, 영국의 경우 제조업을 포함한 공업은 20% 정도를 차지하고, 서비스업은 80% 정도이다. 영국의 공업 비율은 독일(31%)과 일본(26%)에 비교하면 낮지만 미국(21%) 및 프랑스(19%)와 큰 차이가 없다. 순수 제조업의 비율만을 보면, 일본의 19%와 독일의 22%, 미국이 12%, 프랑스가 11% 정도를 차지하고 있는 반면에 영국의 제조업 비중은 9% 정도에 그쳤고, 선진국 가운데 제조업의 규모가 비교적 작은 것을 나타내고 있다. 산업혁명 발상지인 영국에서 산업혁명의 직접적인 산물인 제조업의 비율이 낮은 것은 미흡할 수도 있지만 전혀 소멸된 것은 아니다. 실제로 영국의 금융업 이미지가 너무 강해 제조업이 그늘에 가려져 있을 뿐이다.

그림 3-2 주요국의 산업구조 비교 (2014년 기준)

자료: World Bank, World Development Indicators.

특히 제2차 산업혁명 이후부터 시작된 영국의 기술력 쇠퇴에 대신하는 영국의 금융업은 근대에 들어 세계적으로 경쟁력 있는 서비스 산업으로 영국 경제의 중요한 지위를 차지하고 있다. 제조업의 경시와 상업·금융업의 중시라는 젠틀맨적인 사고방식이 금융업의 발전을 강력하게 지지함과 동시에 1980년대 마거릿 대처 정부 때 이뤄진 규제완화로 인해 런던은 세계 유수의 금융시장으로서의 지위를 확립했다.

네 번째의 특징적인 현상은 1970년대의 1차 및 2차 불황을 포함해서 EU 각국의 완만한 경제성장을 견인한 중요한 역할을 한 것은 예외 없이 바로 수출이었다. 다소의 차이가 있다고는 하지만, 대체로 재화 및 서비스의 수출은 1974년 이후 어느 나라든 다른 GDP 구성요소의 신장률을 상당히 상회하였다. 이 같은 성장력의 대체에 기인하여 1980년대 후반까지 EU 각국의 완만한 경제성장은 압도적으로 '수출주도형'이었다. 부언하자면, 어느 국가든지 소비지출은 민간, 정부 다함께 GDP 성장률과 대체로 비례되는 안정을 보여 왔다. 특히 1980년대 이후 영국을 주요국으로 하는 대부분의 EU 각국들은 재정지출의 억제, 정부 채무의 삭감에 의한 '작은 정부'로의 회귀가 선호되는 상황임에도 불구하고, 정부의 소비지출은 예외 없이 일관되게 일정 정도의 상승을 나타내고 있었다. 이처럼 EU 경제는 1970년대부터 민간소비지출, 고용, 설비투자 등의 지표에서 볼 수 있듯이 장기간에 걸친 불황을 경험하면서 청년 및 전체 취업자의 악화는 가속화되었다.

section 03 EU의 경제위기

2007년 미국발 금융위기(subprime mortgage)로 인해 발생한 신용경색은 실물경제까지 침체시키는 전 세계적인 금융위기(global financial crisis)로 발전했다. 이 위기는 아시아는 물론이거니와 유럽경제에까지 악영향을 미쳤다. 그것은 소위 유럽의 재정위기(European sovereign−debt crisis)라고 하는 또 다른 경제위기로 발전하였다. 유럽의 재정위기는 그리스로부터 출발하여 남부 유럽에 큰 영향을 미쳤다.

1. 유럽 국가의 경제구조

유럽의 경제위기를 이해하기 위해, 미시적인 관점에서 유럽의 재정위기를 살펴보는 것도 유익하지만, EU라는 구조적인 틀에서 이해하는 것이 향후 일본이나 아시아 지역에서의 경제위기를 이해할 때 도움이 되기 때문에 여기서는 구조적인 시각에서 접근한다. 즉, 유럽 재정위기의 본질이 단순한 경제문제라기보다는 지역 및 통화 통합에 따라 발생한 통화 영역의 문제와 노동 영역의 문제를 포함한 유로존 중심부와 주변부의 문제라는 것을 내포하고 있다.

유럽경제를 보면, 거의 모든 국가들이 2008년 글로벌 금융위기로 인해 경기침체에 빠져들었다는 점에서 공통적이다. 동시에 동아시아 금융위기처럼, 다른 국가들과 비교하여 EU지역이 경제위기를 초래할 정도로 불안정한 거시경제지표를 가지고 있다고 생각하기도 어렵다. 가장 기본적인 지표([표 3-5-1])를 참고해 보면, 유로 지역은 경제성장률과 경상수지 부문에서 양호한 수치를 보여주고 있다. 특히 경상수지의 경우 유로 지역은 전반적으로 약간의 흑자를 유지할 만큼 경상수지도 적절하게 관리되고 있었다. 즉, 1990년대 초반의 유럽경제는 불황에서 벗어나 완전한 호황을 구현하지는 못했어도 심각한 경기침체에 놓여 있지는 않았다. 또한 재정적자의 경우([표 3-5-2])를 보면, 미국, 일본 및 영국 등과 비교해도 오히려 더 양호한 수치를 보이고 있다. 따라서 경제지표로만 보면 유로 지역은 다른 주요 선진국과 비교했을 때 위기의 초기조건을 찾아보기가 어렵다.

표 3-5-1 주요 국가의 경제성장률/경상수지(GDP %)

국가	항목	2005	2006	2007	2008	2009	2010	2011	2012
미국	경제성장률	3.1	2.7	1.9	-0.3	-3.1	2.4	1.8	2.2
	경상수지	-5.9	-6.0	-5.1	-4.7	-2.7	-3.0	-3.1	-3.0
EU	경제성장률	1.7	3.2	3.0	0.4	-4.4	2.0	1.4	-0.6
	경상수지	0.5	0.5	0.4	-0.7	0.2	0.5	0.6	1.8
영국	경제성장률	2.8	2.6	3.6	-1.0	-4.0	1.8	0.9	0.2
	경상수지	-2.1	-2.9	-2.3	-1.0	-1.3	-2.5	-1.3	-3.5
일본	경제성장률	1.3	1.7	2.2	-1.0	-5.5	4.7	-0.6	2.0
	경상수지	3.6	3.9	4.9	3.3	2.9	3.7	2.0	1.0

자료: IMF(2013), pp~169.

표 3-5-2 주요국의 재정적자 및 국가부채(GDP %)

국가	항목	97~2006	2007	2008	2009	2010	2011	2012
미국	재정적자	-2.0	-2.8	-5.1	-8.1	-8.5	-7.7	-6.4
	국가부채	62.2	66.5	75.5	89.1	98.2	102.5	106.5
EU	재정적자	-2.5	-2.4	-3.0	-4.4	-4.4	-3.4	-2.0
	국가부채	70.1	66.5	70.3	80.0	85.6	88.1	92.9
영국	재정적자	-2.1	-5.2	-7.3	-9.7	-8.6	-6.5	-5.4
	국가부채	41.9	43.7	52.2	68.1	79.4	85.4	90.3
일본	재정적자	-6.0	-2.2	-3.5	-7.5	-7.9	-8.5	-9.3
	국가부채	153.6	183.0	191.8	210.2	216.0	230.3	237.9

자료: IMF(2013), p.161.

그럼에도 불구하고 내부적으로 볼 때, EU 회원국들 간의 심각한 불균형이 존재하고 있었다. 특히 심각한 불균형은 경상수지 부문에서 뚜렷하게 나타났다. 즉, 2000년대 초반부터 EU 회원국들 사이에서는 지속적인 경상수지 흑자를 보이는 중심 국가로 독일, 네덜란드 및 오스트리아 등이 눈에 띄며, 경상수지 적자를 보이는 주변 국가들로는 이탈리아, 스페인, 그리스, 포르투갈 및 아일랜드 등으로 구분되어 발전되고 있었다. 2002년 유로화가 세계시장에서 유통되고 구조화되기 시작하면서 EU 내의 경제·통화동맹(Economic and Monetary Union; EMU)에서 나타나는 경상수지 불균형은 환율 변경을 통한 적자 해소가 사실상 불가능해진 상황에서 지속적인 경상수지 적자를 겪는 국가들을 힘겹게 만들어 왔다. [그림 3-3]를 보면, 2008년 미국발 금융위기가 발생한 이후부터 독일 및 프랑스를 중심으로 하는 북부 유럽과 이탈리아 및 스페인을 중심으로 하는 남부 유럽과의 GDP 성장률의 차이가 급격하게 차이가 나면서 그 괴리가 커지고 있다. 즉, 북부 유럽은 GDP 성장률이 플러스를 기록한 반면에 남부 유럽은 2009년부터 적어도 2013년까지 지속적인 적자를 기록하고 있다. 이는 남유럽 국가의 실업률 증가, 실질실효환율의 상승, 경상수지 적자, 재정부담 증가로 이어지고, 급기야 재정위기로 폭발하게 되었다.

그림 3-3 북부유럽과 남부유럽의 GDP 성장률 (단위: %, 2분기 기준)

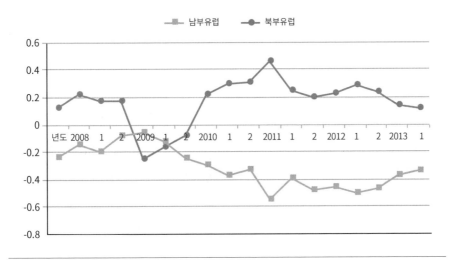

자료: Oxford Economics.

　　많은 경제학자들은 2000년대 이후 이렇게 고착화된 유로 지역내 경상수지 불균형 현상이 현재 유럽 재정위기의 근본적인 배경이 되고 있다고 보고 있다[3]. EU 내의 경제·통화동맹(EMU) 국가들의 경상수지 불균형은 경상수지 흑자를 보이는 중심부와 경상수지 적자를 보이는 주변부로 재편성하게 만들었고, 중심부의 국가들은 수출 중심의 성장전략으로 나아가게 만든 반면에, 주변부 국가들은 해외차입에 의한 신용 중심의 성장전략으로 나아가게 만들었다고 보고 있다. 그리고 이러한 결과 주변부 국가들에서 부채 증가 및 경제 버블이 형성됨으로써 오늘날의 유럽 재정위기를 발생시켰다고 보고 있다.

---

3) Bibow 2012, 11; Perez-Caldenty and Vernengo 2012, 3.

2. 경제 불균형과 자본이동

그렇다면 EU 내에서 경상수지의 불균형이 발생하는 이유는 무엇일까? 일반적으로 경상수지 불균형이 발생하는 이유는 크게 ① 국가경쟁력의 상실에 해당하는 생산성 증가율 대비 임금상승률과 ② 국내수요 성장률에 해당하는 환율에 의해 좌우되는 특성을 가진다. 먼저 생산성의 증가율 대비 임금상승률이란 임금과 생산성이 같은 비율로 증가한다면, 임금의 증가는 기업의 생산비용과 물가상승에도 영향을 미치지 않게 된다. 따라서 EU 국가들이 공동으로 단위 노동비용의 안정성을 확보하는 정책을 만들어낼 수만 있다면, 통화비용이 전가되는 실물경제 영역이 경쟁력을 상실하지 않고 성장할 수 있게 된다. 하지만, 문제는 EU 국가들이 공동의 임금정책이 없는 상태에서 통화비용이 전가되는 실물경제 부문에서, 특히 노동과 관련된 임금정책을 EU 집행부 차원이 아닌 개별국가에 맡겨졌다는 점이다. 이럴 경우 외부의 경제적인 충격이 발생할 경우에 EU 국가들은 산업경쟁력을 상실하지 않기 위하여 저임금 경쟁을 회원국들 간에 할 수밖에 없다. 중심부 국가들 중에서도 노동비용에 대한 저임금 경쟁에서 승자는 중심부 국가들이며, 그중에서도 최대의 승자는 독일이라고 할 수 있다. 왜냐하면 중심부 국가들 중에서도 독일의 단위 노동비율의 상승률은 다른 회원국들에 비해 현저히 낮게 유지되어 왔기 때문이다.

노동시장의 개혁을 통해 저임금 체제를 만들어낸 독일과 같은 중심부 국가들은 저임금에 의한 경쟁력 확보 및 수출 증가로 나타나고, 이어서 경상수지 흑자로 이어진다. 반면 주변부 국가들은 EU 역내에서의 상대적인 경쟁력 상실과 수출 둔화, 상대적 고임금에 따른 경상수지 적자로 나타난다는 것을 의미한다. 다시 말해서, 공통의 임금정책이 부재한 상태에서 EU 역내에서의 이 같은 역내 경제구조는 EU 회원국들을 경상수지 흑자의 중심부와 경상수지 적자의 주변부로 구조화되어 불균형을 고착화시키고 있다. 따라서 경쟁력과 관련하여 생각해 볼 때, 오로지 '생산성 증가율 대비 임금 상승률'이라는 요인만이 EU 회원국들이 스스로 결정할 수 있는 유일한 정책적인 요인이 된다.

한편 환율의 문제에서 보면, 주변부 국가들이 선택할 수 있는 방법은 많지 않게 된다. 왜냐하면, EU 국가는 회원국들과 단일통화로 이루어졌기 때문에 회원국 모두가 유로화를 사용하는 상태라는 것은 환율이 없어졌다는 것을 의미한다. EU에 가입한 유럽 국가들 사이에는 관세 면제와 금융거래 장벽도 낮춰졌다. 또한 EU 역내에서 서로 다른 통화를 사용하지 않고 '유로화'라는 단일통화를 사용함에 따라 환율 리스크가 제거되어 상품거래도 더 활발하게 이루어졌다. 여러 개의 시장이 단일통화의 기초위에 하나의 거대한 시장으로 탄생했으니 당연히 매력적인 시장이라고 말할 수 있다. 따라서 EU 결성 이후 외부에서 독일과 프랑스로의 자본유입이 발생했다. 이는 유로화의 통화가치 상승으로 나타나 유럽 주변부 국가들은 경상수지 적자를 기록하기 시작했다. 다른 한편으로 단일통화로 환율이 제거되었다는 점은 정상적인 경제 상황에서 경쟁적인 평가절상 상태를 의미하기 때문에 이는 곧 수출경쟁력의 하락과 경상수지 적자를 의미한다[4]. EU의 주변부 국가들은 경상수지 적자를 중심부 국가들의 대외차입을 통해 국제수지 균형을 맞춰나갔다. 이 같은 문제는 금융시장의 규제완화와 개방을 통해 해결하였고, EU의 주변부 국가들은 해외시장(신용창출)에서 자금을 보다 수월하게 마련할 수 있었다.

한편 EU의 주변부 국가들의 자금조달이 비교적 수월했던 또 다른 이유로 EU 결성에 따른 낮은 채권 금리 문제를 지적할 수 있다. 왜냐하면, 경제력의 좋고 나쁨에 따라 채권 금리가 매겨지는 데, 경제통합을 도입한 후 금융시장에서는 'EU 회원국'을 하나의 집단으로 생각하여 낮은 채권 금리를 적용했다. 그 결과 EU내의 국가별 채권 금리는 낮은 금리로 수렴하게 되었다. 즉, 금융시장에서는 주변부 국가의 리스크를 반영하여 높은 채권 금리를 적용하지 않고, 'EU 회원국'의 낮은 채권 금리를 적용받아 주변부 국가들은 낮아진 채권 금리를 이용하여 중심부 국가로부터 손쉽게 자금조달을 할 수 있게 되었다. 그 결과 높은 경제성장률 및 경상수지 흑자를 본 EU의 중심부 국가에서 저성장 및 경상수지 적자의

---

4) 이러한 상황에서 주변부 국가들은 이를 낮은 이자율 정책과 금융부문에 대한 탈규제와 개방을 통하여 해결하였다.

주변부 국가들로 많은 잉여자금이 유입되었다.

더욱 문제가 되는 것은, EU의 주변부 국가로의 자본유입은 신용증가(화폐증가)의 과정을 거쳐 물가상승을 초래했다는 점이다. 자본유입의 증가는 신용증가로 나타나기 때문에 이렇게 조달된 해외자금은 EU의 주변부 국가들의 생산부문보다는 부동산과 복지와 같은 비생산적인 소비수요에 유입되면서 부동산시장에 버블을 형성하였다. 그리고 건설부문과 같은 비교역부문로의 자본유입의 집중은 이 부문에서의 임금상승 과정을 거쳐 교역부문의 임금상승으로 이어졌다. 특히 주변부 국가들의 교역부문에서의 임금상승은 생산성의 향상 없이 임금만 크게 증가하는 결과로 나타나 단위 생산량당 임금을 나타내는 단위 노동비용(unit labor costs)만이 상승하는 결과를 초래했다. 또한 물가상승과 단위 노동비용의 상승은 실질실효환율을 상승시키면서 유럽 주변부 국가들의 통화가치가 올라갔다.

단일통화를 쓰는 EU의 특성상, 주변부 국가들은 독자적인 환율변동을 통해 국제수지 균형을 유지할 수 없었다. 결국 오랫동안 경상수지 적자를 기록했던 주변부 국가들의 경제는 취약한 상태에 놓이기 시작했고, 2008년 미국발 금융위기를 계기로 급격한 자본유출이 발생하면서 부동산 등의 자산가치가 크게 하락하여 대출연체율의 증가는 은행 및 금융권의 부실로 이어졌다. 이러한 상황에서 터진 미국발 글로벌 금융위기는 주변부 국가들로 유입된 자금이 회수과정을 거치면서 주변부에서 EU의 중심부로 자금유출이라는 역류 현상이 발생하였다. 이것이 유럽발 금융위기의 시작이다.

그림 3-4 EU의 성장구도와 자본이동

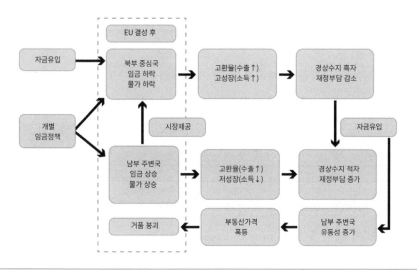

자료: 저자 작성

한편 주변부 국가들에서 중심부 국가로 자금의 역류 현상은 곧이어 주변 남유럽 국가들(그리스, 스페인, 포르투갈, 이탈리아)의 재정위기로 나타나게 되었다. 즉, 유럽의 금융위기로 인한 생산량 감소가 클수록 정부의 재정부담이 커지게 되었다. 즉, 은행위기는 경제성장률을 하락시켜 세입을 감소시킨다. 한편 은행의 파산은 경제의 혈관이 막히는 현상과도 같기 때문에 정부는 공적자금 등을 투입하는 과정에서 정부지출이 증가한다. 은행 파산의 결과는 경제성장률의 저하를 불러와 세입보다는 세출이 많아지면서 유럽 주변부 국가들의 GDP 대비 정부부채 비율은 증가하게 되었다. 정부의 구제금융 덕분에 은행은 위험에서 벗어났지만, 그 대가로 정부부채에 대한 위험률이 높아지는 현상이 발생하면서 재정위기로 이어지게 되었다. 주변부 국가들의 입장에서 본다면 유럽의 재정위기는 다른 선택의 여지가 없는 필연적 상황에 내몰릴 수밖에 없는 경제위기이자 결과였다.

1. 영국경제의 개요

영국의 EU이탈 문제를 이해하기 위해 기본적인 경제구조부터 살펴보자. 영국의 산업구조는 한국이나 일본과 같은 산업구조의 나라라고 생각하면 이해하기 어렵다. [표 3−3]과 [그림 3−1]의 산업구성비로 보면, 영국의 제조업 비중은 20.6%(1985년)로 낮고 정체되어 있으며, 성장하고 있는 것은 오직 금융, 보험, 부동산업 같은 서비스 산업이 41.1%(1987년)로 높은 비중을 차지하고 있다. 취업자 수로 보면, 2015년 9월에서 총 취업자 수 3374.4만 명 가운데 제조업은 264.8만 명이며, 7.8%에 불과하다(summary of labour market statistics). 이에 반하여 금융보험업은 114.8만 명이며 3.4%를 차지한다. 부동산 52.4만 명을 더하면 5.0%이다. 또 전문적 과학기술 활동이라는 범주의 취업자가 291.1만 명 있는 것이 주목된다. 그 비중은 8.6%로 제조업을 넘는다. 게다가 연 4.5%로 매우 높은 증가세를 보이고 있다. 즉, 영국의 경우 경제를 지탱하고 성장을 견인하는 것은 제조업이 아니라 고도의 서비스업이다. 이 점에서는 미국과 비슷하다.

그리고 영국은 일본이나 유럽 대륙 국가들과는 상당히 상황이 다르다. 독일 프랑스 이탈리아 등 대륙 국가에서 제조업 비중은 아직도 높다. 이해를 돕기 위하여 일본의 취업 구조를 보면 제조업은 16.1%, 영국에 비해서 굉장히 높다. 그 반면에 금융보험업은 2.5%에 불과하다. 학술연구, 전문기술 서비스업의 비율은 3.4%인 제조업의 5분의 1정도다. 즉, 영국은 유럽의 대륙 국가들과 일본과도 꽤 다른 이질적인 산업구조를 갖고 있다. 한편 영국의 경제 실적은 양호한 상태로 실질 GDP 성장률을 보면, 성장률은 EU 평균보다 상당히 높은 편이다. 1인당 GDP로 보더라도 영국은 2015년에 4.4만 달러이며 미국의 5.6만 달러에는 못 미치지만 독일의 4.1만 달러와 일본의 3.2만 달러 등보다 높다. 이것은 영국의 산업구조가 고도 서비스산업 중심으로 되어 있어 대륙 국가나 일본과 같이 제조업의 비율이 아직도 높은 경제와는 다르기 때문이다. 1980년경의 불황과 노동투쟁의 영국 이미지를 가지고 있는 경우도 있지만, 영국은 1990년대에 들어 크게 변모한 것이다.

그림 3-5 영국의 GDP 성장률 장기추이

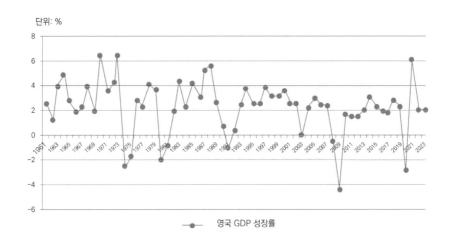

단위: %

영국 GDP 성장률

자료: 유럽 연합 집행위원회

한편 [그림 3-5]에서 영국의 경제성장률 추이를 보면, 영국경제는 지금까지 총 4번의 심각한 불황을 경험했다. 즉, 영국은 1974~1975년의 제1차 석유위기와 1980~1983년의 제2차 석유위기에 의한 장기불황을 경험했다. 그리고 1980년대 말 1990년대 초의 불황을 경험하고, 최근에는 2010년의 유럽발 재정위기로 인한 불황을 경험했다. 특히 영국경제는 1960년대와 같은 높은 성장률에 비교할 수는 없지만, 기간에서 보면 1994~2005년까지 약 10여 년에 걸친 장기호황을 경험했다. 더욱이 2010년 유럽발 재정위기 이후 영국경제는 다른 EU 회원국에 비해 오히려 높은 경제성장률을 보였다. 즉, 2010년 유럽의 재정위기에도 불구하고, 다른 EU회원국의 성장률 저하 속에서 영국경제만은 미약하지만 비교적 순조롭게 불황으로부터 탈출하고 있었다.

그림 3-6   영국과 EU의 경제성장률 비교

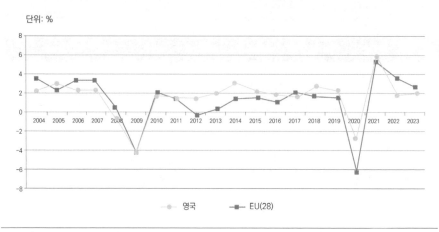

단위: %

자료: 블룸버그와 EU 집행위원회 자료에 의거해 작성.

　국제수지면에서 보면, 독일이나 프랑스에 대해서는, 영국의 무역수지는 적자가 되고 있다. 이 때문에 독일에서 보면 영국은 중요한 시장이다. 따라서 독일이나 프랑스는 영국의 이탈은 바라지 않는다. 즉, 무역 관계를 긴밀히 하고 싶은 것은 영국이라기보다는 오히려 유럽 대륙 국가라고 할 수 있다. 또한 영국은 미국과 중국에 대해서는 무역흑자를 기록하고 있다. 따라서 영국이 무역관계를 더욱 긴밀히 하고 싶다고 생각하는 상대국은 미국과 중국일 것이다. 게다가 자산과 부채는 거의 같은 금액이며, 이렇게 되는 것은 해외에서 자금을 조달해 그것을 투자하기 때문이다. 영국의 경우에는, 1970년대 중반부터 중동의 오일 달러를 적극적으로 자금조달을 해, 그것을 투자로 돌리고 있다. 즉, 국제적인 자금중개를 하고 있는 것이다. 실제로, 이러한 국제적 금융활동이 영국 경제활동의 큰 특징인 것이다. 다시 말해서, 영국의 경제활동 비중이 금융이 크게 차지하는 데 금융활동의 핵심이 국내에서의 자금중개라기보다는 국제적인 자금중개이기 때문이기도 하다.

　한편 런던에서 국제적 금융업무를 담당하는 주체는 영국의 전통적인 금융기관이라기보다는 미국, 독일 등 해외 금융기관이 많다. 현대 세계에서는 국제 간 자본이동에 관해 기본적으로 제약이 없다. 신흥국 투자나 직접투자에 관한 한 제약이 있지만, 적어도 선진국 간 증권투자에 관한 한 거의 완전 자유롭다. 게다가 자본거래에 관해서는 재화무역의 경우에 드는 관세와 같은 장해는 없다. 이와 같이, 자본거래에 관해서는 기본적으로 제약이 없기 때문에, 영국이 EU로부터 이탈해도 대륙 국가와의 관계가 끊어져 버리는 것은 아니다. 즉, 자본거래는 영국이 EU에 가입해 있든 없든 별로 큰 영향은 받지 않을 것이다. 자본거래에 관한 문제는 금융업무에 대한 규제와 세제 문제이다. EU에서 영국이 이탈하면 EU의 금융거래세는 살아날지 모른다. 이렇게 되면 국제금융 활동에서 영국의 우위성은 더욱 커질 것이다.

2. 영국의 EU 탈퇴

1) EU 탈퇴와 결과

2016년 6월 24일 실시된 영국의 EU 이탈을 결정하는 국민투표와 그 결과는 전 세계에 충격을 주었다. 소위 EU로부터의 이탈을 뜻하는 '브렉시트(Brexit: British-exit을 뜻하는 신조어)'의 계획대로라면, 2017년 3월 29일 EU에서의 이탈 의사의 통지를 시점으로 영국은 2019년 3월 29일 24시에 EU 회원국에서 없어져야 한다. EU의 역내는 단일시장으로서, 사람·재화·서비스·자본의 4개의 자유가 인정받아 EU 가맹국에는 막대한 경제적·정치적 혜택을 가져오는 한편, EU의 확대와 통합의 심화를 계속하는 가운데 새로운 과제도 지적되었다. 이런 새로운 과제들은 EU로부터 얻은 이익에 비해 영국에서는 그것을 간과하기엔 지나치게 큰 문제로 논의되었다. 알려진 것처럼, 선거 결과 영국은 EU로부터 탈퇴를 결정하였다. 그것은 세계적인 충격이었고, EU의 손실이었다. EU에서 얻을 수 있는 경제적 혜택을 누리는 것보다 이탈을 선택한 영국 국민의 판단에는 어떤 요인이 영향을 미쳤을까?

영국이 EU(유럽연합)의 전신인 EC(유럽 공동체)에 가입한 것은 1973년의 일이다. 그 후 40년 이상 동안, 영국은 EU와 함께 수많은 고난을 극복하고 확대를 계속했다. 그러나 2017년 3월에 영국은 EU 탈퇴를 정식으로 통보했다. 확대를 계속해 온 EU는 처음으로 기본적인 틀에 문제가 생기기 시작했다. 먼저 영국이 EU 탈퇴의 길을 선택하게 된 그 단서는 2013년 1월에 런던에서 열린 캐머런(당시 총리)의 '영국과 유럽'이라는 연설에서 시작한다. 이 연설에서 캐머런 총리는 EU에 넘겨준 권한을 영국에 되돌린다는 정치적 슬로건을 내걸고, EU로의 잔류인지 이탈인지를 묻는 국민투표를 실시한다고 처음으로 밝혔다. 연설 중에서는 EU에 유연성 있는 개혁을 요구한 뒤 EU에 잔류하겠다는 뜻을 보였지만 예상과는 다르게 이탈로 나타났다.

2015년으로 예정된 총선에서 여당인 보수당이 이기면 2017년까지 EU에 잔류 혹은 이탈을 묻는 국민투표를 실시한다고 하였다. 공약대로 사전에 등록을 마쳤던 18세 이상의 영국인 영국거주의 아일랜드인·영국 연방시민 4649만 명을 대상으로 실시됐다. 투표율은 72.2%로, 3350만여 명의 투표결과는 잔류 지지가 48.1%, 이탈 지지가 51.9%로 거의 비슷했다. 지역별 투표결과를 보면, 잔류 지지는 북부지역에 많았다. 즉, 스코틀랜드에서는 잔류가 62%, 북아일랜드에서는 55.8%인 반면 잉글랜드에서는 이탈이 53.4%, 웨일스는 52.5%였다. 알다시피, 스코틀랜드는 1707년 잉글랜드 왕국과 연합했지만 이후에도 영국으로부터의 독립의식은 높고 거대한 존재인 EU에 대한 귀속 의식이 높아져 잔류지지도가 높아졌다고 생각된다. 북아일랜드는 EU 회원국인 아일랜드와 접해 있으며 현재 국경검사도 없이 경제적으로나 문화적으로 공존의식이 높아 잔류의지가 높았던 것으로 본다. 반면 잉글랜드에서는 금융의 중심지이자 대도시인 런던이나, 케임브리지, 옥스퍼드라는 세계적으로 인적·물적 자원이 모이는 지역에서는 잔류 의지가 높았지만, 특히 지방을 중심으로는 EU로부터의 이탈 지지가 많았다[5]. 또한 웨일스에 대해서는 도시부를 제외하고 이탈 지지가 많았다.

----

5) 그 배경에는 아마도 보수적인 풍토와 과거의 좋은 시대에 대한 향수가, 글로벌화를 진행시키는 EU의 스탠스와 급증하는 이민에 대한 저항감이 높아졌기 때문으로 생각된다.

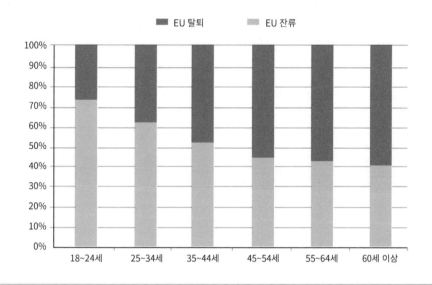

그림 3-7   영국의 EU 탈퇴 여부에 관한 연령별 투표결과

자료: Lord Ashroft Polls로부터.

연령대별로 보면([그림 3-7]), 18~24세 청년층은 70% 이상이 잔류를 지지하는 데 반해, 45세 이상에서 점차 EU 이탈 지지가 높아지면서 65세 이상에서는 60%가 이탈 의사를 밝혔다. 젊은 세대는 어릴 때부터 EU가 가져오는 이익과 편리성을 받아 EU라는 존재를 자연스럽게 수용해 왔다고 본다. 반대로 세대가 높아짐에 따라 EU로의 귀속의식 저하와 과거 좋은 시대에 대한 향수가 강하게 나타나 EU 탈퇴에 대한 지지로 연결되었다고 생각된다. 또한 고령자는 젊은 층보다 적극적으로 투표소로 발길을 옮겨, 결과적으로 고령자의 의견이 많이 반영되는, 이른바 '실버 민주주의'가 이번 국민투표에도 나타났다고 생각할 수 있다.

또한 학력별 투표결과를 보면, 의무교육 종료(GCSE)에서는 70%, 고교졸업 상당(A레벨)에서는 50%, 전문학교 등 졸업이 52%가 이탈을 지지했으며 대졸 이상이 되면 68%가 잔류를 지지하였다. 이는 사회적 경제적 계층 가운데 이른바 화이트칼라로 불리는 사람들은 잔류를 지지했고, 노동자 계급인 블루칼라 사람들은 이탈의 지지가 우세했음을 보여준다. 영국 노동자 계급들은 EU로부터의 이민이란 것이 불경기를 계기로 때로는 고용기회를 빼앗기기도 해, 이러한 계층은 EU 잔류 및 이민에 대한 반감이 투표에 나타났다는 것은 용이하게 상상할 수 있다. 이처럼, 지역이나 연령대, 사회적 계층을 통한 각각의 이해관계가 국민투표를 통해 EU로부터의 이탈이라는 결과를 초래했다고 말할 수 있다.

2) 브렉시트(Brexit)의 배경

국민투표를 앞두고 벌어진 캠페인에서 영국이 EU 탈퇴를 선택한 배경에는 주로 다음의 3가지이다. 첫째는 EU에 대한 출연금 문제. 두 번째는 이민 문제. 세 번째는 EU법에 의한 자국주권의 침해의 문제이다.

① 출연금 문제

2016년 EU 예산에 대한 영국의 지출비율은 독일, 프랑스에 이어 3번째로 많은 전체의 13.45%를 출연하고 있다. 액수로 환산하면 131억 파운드(약 19조 7000억 원)이다[6]. 반대로 EU공통 농업정책(CAP)과 연구개발 예산 등으로 EU에서 받은 영국의 수령액은 45억 파운드(약 6조 7000억 원)에서 차감하면 약 86억 파운드(약 13조 300억 원)가 실질적인 영국의 부담이다.

사실 본래대로 하면, EU 회원국 가운데 영국은 두 번째로 큰 EU 지출비율로 되어있지만 영국에 한해서는 '리베이트'로 불리는 경감 조치가 도입되어, 실질 부담액으로 보면 2014년 프랑스에 이어 세 번째이다. 이 액수는 영국의 경제규모에서 보면 결코 큰 부담이라고는 말할 수 없지만, 경제 상황을 고려해 보면 부담일 수도 있다. 여하튼 2008년 이후 급증하는 EU 출자액에 대해서 수취금액에 그다지 변화는 없고, EU에 계속 가입하는 비용은 큰 부담이라고 생각하는 사람들이 늘어났다. 금융 대국인 영국은, 대륙과의 자유로운 접근을 전제로, 금융 비즈니스에서도 막대한 혜택이 초래되고 있는 것은 틀림없지만, 그 같은 경제적 실감은 런던 이외의 영국 국민에게는 좀처럼 전해지지 않았던 것이다. 즉, 런던 이외

---

6) 2018년 말 환율 적용은 1파운드당 1550원.

의 지방은 EU 대륙으로부터의 경제·사회적 혜택으로부터 괴리가 존재했다고 볼 수 있다. 그것이 투표결과로 나타났다고 생각된다. 투표 전 캠페인에서는, EU 이탈파는 EU거출금(지출금)에 대한 부담분을 국민의료제도(NHS)의 재원으로 돌리겠다고 공약으로 내걸고, 국민의 관심이 높은 의료제도를 인용해 이 문제를 쟁점화했다. 그러나 국민투표 직후 이 공약은 잘못됐다며 철회됐다.

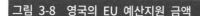

그림 3-8 영국의 EU 예산지원 금액

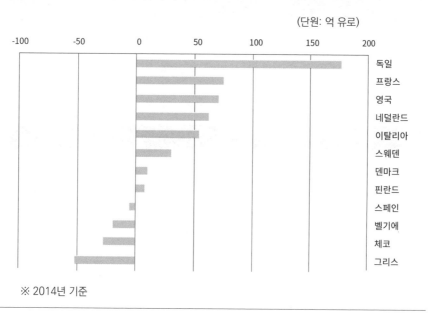

(단위: 억 유로)

※ 2014년 기준

자료: 유럽 연합 집행위원회, 2014년

② 이민 문제

최근 2017년 3월의 자료에서 영국의 이민에 관한 현황은 다음과 같다. 모든 시민권자의 영국 이주자는 58.8만 명이고, 그 중 영국인 이외의 사람이 51.4만 명, 그 가운데 EU시민은 24.8만 명, 비(非)EU 시민은 26.6만 명이다. 영국에서 외국에 이주한 모든 시민은 34.2만 명으로 이를 차감한 순수 이민자 유입은 24.6만 명이다. 2016년 시기에 32.7만 명이었다는 점에서 영국의 탈퇴 결정에 따라 이민자 수는 이미 감소 추세를 보이고 있다. [그림 3-9]는 영국의 장기적인 순이민의 유입 추세이다. 영국의 오랜 경제성장에 따른 노동력 확보의 관점에서 1994년을 기점으로 유입초과 상태다. 특히 더욱 증가를 나타내는 것이 2004년 EU 동방확대에 따라 옛 사회주의 국가의 유입이다. EU 이탈 캠페인에서 동유럽 출신의 이민에 초점이 맞춰졌지만, 의외로 당초 EU 14개국(독일, 프랑스, 이탈리아, 벨기에, 네덜란드, 룩셈부르크, 덴마크, 아일랜드 그리스 스페인 포르투갈, 오스트리아, 핀란드, 스웨덴)으로의 이민이 전체의 약 50%를 차지하고 있다. 2004년에 EU에 가담한 중·동 유럽의 EU10(체코, 폴란드, 헝가리, 슬로바키아, 슬로베니아, 에스토니아, 라트비아, 리투아니아, 몰타, 키프로스)으로부터의 이민이 현저히 늘어나면서, 2014년에는 EU로부터의 이민이 약 절반을 차지하기에 이르렀다. 그리고 2020년부터 2022년까지는 그 수가 더욱 증가하여 61만 명이 되었다.

그림 3-9　영국 이민 통계(2022년 3월 말 시점)

자료: 영국 국가 통계국(ONS)

EU의 가맹국 내에서는 EU시민은 자유롭게 이동할 수 있어 직업을 얻을 수 있다. 단일시장을 구성하는 데 있어서 이것은 하나의 중요한 요소로, 그것이 각국의 노동시장의 유연성을 높여 때로는 경제 쇼크를 완화시키는 효과도 있다. 그러나 현재는 영국에의 이민은 폴란드인이 증가하고 있지만, 이민 문제는 반드시 EU로부터의 이민에 국한된 것은 아니다.

2004년 EU의 동구권 확대에 따라 서방 국가들에 비하면 매우 소득 수준이 낮은 중동 및 유럽의 구사회주의 국가가 가세했다. 이때 EU에서는 급격한 이민 증가에 따른 경제와 사회 혼란을 피하려고 이민에 일정한 제한을 인정받아 독일을 비롯한 프랑스 이탈리아 등이 이 조치를 도입했다. 그러나 영국에서는 당시 '오픈도어 정책'을 내걸고 중·동구 국가에서 노동자를 무제한 허용하는 정책을 실시하였다. 당시 영국에서는 15년 가까이 경제성장이 지속되면서 고용 환경에 부족감이 생기고 있는 상황에서 EU의 동방 확대는 노동자 부족을 해소하는 새로운 기회로 잡은 것이다. 단순 노동이나 저임금 직종은 영국인이 기피했기 때문에 외국인 노동자들은 자국에서 일하는 것보다 높은 임금을 받을 수 있는 영국에 많은 근로자가 몰리는 것은 당연했다. 그 후 영국에서 생활기반이 마련되면 본국에서 가족을 불러들이는 등의 이민 유입이 폭증하게 되었다.

오랫동안 계속된 경제성장은 2008년의 미국의 리먼 쇼크를 계기로 불황의 그늘이 생기게 되었다. 금융시장을 충격의 도가니로 몰아넣은 이 금융위기는 금융대국인 영국경제를 강타했다. 즉, 1993년부터 계속 확대한 영국경제는 2008년의 리먼 쇼크를 계기로 2009년에 −4%를 넘는 큰 불황에 빠졌다. 대량으로 유입됐던 중동 및 유럽 이민은 불황 상황에서도 본국으로 돌아가지 않고 그대로 영국 각지에 자리 잡았다. 경기가 나빠짐에 따라 이민자들에게 일자리를 빼앗기지 않을까하는 불안감에 더하여 의료 및 실업보험 등 사회보장제도가 대량의 이민으로 '혼란스러워질 것'이라는 우려가 이민에 대한 반감으로 전환되었다. 즉, 영국이 호경일 때는 노동력 부족을 해결해 주고 사회 저변에 깔려 영국 사회를 지탱한 반면에, 불경기가 되면 영국인의 일자리 쟁탈 우려 및 각종 보험 및 사회보장 부담금의 증가에 따른 불안으로 전환된 것이다.

영국 내무성의 조사에 따르면, 사회 전체의 관심사인 공공서비스에 대한 이민의 영향이 중요한 문제인 것으로 나타났으며, 2011년 2월의 여론 조사에서는 성인의 75%가 공공서비스 부담의 가장 일반적인 이유로 이민을 지적했다. 영국 정부도 지나친 이민 증가는 상정하지 않고, 학교나 병원 등에서 대응할 수 없게 되는 것도 사실이었다. 특히 국가나 자치단체의 보조금으로 운영되는 병원에서는 예산이 정해져 있는 상태에서 국민의료제도(NHS)를 이용하는 환자는 치료비가 무료이기 때문에 이민 증가에 의한 환자 증가는 관련 예산을 압박해 의료서비스의 추가 저하를 초래하게 되었다. 영국경제가 겨우 살아나던 2011년에는 공공서비스의 유지를 목적으로 부가가치세(VAT)가 17.5%에서 20.0%로 오르고, 그 후 경기침체 상태애서의 세금 부담감은 적든 많은 이민에 대한 불만을 터트리기에 충분했다. 그리고 그 축적된 불만의 가스 빼기 시도가 이민에 대한 정책의 개선을 포함한 EU 개혁에 대한 협상을 진행하겠다고 밝혔다(최초는 정치선언적 의미였다는 듯). 2013년 1월 연설과 EU 탈퇴를 위한 국민투표는 2015년 총선으로 나타났다.

③ EU법에 의한 자국 주권 침해

EU법은 유럽연합의 기반이 되는 법체계로 그것은 3개의 기둥과 각 분야에 관한 규정으로 구성되어 있다. 제1의 핵심은 '경제 사회에 관한 권리'와 '유럽연합 기관의 설립 근거'는 가장 중요한 규정이다. 이것은 EU의 전신인 유럽공동체(EC)의 기본 이념이며 1957년 조인된 '로마 조약'에서 구체화됐다. 제2는 '유럽연합의 공통 외교 및 안보 정책'과 제3의 기둥은 '경찰 형사사법 공조'에 대한 것이며, 이른바 '마드리드 조약(유럽연합 조약)'으로 1992년에 조인되었다. 이들 규정은 회원국 간 수없이 논의 및 수정이 가해지고 있다. 이러한 조약을 '유럽연합 기본조약'으로서 가맹 각국이 체결함으로써 EU법이라 불리는 법체계가 모든 가맹국의 법체계에 직접 작용하고, 경제정책이나 사회정책에 있어서는 국내법보다 우선되는 것이다. 확실히 단일 시장의 혜택이 크고, 그것은 영국에 있어서 EU 가맹의 최대 요인이다.

특히 EU법 중에는 별로 필요하다고 생각되지 않을 것도 존재하는 반면에 가장 심각하고 자국의 주권을 위협할 우려가 있었던 것이 '노동 이동의 자유'로 주권국가로서 급증하는 이민유입을 막지 못하는 문제가 있다. 영국에는 그동안에도 단일통화인 유로의 도입의무 면제와 출연금에 대한 리베이트의 도입, 셍겐 협정[7]불참가 등 다양한 EU조약의 적용 제외를 받았다. 또한 이민 문제에 대해서도 EU에 대한 유연한 대응을 요구할 방향으로 국내의 논의가 진행되려 했지만, 국민투표의 결과 때문에 논의도 실현될 것은 없다.

소결

EU 결성 후 노동과 자본, 상품 및 서비스의 이동을 자유롭게 하고 단일통화를 실현함으로서 시장의 확대와 비용감소의 혜택을 가져왔지만, EU 회원국 모두가 그 혜택을 누린 것은 아니었다. EU 역내에서 중심부와 주변부로 나누어진 그 구조는 마치 미국을 중심으로 하는 중심국과 그 외의 주변부 국가들로 이루어진 세계질서의 또 다른 작은 모델이며 그림자였다. 결국 모두를 위한 제도이자 경제통합이었지만 그 안에서의 빈부의 격차는 또 다른 갈등과 위기, 그리고 분열로 이어졌다. 경제통합 및 단일통화에서 오는 제도의 혜택을 공유하기 위해서는 개별국가 혹은 개별 경제주체들의 생산성 향상에 대한 노력 없이 모든 제도의 공유가 곧 모두의 행복으로 귀결되지 않는다는 단면을 보여주고 있다.

대륙 유럽 각국에 있어서 EU는 "경제적 혜택을 수반하는 정치 프로젝트"라는 인식이지만, 영국에 있어서는 "정치적 코스트를 수반하는 경제 프로젝트"라고 간주되고 있다. 그럼 영국에 있어서 EU에 '잔류'인가 '이탈'인가의 선택은 국민에게 정치적인 비용과 경제적인 이득 사이의 선택이라고 생각한다. 영국은 EU의 단일시장에 가세함으로써 큰 경제적 혜택을 받았다. 인플레를 억제하는 자국의 경제성장에 필요한 노동력을 EU로부터의 이민에 의해서 확보하는 것으로 성장을 유

---

7) 국경관리를 폐지하고 셍겐영역 밖에서 역내에 들어오는 도항자에 대해 공통의 비자 발급 기준을 정한 것. 셍겐 영역 내에는 여권이 없어도 자유롭게 이동이 허용된다. 2017년 4월 현재 EU의 안에는 영어 국가 외에 아일랜드 불가리아 크로아티아 키프로스 루마니아 등도 협정에 참여하지 않았다.

지하고 온 것도 사실이다. 반면 미국발 리먼 쇼크에 볼 수 있는 경제적 어려움에 직면했을 때에는 그 이민이 영국인의 일자리를 빼앗으려 한다는 우려가 부각되고 이민에 대한 비난은 강해졌다.

CHAPTER 04 일본의 경제발전과 경제불황

section 01 1970년대 일본경제의 구조 변화

1. 장기불황의 서설(序說)

1986년부터 시작된 일본의 '장기호황(平成景氣)'은 결과적으로 일본의 금융완화 정책의 채용으로 '자산가격'이 폭등하는 경제 현상이 발생했다. 그러나 이러한 일본의 '장기호황(平成景氣)'은 1991년에 들어 종언을 맞이하여 일본경제는 경기후퇴기에 접어들었다. 이후 일본경제는 적어도 20년에 걸친 장기불황에 직면했다. 이는 과거 순환적 불황에 해당하는 단기적인 불황만을 경험했던 일본으로서는 1991년부터 시작된 불황은 이제까지 생각하지도 경험해 보지도 못한 불황이었다. 그러나 문제는 1986년부터 시행한 금융완화정책과 그 일환으로 시작된 금리인하 정책이 이처럼 과거에 없던 자산가격의 폭등을 단기간에 초래할 만큼 강력했을까? 또한 이 같은 경기침체 및 장기불황에 대해 우리는 어떻게 생각해야 할까?

1990년대 장기불황에 관한 초기의 입장은 크게 두 가지로 나뉘어졌다. 당시 논쟁의 핵심은 첫째, 먼저 불황이 시작된 초기의 전통적인 입장은 1980년 중반부터 장기간에 걸친 조정과정으로서 경기의 후퇴라는 관점으로 일본경제의 침체

를 설명했다. 둘째는 일본경제의 침체에 대해 자산시장의 영향을 중시하는 입장이다. 이 견해는 금융자유화·국제화라는 일본경제를 둘러싼 환경의 큰 변화가 진행되는 가운데, 이 같은 경기후퇴가 발생하여 지금까지의 경기후퇴와는 기본적으로 다르다는 점을 강조하고 있다[1]. 이 같은 입장의 대표 주자로서는 미와자와씨(宮崎義一)의 『복합불황』이란 저서에서 1991년부터 시작된 '장기불황(平成不況)'은 금융부문 주도형의 불황이며, 금융자유화의 규결이라고 명하였다. 또한 1991년 시작된 '장기불황(平成不況)'의 큰 특징은 자산시장의 폭락과 더불어 통화공급의 증가가 크게 둔화된 것을 지적하면서, 금융적인 요인이 순환적 불황의 장기화를 강화했다는 금융부문의 부정적인 역할에 대한 지적에 일정부분 수긍이 간다. 2016년 시점에서 보면 후자의 견해가 1991년 시작된 '장기불황(平成不況)'을 설명할 때 설득력이 크다고 하겠다.

그러나 의문은 여전히 남는다. 순환적 불황에 더하여 금융적인 요인이 장기불황으로 불황을 변화 및 가중시켰다고 하더라도 1991년부터 시작된 불황이 2015년 당시까지 끝을 모르고 진행되고 있었다. 즉, 단순한 일본의 '금융적인 요인'이 경기침체의 장기화를 가중시켰다고 단순화하기에는 무리가 있다. 또한 일본의 금융적인 요인이 20여 년에 걸친 장기간의 경기침체를 초래하는 요인이었다면 이는 금융구조의 문제로 이렇게까지 장기불황이 해소되지 않는 요인으로 존재할 수도 없다. 현시점에서 보다 다양한 관점에서 폭넓게 1991년 시작된 일본의 '장기불황(平成不況)' 문제를 살펴볼 필요가 있다.

본 장에서는 1980년대 일본경제 전반에 걸쳐 재조명해 보면서, 이 시기의 '장기호황(平成景氣)'과 이로부터 시작된 일본의 장기불황(平成不況) 문제를 살펴볼 것이다. 이 문제에 대해 세 가지에 초점을 맞추어 살펴볼 것이다. 하나는 경기회복이든 경기후퇴이든 이를 계획하고 실행하는 것은 각각의 경제주체들의 역할이다. 이들의 경제 행동을 이해하고 파악하는 것은 경제문제를 파악하는 데 중요하다. 다른 하나는 경제주체들이 경제활동을 수행하면서 그들의 활동 영역을 규제

---

1) 小川一夫·北坂真一(1998) 『資産市場と景気変動』 日本経済新報社, p.71.

하고 확대하는 것은 경제정책과 그 변화로, 이는 마치 비포장도로에 놓여 있던 자동차가 고속도로에 진입하면서 가속하는 것과 마찬가지로 경제정책의 변화라는 요인은 경제주체들의 경제 행동을 생각 이상으로 변화 및 가속시키기 때문에 분석 과정에서 중요하다. 마지막으로 경제위기 혹은 장기불황을 설명할 때 단순히 장기불황(平成不況)이라는 과제에 대한 원인 및 결과만을 조명하고 규명하는 것은 불황의 원인이라는 문제를 규명하는 것에는 도움이 되겠지만, 불황의 원인 규명 그 자체가 경기회복의 요인으로 자동으로 전용되는 것만은 아니다. 애초부터 '장기불황(平成不況)의 원인 규명'이 바로 '경기회복의 요인'으로 전환될 수 없는 태생적 한계에서 현재 일본의 장기불황은 과거와 큰 차이가 있다고 하겠다.

따라서 어떤 사건이 일어나기 위해서는 그 전에 사건이 일어나기 좋은 충분한 조건과 다양한 양분(토양)이 내재되어야 하고, 그것들이 수렴하는 과정에서 어떤 충격이 발생하면 사건으로 발현한다. 그 크기와 범위는 사건 발생 전의 조건과 내재된 양분(토양)에 의해 결정된다고 생각한다. 그런 측면에서 보면 1980년 초기의 일본경제를 재조명하는 것은 그만큼 중요하다.

2. 경기순환기별 경제 상황

전투가 벌어지기 전의 들판은 유독이 조용하게 느껴지는 것처럼, 일본의 장기불황(平成不況) 전에 일본경제의 저변에는 이미 장기불황을 위한 불안정한 경제적인 요인들이 조용히 축적되고 있었다. 먼저 일본경제의 '대형 호황(平成景氣)'과 1991년부터 시작된 '장기불황(平成不況)'을 형성하는 토양, 즉 호황과 불황의 배양과정을 살펴보자. 제2차 석유위기(1979~1980년) 이후 일본은 1980년부터 1983년까지 전후 최장기불황을 경험했다. 즉, 일본은 1980년 2월부터 1983년 2월까지 36개월간의 경기침체를 경험하게 되는데, 이는 제2차 세계대전 이후 그때까지 일본경제가 겪어 본 순환적 불황 중에서 가장 긴 불황이었다. 따라서 이 시기 일본은 전후 최장기 불황을 경험했다는 점에서 우리는 1980년대 전반기, 특히 1979년에서 1983년까지의 일본경제를 재조명해 볼 필요가 있다.

일본경제의 변화 과정을 살펴보기 위해서 [표 4-1]에서처럼 경기순환기별로 정리하였다. 표에서 보면, 제1 순환에 해당하는 1951년부터 1954년까지는 한국전쟁이라는 특수(特需)의 증가 때문에 형성된 경기로 이를 '특수경기'라고 말한다. 한국전쟁의 종식과 함께 경기는 자동으로 하락하여 제1 순환을 마감한다. 제2 순환은 전력 및 해운 등의 설비투자 확대에 의한 것으로 '투자경기'로 부른다. 제3 순환과 제4 순환도 역시 설비투자의 확대가 주요했다. 제5 순환은 동경 올림픽대회에 의한 '건설 붐'으로 경기가 확대됐지만, 쿠바사태로 국제상품과 해상운임비가 폭등하면서 일본의 국제수지가 악화하였다. 국제수지의 악화를 바로잡기 위해서 일본 정부는 금융긴축 정책을 서둘러 취하는 바람에 경기확대는 단기간에 그쳤다. 이 시기 불황의 정도가 심각해서 많은 기업이 도산하고 경영 파탄이 대기업까지 확산되는 일이 벌어졌다. 이때에는 공공사업의 확대라는 재정확대 정책에 의해 겨우 경기가 회복되었다.

제6 순환기의 특징은 장기간에 걸친 호황 때문에 경기가 과열되었고, 노동수급의 압박으로부터 '인플레이션의 경향'이 뚜렷해지면서 국제수지 흑자 속에서 처음으로 재정 및 금융긴축 정책이 발휘되는 시기로 경기가 하락하는 상황에 직면한다. 그러나 순환적인 경기후퇴 속에서도 일본경제는 평균 6%의 성장을 지속했다. 제7 순환은 그 유명한 '열도개조 붐'에 의해 시작되었다. 이 시기 일본은 스미소니언(smithsonian) 합의(1971년 12월: 1달러 당 360엔에서 240엔으로 엔화가치 상승 합의)에 따라 엔화가치를 높이면서 이에 따른 불황에 대처하기 위해 공공투자를 대폭으로 확대하는 적극적인 재정정책을 채용했다. 그러나 1973년의 제1차 석유위기를 계기로 국제수지는 적자로 전환되고, 일본의 물가가 폭등하는 현상이 발생했다. 이를 해소하기 위해 일본 정부는 금융긴축 정책을 취하면서 경기는 별안간 심각한 불황에 빠지게 된다.

표 4-1 경기순환 기준 일표

구분	저	고	저	기간 확장기	기간 후퇴기	기간 전 순환기간
제1 순환		1951.06	1951.10		4개월	
제2 순환	1951.10	1954.01	1954.11	27개월	10개월	37개월
제3 순환	1954.11	1957.06	1958.06	31개월	12개월	43개월
제4 순환	1958.06	1961.12	1962.10	42개월	10개월	52개월
제5 순환	1962.10	1964.10	1965.10	24개월	12개월	36개월
제6 순환	1965.10	1970.07	1971.12	57개월	17개월	74개월
제7 순환	1971.12	1973.11	1975.03	23개월	16개월	39개월
제8 순환	1975.03	1977.01	1977.10	22개월	9개월	31개월
제9 순환	1977.10	1980.02	1983.02	28개월	36개월	64개월
제10 순환	1983.02	1985.06	1986.11	28개월	17개월	45개월

자료: 経済企画庁(1989) 『国民経済計算年報』에서 사용.

제9 순환은 일본 정부의 적극적인 확대 재정과 기업의 감량경영 효과에 의해 기업이익이 회복하는 등의 요인들에 의해 경기가 상승했지만, 1979년부터 시작된 제2차 석유위기 때문에 일본은 전후 가장 긴 경기후퇴기를 경험하게 된다. 그러나 이 시기의 경제적 충격은 제1차 석유위기 때보다 작아서 경기침체의 늪에서 빠르게 회복했으나, 미국경제가 불황의 늪에서 벗어나지 못했기 때문에 일본의 수출은 정체되었고 따라서 불황은 장기화하였다. 즉, '안정성장기' 후반에 해당하는 1979년부터 1985년까지 일본의 평균성장률은 3.2%로, 제1차 석유위기의 영향을 받았던 '안정성장기' 전반(1973년~1979년)의 3.7%를 밑돌게 되었다. 이 기간은 일본경제에 있어서 1977년부터 1983년 2월까지 전 순환이 64개월로 이중 경기확장 기간이 28개월, 그리고 경기후퇴(침체)가 36개월로 제2차 세계대전 후 그때까지 일본경제가 겪어 본 순환적 불황 중에서 가장 긴 불황이었다. 즉, 1980

년부터 1983년 2월까지 장기간에 걸쳐 진행된 경기침체는 일본에게 중요한 정책전환을 요구받게 되었다. 제10 순환에 접어들면서 미국경제가 회복되면서 일본의 수출이 크게 증가함에 따라 경기가 회복되었다. 따라서 제9 순환기인 1980~1983년까지, 그리고 제10 순환기인 1985년까지의 경제주체 및 경제정책의 변화가 일본경제에 모순의 시작이자 사건의 토대가 마련되는, 즉 '자산가격의 폭등'이라는 과열 경기와 '경기침체'라는 경제의 불안전한 기초요소(要因)가 배양되는 여명기였다라고 말할 수 있다.

표 4-2 국민총지출(명목)의 구성비 (단위: 조 엔, %)

년도	1955	60	65	70	73	75	80	85	1988
국민총지출	9	17	34	75	117	152	245	320	371
민간최종소비지출	65.1	58.3	59.0	52.5	53.9	57.2	58.5	58.1	57.0
정부최종소비지출	9.9	7.9	8.2	7.5	8.1	10.0	9.8	9.7	9.2
총고정자본형성	19.6	29.8	31.6	35.5	36.0	32.5	31.4	27.7	30.8
재고품증가	4.4	4.0	2.0	3.2	1.4	0.2	0.7	0.7	0.2
수출 등	12.0	10.8	10.9	11.5	11.1	13.7	14.9	15.6	13.4
수입 등	10.9	10.7	9.7	10.3	9.1	13.6	15.4	11.7	10.5
참고: 공적수요	17.9	15.2	17.3	15.6	17.7	19.4	19.3	16.4	15.9

자료: 鈴木多加史(1992) 『日本経済分析』, p.35.
주: 국민총지출은 금액으로 조엔, 기타는 구성비로써 %를 의미함.

따라서 1980년대 전후를 중심으로 거시경제 지표를 살펴보면, [표 4-2]에서 민간소비지출은 1955년에 65.1%에서 점차적으로 하락하여 1970년에는 52.5%에 이르고, 이후 점차 회복되어 1980년에 58.5%를 기록하지만, 여전히 과거의 소비 능력을 회복하지는 못한 상태였다. 일반적으로 제2차 석유위기 후 일본의 경제 상황은 제1차 석유위기 때와는 외적으로 큰 충격 없이 극복했다고는 하지만, 내적으로는 구조적·순환적인 변화를 초래했다. 이 같은 일본경제의 구조변화에 대하여 수출부문이 신속하게 대응 및 대체하여 1973년에 11.1%의 수출 비중이 1980년에는 14.9%로, 1985년에는 15.6%로 급격히 증가했다. 이것은 1980년 이후 일본경제가 내수주도의 경제성장에서 외수주도, 즉 수출주도형 경제성장을 의미하는 것으로 일본의 경제성장 구조가 급격하게 바뀌고 있었다. 물론 장기간에 걸친 지속적인 민간소비지출의 감소는 필연적으로 내수시장의 침체를 불러왔다는 것은 말할 필요도 없다.

특히 제2차 석유위기에 해당하는 1979~1983년을 살펴보면, 일본의 물가는 제1차 석유위기에 뒤이어 재차 폭등하고, 국제수지는 제2차 석유위기 때인 1979년과 1980년도에 큰 폭의 적자를 기록했다. 이때의 경기침체는 그다지 큰 폭의 침체는 아니었지만, 그 후의 경기회복도 또한 완만한 회복세를 보였다. 1981년부터 1983년까지 3년간 경제성장률은 3%대에 머물렀다. 한편 석유위기에 취약한 엔환율은 1980년에 달러 당 217.26엔에서 1982년에는 249.64엔으로, 그리고 1984년에는 244.19엔까지 평가절하되었기 때문에 이것이 결국 수입 대금의 증가로 귀결되었다. 그러나 엔화가치의 급락은 급격한 수출의 증가로 반전되었다. 수입 대금의 급증이 진정된 1981년도에는 경상수지는 흑자로 회복됐다. 즉, 1980년부터 시작된 엔화가치의 하락은 수출을 급격하게 증가시켜 일본경제는 경상수지 흑자가 지속하는 가운데 그 흑자폭은 더욱 확대되어 1986년에 이르러서는 급기야 941억 달러에 달했다. 이 시기는 말할 필요도 없이 일본경제가 수출주도형 경제성장이었다는 것을 의미한다.[2]

또한 [표 4-3]에서 보면, 성장률에 대한 내수 및 외수(수출)의 기여도가 분류되어 있다. 이에 따르면 고도경제 성장기인 1955년부터 1970년까지 외수의 기여도는 마이너스였고, 고도성장기의 경제성장은 내수에 의한 성장이었다는 것을 알 수 있다. 그러나 1970년대 이후 성장에 대한 외수(수출)의 기여도가 플러스로 전환되면서 외수의 기여도가 점차적으로 크게 확대되고 있다. 즉, 1956~1970년

----

2) 물론 이 같은 무역흑자에는 미국의 레이건 노믹스에 의한 재정적자와 국제수자 적자라는 쌍둥이 적자가 지속되었기 때문이다.

까지 내수의 기여도는 민간부문에서 8.9%였던 것이 10.7%까지 크게 증가하다가 1971~1975년, 즉 제1차 석유위기를 계기로 민간 부문의 내수기여도는 3.2%로, 급기야 1981~1985년에는 2.8%까지 급락한다. 반면에 내수의 기여도가 점차 작아지면서, 그것을 자연스럽고 재빠르게 외수의 기여도가 대체하면서 크게 확대되었다. 외수의 기여도는 1970년까지 마이너스를 기록하다가 1971~1975년에 0.1%, 1976~1980년에 0.6%, 1981~1985년에는 1.1%로 외수의 기여도가 크게 확대되었다. 따라서 1980년대 전반기는 외수(수출)주도형 성장이었다는 것을 의미한다. 그에 따른 경상수지 흑자도 크게 확대되는 시기였다.

표 4-3 실질성장률과 내외수의 기여도 (단위: %)

기간(년도)	실질성장률	내수기여도			외수기여도
		합계	민간	공적	
1956~60	9.0	10.0	8.9	1.1	-0.9
1961~65	9.2	9.7	7.6	2.1	-0.5
1966~70	11.7	12.4	10.7	1.7	-0.9
1971~75	4.4	4.3	3.2	1.1	0.1
1976~80	5.0	4.3	3.4	0.9	0.6
1981~85	4.0	2.9	2.8	0.1	1.1
1986~88	4.3	5.7	5.1	0.7	- 1.4

원자료: 経済企画庁（1989）『国民経済計算年報』에 의함.
주: 각 년도의 기여도를 단순 평균한 것임.

2. 위기구조의 내적 배양기(1970~1981년)

1) 경제주체들의 경제 활동의 변화

한편 이 같은 거시경제적인 변화 속에서 가계와 기업, 그리고 은행과 일본 정부라는 경제주체들은 각각 어떻게 행동했을까? 일본경제에서 가장 큰 변화는 1970년 초부터 시작된 ① 민간소비지출의 감소와 ② 기업의 설비투자 감소 현상이다. 그리고 ③ 일본 정부의 경제정책 변화이다. 잘 알려진 것처럼, 일본의 민간소비지출의 감소 현상이 나타난 직접적인 계기는 1973년의 제1차 석유위기 때문이다. 만약 민간소비지출의 감소의 원인이 제1차 석유위기 때문이라면 적어도 위기구조가 해소된 1975년 이후부터는 일본의 민간소비지출은 회복됐어야 했다. 그러나 석유위기가 마무리된 후에도 일본의 민간소비지출은 전년 대비 증가율로 보면 여전히 회복되지 못했다. 즉, 1957년부터 1973년까지 일본의 민간소비지출의 전년 대비 증가율은 단순 평균으로 8.0%를 기록했으나, 1974년부터 1995년까지는 평균 3.5%로 떨어졌다[3]. 또한 경제성장에 대한 민간소비지출의 기여도도 1/2로 급격히 감소했다. 이것은 단순한 경제적인 쇼크가 아님을 의미한다. 그렇다면 석유위기에 의해 생성된 일본경제의 위기구조가 1975년부터 해소되었음에도 왜 일본의 민간소비지출은 회복되지 못했을까? 그 원인을 규명하기는 쉽지 않다. 다만 기존의 연구들을 종합해 보면 크게 수요 요인과 공급 요인으로 생각할 수 있다.

먼저 수요 요인을 생각해 보면, 일본 정부의 총수요억제정책과 실질소득의 감소 효과를 생각해 볼 수 있다. 1973년의 제1차 석유위기가 발생하자 일본 정부는 인플레이션을 억제할 목적으로 강력한 총수요억제정책을 시행했다. 그러나 사실 총수요억제정책에 해당하는 금융긴축정책은 1969년부터 실행되었다. 1966년부터 진행된 미국의 인플레이션은 1969년에 이르러 가속도가 더해져 일본의 도매물가 상승률이 5%에 이르렀다. 미국 인플레이션의 가속도를 우려한 일본 정부는

---

3) 経済企画庁『経済白書』각 부록 편, p.16.

1969년부터 물가안정을 목표로 기준금리를 올리는 금융긴축정책을 실행했다. 1969년 이후 금융긴축정책을 실행함에 따라 소비수요가 감소하면서 일본의 물가는 점차 안정되었으나 반대로 경상수지 흑자는 급증하는 현상이 발생하였다. 뒤이어 제1차 석유위기가 발생하자 일본 정부는 강력한 총수요억제정책을 시행했다[4]. 일본 정부는 물가안정을 위하여 석유제품에 대하여 표준가격제 시행하고, 주요 물자에 대한 가격은 사전승인제를 시행하는 등 금융긴축과 재정긴축정책을 강력하게 실행했다. 일본의 강력한 물가상승 압력은 1976년에 이르러 안정되었다. 강력한 금융긴축정책과 재정긴축정책은 소비수요를 억제하는 데 성공했다.

① 소비수요의 감소

다른 한편으로는 원유가격 상승에 따른 실질소득의 유출이 발생함으로서 소비수요가 급속히 위축되는 현상도 발생했다. 즉, 금융 및 재정긴축 정책에 따른 소비수요 감소와 더불어 원유가격의 상승에 따른 실질소득의 유출이 실질적인 소비수요를 감소시켰기 때문이다. 특히 1979년에 발생한 제2차 석유위기 후의 실질소득의 감소에 따른 소비감소는 제1차 석유위기 이후보다도 심각했다. 왜냐하면, 제1차 석유위기 때의 일본경제와 제2차 석유위기 때의 경제를 비교해 보면, 제1차 석유위기의 경우에는 일본의 물가상승이 일본 수출물가의 상승으로 나타나면서 원유 물가의 상승을 상쇄하는 특징이 있었다.

구체적으로 보면, 1973년~1975년 당시 도매물가 상승률은 1.54배, 소비자물가는 1.56배 상승하였다. 즉, 도매물가 상승에 따른 수출상품 물가(도매물가)의 상승률만큼 원유가격의 상승률이 상쇄된 것이다. 금액으로 보면, 1973년 일본은 원유대금으로서 1.4조 엔을 지불했고, 1978년에는 4.5조 엔을 지불했다. 1973년의 원유대금 지불을 기준으로 1978년과 비교해 보면 1978년 기간에 3.1조 엔 정도의 여분을 더 지불한 것이다. 그러나 원유가격 상승에 따른 국부의 감소는 명목적으로 3.1조 엔이라도 1979~1981년도의 도매물가 상승률이 3년간 1.3배 상승에 그

---

4) 일본 정부는 11업종에 대해 전력과 석유를 10%의 공급 삭감 조치를 시행했고, 민간에 대해서는 에너지 절감을 요청하는 정책을 시행했다.

쳤다. 또한 같은 기간 소비자물가는 1.17배 상승에 지나지 않았기 때문에 3년간의 도매물가 상승률이 낮은 만큼, 이 부분을 제외한 실질적인 일본의 원유 지불 대금은 1978년 기준으로 비교하면, 명목적으로 국부의 감소는 7.0조 엔에 이르고, 제1차 석유위기 때(3.1조 엔)와 비교해도 거액이었다.

일본의 물가 폭등에 의한 소득의 상쇄 부분이 작다는 것은 그만큼 일본의 실질적인 국가의 부가 감소 및 일본 내의 소비수요가 감소한다는 것을 의미한다[5]. 1978년 기간 7조 엔에 이르는 국가의 부가 유출된 것은 당시 일본 국세수입의 4분의 1에 해당하는 거액이었다. 결국, 원유가격의 상승에 의한 실질소득의 삭감 효과는 개인소비의 삭감으로, 그리고 다시 기업이윤의 삭감에 의한 설비투자의 억제 및 세입 증가의 둔화 등에 따른 재정적자로 나타났다. 즉, 경제활동이 정체된 상황에서 수입상품의 대금지불의 급증은 소득삭감(국부 감소)이 발생함에 따라 경제를 지탱하는 분야, 즉 가계, 기업, 재정에 걸쳐 적자구조로 전락하게 했다(이 현상은 남부 유럽의 재정위기와 유사함).

한편 공급 측면에서 소비수요의 감소 현상을 살펴보면, 1950년대~1960년대 고도경제 성장기를 거치면서 일본의 생산력은 크게 증대되었음에도 소비수요 억제책과 실질소득의 감소에 따라 일본경제는 '물품부족 시대'에서 '물품과잉 시대'로 전환되었다. 물품과잉 시대를 만들어 낸 요인은 다양하지만 주로 언급되는 것이, 수요포화설, 공간적 포화설, 수급 미스매치설 등 여러 가지 요인들이 거론되고 있지만[6], 특히 수요포화설이 보다 일반적인 설득력을 가지고 있다. 즉, 물건이 부족한 시대에는 소비재 상품을 만들기만 하면 팔리는 데 이들이 전체 가정에 보급되고 나면 소비순환 시기와 신제품 개발 및 새로운 소비시기가 발생하기 전까지 소비수요는 정체 혹은 감소하는 가운데 물건이 남아도는 소위 '물품과잉 시대(과잉생산 시대)'로 전환되었다는 것이다.

---

5) 下平尾勲(1995)『円高と金融自由化の経済学』, pp.55~57. 이 같은 일본의 국부 유출에 따른 경제적인 영향이 발생하지 않도록 하기 위해서는 그에 상당하는 노동생산성의 향상이나, 국내물가의 상승에 의한 상쇄나, 혹은 에너지 소비의 현저한 삭감 등과 같은 선택이 불가피했다.

6) 秋山喜文(1995)『日本経済論』九州大学出版会, p.29~34.

이 같은 과잉생산 시대의 경제문제가 해소되지 않은 가운데 제2차 석유위기(1979~1981)가 발생함에 따라 소비수요의 감소는 더욱 크게, 그리고 광범위하게 표면화되었다. 즉, 제1차 석유위기 때의 여러 경제문제가 장기화하는 가운데 생성된 경제정체가 제2차 석유위기와 중첩되면서 그동안 내재되어 있었던 일본경제의 취약점이 해소되지 않은 채로 수면위로 부상하여 여러 경제문제가 더욱 광범위하게, 그리고 본격적으로 표면화되었다. 즉, 일반적인 순환적 불황처럼 생산의 급팽창에 의한 과잉생산 형태가 아니라, 경제활동의 침체 속에서 회복되지 않는 소비수요의 격감과 소비자 행동의 변화라는 별도(과거와 다른)의 경제 행태가 진행되는 가운데, 제2차 석유위기는 그러한 경제 변화에 대해 과잉생산이라는 구조적 문제를 다시금 표면화시킨 것뿐이었다고 말할 수 있다. 다시 말해서 제2차 석유위기 후의 경제문제는 그 자체가 단순한 수입물가 상승 혹은 순환적 불황과는 다른 성격의 구조적인 문제로 이미 1970년대 중반부터 독자(獨自)의 형태로 '위기구조'가 자리매김한 것이다. 이 같은 새로운 형태의 위기구조는 필연적으로 새로운 경제구조 및 생산체계를 재구성하지 않으면 안 되다는 것을 의미하기도 한다.

② 기업 투자의 행동 변화

한편 기업의 입장에서 보면, 소비수요의 감소에 의해 과잉생산이 표면화되었다는 것은 기업으로서 취할 방법은 두 가지로 첫째는 노동절약화, 에너지 절약화, 재고 삭감, 설비투자의 억제, 생산관리 강화 등이었다. 그러나 대부분의 경우 기업합리화는 기계화에 의한 자동화였다. 둘째로는 시장 확대를 위한 상품 및 기술개발이 강력하게 진행되었다는 것이다. 기계화에 의해서 다품종 소량생산이 강제되어 소비수요의 다양성에 맞게 기업은 과거와 다르게 시장 친화적(접근)으로 변모했다. 즉, 1980년 이후 일본기업은 경영안정을 도모하기 위해서 철저한 감량경영 및 기업합리화를 시행했다[7]. 그 영향은 노동자 및 중소기업 등의 약자

---

7) 일본기업은 감량 경영 및 기업합리화에 따라 납품 원가 및 대체품의 재검토, 인원 및 재고

가 그대로 받았고, 고용 삭감 및 임금 억제, 하청수주 물량의 감소, 가공수임료의 인하, 거래처의 다변화 및 납기기한 엄수, 품질검사의 엄격화 등의 노력을 통해 1980년대 전반기의 위기를 극복하려 했다. 특히 임금상승률은 소비자물가 상승률인 7.8%보다 낮은 6.0%로 이것은 차후 소비감소로 이어졌고, 시장축소에 따른 대체시장으로서 수출이 급증하는 요인으로도 작용했다. 또한 이 시기 일본기업의 '설비투자 억제'와 '차입금 반환 및 축소'는 그 후 일본의 시중은행 및 지방은행의 영업 활동에 전환점(금융자유화)을 만들어 내는 계기가 되기도 했다.

또한 일본경제를 총고정자본에서 살펴보면, 1955년에 19.6%에서 1973년에 36.0%까지 높은 수준을 유지하다가, 이후 점차적으로 하락하여 1980년에는 31.4%, 1985년에는 27.7%까지 하락했다([표 4−2]). 이는 일본기업의 감량경영과 기업합리화 정책 이후의 결과로서 소비감소와 더불어 설비투자의 급격한 감소는 일본시장의 급격한 축소로 나타났다. 일본기업의 설비투자 축소는 은행에 대한 기업의 차입금 축소로 이어지고, 이는 일본기업의 사내유보금 증가와 자기자본 비율의 증가로 나타났다. 이에 따라 법인기업 내의 자금수요는 급격한 감소를 초래했고, 다른 한편으로는 화폐의 공급과잉이 발생했다.

더욱이 일본의 감가상각 제도는 경제성장을 위한 제도였기 때문에 설비투자를 계속하지 않으면 거액의 감가상각 자금이 축적되는 구조로 되어 있다. 정률법이 적용된 제도에서 기계를 10년간 감가상각을 하는 3년째에는 1/2이 완료되어 대규모 시설의 경우 15년 동안 감가상각이 가능하다. 이는 최초 5년만 지나면 금액의 반이 감가상각으로 끝나기 때문에 추가적인 대규모 설비투자는 50%만 다시 은행으로부터 차입하면 가능해 진다. 즉, 추가적인 설비투자를 하지 않으면 감가상각 자금은 증가하고, 세제 혜택이라는 제도와 더불어 기업의 자기자본 비율은 증가하게 되어 있다. 경기침체나 정체가 비교적 장기간이라면 설비투자 자체가 감소 혹은 정체함에 따라 자기자본 비율은 증가하고 법인부분에서의 화폐자본에 대한 수요는 격감한다. 실제로 1973년 자기자본 비율은 62.0%(이 중 감가상각이

의 삭감, 설비투자의 억제, 차입금 변제, 임금상승 억제 등을 강화했다.

46.5%)였고, 은행으로부터 차입금은 20.6%였다. 그것이 1985년에는 자기자본 비율이 79.8(감가상각이 58.9%)로 급증했고, 은행으로부터의 차입금 비율은 10.1%로 급감했다. 이 같은 대기업들의 투자행동의 변화는 은행들로 하여금 기존의 경영전략에 대해 변화를 강제하는 요인으로 작용하였다.

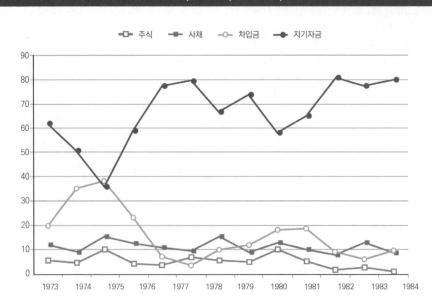

그림 4-1 설비투자 자금조달 구성비 (단위: %, 실적기준)

자료: 日本通産産業省(1985) 『주요 산업설비투자계획』 p.302, 주: 각 항목은 비율임.

한편 1971년부터 시작된 일본의 불황(1971년 8월 금·달러 교환성 정지에 다른 세계적 불황: 제2장 참조)은 바다를 접하고 있는 대규모 생산설비 부문에서 본격적인 과잉생산의 발단이 되었다. 즉, 철강, 석유정제, 화학, 합성섬유, 제재·합판 등의 소재생산 부문에서 자본 과잉이 표면화되었다. 이는 과거 거액의 화폐자본의 차입에 의해 사업규모의 확대를 도모해 왔던 것으로, 이 부문의 과잉생산은 설비투자 감소 및 차입금 감소로 나타나, 자금을 차입하는 대기업 수요가 변함에 따라 필연적으로 일본의 금융제도도 서서히 변화하기 시작했다.

일본기업의 투자 변화를 살펴보면, 1971년 이후 다양한 산업분야에서 설비투자가 이루어지고, 내용적으로도 변화했기 때문에 이 같은 상황에 대응해서 금융시장의 상황도 변했다. 즉, 소재생산 부문에서 가공형생산 부문으로 투자 비중이 옮겨갔지만, 생산과잉이 장기화하면서 증설투자는 물론 신설투자도 강력하게 억제되었다. 한편 금형이나 플라스틱 성형 등 다수의 관련 산업은 중소기업이 많고, 1971년 이후 기계공업의 발달에 따라 중소기업의 설비투자가 급증했다. 이것은 내수확대 정책의 수단으로 채용된 저금리 정책 때문이었다.

결국 1973년 이후 중소 제조업의 설비투자 증가율이 대기업 제조업의 증가율을 크게 앞서면서, 1976년부터 중소기업 분야의 설비투자가 대기업의 설비투자를 견인하는 역할을 했다. 특히 1971~1972년에는 대기업(제조업)의 설비투자가 크게 감소하였지만, 중소기업의 설비투자는 반대로 크게 증가했다. 중소기업 분야의 설비투자 증가는 대기업에 대한 금융 업무를 담당하던 주요 시중은행의 상대적인 지위 저하와 중소기업 지원 업무를 중심으로 하는 지방은행과 상호신용은행, 신용금고 및 신용조합 등과 같은 금융기관의 지위가 향상되는 현상으로 나타났다.

그림 4-2 일본 시중은행의 규모별 대출 잔고 (단위: 100억 엔)

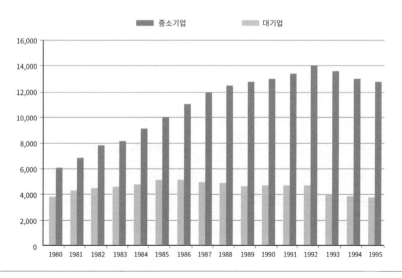

자료: 日本銀行(1996) 『経済統計年報』 p.140.

다시 말해서, 중소기업에 대해 주요 시중은행(제1 금융기관)의 신규 대출의 증가 경향이 강화된다는 것은 시중은행의 업무분야가 중소기업 분야로 이동하는 것을 의미한다. 따라서 이 시기에 일반 시중은행의 중소기업에 대한 설비투자 용도의 대출잔고 증가는 지방은행의 대출잔고를 넘어섰다. 그리고 1970년대 중반부터 풍부한 잉여자금에 의한 저금리를 배경으로 시중은행들은 저금리의 장기 대출 정책을 전개하면서도 절대적으로 자금이 부족해지는 상황이 단기간에 발생했다. 또한 1971~1973년까지 제조업의 설비투자는 전년 대비 −10%나 감소했으나, 비제조업은 같은 기간 10% 이상의 높은 증가율을 기록했다. 이것은 1973년 이후 기업 설비투자의 주도력이 제조업에서 비제조업으로 변화하고 있었다는 것을 의미한다. 그리고 투자 지역도 대도시 중심의 설비투자에서 지방 도시로 설비투자가 이전되는 현상이 가속화됐다. 그러나 지방 도시 및 중소기업에 대한 자금 대출은 유기적 구성의 비율이 낮아서 설비투자의 증가와 함께 현금 수요가 급증하는 경향을 가지고 있다. 즉, 1971년 이후의 설비투자 증대는 원재료 대금 및 감가상각 자금의 지급을 위한 현금 수요의 증가를 초래했다.

③ 금융기관의 수익구조 변화

한편 은행의 입장에 보면, 1973년 이후 대기업 및 중소기업의 설비투자 행동의 변화에 맞추어 금융기관의 자금운용 및 제도도 변해야 했다. 이 시기를 전후로 하여 금융기관(은행)의 경영 행태도 내외적 요인들에 의해 급변했고, 그 귀결이 바로 금융자유화였다. 일본의 금융자유화는 순환적인 요인뿐만 아니라, 구조적인 경제 환경의 변화에 대응하는 과정에서 등장했다. 즉, 고도경제성장이 끝남에 따라 설비투자를 위해서라도, 어음 할인을 위해서라도 화폐자본의 축적을 필요로 하지 않게 되었다는 점에서 과거 화폐자본의 운동 형식에 대신하는 새로운 별도의 운동 형식이라는 금융시장의 팽창을 만들어 냈다. 여기서 화폐자본이란 대출해 줄 수 있는 자금을 의미하며, 이 같은 화폐자본이 과잉상태로 지속하는 가운데 대출할 곳이 없어졌다는 것은 그 자본 자체가 독자의 자본운용을 강화하고 확대하는 중요한 계기가 되었다.

대출 중심의 화폐자본은 생산이나 유통이라는 생산 활동 속에서 형성되어 상품 유통의 수요에 대응하여 변동하고, 또한 화폐자본의 축적은 설비투자나 어음할인에 사용되면서 산업자본을 성장 및 발전시키기 위한 조건이었다. 그러나 과잉 설비투자 및 과잉생산이 발생하여 불황이 장기화하면 축적된 화폐자본은 유리한 투자처를 잃게 되고, 결국 새로운 자본축적을 위한 대출 및 투자처로서 국채나 주식, 그리고 토지 등과 같은 자산 구입으로 전환되게 되었다. 더욱이 일본의 과잉화폐 자본은 외국의 채권과 증권투자에 투자하게 되었다. 재정적자와 경상수지의 대규모 흑자에 의해서 화폐자본의 이동은 양적으로 확대되는 동시에 질적으로는 화폐자본의 운동이 투기를 확대 재생산했다.

한편 해외증권투자의 급증은 일본 국내에서의 화폐자본의 과잉, 경상수지의 대폭 흑자, 일본의 저금리(미국과 일본의 금리 격차), 외국 채권투자에 대한 규제의 자유화를 조건으로 가속화했지만, 가장 중요한 것은 일본에서 운용에 어려움을 겪고 있던 화폐자본의 존재하에서 경상수지의 대폭적인 흑자와 미국과 일본의 금리 격차가 내부적으로 상존하고 있었다. 1980년대 중반 일본의 금융자유화는 이 같은 경제적인 배경 속에서 생성되었다.

④ 일본 정부의 역할

또 다른 주요한 경제주체로써 일본 정부의 역할에 대해서도 살펴볼 필요가 있다. 사실 거시경제 측면에서 보면, 일본의 투자(I) = 저축(S)의 불균형 문제가 심각했다. 왜냐하면, 일본의 투자(I) = 저축(S)의 불균형 문제로부터 발생한 일본의 국채 발행과 은행의 국채 매입은 금융자유화를 초래한 주요한 배경이기도 했다. 즉, 소비감소, 기업의 각종 준비금, 감가상각 자금, 잉여적립금과 중소기업의 축소, 재고 증가 등에 의한 잉여자본 등이 저축 증가로 나타났다. 이 같은 경제 현상은 자금 차입의 중심축이었던 대기업들이 과잉설비 및 생산물 과잉에 의해 투자를 강하게 억제함에 따라 투자(I)와 저축(S)에 괴리가 발생했기 때문이다. 결과적으로 저축(S)이 투자(I)보다 많은, 즉 저축 초과라는 불균형이 발생함에 따라 어쩔 수 없이 일본 정부는 국채를 발행했다. 일본 정부의 국채 발행에는 세 가지

이점이 있었다. 첫째로 국채 발행은 시중은행의 자금을 흡수할 수 있고, 둘째는 재정에 의한 유효수요의 증가와 투자 확대를 꾀할 수 있고, 셋째로는 고용 확대를 도모할 수 있다는 것이다. 그런데 이 같은 일본 정부의 국채 발행은 과잉자본을 흡수한다는 본래의 의도와 다르게 국채 발행액의 증가가 은행과 증권회사 간의 업무분야 규제의 완화나 금리규제의 완화·철폐 등의 금융자유화를 초래한 하나의 유력한 배경이 되었다.

그러나 1970년대 중반 일본경제에서 대량의 국채 발행이 일어났음에도 불구하고 경제성장으로의 복귀는 실현되지 않았고, 경제활동은 장기간에 걸쳐 저조했다. 결국 일본 정부에 의한 국채 발행의 증가는 일시적으로 투자(I)와 저축(S)의 불균형을 시정할 수 있었으나, 과잉자금과 설비투자의 부족을 대신해서 과잉자금과 국가채무의 증가 및 재정 불안을 초래하는 결과로 나타났다. 1975년 이후 일본 정부의 대량의 국채 발행 때문에 일본은행의 매입 오퍼레이션만으로는 대량의 국채를 흡수할 수 없었다. 뿐만 아니라, 시중은행이나 지방은행들이 모아온 예금들을 가지고 있는 상태에서는 대출 수요나 국채를 받아들일 수 없었다. 어쩔 수 없이 일본 정부는 국채의 대량 발행을 시중에 소화시키기 위해서는 금융기관의 자금 포지션[8]의 조정만으로는 해결될 수 없었다. 따라서 개인부문의 잉여자금을 통해 흡수할 수 있는 방책이 채용되기에 이르렀다.

결국 일본은 1977년 4월에 발행한지 1년이 지난 적자 국채를 대상으로 일본은행이 매입 오퍼레이션을 하는 대신에 시장에서의 자유로운 매매가 이루어지도록 허가했다. 즉, 금융기관이 국채를 매각하면 설사 유통 이자가 높다하더라도 국채의 유통 가격이 시장에서 수요와 공급의 관계에 기초하여 결정되게 되었다. 동시에 금융기관의 국채 매각이 완화되어 1986년 4월부터 은행에서 매매할 수 있도록 되었다. 이 같은 경제적인 배경 속에서 일본은 금융자유화를 '시대의 흐름'으로 받아들여 실시할 수밖에 없었다.

이처럼 금융자유화는 순환적인 것뿐만 아니라, 구조적인 경제 환경의 변화에

---

8) 조달자금과 운용자금 간의 차이로 인해 발생하는 자금의 과부족상태를 의미함.

대응하는 과정에서 등장했다. 금융자유화를 통상적으로 말하면, ① 예금 및 대출 금리의 규제를 없애고 이자율의 결정을 자유경쟁, 시장원리에 맡기어야 한다는 것이었다. 일본의 금리 결정에 자율성이 보장되는 경우는 많지 않았다. ② 금융 기관의 업무분야의 규제를 완화 혹은 폐지하는 것이었다. 금융기관과 비금융기 관 간에는 업무상의 분담이 명확히 구별되어 있었고, 금융기관 내부에서도 은행, 증권회사 및 보험회사 등의 회사 간에도 업무상의 구별이 있었다. 은행은 증권의 매매 업무를 하지 않고, 증권회사도 예금을 취급하지 않고, 고객에 대해서도 대 출을 하지 않는, 즉 상호 업무상의 역할이 명확하게 분리되어 있었다. 이는 다른 모든 시중은행과 지방은행, 그리고 특수은행에서도 동일했다. 또한 금융기관의 수도 제한했고, 업계 외부로부터의 신규 진입에 대해서도 규제가 있었다. ③ 국 제금융거래 및 자본시장에서도 규제를 완화하는, 즉 금융국제화에 관한 자유화 였다. 금융국제화는 금리의 자유화나 업무 분야의 철폐를 추진하는 금융자유화 의 진전에 따라 금융국제화가 진행되는 상호의존 관계에 있었다.

그림 4-3 일본의 장기불황의 경제 순환도

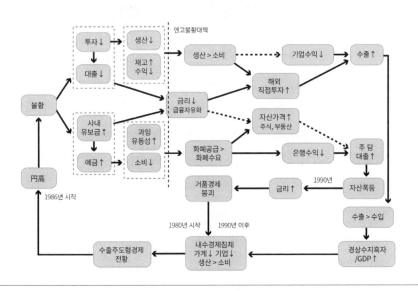

자료: 저자 작성

이처럼 대기업의 설비투자 감소 및 억제에 대한 중소기업의 설비투자 강화, 그리고 제조업에서 비제조업으로의 설비투자 행동의 변화, 대도시에서 중소도시로의 투자범위의 확대에 이르기까지 일본에 있어서 설비투자 행동의 변화와 그 대상의 변화가 진행되었다. 이 같은 변화 속에서 화폐자본의 운용과 축적 과정의 또 다른 변화는 자본주의 시장경제에서 자연스럽게 나타나는 하나의 과정이자 모순이며 자가발전의 한 과정이기도 했다. 또한 이 같은 변화 속에서 민간소비 및 기업, 그리고 금융기관과 일본 정부라는 경제주체들의 변화와 대응, 그리고 융합이라는 일련의 과정에서 나타나는 모든 대형사건·사고들이 그런 것처럼, 1986년 이후 자산가격의 폭등에 필요한 사전적인 요소들이 필요한 만큼, 필요한 시기에 수렴하게 되었다고 생각해야 할 것이다.

section 02   1980년대 자산가격의 폭등과 폭락

1. 위기구조의 형성과 자산 폭등(1982~1990년)

1970년대 일본경제의 내수침체 속에서 1980년대 들어 일본의 수출(외수)의존도가 확대될수록 일본과 미국의 무역마찰은 심해졌다. 일본의 경우 1985년까지 1달러당 240엔으로 교환되던 고환율 덕분에 일본은 거대한 무역수지 흑자를 기록하였다. 즉, 미국의 '강한 달러(엔화 약세: 레이건 정책의 결과)' 덕분에 일본의 무역수지는 1981년 47억 달러의 흑자를 시작으로 1983년에는 207억 달러로 흑자 규모가 급증하더니 1984년은 350억 달러, 1985년에는 급기야 491억 달러를 기록하면서 매년 무역수지 흑자는 급증하였다([그림 4-4] 참조). 1981년 기준으로 1985년의 무역수지 흑자 규모를 보면, 무려 10배나 증가한 규모의 거액이었다. 미국에 대한 무역수지 흑자는 증가 속도에서나 규모에서나 다른 나라와는 비교가 안 될 정도로 폭풍적인 폭증이었다.

한편 1985년 이전까지만 하더라도 미국의 환율정책은 기본적으로 시장에 개입하지 않는 비개입 정책(시장 중시 정책)에서, 1985년 이후부터는 고평가된 달러화의 시정을 위한 시장개입 정책으로 전환하기 시작했다. 결국 1985년 9월 플라자 합의(Plaza Agreement)[9]를 통해 일본은 미국으로부터 저평가된 엔화가치의 시정을 요구받게 되었다. 즉, 일본은 1985년 9월의 플라자 합의에 이끌려서 그때까지 저평가된 일본의 엔화가치는 미국에 의해 엔화가치 상승(달러화 약세)에 관한 정책

그림 4-4 일본의 무역수지 흑자액

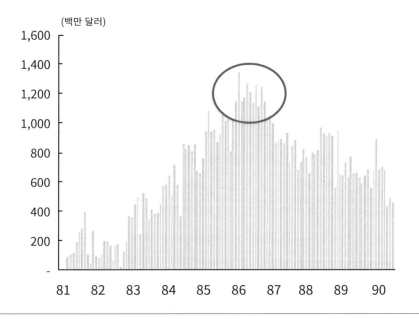

자료: 日本統計庁(1985,1995) 『経済統計年報』.

9) 1985년 9월 22일 미국 뉴욕의 플라자 호텔에서 G5경제선진국 재무부장관, 중앙은행총재들의 모임에서 발표된 환율에 관한 합의를 가리킨다. 당시 레이건 행정부의 미국은 대외무역수지 적자와 재정적자에 시달리고 있었다. 그리하여 미국은 경제선진국들에 도움을 요청하여 성립한 합의가 플라자 합의이다.

전환을 강요받으면서, 일본경제는 새로운 성장 모델의 구축을 강요받게 되는 계기가 되었음은 말할 필요도 없다[10]. 1985년 플라자 합의의 결과 일본의 엔화가치는 1985년 9월 평균 236.09엔에서 1986년 말에는 120엔대까지 평가절상 되어 2배로 올랐다. 이것은 단순 변동률로 계산해서 49.1%나 엔화가치가 상승한 것이다. 급기야 1994년에는 1달러당 74엔까지 엔화가치가 폭등하면서 일본경제는 '엔고(円高)위기'에 직면했다. 이 같은 정책 전환에 따라 환율은 지금까지의 저평가 기조였던 엔화가치가 급속히 시정되었다. 미국은 일본에 대하여 시장개방, 규제 완화, 환율에 대한 탄력적 운영, 엔화가치를 반영한 금융 및 자본시장의 자유화, 민간소비와 투자(내수)의 확대 등을 요구하였다.

미국에 의해 시작된 일본의 엔고위기는 일본의 저금리 정책과 금융 및 자본시장 개방, 그리고 규제완화를 통해 극복할 수 있었다. 그러나 이 같은 정책 결과는 일본경제에 '불황의 장기화'로 귀결되었다는 점 또한 주목해야 할 내용이고 구조이다. 즉, 일본 엔화의 평가절상은 수출을 크게 감소시켰다. 결국 플라자 합의 이후 급격하게 진행된 엔화가치의 상승은 우선 일본에 엔고불황(円高不況)을 일으켰고, 1986년에는 2.7%의 저성장에 직면했다. 외수(수출)는 더 이상 일본경제를 견인하는 동력원이 될 수 없었고, 1986년 외수의 기여도는 다시 마이너스가 되었다. 이 기간 내수의 기여도가 2.8%에서 5.7%로 크게 증가한 것에 반사적으로 외수의 기여도는 −1.4%를 기록하면서 이 시기의 경제성장은 내수주도형 성장이었다.

---

10) 일본 정부는 미국과의 무역흑자를 축소하기 위하여 마에가와(前川)레포트에 기초하여 내수 확대 및 시장 개방, 금융자유화 등의 조치를 취하여 일본의 무역수지흑자를 축소하고자 했다. 또한 이를 통하여 수출 주도형에서 내수주도형 경제성장 모델을 구축하고자 했다. 한편 미국은 일본의 과도한 무역수지흑자 문제를 해결하기 위하여 미·일 간의 '구조협의'를 통해 일본의 경제구조 개선에 직·간접적으로 개입했다.

그림 4-5 일본의 환율 및 금리, 수출 추이 (단위: %, 엔/1$)

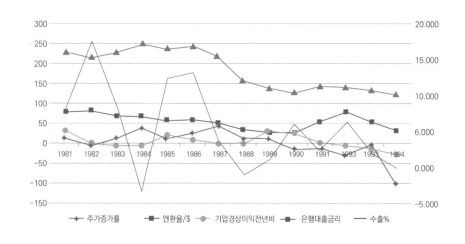

범례: 주가증가율 엔환율/$ 기업경상이익전년비 은행대출금리 수출%

자료: 経済企画庁(1997) 『経済白書』 大蔵省, p.1~19.

　　한편 1986년 일본의 실질 수출수준은 엔화기준으로 전년 동기 증가율이 마이너스를 기록했고, 국민총지출의 전년 동기 성장률도 2%에 머무르게 되었다. 이것이 소위 일본의 '엔고불황(円高不況)'이다. 일본 정부는 엔화가치가 상승하는 가운데 엔고불황(円高不況)의 대책으로서 금융완화 정책을 채택했다. 1986년 1월에 기준금리를 5%에서 4.5% 인하를 시작으로, 1987년 2월에는 5회에 걸쳐서 2.5%까지 내렸다. 더욱이 일본의 기준금리는 1989년 5월까지 2년 이상에 걸쳐서 2.5%로 유지되었다. 이 같은 금융완화정책에 따라 1987년에 들어 화폐 성장률은 10%대에 이르렀고, 이 같은 높은 증가율은 1990년까지 지속되었다. 금리인하 정책에 힘입어 일본경제는 엔고불황(円高不況)을 단기간에 극복해 새로운 성장궤도를 달리기 시작했다. 즉, 일본 정부의 예상과는 다르게 일본의 경제성장률은 1987년 5.2%, 1988년에는 5.1%로 2년 연속해서 5%를 넘는 우수한 성장실적을 보였다. 이때 내수 기여 요인은, 즉 강력한 경기상승은 물가안정(일반 소비자물가)이 실질소득을 증가시키고, 금융완화정책에 의한 금리인하가 도화선이 되어 자산가격의 급등을 초래했다. 자산가격의 급등에 맞추어 민간소비지출이 급증했다.

이것이 기업의 설비투자를 유발하고, 성장을 주도하면서 일본경제는 1960년대에 뒤이은 투자주도형성장으로 연결될 수 있었다.

그런데 1986년 1월에 시작된 금융자유화에 따른 금리인하 및 통화량의 증가는 사실 1980년대 초부터 시작된, 즉 당시 36개월의 장기불황 대책으로서 이미 실행 중인 금융완화정책의 연장선상에서 보면, 1987년부터 시작된 '경기회복(경기과 열)' 및 '자산가격의 폭등'은 당연한 귀결이었다. 즉, 1970년대 중반부터 형성된 풍부한 개인 잉여자금과 설비투자의 억제 및 감소, 그리고 감가상각의 증가와 같은 경제구조의 변화는 일본경제에 풍부한 현금유동성을 만들어 냈다. 이런 가운데 일본은행은 1980년 이후 당시의 장기불황을 타개할 목적으로 기존의 기준금리를 빠르게 내리면서 국내은행의 약정 대출금리도 1980년부터 1988년까지 지속적으로 하락하였다([그림 4-6]).

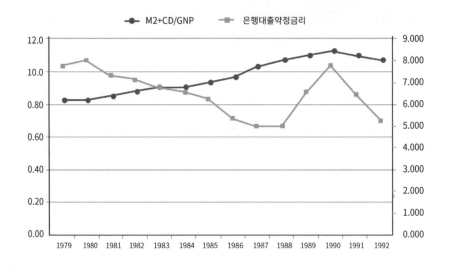

그림 4-6 일본의 마샬K 및 시중금리 동향 (단위: %)

자료: 상동

이와 더불어 1980년대 초 엔화가치의 하락은 내수를 대신하여 수출의 급격한 증가로 나타났다. 이것은 과거와 같은 민간소비지출의 뚜렷한 증가가 나타나지 않는 수출의 증가 속에서 기업이윤 증가율만은 1982년부터 1986년까지 급증했다. 사실 일본기업은 1980년 이전까지 연율 30%에 가까운 기업이윤 증가율을 보였는데 제2차 석유위기를 계기로 마이너스 성장률을 연속적으로 기록하면서 무척 고전하고 있었다. 1983년부터 기업이윤 증가율이 20.2%까지 증가했지만, 그것은 과거 1970년대의 기업이윤의 절반에 해당하는 저조한 성적이었다. 그러한 기업이윤의 변동은 거의 대부분이 수출증가율에 의해 확정되어 질 정도로 수출 기여도는 높았다.

이처럼 1980년의 경기침체 속에서 급격한 수출 증가와 대출금리의 인하는 시중에 다량의 현금이 유출되기 시작했다. 즉, 수출이 급증하면서 유입된 엔화와 은행대출로부터 공급된 통화량은 1981년부터 일본경제 내에 체증하기 시작했다. 즉, 화폐수량설[11]로 계산해 본 마샬 k([그림 4-6])는 당시 화폐보유량이 1981년부터 급증하고 있다는 것을 알 수 있다. [그림 4-6]에서 보듯이, 이 같은 통화의 증가는 1975년에서 1989년까지 제조업 부문에서 설비투자가 지속적으로 감소하는 가운데 나타났다. 특히 1981년부터 지속적으로 진행된 다량의 통화량은 대기업들의 설비투자가 지속적으로 감소하는 가운데, 반대로 부동산 부문에 대한 금융대출은 1981년의 저금리 정책을 기점으로 제1차 부동산 금융대출이 폭증하고 나서, 1986년 일본 정부의 금융자유화 조치에 따른 금리인하 시점에 다시 제2차 부동산 금융대출이 폭증했다([그림 4-7]). 또한 [그림 4-8]에서 은행대출 잔고에 대한 움직임을 총 대출잔고와 중소기업/개인대출 잔고의 증가율로 비교해 보면, 총 대출잔고의 추세적 변화의 대부분은 중소기업 및 개인대출에 의해 형성되고 있었다.

---

11) MV=PY에 의한 마샬k는 1/V의 역수임.

그림 4-7 금융기관의 대출 형태별 추이 (단위: %)

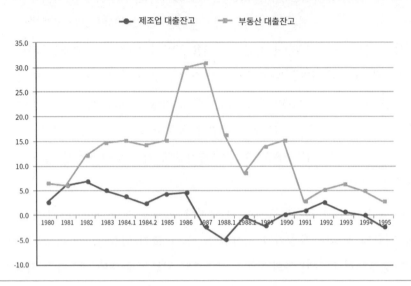

자료: 상동

그림 4-8 중소기업 및 개인대출 잔고 추이 (단위: %)

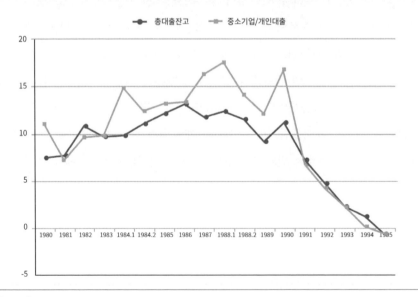

자료: 상동

이 같은 통화량의 증가와 더불어 진행된 은행들의 신용창조는 [그림 4-9]에서 보듯이, 소비자물가(CPI)는 1981년부터 1987년까지 지속적으로 하락하는 가운데 M2 통화량은 오히려 지속적으로 증가하면서 M2 통화량과 소비자물가(CPI) 증가량 사이에는 점차적으로 괴리가 커지기 시작했다. 특히 1986년에서 1987년 사이에서의 M2 통화량과 소비자물가(CPI) 상승률과의 괴리가 가장 커서 이는 마치 "밀폐된 지하실에 휘발유가 가득 차 있는 것"과 같은 폭발성을 이미 내재하고 있었다. 또한 [그림 4-9]에서 보듯이, 금융완화정책의 채용으로 일본의 자산가격은 소비자물가(CPI)가 하락하는 특이한 현상 속에서 1981년에 더하여 1986년을 기점으로 더욱 폭등했다. 즉, 풍부해진 유동성 자금에 의해 1981년부터 주식가격과 전국 시도 토지가격이 급등하기 시작한 것이 1986년의 금융자유화 시기를 기점으로 가속화했고, 더욱 폭등했다.

흥미로운 점은, 1981년부터 전국 시도 토지가격이 주식가격의 상승률에 선행해서 급증했다는 점이고, 1985년경에는 토지가격의 상승률이 둔화하는 가운데 주식가격 상승률이 1970년대 후반부터 풍부해진 유동성을 기반으로 1982년부터 1988년까지 급속히 증가했다는 점이다. 그러나 1986년 일본 정부의 금융자유화 조치 이후, 즉 추가적인 금리인하가 시행된 이후 일본의 전국 시도 토지가격은 다시 급속히 상승하여 1991년까지 지속하였다. 반대로 주식가격 상승률은 1988년을 정점으로 급속히 감소하였다. 다시 말해서, 1980년 초 일본 내의 잉여자금은 초기에는 부동산시장으로 집중된 후에 2~3년의 시차를 두고 주식시장으로 전환되었다가, 1986년부터는 화폐자산이 부동산시장으로 급속히 이동했다고 볼 수 있다. 또한 일본의 거품(Bubble)경제는 소비자물가(CPI)의 하락과 안정 속에서 발생했다는 점에서 일본의 거품(Bubble)경제는 안정적인 경제지표 관리 속에서 생성되었다는 점이다.

그림 4-9　일본의 자산가격과 통화증가율 추이 (단위: %)

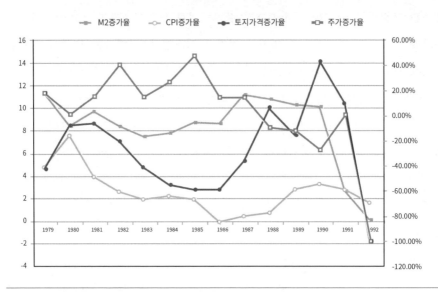

자료: 상동, 주: 전년 대비 증가율

　그리고 또 하나의 중요한 점은, 1984년부터 전국 시도 토지가격의 상승률이 둔화하는 가운데 주식가격의 상승률이 급증했다고는 하지만, 전국 시도 토지가격의 상승률이 둔화한 것이지 증가 자체가 멈추었다거나 감소했다는 의미는 아니다. 즉 [그림 4-10]을 보면, 1981년부터 전국 시도 토지가격의 누적적인 상승은 1991년까지 지속되었고, 주식가격도 1983년부터는 누적적으로 증가하여 1988년까지 지속했다는 점이다. 다만 주식가격의 상승은 전국 시도 토지가격의 상승이 1991년까지 지속한 반면에, 주식가격은 그보다 3년 앞서서 1988년에 고점을 찍고 1989년부터 급락하기 시작했다는 점이다. 보다 구체적으로 보면, [그림 4-10]에서 보듯이 금융완화 정책에 따른, 그리고 통화 증가에 따른 주가지수는 1979년 454.46이었던 지수가 1988년에는 2469.15까지 폭등했다. 뒤이어 일본의 전국 시도 토지가격 지수는 1979년 48.7에서 1992년 108.4까지 시차를 두고 역시 폭등했다. 결국 일본의 주가는 1979년에서 1988년까지 무려 5.4배나 폭증했고, 부동산가격은 1979년에서 1988년까지 2.2배 정도 폭등했다.

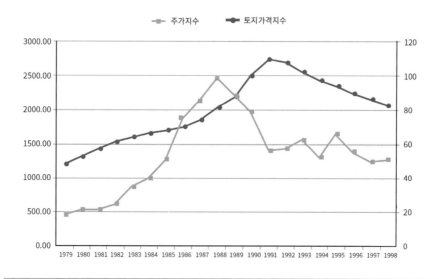

그림 4-10	주가와 토지가격 지수의 추이 (단위: %)

자료: 経済企画庁(2000) 『経済白書』 大蔵省, pp. 7~11에 의해 작성.
주: 1990년＝100, 주가는 일본 동증(東證)주가지수, 토지가격은 일본전국시도 토지가격임.

이처럼 1980년대 자산가격의 폭등은 제2차 석유위기 후에 진행된 통화량의 증가와 더불어 제조업의 대출 감소(화폐자본의 수요 감소) 속에서 나타났다. 또한 이 시기 금융대출 증가는 주로 중소기업 및 개인대출에 의해 주도적으로 행하여졌다. 중소기업 및 개인대출의 급증은 일본경제에 자산가격의 폭등을 가속화시켰고, 향후 일본경제에서 거품(Bubble)이 꺼질 때 커다란 상처로 남게 되었다([그림 4-8] 참조). 결과적으로 1980년대 일본의 대형 호황(平成景氣: 경기 과열)은 1980년대 초부터 시작된 제1차 금융완화 정책과 1986년 이후 시작된 그리고 지속된 제2차 금융완화정책(금융자유화 정책)의 일환으로 실행된 금리인하 정책 및 통화량 증가가 시차를 두고 1986년부터 1990년에까지 중첩(重疊)되어 나타난 결과로, 그에 걸맞는 자산가격의 지속적인 폭등과 과열 경기의 발현은 어찌 보면 당연한 귀결이었다. 즉, 1986년부터 시작된 '대형 호황(平成景氣)'과 1991년부터 시작된 '장기불황(平成不況)'의 가장 큰 특징은 부동산 가격과 주식가격의 폭등으로 대표되는 자산가격의 폭등과 그 후의 폭락이라고 말할 수 있다.

2. 자산가격의 폭락과 장기불황의 시작

일본의 거품(bubble)경제의 붕괴는 주식가격의 폭락에서부터 시작했다. [그림 4-9, 그림 4-10]에서 보듯이, 주식가격은 이미 1988년에 고점을 찍고 1989년 부터 급락하기 시작했다. 또한 1990년 행정지도로「토지 관련 대출 총량규제」가 이뤄진 것을 계기로 토지거래의 축소, 토지가격의 하락과 함께 경기도 급속히 얼어붙었다(버블경제 붕괴). 뒤이어 일본의 전국 토지가격은 1991년까지 상승을 지속한 후 급락하기 시작했다. 이후에도 자산가격(주가 및 지가)의 하락은 계속되었고, 일본경제의 디플레이션이 진행되었다. 이 같은 자산가격의 폭락은 일본의 금리인상에서부터 시작되었다. 이 결과 부실회사의 재편·법적 정리가 증가하고, 금융기관에는 고액의 부실채권이 발생함에 따라 대형 금융기관의 파탄도 잇따르며, 대형 15개 은행에는 공적자금이 투입된다. 즉, 일본경제의 자산가격이 시차를 두고 거품(bubble)이 꺼지는 순간이었다.

일본은행은 1989년 5월에 금융정책을 변경하여 기준금리를 2.5%에서 시작하여, 이후 수차례의 추가 인상의 결과 1990년 8월에는 1년 3개월 만에 금리가 6.0%까지 인상되었다. 일본의 장기금리(국채금리)는 1988년 6월까지 4.7%의 낮은 수준에서 머물렀던 것이 1990년 8월에는 7.8%까지 상승했다. 그 결과 일본의 주가지수는 1989년 말에 38,915엔이라는 기록을 수립한 후 급락하여 1990년 4월에는 28,000엔으로 떨어졌다. 주식의 시장가치 총액은 1989년 12월에 850조 엔에서 1990년 12월에는 365조 엔까지 떨어졌다.

그림 4-11 자산에 대한 담보 대출 추이

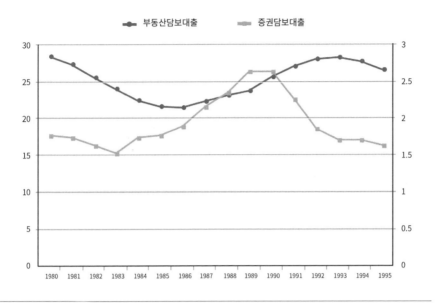

자료: 日本統計庁『経済統計年報』, 1980~1995년.

　일본의 부동산 지가(不動産地價)도 1990년부터 하락하기 시작하여 1991년에는 더욱 급락했다. 일본 국토부에 따르면, 1991년 7월부터 1992년 7월까지의 주택 가격의 하락률은 동경이 14.7%, 오사카가 23.8%, 교토가 33.2%까지 떨어졌다. 일본의 부동산 지가는 1975년을 예외로 하면, 매년 상승을 거듭하는 상황에서 1991년에 시작된 부동산 지가의 하락은 일본경제로서는 처음 겪어보는 새로운 상황에 직면하게 되었다. 이에 따라 자산을 담보로 하는 금융대출도 1990년을 전후로 급속히 감소하기 시작하였다. [그림 4-11]에서 보면, 증권담보대출은 1983년부터 급속히 증가하다가, 1989년부터 급속히 감소하기 시작하였다. 부동산 담보대출도 1985년을 기점으로 급속히 증가하다가, 1993년을 정점으로 감소하기 시작했다. 이같이 금융자산이나 부동산자산을 담보로 동원하는 화폐자금의 감소는 뒤이은 자산시장의 침체뿐 만 아니라, 실물경제의 후퇴로 나타났다.

　한편 경기후퇴에 직면한 일본은행은 1991년 7월에 금융완화를 시작했다. 그러나 이 같은 금융완화는 결과적으로 지나치게 늦었다는 지적이 많았다. 그렇지만 일본은행의 입장에서는 신중할 수밖에 없었던 이유가 있었다. 즉 자산가격, 특히 부동산지가(地價)는 1991년까지 계속 상승 경향([그림 4-11] 참조)에 놓여 있었고, 부동산 담보대출도 여전히 증가 상태로 거품(bubble)이라는 경제적 요소가 남아 있었다. 이러한 상황에서 금리인상을 1991년에 실행하기에는 어려움이 있었다. 다른 의미에서 보면, 금융당국은 2개의 상반된 경제 현상 속에서 금융정책을 어설프게 완화했다가 혹시라도 거품 경제가 장기간에 걸쳐서 더욱 심각하게 발생할지도 모른다는 우려가 있었다. 이러한 상황에서 경기후퇴는 지속하였고, 이에 따라 일본 정부는 기준금리를 수차례에 걸쳐 인하하여 1993년 9월에는 그때까지 역사적 수준이라고 말할 정도의 낮은 수준인 1.75%까지 도달하였다. 경기후퇴의 결과 세수가 급속히 감소하면서 재차 재정적자가 증가하기 시작했다. 세수 부족 때문에 1994년에는 적자국채의 발행이 부활하여, GDP 대비 국채잔고 비율은 1994년에 41%에 달했다.

section 03 버블(bubble)경제의 붕괴와 저성장

1991년부터 2021년까지 약 30년간의 일본경제는 평균 경제성장률이 0.9%로 아주 저조하다. 1990년대부터 2010년쯤까지 '잃어버린 20년'이라는 말을 하고 있다. 그리고 오늘날에는 '잃어버린 30년'이라고 하는데 과연 그럴까?

1. 1990년 이후 일본의 경제 상황

1990년 버블경제 붕괴 후 일본경제의 특징을 말한다면, 디플레이션(deflation: 물가하락)과 저성장이다. 앞서 언급한 것처럼, 일본경제는 버블경제 저지를 위한

정책 발동을 총동원한 결과, 경기는 1990년 이후 내림세로 돌아섰다. 버블붕괴
후 일본경제는 계속되는 경기침체에 들어가 전후 처음 겪는 디플레이션과, 수차
례에 걸친 마이너스 경제성장을 경험하게 되었다. 이 기간(1990~2010년)을 일명
'잃어버린 20년'이라고 불리지만, 실제로는 논자에 따라서 20년 이상의 경기부진
이 계속되고 있다고 한다.

그림 4-12 일본의 장기 경제성장률 추이

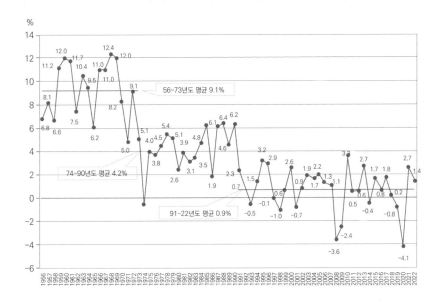

자료: 일본 내각부 SNA 싸이트로부터 인용.

다시 말해서, 1990년대 일본경제는 1980년대와는 비교할 수 없을 정도의 경기
침체를 경험했다. 그러나 일반적으로 말하는 것처럼, 일본경제가 1990년 이후 20
년 동안 일관되게 저성장 속의 경기후퇴 국면에 있었던 것은 아니다. 일본 정부
가 발표하는 경기기준에 따르면, 일본경제는 1991년 4월에 버블 경기의 정점을
찍은 후 30개월이라는 전후 2번째로 긴 후퇴기에 들어가지만, 1993년 10월에는
일단 바닥을 치고 완만한 회복 과정에 들어갔다. 이 경기회복 과정은 1997년 3월

까지 43개월간 계속되었다. 43개월이라는 경기회복 기간은 1960년대 후반의 경기, 그리고 1980년대 초반에 이은 전후 세 번째로 긴 경기회복 기간이었다. 그리고 많은 사람들은 1997년 이후 다시금 경기후퇴기에 접어들어 2020년까지 과거와 같은 경기회복은 좀처럼 나타나지 않는 긴 경기침체기를 걸었다고 말한다.

그러한 장기에 걸친 정체감을 느끼는 배경으로서 3가지 요인을 생각할 수 있다. 하나는 일본의 경제성장률이 종래에 비해 한층 낮은 수준으로 장기간에 걸쳐 이어져 왔다는 것이다. [그림 4−12]를 보면, 1970년대에서 1980년대까지 일본의 경제성장률은 평균 3%대 중반에서 4%대 중반이었다. 그러나 1990년대 전반기에는 경제성장률이 연율 1.4%로 단번에 3%나 하락한 상태였다. 1996년에 일시적으로 5.1%라고 하는 고성장률을 기록했지만, 그 후 다시 성장률이 하락해, 1998년에는 −2.8%까지 떨어져 전후 2번째의 마이너스 성장률로 기록되었다. 2000년대에 들어서면, 일본의 평균 경제성장률이 1%대까지 떨어졌다. 2009년 이후에 경기가 회복되었지만, 평균성장률은 여전히 2%대를 넘지 못했다. 이런 측면에서 보면, 1990년~2020년까지 일본경제의 성장률 저하는 단순한 경기순환적 측면을 넘어 종래의 일본경제 구조의 한계를 시사하고 있었다.

또한 체감경기가 개선되지 않았던 두 번째 요인은 자산가격의 하락이다. 주가와 지가(地價)라고 하는 자산가격은 1980년대 후반에 급등한 후, 1990년대를 거쳐서 경기순환에 관계없이 거의 일관되게 하락해 왔다. 주가는 1985년 말의 13,113엔에서 1989년 말의 38,916엔까지 거의 3배로 상승했다. 그러나 주가는 1995년 전후를 제외하고, 1989년 말을 정점으로 1990년대에 들어 일관되게 하락하여 1998년에는 아시아 통화위기와 겹치면서 마침내 1985년 수준으로 되돌아가고 말았다. 이 때문에 많은 기업이나 금융기관이 대량의 손해를 입게 되어 기업실적의 침체를 가져왔다.

그림 4-13   일본의 토지 및 주식 공시가격 지수

자료: 地価公示「国土交通省」· 日経平均「日経平均プロフィルヒストリカルデータ」.

또한 6대 도시 상업지 지가(地價)를 보면, 1980년대 초부터 1990년까지 5배 이상 상승하고, 그 후 1990년대에 들어 일관되게 하락을 계속했다. 그 결과 2020년 6대 상업도시 지가는 1970년대 중반 수준으로 되돌아갔다. 이러한 토지가격의 계속적인 하락은 버블기의 주택취득자에게 고액의 손해를 입히고, 금융기관도 부실채권의 처리에 계속 쫓기게 되었다. 1980년대 버블 호황기와 자산가격의 상승이 사람들에게 경제적 만족감을 훌륭하게 충족시켜줄 수 있었지만, 반대로 1990년대부터는 일관된 자산가격의 하락이 사람들에게 경기의 회복감을 안겨주지 못했던 하나의 원인이 되었다.

마지막 요인은 1990년대 들어 실업률의 상승과 물가하락이다. 과거 2%대였던 일본의 실업률이 1995년에는 3%대로, 1998년에는 4%대를 넘었고 마침내 2015년에는 5%대까지 상승했다. 이 상황은 물가수준과 실업률 동향으로 보면 더욱 명료하게 떠오른다. [그림 4-14]는 1991~2014년 사이의 GDP 디플레이터 상승률(전년대비)과 완전실업률의 변화이다. 1997년 전후를 제외하고, 1991년부터

2014년까지 GDP 디플레이터의 상승률은 계속 하락하고 있다. 1999년 이후에는 −1%대까지 하락하여 완전히 디플레이션의 상황이 되었다.

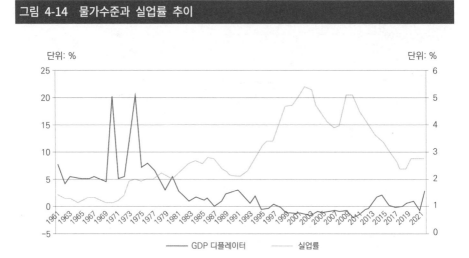

그림 4-14 물가수준과 실업률 추이

단위: %

단위: %

GDP 디플레이터   실업률

자료: 일본 내각부(2011) 『국민경제계산연보』 경제사회연구소, p.66~67.
　　　총무성 통계국(2010) 『노동력조사연보』 p.357에 의함.

　또한 완전실업률도 버블붕괴 후 2001년까지 급상승하여 5% 수준을 넘어서기에 이르렀다. 완전실업률이 2%대에 달했던 1980년대와 비교하면 1990년대의 '잃어버린 10년'은 고용상황의 악화가 하나의 큰 특징이다. 즉, 실업률이 경기순환에 관계없이 일관되게 상승하고, 게다가 1997년의 아시아 통화위기 시에는 일본을 대표하는 금융기관과 기업들이 파탄에 몰리면서 고용불안이 깊어진 것이 일본경제 전체가 장기 침체에 빠져 있다고 느끼게 하는 배경이 되고 있다. 일본경제는 분명히 전후 두 번째 디플레이션을 동반한 장기침체를 겪고 있는 상황에 있었다. 경제위기라는 면에서 1970년대의 두 차례에 걸친 석유 쇼크를 제1회라고 하면, 1991년 이후의 국면을 제2회 경제위기에 직면한 것이다.

2. 민간소비와 저축

한편 가계부문의 소비와 저축률 동향을 확인해 보자. 1980년 이후의 소비동향([그림 4−15])을 보면, 일본의 명목·실질 모두 1990년대 전반까지는 높은 성장세를 보이며 1980~1990년까지의 평균성장률은 명목으로 6%, 실질적으로 4% 정도의 성장세로 증가했다. 버블붕괴 후인 1990년대 전반기에 일본은 소득증가의 저하와 부(−)의 자산효과도 있어 소비증가도 약화되었고, 1990년대 후반(1996~1999)의 평균성장률은 명목 0.9%, 실질 0.7% 정도 성장하는데 그쳤다. 2000년 이후에는 글로벌 금융위기(2007년) 전까지의 평균성장률이 명목 0.5%, 실질 1.2% 정도로 디플레이션에 의해 명목소비의 성장세가 약해졌다. 2014년 소비증세(增稅) 이후, 소비력은 부족했지만 2017년도 실질소비는 1.1%를 기록하는 등 반등했다.

다음으로, 저축률([그림 4−15])의 동향을 보면, 장기적으로 하락 경향이 뚜렷하다. 1980년경에는 15%를 넘던 저축률은 하락하고 있었지만, 소득성장이 둔화한 것을 주요인으로 2000년경에 저축률의 하락 움직임은 가속하고 있었다. 2005년경의 저축률은 하락세를 보이며 보합권 내에서 횡보하다가 2014년에는 소비세율 인상 전에 사전 소비를 위해 소비자들이 일시적으로 저축을 헐었던 것 등을 배경으로 마이너스로 돌아섰다. 다만 2017년에는 2.1%로 다시 플러스권 내로 돌아오고 있었다. 앞서 지적했듯이, 1970년대 중반부터 일본경제는 만성적으로 계속된 저축과잉 문제가 일관되게 작용하고 있었다. 일본은 선진국 중에서 눈에 띄게 민간저축률이 높지만, 1960년대까지의 고도성장기에는 민간투자가 대단히 활발했기 때문에 저축초과는 발생하지 않았다. 그러나 1970년대 들어 일본경제는 과거와는 다르게 저축 초과로 변화했다.

일본경제에서 민간저축이 증가하는 것에는 무엇보다도 민간투자가 대폭 감소했기 때문이다. 이는 다음과 같은 몇 가지 이유가 있다. 첫째, 제1차 베이비 붐 세대가 성년에 이르렀다. 1960년대를 지나면서 생산 연령 인구의 성장률이 크게 둔화되었다. 생산 연령 인구(15~64세)의 평균성장률을 보면, 1990년대 0.0%, 2000년대 0.6%로 일관되게 낮아지고 있다. 생산 연령 인구성장률 둔화는 신규 근로자에게 자본장비를 위한 투자를 불필요하게 했고, 또한 자본·노동비율의 상승이 자본의 한계생산체감을 통해 자본수익률을 저하시킴으로써 설비투자에 부정적인 영향을 준 것으로 보인다. 전후 일본에서는 자본노동비율을 높임으로써 고도성장이 달성되었으나 자본노동비율의 상승은 과잉자본에 의해 점차 자본수익률을 저하시켜 한층 더 투자감소를 초래했다. 둘째로, 일본의 전요소생산성(TFP)의 상승률이 1970년대 이후 하락하였다. 구로다·노무라(1999)의 추계로는 전요소생산성의 상승률은 1960~72년부터 1972~92년에 걸쳐 2.8%나 떨어졌다. 전요소생산성(TFP) 상승률 저하는 자본수익률 저하를 통해 민간투자를 감소시켰다고 볼 수 있다. 세 번째로, 국민총생산에서 민간소비지출의 비중이 급격하게 감소했다. 1960년대에는 GDP 대비 민간소비지출이 65%(1955년)에 달했는데 1970년대 중반부터는 57%로 크게 낮아지면서 반대로 민간의 저축초과는 크게 증가하는 추세를 보였다.

그림 4-15 저축과투자 밸런스 추이

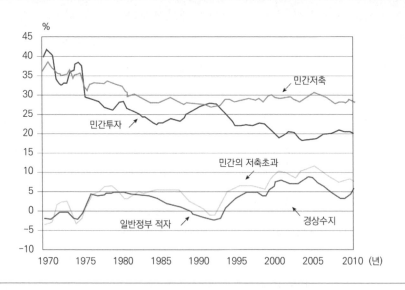

주: 명목 GDP 대비 비율, 4분기별 이동 평균. 원자료: 내각부 통계자료.
자료: 河野龍太郎(2010) 『BNPパリバ証券』에 의해 작성한 자료 인용.

3. 디플레이션과 저성장의 원인

1) 원인을 둘러싼 다양한 논의

일본경제는 왜 이같이 장기간에 걸쳐 정체되어 있는 것일까? 그 원인을 둘러싸고 여러 가지 논의가 전개되고 있지만, 그것들은 크게 세 가지 유형으로 나눌 수 있다. 언제나 그런 것처럼, 제1유형은 공급측으로, 즉 일본경제의 생산성 침체에 원인이 있다는 것이다. 제2의 유형은 수요측으로, 즉 수요가 침체하고 있다는 것이다. 제3의 유형은 금융쪽에서, 즉 일본의 중앙은행인 일본은행의 금융정책에 원인이 있다는 것이다.

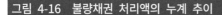

그림 4-16 불량채권 처리액의 누계 추이

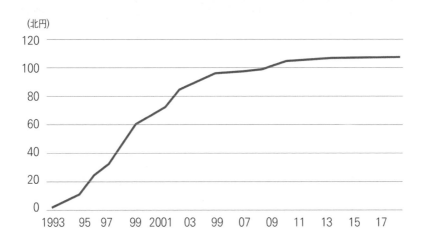

주: 불량채권은 대손충당금과 직접 감가상각금의 합계.
자료: 일본 금융청 자료에서 인용.

공급 측에 문제가 있다고 하는 것에는 주로 ① 생산성 침체설 ② 행정·재정 개혁 불철저설이 있고, 수요측에 문제가 있다고 하는 것에는 ③ 소비포화설 ④ 민간수요 감소설이 있다. 이 밖에 ⑤ 거품 붕괴에 따른 거대한 부실채권의 발생과 존속이 장기간에 걸친 경제정체의 원인으로 보기도 한다. 이 중에서 1990년 이후 불황의 원인을 부실채권 처리가 늦어져서 밸런스시트(balance sheet: 대차대조표) 불황이 장기화되었다는 것에 많은 연구자들이 인정하는 추세이다. 그러나 그것만이 '잃어버린 20년'의 원인이 아니라, 거기에는 ⑥ 일본은행의 금융정책 실패가 얽혀 있다는 것이 일본은행의 금융정책 실패 원인설이다. 이들 중에서 몇 가지만 살펴보자.

(1) 부실채권 처리의 미비

금융계에 따르면, 1990년 이후 일본은행들은 30년간은 버블붕괴의 직격탄을 맞아 부실채권 처리에 쫓기며 축적한 체력을 소진한 시대였다. 그동안 많은 금융기관이 파산하고 21개를 헤아리는 대형 금융기관은 개편을 거쳐 메가 뱅크 3곳과 여러 금융그룹으로 집약되었다. 게다가 은행 경영을 괴롭히는 디플레이션과 일본은행의 금융완화정책은 대출금리 저하를 촉구하며 은행수익을 더욱 압박하고 있었다.

① 토지가격의 하락과 자금공여의 거부

앞서 언급한 것처럼, 1990년 이후 일본의 토지가격은 90%가까이 하락했다. 1989년 평균주가는 3만 8915엔으로 사상 최고치를 기록한 후 9개월 뒤인 1990년 10월에는 2만 엔 아래로 반토막 났다. 토지가격도 주가를 쫓듯 1991년부터 급격한 하락을 시작했다. 상업지의 지가는 1990년을 정점으로 무려 15년간 계속 떨어져 하락률은 87%나 떨어졌다([그림 4-13] 참조). 하락 기간과 하락률의 크기는 전후 일본인들이 경험하지 못한 사건이었다. 부동산 가격이 떨어지지 않을 것이라는 일본 특유의 토지 신화가 무너진 것이다. 일본에서 은행대출은 부동산 담보 의존도가 높다. 기업은 담보로 제출한 토지의 평가액이 떨어지면 대출한도액이 평가절하되고, 때로는 추가담보가 요구된다. 특히 제2 금융권 및 부동산업자들에게 토지가격의 하락은 치명적이었다. 이들 업체뿐만 아니라, 일반기업도 마찬가지였다. 기업실적이 떨어지는 중에 은행대출이 줄어들면 자금사정은 금세 기업도산으로 이어진다.

② 은행의 부실채권 처리 100조 엔

자금사정 악화는 순식간에 기업도산 증가로 이어졌다. 기업도산 부채총액은 1990년에 2조 엔 남짓에서 1991년 단숨에 8조 엔대로 올라섰고, 2000년에는 사상 최고치인 24조 엔을 기록하여 비참한 경제상황이 연출됐다. 은행의 대출위험 (손실)은 은행의 이익잉여금에 의해 흡수되지만, 거기에 더해 일본에서는 유가증권, 특히 주식을 포함한 이익(취득부가와 시가차액)이 위험 회피가 되고 있었다. 1990년 유가증권 포함한 이익(전국 은행기준)은 약 50조 엔으로 주가가 하락하면서 1992년 20조 엔으로 축소됐고 1998년에는 마침내 고갈됐다. 은행들은 기업도산의 손실을 메우기 위해 이익을 주식 매각을 통해 마련했지만, 아이러니하게도 이 매각이 주가를 더 떨어뜨리는 부정적인 스파이럴 현상(spiral: 악순환)[12]도 빚어졌다. 이 스파이럴을 막기 위해 일본은행은 2002년 은행보유 주식을 매입하는 이례적인 조치를 결정한 바 있다.

은행의 부실채권액(연체 채권 등)은 거품경제 붕괴 직후인 1992년 8조 엔에서 1995년 40조 엔으로 점차 불어나 2002년 52조 엔에 이르렀다. 이 시점에 대출대비 부실채권의 비율은 8.6%로 정점을 찍었다. 부실채권을 처리하면 당연히 은행의 재무적 여유는 상실된다. 전국 은행의 부실채권 정점은 2002년 52조 엔, 누계 은행처리액은 90~100조 엔 정도, GDP 대비 20% 정도에 이른 것으로 추정된다[13]. 일본은행은 은행의 부동산 처리로 인한 손실에 대해 거액의 양적금융완화로 대응했다. 손실처리가 진전된 1998년부터 2005년까지 일본은행 총자산은 거의 90~100조 엔 증가했다. 이는 은행의 처리액은 통째로 일본은행 신용에 의해 보전되고 은행의 대차대조표 수축은 피할 수 있었음을 의미한다. 부실채권 처리

---

12) 보유 자산의 손실 때문에 보유 주식의 매각을 통해 자금을 확보하려는 행위가 오히려 주식 가격을 더 떨어트려 자신 손실이 더 커지는 악순환 현상. 이 현상은 2022년 미국 실리콘 벨리 은행에서도 일어났다.

13) 桑原稔(2019)「平成－バブル崩壊の後始末とデフレ対策に追われた金融界」『経済・ビジネス』

결과는 자명했다. 은행의 자기자본 소멸은 채무초과에 뒤이어 은행의 파탄으로 이어졌다. 그동안 은행들은 거액의 부실채권 처리비용을 마련하기 위해 합병 및 통합을 추진했으며, 정부도 공적자금의 틀을 정비(예금보험제도 확충)해 은행 통합을 뒷받침했다. 예금보험기구를 통한 공적자금의 자본 주입액은 누계 13조엔으로, 이 밖에 금전증여 19조 엔, 부실채권 매입 6조 엔 등 총 38조 엔의 거액을 투입했다. 또한 일본은행 특별 융자의 손실은 약 2000억 엔에 달했다.

(2) 행정 불철저와 생산성 문제

그러면 규제를 완화하면, 상품이나 서비스를 효율적으로 생산할 수 있게 되어 생산성도 상승해, GDP 침체도 극복할 수 있는 걸까? 경험적으로 규제완화가 경제를 활성화시켜 GDP의 상승으로 이어지는 것은 사실이지만, 그러나 여기에는 다음 두 가지 오해가 있다. 첫째로, 1991년 이후의 일본경제의 장기침체의 원인을 "규제 완화가 진행되지 않았던 것"으로 귀착시키는 것에는 무리가 따른다. 실제로는 고이즈미(小泉)정권(2001~2006년)때부터 통신, 운수, 금융, 소매 등의 분야에서 규제는 상당히 완화되었다. 그럼에도 불구하고, 장기침체는 계속되었다. 두 번째로, 규제를 완화했다고 해서 '생산성'이 향상된다고 단정하기 어렵다. 해당 산업의 매상이 전체적으로 성장하지 않는 한, 생산성이 증가하는 것은 어렵다. 요컨대 수요가 크게 감소하는 상황에서 아무리 규제완화를 해도, 그 자체로서는 생산성 향상으로 이어지지 않는다. 수요가 꾸준히 증가해 주지 않으면 생산성의 향상은 바랄 수 없다. 그런 의미에서 '잃어버린 20년'의 원인을 생산성 침체에서 찾는 것은 잘못이다.

(3) 장기불황과 재정정책의 역할

'밸런스시트 불황설' 및 '부실채권 처리 지연설'이란 거품붕괴에 따른 거대한 부실채권의 발생과 존속이 장기간에 이르는 경제 정체의 주요인이라고 생각하는 것이다. 1980년대 후반 일본의 거품은 근년에 유례를 찾기 어려울 정도로 대규모였기 때문에 이 설은 상당한 설득력을 가지고 있다. 일본의 버블 붕괴는 1990

년대 초의 주가 폭락에 이어 토지가격의 하락으로 귀결되었다. 그 후 장기간에 걸쳐 주가와 지가(地價)의 하락세가 계속되었다. 주가나 지가의 이러한 큰 폭의 하락은 다음과 같은 3개의 경로를 통해서 강한 디플레이션 작용을 가져온다.

제1의 경로는 부정적인 자산·소득효과를 통한 것이다. 자산가격의 하락이 원인으로 자산액이 감소하거나, 또한 자산매각에 의해서 손실이 발생해, 그것이 소비나 투자에 마이너스 작용을 한다. 제2의 경로는 밸런스시트(balance sheet)[14]의 부실과 그 회복을 통한 것이다. 버블 발생기의 주식이나 토지의 구입은, 그 대부분이 은행 등으로부터 차입에 의존해 행해지기 때문에, 버블붕괴에 의해서 자산가격이 급락하면, 부채가 자산을 크게 웃돌아 자산을 매각해도 부채의 변제가 부족해지는 경우가 많아진다. 그렇게 되면, 보통 소비나 투자로 돌아가던 것이, 소득조차도 부채 상황에 충당해야 하므로 소비와 투자가 점점 감소하게 된다. 제3의 경로는 금융시스템의 동요와 파탄을 통한 것이다. 자산가격의 폭락은 은행의 과다 손실 및 파산에 따라 은행의 대출기피 현상이 나타나고, 시중에 자금융통이 안 되면서 금융시스템이 요동치는 현상이 나타난다. 이 결과 경제가 디플레이션에 빠진다는 것이다.

2) 민간자금의 수요부족 문제

민간자금 수요감소설에 따르면, 아무리 금융을 완화해도 민간자금의 수요가 침체되어 있으므로 통화량은 증가하지 않는다. 그 때문에 아무리 재정정책이나 금융정책을 발동해도 경기가 좋아지지 않는다. 그것이 디플레이션 상황을 오래 끌어서 좀처럼 벗어날 수 없게 하는 원인이라는 설이다. 즉, 자금수요가 약하다는 원인은 먼저 고쳐지지 않고, 기업의 사업전개 의욕이 약하다는 것만 지적하는 것은 인과관계가 뒤바뀐 논리이다. 기업이 자금을 빌리려고 하는 목적은 기본적으로 설비투자의 비용이다. 따라서 기업은 설비투자를 통해 사업을 확대하거나 신규 사업을 개시하거나 신상품 개발에 임한다. 그러나 신규사업 혹은 사업 확대

---

14) 밸런스시트(balance sheet)란 일정시점에서 가계 및 기업의 자산과 부채에 관한 상황을 요약 정리한 표(대차대조표).

를 해도 기대 이익의 전망이 서지 않으면 기업의 사업전개 의욕은 약해질 수밖에 없다.

또한 '잃어버린 20년'의 배경에 저출산·고령화에 따른 수요부족 문제를 최근 많이 지적하고 있다. 저출산은 국민국가의 존속에 대한 위협일 뿐만 아니라, 건전하고 지속적인 경제 번영을 유지함에 있어 어려움이 제기된다. 저출산은 신규투자의 수요를 작게 할 것이고, 또한 고령화 사회에서는 화폐저축은 높은 채로 머무르기 때문에, 그 결과로서 저축에 대한 투자부족의 경향은 지속될 것이다. 따라서 투자 부족은 민간자금의 수요부족으로 나타난다.

3) 소비부족 문제

사실 아베 노믹스가 출범했을 때 많은 전문가들은 경직된 일본의 경제체질을 바꾸지 않으면 금융정책이 효과를 발휘할 수 없다는 점을 지적했다. 이 논의는 공공사업에 대해서도 해당된다. 하시모토(橋本: 1996~1998)정권에서는 대형 공공사업이 반복되면서 일본 정부의 채무는 일시에 증가했지만 충분한 승수효과는 발휘되지 못했다. 재정출동의 효과를 검증할 때 승수효과라는 개념이 사용되지만, 이론상 승수효과는 소비성향에 의존한다. 많은 국민이 소비에 대해 소극적, 즉 소비성향이 낮은 상태에서는 재정출동의 효과가 한없이 작아진다. 가계저축률이 고공행진하고 있는 것은 동시에 소비성향이 낮은 수준을 유지하고 있음을 보여준다.

그림 4-17   일본의 소비성향 추이(노동자 세대)

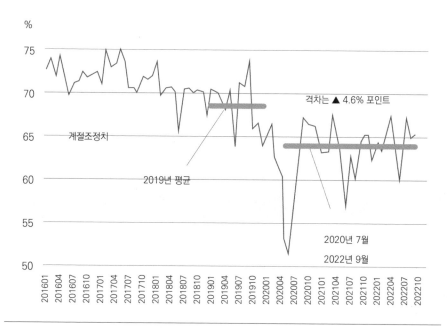

자료: 일본 총무성(2023) 『가계조사』에서 인용.

한편 일본은 소비자들의 불안심리가 커 소비확대가 어려운 상황이며, 이것이 각종 정책의 효과를 제한적으로 만들었을 가능성이 높다. 경제학적으로 물가가 상승할 것 같다는 예측이 들면, 물건 값이 더 오르기 전에 물건을 미리 사둔다는 경제학적 논리에서 벗어나, 일본의 경우에는 물건 값이 오르거나 경제가 불안해지면 소비지출을 줄이고 나중에 소비할 것을 예상하여 더 많은 저축을 한다는 것이다. 이 이야기는 금융정책에서 기대했던 설비투자 확대에 대해서도 마찬가지일 것이다. 케인즈 경제학에서는 사람들이 소득의 일정 비율을 소비로 돌린다고 가정한다. 그러나 케인즈 자신은 소비에 대해 주관적 요인도 크다고 말하고 있어, 「예상되는 장래의 소득과 필요와의 관계」[15]에 따라 사람들은 '소득으로부터의 지출을 삼가려고' 한다는 것이다. 즉, 소비심리 침체라는 현상을 타개하지

---

15) 케인즈 (「고용,이자 및 화폐의 일반이론」)

않는 한, 각종 경제정책은 충분한 효과를 발휘하지 못하는 것이다.

또한 일본 사회의 불안심리의 근저에 연금이나 의료 등 사회보장에 문제가 있다는 논리로써 일련의 제도개혁이 실시되지 않으면 그 불안을 지울 수 없다고 한다. 각 정권마다 공통된 것은 사회보장제도에 관한 근본적인 개혁에 손을 대지 않았다는 것이며, 이것이야말로 일본경제를 침체시키고 있는 가장 큰 요인이라는 것이다. 또한 아베 정부는 2000년 이후 고령자 사회보장에 대한 정부지출을 삭감하는 추세를 이어가고 있었다. 그의 재임 중 노인 1인당 노령연금은 9%나 더 줄었다.

그림 4-18 물가상승률과 가계저축률과의 관계

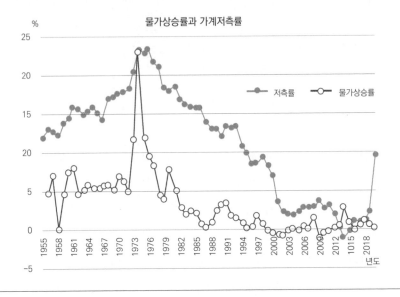

주: 1970년 이전은 GDP 디플레이터, 1971년~2021년은 소비자 물가지수 총합.
자료: 일본 내각부와 총무성 자료에 의거 인용.

한편 일본기업 및 가계의 수동적인 태도도 경제를 정체하게 만든 요인이었다. 가계의 수동적 경향을 보면, 2021년 말 가계의 금융자산은 2,023조 엔에 이르며, 그 중 현금·예금 보유가 1,092조 엔으로 과반(54%)을 차지하고 있지만, 주식·투자 신탁이 차지하는 비중은 14%에 불과하다(2021년 3월 말). 그에 비해 가계의 금융자산 중 주식·투자신탁의 보유는 미국이 51%, 유럽(유로권)이 28%로 일본과는 그 보유 패턴이 반대로 되어 있다[16]. 일본기업은 내부유보가 많고, 가계의 현금·예금보험 보유비율이 높다는 것은 일본기업이나 가계가 도전적인 투자지출에 소극적임을 나타낸다.

이런 상황에서, 최근 일본 정부는 '저축에서 투자로'라는 슬로건을 내걸고 투자를 독려하고 있다. 더욱이 최근 가처분소득이 증가하는 가운데 저축이 증가한 것은 코로나19에 따른 일본 정부의 재정지원이 컸다. 즉, 고용조정 조성금을 사용하여 기업의 구조조정 압력을 저지했고, 고용자 보수는 크게 떨어지지 않았다. 자영업자 등에게도 휴업지원금이 후하게 지급됐고, 2020년에는 국민 1인당 10만엔의 급부금을 나눠줬다. 이후에도 정부는 주민세 비과세 가구에 한정해 5만엔의 급부금을 별도로 나눠주었다. 내각부의 '가계가처분소득·가계저축률 분기별 속보(속보)'에서는 '기타 경상이전(순)'이라는 구분으로 2020년 4~6월부터 2022년 4~6월까지의 약 2년간 누계 63.1조엔이나 되는 자금이 가계소득을 끌어올리고 있다[17]. 이들은 비정례적인 정부지원에 따른 효과가 크다. 2020년 이후의 가계저축률은 일관되게 고공행진하고 있기 때문이다([그림 4-23] 참조).

4. 일본의 엔고(円高)와 디플레이션

근년에 들어 '잃어버린 20년'의 주요 원인이 과도한 엔고(円高) 때문이고, 장기적인 경제정체의 원인과 엔고(円高)가 과도한 금융긴축 정책의 결과라는 학설이 설득력을 얻어갔다. 따라서 실질환율을 적당히 억제하는 것도 금융정책의 책임이 분명하다고 '일본은행의 금융정책 실패설'를 오카다·하마다(岡田·浜田)가 제기했다[18]. 즉, 물가가 디플레이션 기미를 보이고 있는 가운데 금융정책 당국자를

---

16) 鞠重稿(2023)「日本経済はなぜ低迷し続けるのか」『平和政策研究所』
17) 熊野英生(2022)「弱い消費支出の'からくり'」『Economic Trends』第一生命経済研 究所.
18) 岡田·浜田(2013)

포함한 사람들이 엔고(円高)를 정당화하는 것은 판단의 오류라는 것이다.

한편 이와타(岩田)는 "엔고(円高)는 금융의 과도한 긴축정책의 결과에 의해 디플레이션을 초래한 것"이며, "장기에 걸친 디플레이션의 책임은 일본은행에 있다"는 것이었다. 또한 "공정금리 조작은 유효하지 않고, 경기후퇴, 주가폭락은 '일본은행 이론'의 잘못에도 원인이 있다"고 주장했다. 그는 일본은행이 화폐공급을 컨트롤할 수 없다는 논리에서 벗어나 통화공급을 늘려야 한다고 주장했다[19]. 또한 일본의 초엔고는 일본경제력을 구현한 결과로 생긴 것이 아니라, 단지 금융긴축이 엔화가치의 상승을 유발함과 동시에 실물경제에서는 디플레이션을 초래하여 고용시장에 영향을 준다는 것이다[20]. 따라서 디플레이션 상태에서 엔화가치가 주요 통화에 대해서 일제히 급등한 상태로는 정부가 어떤 성장전략을 취하더라도 일본경제가 안정된 성장을 달성 및 유지하는 것은 불가능하다고 강조했다.

따라서 이와타(岩田)는 디플레이션과 초엔고를 멈출 수 있는 유일한 기관은 정부가 아니라 일본은행이라는 것이다. 반대로 말하면, 디플레이션과 초엔고를 초래하고 있는 진범은 일본은행이라는 것이다. 일본은행 측은 "일본은행이 돈을 뿌려도 사람들은 사고 싶은 것이 없기 때문에 사지 않는다"거나 "일본은행이 화폐를 늘리려고 해도 자금수요가 없기 때문에 화폐를 늘릴 수 없다. 따라서 금융정책으로는 디플레이션으로부터 탈피할 수 없다"라는 견해를 피력했다. 이에 대해 이와타(岩田)는 디플레이션 하에서 유효한 금융정책은, 사람들 사이에 온화한 기대 인플레이션의 형성을 촉진함으로써 디플레이션과 초엔고에서 탈피하는 정책이라고 주장했다. 즉, 일본은행의 금융정책 체제를 '디플레이션 타깃팅'에서 '순한 인플레이션 타깃팅'으로 전환시키면 인플레이션 기대가 형성되어 디플레이션과 초엔고에서 탈피할 수 있다는 것이다. 물론 일본은행 측은 "현금통화량의 감

----

19) 岩田規久男(1992)「경기후퇴·주가폭락의 원인: 일본은행이론을 포기라」『주간동양경제』. 현금 통화량의 감소는 지불준비율 인하가 주된 원인이며, 금융긴축(통화량 감축)과는 무관하다고 언급했다. 아베 정권에서 일본은행 부총재로 취임.
20) 岩田·浜田(2009)「実質実効レート と失われた10年」『季刊政策分析』 4券－1.

소는 금융긴축(통화량 감축)과는 무관하다"고 반론을 제기했다. 또한 "통화공급 증가책은 비현실적이고, 일본은행은 금리에 따라 적시에 적절한 정책운영을 해야 한다"고 반박했다. 즉, 당시 일본은행은 통화공급의 증가에 대해 부정적인 인식이 강했다.

그런데 전절에서 언급한 바와 같이, 엔화가치의 상승과 일본의 디플레이션을 일본은행의 통화정책의 실수나 실패라기보다는, 주요 선진국 회의(플라자 합의)의 결과로써 일본은행으로서는 불가피한 요인이었다. 뿐만 아니라, 일본의 디플레이션은 단지 소비수요 부족이나, 생산성의 하락, 그리고 자산가격의 하락에 따른 소비감소 등과 같은 전통적인 요인뿐 만아니라, 엔고(円高) 현상에 따른 수입물가 및 생산비 하락의 요인도 크다. 즉, 1998년 이후부터 국제유가가 급등하는 상황에서 1985년 기준 엔화가치가 100% 정도 높아짐에 따라 원자재의 수입가격도 급격히 낮아졌다. 또한 중국을 비롯한 아시아 국가, 그리고 선진 공업국가로부터 과거보다 더 저렴하게 원자재 및 중간재의 수입이 가능하게 되었다. 따라서 일본의 공업제품의 생산비가 낮아짐과 동시에, 농수산품의 수입이 급증하면서 일본의 기존 물가를 더욱 하락시키는 요인으로 작용했다고 볼 수 있다. 이런 와중에 공교롭게도, 이번에는 일본의 구조적인 문제와 엔고(엔화가치 상승)에 따른 생산비 하락 요인이 결합되면서 일본의 물가는 과거보다 더욱 하락하는 요인으로 작용했을 가능성이 높다. 즉, 엔화가치의 상승에 따른 긍정적인 요인이 2000년 이후부터는 일본의 구조적인 문제와 결합하면서 부정적인 요인으로 작용하여 일본의 디플레이션은 더욱 가중되었다고 생각할 수 있다.

그림 4-19 일본의 엔 대비 달러환율과 원유가격 추이

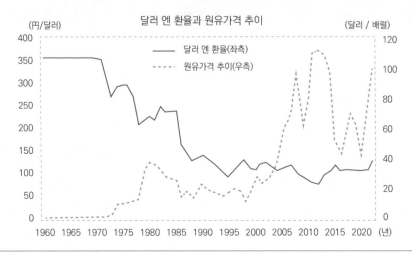

자료: 日本銀行 「外国為替市況」, 世界銀行 'Commodity Price Data Outlook'

section 04   디플레이션의 탈출과 재정·금융정책

1. 아베 노믹스의 등장

이러한 논쟁의 결과, 2012년 화폐공급의 증가를 중심으로 한 아베 정부의 등장이었다. 2012년 9월에 아베 신조(安倍晋三)는 총재 출마 회견에서 "정부와 일본은행이 정책 협조를 통해 2~3%의 완만하고 안정된 인플레이션을 목표로 한다"라고 선언했다. '아베 노믹스'의 최초의 맹아가 여기서 시작되었다. 2012년 12월 아베 총리(2012~2017)는 취임 후 회견에서 "정권에 부과된 사명은 우선 강한 경제를 되찾는 것이다"라고 말해, 경기회복을 목표로 재정·금융정책과 성장전략을 총동원할 생각이라고 했다. 이후 '아베 노믹스'라는 정책이 처음 정부 정책으로

수립되었다. 아베 노믹스의 내용은 ① 대담한 금융정책, ② 기민한 재정정책, ③ 민간투자를 활성화하는 성장 정책으로 이른바 '세 개의 화살'로 구성되었다. 금융 정책의 기본이 되는 것은 인플레이션 타깃이다. 재정정책에 관해서는 '국토강인화'라는 키워드에 근거한 공공투자가 주축이 되었다. 또한 성장정책의 방향성은 제조업의 부활, 기업의 해외전개 지원, 신산업의 육성 등으로 이루어져 있다. 그러나 아베 노믹스에 있어서 가장 중요한 정책은 금융정책이다. 금융정책의 중요한 첫 번째 움직임은 2013년 1월에 정부와 일본은행에 의해 이루어진 디플레이션 탈피와 경제성장을 향한 제휴를 강화하는 공동성명이었다.

2. 정책 성공에 관한 시나리오

(1) 자산시장의 개선효과이다. 일본은행은 현금유통량[21]을 시장에 계속적으로 충분히 공급한다. 즉, 일본은행이 은행의 당좌예금계좌에 현금을 계속 공급한다. 그러면 은행 내부에서 기대 인플레이션율이 상승해 일본은행으로부터 입금된 자금을 종자돈으로 주식이나 외채에서 운용을 늘린다. 그 결과 주가상승과 엔화 약세가 발생한다. 게다가 은행이 일으킨 주가상승과 엔저(円低)를 경험한 일반투자가는 주식투자와 외환거래를 활발하게 진행해 주가상승과 엔저에 박차를 가한다. 이 기간에 일본은행의 현금통화량이 계속 증액됨으로써 주가상승과 엔화 약세에 의해 은행을 포함한 투자자에게 주식운용 이익과 환차익이 발생하면서 수출기업과 수입품 경쟁산업의 수익이 개선되기 시작해 체감경기가 개선된다는 것이다. 동시에 일본의 기대 인플레이션율이 상승하여 소비자들은 실질소득의 감소를 회피하기 위해 소비를 증가시킨다는 것이었다.

(2) 기업활성화 전략이다. 일본 전체의 기대 인플레이션율 상승이 시작되고, 더욱이 일본은행의 통화량 증액이 그것을 계속 뒷받침하여 체감경기의 개선이 확산되면 일반투자가도 주식투자와 외환거래를 더욱 활발하게 하여 주식 강세와

---

21) 일본은행 화폐발행액 + 화폐유통고 + 일본은행당좌예금.

엔화 약세가 더욱 가속화된다. 이러한 상태가 계속되어 주가의 반전에 의해 대차대조표가 개선되기 시작한 기업이 엔저에 의해 수익이 개선된다. 그것을 통해서 일본은행의 금융완화에서 비롯된 경제에 플러스 효과가 산업 주변의 거래처 기업이나 하도급 기업에 파급되기 시작해, 일본의 체감경기가 한층 더 개선되기 시작한다는 것이다. 즉, 지속적인 경제성장을 이루기 위해서는 일본경제의 체질을 근본적으로 바꿀 필요가 있다고 생각했고, 이를 위한 방안이 바로 민간투자 활성화 성장전략이었다.

(3) 기대 인플레이션 발생 전략이다. '대담한 금융정책'은 지금도 계속되고 있는 양적완화정책으로써 일본은행이 적극적으로 국채를 구입함으로써 화폐량을 대량 공급해 시장에 기대 인플레이션(물가가 상승한다고 모두가 생각하는 것)을 발생시키는 정책이다. 기대 인플레이션율이 높아지면 이론상 실질금리(명목금리에서 기대 인플레이션율을 뺀 것)가 낮아지기 때문에 설비투자가 확대될 것으로 기대됐다. 그러나 실제로 일본경제는 장기 디플레이션과 저금리가 이어지고 있어 명목상 금리를 더 이상 내리기 어렵다. 따라서 반대로 물가를 끌어 올려 실질적으로 금리를 낮추려는 게 양적완화정책의 의도이다. 즉, 기업은 인플레이션이 발생하게 될 것이라는 예상을 하게 되므로 더 낮아진 저금리를 이용하여 설비투자를 실시하거나 공장의 가동률을 올리거나 한다는 것이다. 그 결과 생산과 임금이 상승하여 서서히 소비자의 소비도 늘기 시작하여 일본 전체의 기대 인플레이션율이 더욱 상승하고 실제 인플레이션율도 서서히 상승하기 시작하여 디플레이션으로부터의 탈피 과정이 시작된다는 시나리오였다.

3. 아베 노믹스의 성과

아베 정부는 구조개혁이 일정한 성과를 내기까지는 상응하는 시간이 필요하기 때문에, 그 동안의 완화조치로 내걸은 것이 금융완화와 재정출동정책이었다. 즉, 초기 아베 노믹스의 의도는 금융정책으로 디플레이션 탈출을 시도하고, 재정출동으로 당장의 경기를 유지하면서 그 사이 고통을 수반하는 구조개혁을 실시해 경제를 성장궤도에 올려놓겠다는 흐름이었다. 즉, 양적완화책이나 재정출동은 일시적인 대중요법이며, 구조개혁이야말로 성장을 실현하는 본질이라는 것이었다. 지금까지도 아베 노믹스에 관한 찬반이 존재하지만, 2000년대 이후 디플레이션의 탈출과 지속 성장을 실현하기 위한 정책 논리는 명확했다.

1) 자산가격의 상승과 엔화가치의 하락

아베 노믹스 기간에 제일 눈에 띄는 업적이라면, 자산가격의 상승(주가,지가)과 엔화가치의 하락이라는 긍정적인 구조가 만들어 졌다는 것이다([그림 4-20]). 1998년 이후 지속되었던 엔고(円高) 현상이 2012년 12월에 아베 정권으로 교체된 후 엔화 약세로 전환되어, 2023년 11월에 150엔/1달러에 도달했다. 주가도 급상승하는 등 통계상으로 아베 노믹스는 눈에 띄는 호조를 보였다. 2014년 소비세율 8% 인상 후 경기정체의 국면도 있었지만, 세계경제의 전체적인 호조와 기업경영 개혁의 기대에 힘입어 평균 주가가 버블붕괴 후 최고치를 경신하는 등, 금융시장은 대체로 견고한 상승세의 추이를 보였다.

실제로 일본의 닛게이 평균 주가는 1989년 이후 계속 하락하던 것이 수출 및 설비투자의 증가에 힘입어 2012년을 기점으로 상승하기 시작하여 마침내 2016년에는 20,000엔, 그리고 2020년에는 24,000엔에 이르는 호조를 보였다. 또한 부동산 가격의 경우, 단독주택은 좀처럼 회복되지 못했지만, 아파트의 경우는 상승세로 돌아섰다. 즉, 1991년부터 약 18년간 장기정체에 머물렀던 아파트 가격도 1995년을 저점으로 2013년부터 상승세를 지속하고 있다는 점도 빼 놓을 수 없는 업적이라고 말할 수 있다([그림 4-13] 참조).

그림 4-20   주가 및 환율의 추이

자료: 일본경제신문사 『일경평균자료』 및 일본 국회도서관 大森(2020) 작성.

2) 실감나지 않는 경기회복

아베 노믹스의 경기확장은 2012년 12월부터 2018년 10월까지 71개월에 걸쳐 전쟁 후 두 번째로 긴 기간이다. 그러나 과거 경기회복기와 비교하면, 경제성장 속도는 매우 완만해 실감나지 않는 경기회복이라는 실망스러운 논조도 많은 것이 사실이다. 실제로 같은 기간 실질 GDP 성장률을 보면, 1% 정도로 추정되는 잠재성장률 수준을 밑도는 시기도 길었다([그림 4-12]). 그 배경으로는 주로 기업실적 회복에 임금상승이 수반되지 않아 개인소비가 부진한 점 등이 지적되었다. 그러나 아베 노믹스를 평가할 때 정권별로 성장률만을 보면 아베 노믹스가 성공하지 못했다는 결론에 도달할 수도 있지만, 1990년 버블붕괴 이후 어느 정권이나 저성장 상태로 충분한 성장을 이루지 못했다는 점에서는 대동소이(大同小異)하다.

그림 4-21 엔화가치와 주가, 수출 추이

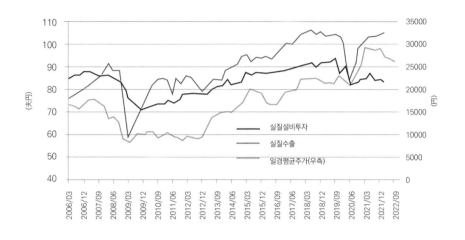

실질설비투자
실질수출
일경평균주가(우측)

자료: 일본 내각부 및 일본경제신문사.

　한편 실업률이나 수출에 대해 평가해야 한다는 견해도 있지만, 일본은 대체로 실업률이 낮아 사회 문제가 되었던 것은 아니다. 또한 아베 노믹스 이후 엔화가치 하락으로 인해 일본기업의 수출경쟁력이 극적으로 변화하지는 않았지만, 2000년 이후 명목 수출이 증가함으로써 기업가동률 유지가 가능해진 점도 긍정적이다. [그림 4-21]을 보면, 2008년 미국발 글로벌 금융위기 때 일시적으로 수출이 급감했지만, 2009년부터 수출이 급속히 회복하여 2019년까지 지속적으로 증가했다. 특히 장기간에 걸쳐 주식시장이 저조한 상태로 머물러 있던 것이 2012년 아베 정부의 등장과 함께 진행된 화폐공급량의 증가 정책에 따라 주가가 급상승하였다. 즉, 일본의 대기업에는 수출기업이 많기 때문에 엔화 약세에 따른 수익 개선을 포함해 주가가 상승하는 부차적 효과도 예상된다. 주가가 오르면 주식을 많이 보유한 부유층을 중심으로 소비에 일정한 자산효과도 발생한다. 이것은 그동안 침체되어 있던 자산시장의 부활을 의미하는 것이기도 하지만, 동시에 부채자산에 대한 경제적 및 심리적 부담이 경감되는 요인이 되어 소비증가로 이어질 수 있는 동력원이 되기도 한다는 점에서 의미가 있다.

그림 4-22 가처분소득과 가계최종소비 추이

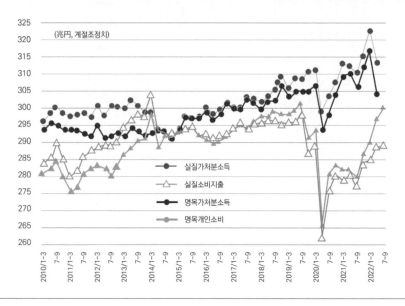

자료: 일본 내각부 보고서에서 인용.

  그리고 [그림4-22]에서 보면, 정체되어 있던 실질가처분소득도 2014년부터 2022년까지 눈에 띄게 상승하고 있다. 그것은 2014년부터 아베 정권의 등장에 따른 재정·금융확대정책의 결과로써 대량의 화폐공급 때문이었다. 그러나 아쉽게도 실질소비지출은 좀처럼 회복되지 않다가 시차를 두고 정권 말기인 2016년부터 지속적으로 회복하기 시작했다. 즉, 실질가처분소득의 증가에도 불구하고, 좀처럼 회복되지 않는 소비지출의 문제, 다시 말해서 저축증가에 대한 소비부족의 문제가 다시금 지적된 것이다. 또한 1990년 이후 지속적으로 하락하던 설비투자도 수출에 힘입어 2019년까지 지속적으로 상승함으로써 아베 노믹스의 성과에 대해 일정부분 긍정적으로 평가할 수 있다. 즉, 1990년도에 비해 부족하지만, 10년 동안 계속 하락하던 GDP 대비 설비투자가 상승 전환되었다는 점도 긍정적이다.

4. 아베 노믹스에 대한 비판

1) 경제성장률의 성과와 실질소득

당초 아베 총리는 실질적으로 2% 정도의 경제성장을 이루겠다고 밝혔다. 그러나 아베 정권(2012~2017)의 평균 GDP 성장률을 보면, 실질적으로 불과 0.9%밖에 되지 않는다(2020년은 코로나 위기로 제외). 따라서 현실적으로는 경제성장률이 당초 절반의 성적이었지만 플러스 성장을 한 것은 사실이다. 따라서 아베 정권 기간에 경기확대가 전후 최장 기간 플러스성장으로 지속됐다는 성과를 강조했다. 그럼에도 불구하고, 이를 과거 정권과 비교해 보면22)아베 정권은 같은 기준으로 최하위(실질 GDP를 연율로 환산)이다. 또한 같은 기간 선진국들은 1.5%에서 2%대의 경제성장을 이뤘고 경제규모가 커진 만큼 세계 물가는 오르고 있었다. 게다가 이 기간 일본인의 임금은 크게 오르지 않아 가계수입이 늘지 않는 가운데, 반대로 엔저에 따라 수입에 의존하는 생활용품 가격이 올라 생활이 어려워졌다. 또한 아베 노믹스의 실적으로서 높은 구인배율 등을 들 수 있지만, 소득수준이 높아진 것은 아니다. 특히 일본의 소득수준을 달러 환산으로 나타내자 플러스 성장과는 다른 모습이 나타난다. 아베 노믹스 직전인 2012년에 일본의 1인당 실질 GDP는 48,633달러에서 2022년에는 39,243달러까지 무려 9,390달러나 떨어졌다.

2) 기업의 실적향상

한편 기업실적은 지표상으로 올랐기 때문에 일본의 기업실적이 크게 확대되었다고 말할 수 있다. 하지만 정말로 기업실적이 확대됐다면 종업원 임금도 오르지 않으면 앞뒤가 맞지 않는다. 그러나 일본은 고령화로 전무후무한 인력난에도 불구하고, 이상하게도 임금은 크게 오르지 않는다. 이 의문의 열쇠는 엔화 약세와 감세에 있다. 여기서 중요한 것은, 정말 수출(혹은 현지 판매)이 늘었다면 판매한

22) 고이즈미 정권은 1.0%, 민주당 정권은 1.5%, 하시모토 오부치 정권은 0.9%.

제품의 수량도 늘어났을 것이다. 그런데 수량 기반의 수출 추이를 보면, 아베 노믹스 기간 수출은 전혀 늘지 않았다. 즉, 상품매출은 변하지 않았지만 엔저(円低)로 인해 엔화기준 숫자만 늘어난 것이다. 이것은 기업의 이익은 늘어나지만 생산량의 증가가 동반되지 않기 때문에 고용 및 소득증가로 나타나지 않는다.

그림 4-23 　수출수량과 엔의 실질실효환율

자료: 上野剛志(2023) 『まるわかり '実質実効為替れレート'』ニッセイ 基礎研究所에서 인용.

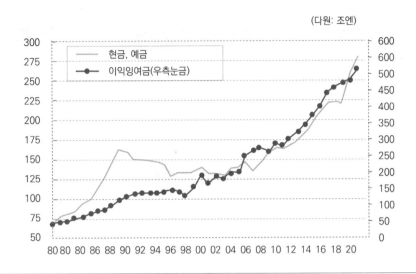

자료: 河野 龍太郎(2023) 『バリバ證券』 작성 인용. 원자료: 재무성 『법인기업통계자료』에 의거함.

다시 말해서, 기업경영자 입장에서 중요한 것은 이달에는 상품이 몇 대 팔렸느냐 혹은 다음 달에는 음료수가 몇 병 팔리느냐하는 수량이지 매일 환율을 계산해 금액으로 대체하는 경영자는 많지 않다는 것이다. 기업경영자 입장에서는 환율이 엔화 약세로 떨어진 것이(외견상 이익은 늘어나므로) 행운이라고 느끼겠지만, 수량이 늘지 않는 한 자사기업의 실적이 크게 확대되고 있다는 생각은 들지 않을 것이다.

한편 아베 정권은 기업들에 대해 축적한 이익을 투자에 돌리지 않고 내부유보([그림 4−24])로 쌓아두고 있다고 비판해 왔다. 일본기업은 2021년도 시점에서 GDP에 필적하는 516.5조 엔의 내부유보(법인세나 배당을 지급한 후의 이익)를 쌓아올리고 있다(재무성「법인 기업 통계」). 기업의 내부유보를 많이 안고 있다는 것은 고수익의 투자처를 찾지 못해 설비투자가 부족하다는 증거이기도 하다. 자금공급은 풍부하지만 자금수요(투자)가 적으면, 시장금리가 내려가는 움직임으로 이어진다. 즉, 금리 하락에도 불구하고, 기업들이 설비투자에 소극적인 것은 현실에서 기업실적이 확대되지 않고 있다는 것을 알고 있기 때문이다.

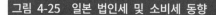

그림 4-25   일본 법인세 및 소비세 동향

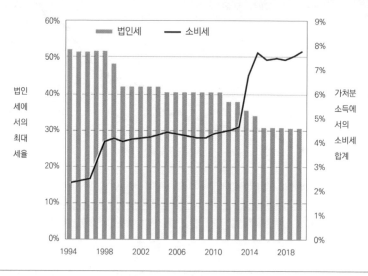

자료: 일본 국세청 및 내각부에서 사용.

또한 아베 정부는 전 정부와 마찬가지로 감세를 통해 기업들이 투자를 늘리고 임금을 올린다는 낙수효과 이론(trickle down effect)을 제창했다. 따라서 이 시기 기업실적의 확대에는 감세라는 요소가 존재한다. 아베 정권은 법인세 감세를 반복했으며, 국민소득을 국민에서 기업으로 분배하는 정책을 계속해 기업의 최고 법인세를 38%에서 30%로 낮추는 한편, 소비세는 10%로 배로 늘렸다. 따라서 이 시기에 대기업(자본금 10억 엔 이상)의 매출액은 약 10% 늘었지만 세후 당기이익은 무려 3배로 늘었다. 당연하게도 당기이익이 늘어난 것은 감세에 의한 세금보전이라는 눈가림의 결과로써 기업들은 진정한 의미에서 실적이 확대됐다고 보지 않는다는 것이다. 결과적으로 종업원의 임금상승과 승급은 미뤄졌다. 실제로 2023년 기시다 정부의 자료에 있듯이, 2000년부터 2020년까지 일본 대기업의 연간 이익은 거의 배로 늘었지만 전체 근로자 보수는 0.4% 감소, 설비투자는 5.3%

감소했다.

[그림 4-26]는 임금 및 평균 급여가 물가에 대해 상대적으로 얼마나 변화했는지를 알아보기 위해 평균 급여를 소비자 물가지수로 보정해 그래프화한 것이다(2015년 소비자 물가지수를 100으로 함). 실제로 평균 급여만 보면, 2005년도와 비슷한 수준으로 보이지만 물가상승에 비해 평균 급여의 증가는 따라가지 못하고 있기 때문에 실질임금은 오히려 더 떨어졌다. 실질적인 급여가 오르지 않는 것은, 물가에 대해 급여의 증가가 따라잡지 못하는 것이다. 즉, 현재 일본인들의 평균 급여는 1990년대와 비교하면 크게 밑돌고 있음을 알 수 있다. 최근 30년간 물가와 임금 추세를 총괄하면 명목임금은 떨어진 반면, 물가는 오른 탓에 실질임금은 계속 떨어져 가난해 졌다. 실질임금이 하락하면 월급이 물가에 맞지 않게 돼 물가가 비싸다고 느끼게 되기 때문에 실질임금은 물가체감치를 나타낸다(실질임금 하락=물가가 높아졌다고 느낀다. 실질임금 상승=물가가 싸졌다고 느낀다). 그리고 일본의 급료와 물가는 모두 세계 최저수준의 증가율을 기록하고 있다.

그림 4-26 일본의 명목임금과 소비자물가 추이

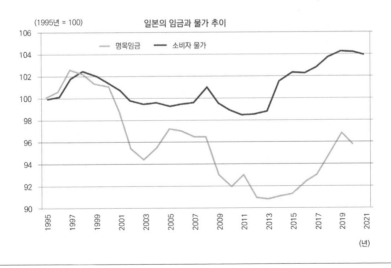

자료: 上野剛志(2023)『まるわかり"実質実効為替れレ一ト"』ニッセイ基礎 研究所에서 인용.

3) 설비투자 부족의 문제

일본경제의 회복력에 강력함이 결여되어 있는 다른 원인은 설비투자가 약하기 때문이라는 지적이 있다. 그런 배경에는 기업수익(경상이익률)이 과거에 없던 높은 수준에 있다. 요컨대 기업은 수익을 올리고 있는데 왜 설비투자를 적극적으로 하지 않는가라는 비판이다. 그러나 이러한 비판에는 약간의 문제가 있다. 왜냐하면, 기업이 설비투자를 증가할까 말까를 판단할 때 중요한 것은 설비투자를 할 때, 수요가 증가해 기업 채산성이 있느냐 없느냐이다. 그것은 설비투자가 대상으로 하는 개인소비나 수출이 증가하느냐 하지 않느냐에 의존한다.

그림 4-27 설비투자의 소비와 수출의 합계에 대한 비율(투자비율)

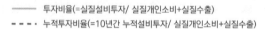

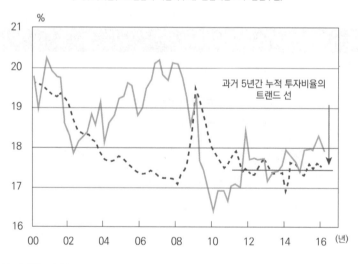

자료: 일본 내각부 보고서에서 인용.

그런데 [그림 4-27]은 실질설비투자를 분자에, 실질개인소비와 실질수출의 합계를 분모로 한 비율(이하 투자비율)을 계산한 것이다. 이 비율의 상승은 실질

개인소비와 실질수출의 합계보다도 실질설비투자가 더 크다는 것을 의미함으로, 설비투자가 적극적으로 실행되고 있음을 의미한다. 반대로 이 비율이 낮은 것은 설비투자가 소극적으로 실행되고 있음을 의미한다. [그림 4-27]을 보면, 설비투자 비율은 추세적으로 상승 방향에 놓여 있지만, 수준으로 보면 아직 낮은 수준에 머물러 있다. 그리고 2007년도 기준으로 보면, 아직 반 정도밖에 회복하지 못했다. 따라서 설비투자의 힘은 확실히 미약해, 비판의 대상이 될 만하다. 또한 과거 누적투자 비율로 보아도 1990년 이후 하락하거나 거의 횡보하는 수준에 머물러 있다. 2008년 미국발 글로벌 금융위기 때, 이 비율의 하락은 버블 때의 과잉 설비투자의 처리 과정으로 인해 누적투자 비율이 하락한 것이다. 이 결과로부터 현재 일본기업은 수요에 걸 맞는 설비투자를 실행하고 있다고 말할 수 있다. 그러나 소비수요 대비 설비투자는 아직 미약하다고 말하지 않을 수 없다.

5. 일본경제에 대한 사후적(事後的) 논의
- 통화정책과 수요부족의 문제 -

1) 일본의 장기불황과 금융정책 실패설의 이론(異論)

지금까지의 논쟁을 중심으로 우리가 집고 넘어가야 할 점은 모든 정권에서 충분한 성장을 이루지 못했다는 사실은 경제학적으로 매우 흥미롭다는 것이다. 왜냐하면, 하시모토(橋本)정권은 대형 공공사업을 중심으로 한 정책이었기 때문에 전형적인 케인즈 정책으로 볼 수 있다. 반면 아베 노믹스는 지금의 시점에서 보면 금융정책 그 자체이고, 고이즈미 구조개혁은 명확한 경제이론이라고 보기 어렵지만, 굳이 분류하면 공급망(공급측면) 중시의 경제정책으로 볼 수 있다. 즉, 1990년 버블경제 붕괴 후, 일본 정부는 그동안 일본경제의 부활을 위하여 수요를 압박하는 케인즈 정책이나 공급 측면을 강화하는 경제정책, 그리고 금융완화 정책이라는 경제학 교과서에 실린 모든 정책을 폈어도 경제를 성장 궤도에 올려놓지 못했다. 이것은 기존의 경제이론으로는 설명할 수 없는 다른 요인들이 존재한다는 것을 의미한다.

언제나 그렇듯 이러한 논쟁의 중심은 부분적인 분석의 결과를 경제 전체의 사실로 일반화하려는 경향이 있고, 또한 사후적 검증이라는 점이다. 사실 1990년대 일본의 금융정책에 관한 논쟁을 살펴보면, 일본의 민간소비가 1990년 이후 지속적으로 하락 상태에 있었지만, 그러나 유독 1990년 이후만이 민간소비가 감소한 것은 아니었다. 1990년 일본의 버블경제가 정점을 지나 내리막을 걷고 있을 때, 일본의 전문가들과 정책 당국자들은 하나 같이 "일본경제가 순환적 불황에 접어들었다"고 말하면서 "경기침체에 접어들었다"고 말했다. 즉, 그 당시 대부분의 전문가들도 순환적 불황으로 인식하고 있었던 상황이라, 자산시장의 폭등을 겨우 진정시킨 일본은행의 입장에서 화폐공급을 다시 늘리는 정책을 선택하기란 쉽지 않았다. 오히려 늘 그랬던 것처럼, 전통적인 금리정책을 선택하는 것이 오히려 순리적이었다고 말할 수 있다.

실제 일본경제는 1991년부터 경기가 하락하여 1993년까지 침체하다가 1994년부터 회복하기 시작했기 때문이다. 확실히 1990년대「불경기」는 경기순환의 하나의 과정임은 부인할 수 없다. 이런 시점에 일본은행이 경기불황을 이유로 통화량 증가 정책을 펴야했다는 것은 사후적인 논리이다. 심지어「구조적 불황」에「순환적 불황」이라는『복합불황설』이 나온 것도 한참 후의 논리이고, 또한『복합불황설』에 근거하여 제도개선 및 규제완화, 그리고 초기에 아베 노믹스의 금융완화와 재정지출 강화라는「통합정책」을 시행했지만 여전히 만족할 만한 경제성과는 얻을 수 없었다.

또한 버블경제가 붕괴 후, 설비투자도 1994년부터 증가하고 있었고, 경제도 회복하고 있었기 때문에, 이 시점에서 일본은행이 화폐공급을 증가시키는 정책을 선택하기란 쉽지 않다. 실제로 일본은 1993년~1995년까지는 주로 재정지출 확대를 중심으로, 그리고 1996년 이후부터는 금리정책을 중심으로 경기를 부양하려 했다. 그리고 저조했던 수출과 설비투자도 1994년부터 증가하기 시작하여 2000년 이후에는 더욱 급증했기 때문이다. 어떤 면을 보더라도 1991년부터 1993년까지 36개월의 불황은 마치 1980~1982년까지 불황과도 같은 장기 순환적 불황으로 인식되었고 또한 통계자료도 그렇게 나타났다. 단지 1994년부터 시작된 경기회복이 1997년 말 아시아 금융위기와 맞물리면서 다시금 경제가 침체하면서 3년 남짓한 경기회복, 게다가 저성장 속의 경기회복을 경험했기에 일본인들이 과거와 같은 호황기를 호가할 수 없었을 뿐이었다. 오히려 1985년부터 1990년까지 일본의 호황기가 비정상적이었다.

그런 비정상적인 호경기를 맛보던 사람들이 2% 이하의 경제성장률을 맛보는 것은 전체 순환 과정에서의 작은 호경기조차도 불황으로 치부하는 경향이 강하다. 즉, 수출, 설비투자, 환율, 실업률, 그리고 민간소비조차도 1998년 당시를 제외하고 G7과 큰 차이가 없었기 때문에 당시의 경제성적은 비교적 양호한 상태로 정리할 수 있다. 정작 장기불황이라고 말해야 하는 기간은 1998년부터 2010년까지라고 말해야 할 것이다. 왜냐하면, 1990년 버블경제가 붕괴한 후, 설비투자가 급감한 상태에서 경제가 1994년부터 회복하고 있었지만, 1998년부터는 평균 경제성장률이 1990년 초의 절반 수준밖에 회복하지 못한 저조한 상태로 2010년까지 유지되었기 때문이다.

한편 「순환적 불황」이냐 혹은 「구조적 불황」이냐의 논쟁에 앞서, [그림 4-12]에서 보면 일본경제는 1956~1973년도, 1974~1990년, 그리고 1991~2022년에 걸쳐서 경제성장률이 끊임없이 단계적으로 하락하고 있었다. 그런 와중에도 호경기와 불경기는 반복적으로 나타났고, 그때마다 순환적 불황에 직면했다고 말하면서 금리정책을 취했다. 즉, 현재의 평균성장률은 전기의 경제성장률을 회복하지 못했고, 그때마다 구조적 불황이란 말은 하지 않고, 경기순환에, 그리고 시장의 자동조절기능에 순응하면서 적응해 왔다. 다시 말해서, 1974년부터 일본경제는 지속적으로 소비지출 및 설비투자 감소에 따른 구조불황에 직면해 있었다. 단지 그 문제를 기업의 이윤율 감소와 노동임금의 상승 억제와 같은 요소로 대체해 가면서 수요부족 문제를 수출 증대로 대체해 왔다. 그때마다 일본경제는 위기를 모면하면서 사태의 심각성을 애써 외면해 왔을 뿐이다. 즉, 미국 중심의 대량 수출에 힘입어 고용과 소득이 일정정도 증가하는 상황에서 일본의 수요부족 문제를 심각하게 다루지 않았다.

그런 와중에 터진 것이 1985년의 플라자 합의에 의한 엔고 현상과 버블의 발생, 그리고 버블붕괴가 나타나면서 수출 감소와 더불어 이미 실질소득의 감소에 따른 내수시장의 부족(수요부족)이 겹치면서 장기 저성장의 상태에 놓였다. 반대로 말하자면 수출시장의 경쟁력 확보를 위해 일본 내의 생산요소 가격(임금 등)의 인위적 억제가 부른 참극이라고 말할 수 있다. GDP 대비 수출비율이 10~15% 정도로 수출의존도가 낮더라도, 소비성향자체가 단계적으로 낮아짐에 따라 과거와 같은 소비력을 확보하기란 사실상 쉽지 않다. 따라서 일본경제는 더욱 수출에 의존해야 하고, 그러기 위해서는 임금을 더한층 억제하는 한편, 저임금 노동자나 혹은 비정규 노동자에 의한 생산 활동에 주력할 수밖에 없다. 정규직을 줄이면서 저임금 노동자의 확대에 의한 생산 활동은 통계상 및 실질적으로 전체 소득재분배율이 낮아지면서 다시금 소비수요 감소로, 그리고 디플레이션 현상이 가중될 수밖에 없었다. 즉, 일본경제의 이 구조적 현상은 이미 1974년 이후부터 나타난 구조적 문제였는데, 그때마다 수출시장으로 대체함으로써 소비감소에 대한 구조적 문제를 도외시한 것뿐이었다. 대부분의 선진공업국가들의 경우, 경제가 성장함에 따라 예외 없이 경제성장률이 단계적으로 하락하는 경향이 있다. 그렇지만 현재 시점에서 일본만큼의 저성장을 경험하거나, 장기간에 걸쳐 디플레이션 상태에 빠져있지는 않았다.

2) 설비투자의 감소와 저임금

지금까지의 논의를 살펴보면, 저성장의 원인은 결과적으로 기업, 가계, 정부 및 금융당국이라는 경제주체들의 문제였다. 여기에 더하여 이들 경제주체들을 종합적으로 통합 및 운영이라는 경제시스템의 문제가 결합된 것이었다. 즉, 생산자 측면에서는 기업행동의 문제, 수요자 측면에서는 소비지출의 문제, 재정지출과 통화정책은 정부와 금융당국의 문제였다. 무엇보다도 일본기업 및 가계의 수동적인 경제활동이 경제를 정체하게 만든 요인이었다. 일본기업은 설비투자를 적게 하는 대신에 내부유보를 많이 늘리고, 가계는 소비지출을 줄이는 대신에 현금·예금보험의 보유비율이 높다는 것은 일본기업이나 가계가 도전적인 투자 및 소비지출에 소극적이면서 저축에 더 적극적임을 나타낸다.

① 소비부족과 미래 사업의 불투명성

그렇다면 1974년 이후부터 발생하기 시작한 소비 및 설비투자의 부족 문제가 왜 지금에 와서 문제화되었을까? 이유는 ① 1974년 이후 당시에는 인구가 증가하는 시기에 노령화가 크게 진행되지 않았다. 따라서 노동가능인구가 중가하면서 노동생산성도 증가하는 시기였다. 그리고 노령자에 대한 재정지출이 작았기 때문에 재정적으로 여유가 있었다. ② 일본경제의 성장률은 감소하고 있었지만, 그럼에도 불구하고 인건비는 기업의 경상이익에 근접하면서 상승해 왔다. 그러나 2000년 이후부터는 반대로 기업의 경상이윤이 인건비를 크게 상승하면서, 즉 기업이윤율은 급증하는데 반대로 임금상승률은 급격히 하락한 것이 원인이다. 그리고 ③ 일본 가계의 저임금에 따른 소비부족과 기업의 설비투자의 감소가 그 원인으로 지목된다.

그림 4-28 경상이익과 인건비 및 감가상각비 추이

자료: 『日本政策総研』 2023年 9月 4日에서 인용.

특히 일본기업의 경상이익과 인건비에 관해서 각 요소를 분해하면, 인건비와 감가상각비는 1990년대 들어 거의 증감하지 않고 제자리걸음을 하고 있다([그림 2-27]).이에 반해 경상이익은 1988년부터 급락한 후 1992년부터 지속적으로 상승하고 있다. 더욱이 2000년 이후에는 경상이익이 인건비를 상회하는 증가세를 보였다. 이에 반해 인건비 및 감가상각비는 1992년부터 거의 정체 상태로 머물렀거나 2008년 이후에는 오히려 감소하는 가운데 경상이익은 급증하는 현상이 발생한다. 즉, 인건비는 하락하는데 경상이익만 증가하여 결과적으로 이익잉여금 등의 내부유보에 적립되어 이월이익 잉여금은 2010년 말 대비 2022년도 말에는 4.4배까지 확대되었다(재무성 '법인기업통계'). 내부유보는 확대되어도 지속적 성장으로 연결되는 인재비나 설비투자에 대한 적극적 투자는 전체적으로 이루어지지 않아서 경제 전체의 부가가치는 확대되지 않는 상황으로 이어졌다.

한편 앞서 보듯이, 일본의 개인소비는 1990년 이후 계속해서 하락 추세에 놓여 있었다. 이에 걸맞게 개인저축도 개인소비의 추세선에 동조하여 하락하고 있었다. 그러나 유의해야 할 점은, 민간저축이 감소하는 비율보다 민간소비가 더 빠르게, 더 많이 감소하기 때문에 이 과정에서 저축초과가 발생한다. 즉, 덜 먹고 덜 쓴 결과가 저축으로 나타나서 이것이 경상수지 흑자로 나타난다. 덜 소비한 결과는 민간투자의 하락(저축증가)으로 나타나서 경기침체로 이어진다는 데 문제가 있다. 그러나 2012년부터 하락하던 민간소비는 바닥을 다지면서 추세적으로 상승하기 시작했다. 그것은 2014년 아베 노믹스에 따른 재정·금융완화정책의 결과로써 대량의 화폐공급 때문이었다.

중요한 것은, 저축이 감소하는 가운데 민간소비가 더 많이 더 빠르게 감소하여 발생하는 저축초과 현상과 민간소비가 증가하는 가운데 민간저축이 더 많이 더 빠르게 증가하여 저축초과가 발생하는 경우, 둘 다 저축초과라는 결과는 동일하지만 전자의 저축초과는 경기침체로 나타나지만, 후자는 경우에는 제한적이지만 설비투자의 증가가 동행하면서 경기회복으로 나타난다는 것이 다르다. 결국 일본의 저성장은 민간저축이 감소하든 또는 증가하든 양자 모두 소비부족에 의한 저축초과라는 기본적인 구조는 변하지 않는다. 특히 임금 및 자산소득이 하락하는 시기에 저축초과로 나타나는 경향이 더욱 강하다. 바꿔 말하면, 소비증가는 임금 및 자산소득의 증가에서 나타나는데, 그런 면에서 아베의 금융정책은 일정 부분 의미가 있다. 여기에 더하여, 경제성장에 따른 임금 노동자의 실질임금 상승이 필수적이다.

특히 중요한 것은, 매출액 대비 인건비는 1980년부터 1997년까지 지속적으로 증가하고 있지만, 기업의 경상이익에 대한 인건비의 상승은 2002년 이후 항상적으로 낮게 유지되었다. 게다가 일본의 물가상승에 대한 명목임금은 1997년부터 점점 낮아져 2013년에는 물가와 명목임금의 괴리가 가장 컷고, 그만큼 일본인의 실질소득은 낮아지면서 소비부족으로 이어질 수밖에 없다([그림 4-25] 참조). 즉, 매출액 증가에 따른 임금인상은 이루어졌지만, 기업의 경상이익과 더불어 물가수준에 못 미치는 임금상승이 장기적인 소비수요의 부족으로 나타났다. 이것이 수출증가에 의존하는 경제구조를 만들면서 일본경제는 한층 더 환율에 취약한 경제구조로 변형되었다. 수출이 증가하는 만큼 엔화 강세는 더욱 거세지고 그자체가 다시 일본경제를 엔고불황과 디플레이션으로 몰아갔다.

② 임금상승의 억제요인

한편 일본기업이 임금을 크게 상승시키지 않는 이유로 주로 4가지를 들 수 있는데, ① 기업이 직면한 불확실성 증가, ② 주변 기업의 임금시세의 저하, ③ 주주로부터의 통치강화, ④ 해외생산의 이전 증가 등이다. 우선 ① 미래 사업에 대한 불확실성 때문에 내부유보의 확보를 우선시하기 때문이다. 특히 대기업의 경우 인건비의 확대에 소극적인 근본적 이유는 소비감소나 인구감소, 노령화의 가속화 그리고 연금부담 및 경쟁 우위산업 소실 등의 우려로 인해 미래에 대한 사업 불투명이 강한 상태에서 경제성장에 대한 강한 기대나 확신을 가지지 못하기 때문이다. 대기업의 경우, 사업규모가 크기 때문에 투자회수에는 장기적으로 안정된 경제성장이 불가피하다. 즉, 제조업 중심으로 이익의 개선이 장기간에 걸친 지속적인 확신이 없다는 것이다. 그리고 ② 1990년대 후반 이후 1인당 임금의 기업간 분포는 크게 변화하였으며, 최근 더 많은 기업이 지불하고 있는 임금 수준, 즉 주변 동종업종의 평균치를 밑도는 상태가 계속되고 있었다. 기업이 임금을 책정할 때 참조하는 '주변 동종기업'의 시세에 가장 크게 의존하여 결정되었다면, 최근 임금 분포의 왜곡 확대는 임금 억제 압력으로 작용해 왔을 가능성이 있다[23].

한편 전통적으로 일본 주식의 상대적으로 낮은 배당은 일차적으로는 낮은 배당률에 따른 내부유보 증가율에 원인이 있다. 특히 저배당에 따른 내부유보의 성장률은 원래 국민경제에서 낮은 기업분배가 한 요인이다. 기업에 대한 분배는 높은 고용자 보수와 높은 자본감가에 의해 압축되어 있다. 높은 자본감가는 비효율적인 자본설비가 반복되고 있었던 결과이다. 즉, 지금까지 투자자는 주식시장에 자금을 투하함으로써 기업의 자금요구에 부응해 왔지만, 기획사업이 이에 보답하는 일이 적었던 것은 틀림없다는 사실이다.

그러나 이와는 반대로 ③ 외국인 지분율 상승으로 대표되는 최근 주주구성의 변화는 주주의 경영에 대한 통치를 강화하는 움직임이 현저하다. 따라서 상대적으로 종업원의 몫인 노동분배율의 저하를 초래하였을 가능성이 높다. 즉, 경상이익의 지속적인 증가와 더불어 자기자본이윤율(ROE)의 증가는 일본기업의 설비투자 감소와 인건비 절감 등으로 나타난 결과이다. 지금까지 일본기업은 매출대비 본업에서의 이익비율인 영업이익률을 중시해 왔다. 이익률이라고 하면, 한마디로 여러 가지지만 가장 일반적인 지표로 자기자본이익률(ROE)[24]이 쓰인다. 즉, 기업이 주주 등으로부터 모은 자본으로 얼마나 이익을 창출할 수 있을까라는 것으로, 또한 주주·투자가에게 경영의 수익성이나 효율성을 설명해 나가기 위해서도 자기자본이윤율(ROE)를 의식한 기업 경영은 매우 중요하다고 할 수 있다. '주식회사는 주주의 것'이라는 면에서 서유럽 사회에서 자기자본이윤율이 중요 지표인 것은 당연하다.

---

23) 카와모토타쿠지* takuji.kawamoto@boj.or.jp 시노자키미아키**No.09-J-5 2009년 7월 일본은행 워킹 페이퍼 시리즈
24) 자기자본이윤율(ROE:%) = 당기순이익 ÷ 자기자본 × 100

그림 4-29 일본기업의 순이익율 국제비교

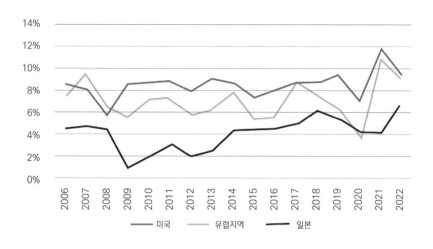

자료: 블룸버그 및 UBS에서 인용.

그림 4-30 일본의 주주자본비율과 주주자기자본이윤율

원자료: 일본 재무성「법인기업통계연감」및 市川眞一(2022)「内部留保で賃金は払えるのか?」ピク
タ・ジャパン에서 인용.

덧붙여 업종에 따라 다르지만, 글로벌 경제에서 평가되는 자기자본이윤율(ROE)의 기준은 8%라고 알려져 있다. 즉, 자기자본이윤율(ROE)이 높을수록 투자액에 대해 효율적으로 이익을 낼 수 있다는 이야기가 된다. 자기자본이윤율(ROE)이 높으면 주가도 오르기 쉬워진다. 이때 중요시되는 문제는 과거 일본기업에 대한 외국인 주식보유가 대략 10% 전후였는데 반해, 최근에는 이것이 30%대까지 증가함에 따라 경영자 입장에서 주주 및 외국인 주주의 이익에 신경을 쓸 수밖에 없는 시대 및 환경에 노출되어 있다. 따라서 주주의 이익과 밀접한 관계가 있는 자기자본이윤율(ROE)에 더욱 배려하고 신경을 써야할 상황이다. 즉, 일본기업은 될 수 있는 한 과거보다 자기자본이윤율(ROE)을 높여야 필요성이 커졌다. 그만큼 상대적으로 노동분배율은 낮아질 수밖에 없고, 이는 저임금을 만들어 내는 하나의 원인이라는 것이다.

실제로 일본기업의 이익률이 선진국 등과 비교해 낮다는 것은 잘 알려져 있다. 일본기업 전체의 자기자본이윤율(ROE)은 2017년 3월 분기에 8.3%로 3년 만에 상승했지만 전년도 대비 0.5% 증가한 배경에는 엔고와 기업들이 자사주 매입 등을 통해 자기자본을 줄인 것이 요인이었다. 그래도 서유럽 국가들과 비교하면, 일본기업들의 자기자본이윤율(ROE)은 여전히 낮다. 자기자본이윤율(ROE)의 낮은 수준에 대해 일본 정부도 주목하고 있어 자기자본이윤율(ROE)을 높여 일본경제의 지속적인 성장과 경쟁력 강화를 꾀한다는 2014년도 경제산업성의 보고서는 당시 크게 주목받았다.

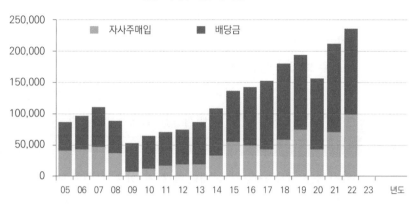

자료: 『market side mirror』 2023년 4월 12일에서 인용.

　[그림 4-30]과 [그림 4-31]를 보면, 자기자본이윤율(ROE)와 자사주 매입이 동행하는 것을 알 수 있다. 이때 자기자본이윤율(ROE)을 높이는 방법으로 매출자체를 높이는 기본적인 방법 이외에 자사주 매입(자기자본 감소)을 통해 높일 수도 있다. 즉, 자사주 매입은 주식시장에서 자사주를 매입함으로써 그 주식이 환매되는 것을 말한다. 이로 인해 자기자본이 떨어지고 이익이 변하지 않는 경우에도 결과적으로 ROE가 높아지는 것이다. 또한 차입금액의 증가(이익의 증가)를 통해서 내고 있는 경우에도 ROE는 높아진다. 그러나 차입을 크게 하면서 비즈니스를 확대할 수 있다는 점에서 긍정적으로 평가할 수 있지만, 일본은 1974년부터 차입금을 계속적으로 줄여왔기 때문에, 이 문제는 해당되지 않는다.

　그 결과 수많은 기업들이 일단 자기자본이윤율(ROE) 수치를 높이려고 자사주 매입을 통한 자본정책, 그리고 단골 메뉴로 인건비 절감 등으로 자기자본이윤율(ROE)을 일시적으로 높여갔다. 즉, 일본기업 상당수는 ROE 수치의 상승을 노리고 자사주를 매입하는 자본정책을 펴 정규직을 해고하고 비정규직을 늘리는 등 경영효율화를 꾀하고 있다. 그 덕분에 인건비는 일시적으로 감소할 수 있었을지 모르지만, 인구감소와 고령화가 두드러지고 있는 현재 그 선택지가 옳았는지에 대해서는 의문이다. 즉, 노동시장에서도 일손 부족 현상이 뚜렷해지는 상황에서 언제까지 저임금에 안주하면서 수출을 위한 생산 활동을 할 수 있을지 의문이다. 결과적으로 낮은 배당률 및 설비투자 감소는 내부유보를 증가시키고, 이는 경상 이익 증가로 나타나면서 자기자본이윤율을 증가시킨다. 자기자본이윤율의 증가를 위해서는 자사주 매입과 노동분배율을 하락시키고, 동시에 투자 대비 산출을 크게 만들기 위해서 장기적으로는 설비투자를 줄임으로써 설비투자가 한층 감소하고 수익률은 높아지는 구조가 반복되면서 경기침체가 가속 및 장기화된다.

특히 기업수익의 원선이 과거와는 다르게 해외직접투자에서 많이 이루어지기 때문에 그 수익자체를 국내 종업원에 대한 인건비 상승 요인은 약해질 수밖에 없다. 즉, 해외생산 활동을 왕성하게 하는 기업일수록 국내 종업원에게 이익을 환원하는 것은 인센티브가 약하다는 것이다.

소결

돌이켜 보면, 1985년 및 1986년부터 시작된 일본의 거품경제는 미국과의 무역마찰(미국의 과도한 무역 및 재정적자와 일본의 대형 무역흑자)을 해소하기 위한 과정에서 나타났다. 그리고 1986년 이후 내수주도형 경제성장 전략은 그 과정이고, 그 결과는 자산가격의 폭등을 경험하는 것이었다. 즉, 1986년의 엔고 현상에 대응하여 실행한 일본의 금융자유화 및 그에 따른 금리인하 조치는 결과적으로 자산가격의 폭등으로 귀결되었다. 1985년 9월의 플라자 합의가 '방아쇠'였다면 일본의 금융자유화 조치의 일환으로 진행된 금리인하는 휘발성이 강한 '기폭제'였다고 말할 수 있다. 즉, 대형 폭발이 일어나기 위해서는 그 전에 다양한 조건과 절차가 형성되어야 하듯이, 경제성장 과정에서 발생하는 여러 위기는 그 전에 다양한 경제조건과 절차들이 조용하고 자연스럽게, 그리고 불안전하게 형성되어야 한다.

이는 마치 핵폭탄을 만들 때 여러 개의 저농도 우라늄 원석(여러 불안전한 경제 주체 및 조건)을 고농도로 농축(경기후퇴에 대한 정책 대응)하여 센서에 의해 '방아쇠(플라자 합의 후의 엔화가치 상승)'가 당겨지면 기폭장치에 의해 소량의 '기폭재가 점화(금융자유화 및 금리인하)'되고, 뒤이어 우라늄 상호간의 충돌 및 연쇄반응(경제 주체들 간의 반응과 충돌)에 의해 '핵폭발이 발생(자산 가격의 폭등)'하는 것과 유사하다. 이처럼 사후적으로 보면 1985년 9월의 플라자 합의로 촉발된 엔화가치의 상승과 일본의 금리인하로 시작된 급격한 '자산가격의 폭등'은 어떻게 보면 예고된 춤판(경기과열)이었다.

한편 수많은 일본기업들이 일단 자기자본이윤율(ROE) 수치를 높이려고 단골 메뉴로 인건비 절감 등으로 자기자본이윤율(ROE)을 일시적으로 높여갔다. 즉, 일본기업 상당수는 자사주 매입을 통한 자본정책을 펴 정규직을 해고하고 비정규직을 늘리는 등 경영효율화를 꾀하고 있다. 그 덕분에 인건비는 일시적으로 감소할 수 있었을지 모르지만, 인구감소와 고령화가 두드러지고 있는 현재 그 선택이 장기적으로 옳았는지에 대해 일본경제는 자문할 때이다. 즉, 노동시장에서도 일손 부족 현상이 뚜렷해지는 상황에서 언제까지 저임금에 안주하면서 수출을 위한 생산활동을 할 수 있을지 의문이다. 실제로 현재 물가조정 후 실질임금은 아직 마이너스지만 명목임금은 꾸준히 늘고 있다. 근로자 부족이 조속히 해소될 전망이 없는 이상 조만간 인플레이션율이 순항 속도로 진정되면 실질 기준으로도 임금상승은 장기적인 관점에서 필수적이다.

다른 측면에서 생각해 보면, 2023년 일본은행이 추계한 잠재성장률을 이용해 1인당 노동생산성 상승률을 계산하면 0% 정도다. 즉, 노동분배율에 변화가 없는 경우에는 실질임금 상승률은 노동생산성 상승률과 일치할 것이며 그 수준은 0% 정도이다. 노동생산성 상승률이 높아지는 등 긍정적인 구조변화가 일어나지 않는 한 임금상승률은 물가상승률과 비슷한 수준으로 수렴할 것이며 높은 실질임금 상승률이 지속되지는 않을 것이다. 이런 점에서 해외시황, 엔화 약세의 영향을 받은 2024년 물가상승률의 일시적인 상승 효과로 설사 임금상승률이 상승하더라도 일시적이다. 즉, 높은 물가상승률을 반영하는 형태로 임금상승률이 일시적으로 상승하더라도 물가상승률을 웃돌지 않으면 실질임금 상승률(명목임금상승률−물가상승률)은 마이너스가 돼 민생은 더욱 어려워진다. 실질임금이 지속적으로 높아지지 않으면 물가와 임금이 상승적이고 지속적으로 높아지는 일은 일어나지 않을 것이다. 그리고 기업과 근로자 사이의 분배에 변화가 없을 경우 실질임금 상승률은 노동생산성 상승률과 일치하는 것이다. 따라서 노동생산성 상승률이 높아진다는 경제 잠재력 향상이 있어야 실질임금 상승률이 높아지고 물가와 임금의 선순환이 생긴다고 볼 수 있다.

그림 4-32 일본경제주체의 변화와 불황 구조

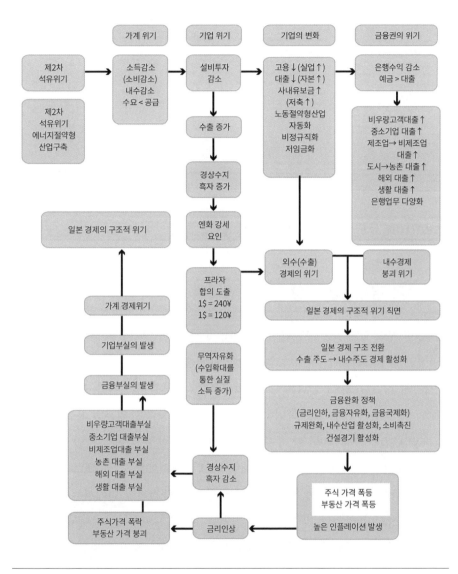

자료: 저자 작성

CHAPTER 05 중국의 경제성장과 거품경제

section 01 경제발전의 초기 단계

1. 초기 경제발전 상황

1949년 중화인민공화국이 탄생했을 때, 중국은 노동력의 90%가 농민이라는 전형적인 농업사회였다. 근대 공업은 농업이나 영세기업 속에서 나타난 작은 섬에 지나지 않았다. 근대 공업은 내전으로 막대한 피해를 입었지만, 1952년경에는 대체로 해방 전의 수준으로 복귀하였다. 그러나 그 능력은 일본의 1924~1935년경의 공업생산 능력과 비슷한 수준이었다. 중국경제에서 잊어서는 안 되는 문제는 13억에 이르는 인구와 국토의 광대함이지만, 여기에는 경제적으로 긍정적인 면과 부정적인 면을 다함께 가지고 있다는 점이다. 긍정적인 면에서는 넓은 국내시장이 보장되어 산업의 자립에 유리하다는 것이고, 부정적인 면에서는 거대한 인구는 소비를 확대하지만, 생활의 개선과 장래를 위한 투자로 자본이 확대 · 재생산되는 데에는 한계가 있다. 공업생산이든 농업생산이든 전체로서는 규모가 크지만, 1인당 규모는 상대적으로 작을 수밖에 없다. 또한 국토가 넓기 때문에 교통 · 통신 등의 인프라의 정비 및 교육의 보급을 전국에 평등하게 보급하기에는 상당한 어려움이 있고, 국민 여론을 형성하여 정치적인 통일도 쉽지 않다.

1) 경제성장의 발자취

(1) 1953~1960년

중국은 1953~57년의 제1차 5개년 계획기간에는 높은 투자율에 힘입어 20%가 넘는 급속한 경제성장을 실현하여 이후 30년간에 가장 좋은 시대였다. 이 시기에는 사회주의 경제시스템이 확립된 시기로서도 중요하다. 즉, 농업집단화와 사적 상공업의 사회주의 개조가 실현되어, 구소련을 모델로 하여 중앙집권적 제도가 확립되었다. 1958~1960년의 대약진 시기에는 좌경화의 전형이라고도 말할 수 있는 시기였다. 정치적인 성향이 강화되는 가운데 사람들은 공산주의 사회가 지금 실현된다고 믿고, 15년 안에 영국을 추월하는 것을 목표로 잡았다. 농업에서는 인해전술로 항만설비를 건설하고, 인민공사가 급속하게 조직되었다. 결과적으로 대약진 운동[1]은 세계의 주목을 받았으나 그것은 비참한 결과로 끝났다. 농업은 1960년에 대흉작에 직면하여 아사자까지 발생했다. 또한 공업설비는 거의 혹사라 할 정도로 늘어나지 않았는데 원료의 취득이 생각만큼 쉽지 않았던 것이 원인이었다. 중국경제는 위기적 상황에 직면하여, 성장률은 1961년에는 −30%까지 떨어졌다. 당시 중·소 관계의 단절이라는 불운 이외에 기본적으로는 경제법칙을 무시한 대약진 운동의 결과가 경제 불황으로 되돌아왔기 때문이다.

(2) 1961~1976년

1961~65년에는 중국경제가 극적으로 우경화로 선회하는 시기였다. 기업의 경영권을 당으로부터 행정계통에 되돌리고, 그 대표자인 공장장은 자유재량권을 가지게 되었다. 정부는 농업을 중시하면서, 농가의 자유재량에 위탁하는 '자유지(自由地)'를 인정하여 자유생산을 부분적으로 인정함으로서 노동의욕을 고취하고, 더욱이 화학비료의 증설과 기계화에 의한 근대화를 도모하였다. 대외적으로 중

---

1) 등소평의 주도로 시작된 농공업의 대증산정책임. 생산력 이론에 근거해 실행했지만 농촌의 현실을 무시한 무리한 집단 농장화 및 원시적인 철강생산 노력 운동.

국의 구소련 및 일본, 그리고 서유럽과의 무역 확대에 전력하였다. 그 노력의 결과 1964~1965년에는 약 15%에 이르는 높은 경제성장률을 기록했다.

그러나 1965년 마오쩌둥(毛澤東)은 대약진운동의 실패(정책실패)를 문화대혁명으로 전환하여 정적(政敵)들을 죽이면서 중국은 재차 혼란의 시기를 맞이했다. 여기서는 다시 좌익적인 이데올로기가 중시되어 경제 활동은 소홀하게 취급되었다. 당시 문화혁명파 내부에서조차 파벌 항쟁이 시작되어 중국은 내전 상태로 변했다. 결국 1967~1968년의 경제성장률은 크게 떨어지는 결과를 초래했다. 1969년에 이르러 혼란은 겨우 수습되어 생산은 증가하기 시작했다. 1971년부터 제4차 5개년 계획에서는 중공업을 중시하는 대규모 투자계획이 실시되어, 생산재의 대량 수입이 이루어졌다. 그리고 1972년에 미국 및 일본과의 국교 회복에 의해 대량의 중공업 관련 플랜트의 설비수입이 시작되었다. 그러나 1975년 정쟁이 격화되면서 생산도 혼란에 빠졌다. 그 혼란에 종지부를 찍은 것은 1976년의 마오쩌둥의 죽음에 기인한다. 이 문화혁명은 중국경제에 알려진 것 이상의 악영향을 미쳤다.

(3) 1977년 이후

1978년 화궈펑(華國鋒)은 소위 '10개년 계획'을 발표했다. 이것은 '4대 부문의 근대화' 즉 공업, 농업, 과학 기술, 국방의 근대화가 제시되었다. 이 계획은 "금세기 중에 4대 부문의 근대화를 달성하여 중국의 국민경제를 세계 앞에 세운다"라는 극히 야심적인 것이었다. 이를 실현하기 위해서 일본 등으로부터 설비와 기술이 도입되고, 차관도 받아들여 처음으로 자원수출에 들어갔다. 이 때문에 1978년에는 투자율이 37%라는 높은 수준을 달성하였다. 그러나 이 계획은 당시로서는 실현 불가능한 무모한 계획이었다. 얼마 되지 않아 재료, 전력, 수송 등의 면에서 병목 현상(bottleneck)이 발생하여 공업생산의 효율이 떨어지고 설비 플랜트의 모든 계약이 파기되는 참상이 벌어졌다.

마침내 1978년 말 중국 공산당 제3차 전국 대표대회에서 중국 사회주의의 본질에 관련된 역사적인 결정을 내린다. 즉, 시장원리와 가격 메카니즘의 대폭적인

도입에 따른 경제활성화와 농촌에서는 인민공사의 해체와 생산책임제 도입이 취해졌다. 또한 농산물 등의 가격과 도시 노동자의 임금상승도 취해졌다. 대외개방정책도 한층 강화되어 '경제특별구'가 광동성과 복건성에 설치되고, 선진국에서 자본과 기술도입이 촉진되었다. 1984년 4월에 대련, 청도, 천진 등 14개 도시를 '개방도시'로, 또한 1985년 1월에는 장강 삼각주, 주강 삼각주, 복건의 빈난(閩南) 삼각주 지역을 '개방구'로 지정하였다. 1988년에는 하이난 섬을 광동에서 분리한 후 섬 전체를 '경제특구'로 지정했다.

이러한 개방도시와 경제특구의 설치에 따라 외국기업의 진출이 인정되어 일정부분 우대정책도 주어졌다. 이러한 개방정책에 따라 외자기업의 대중국 투자가 본격화하게 되었다. 1980년대 대중국 투자에서 중심적인 역할을 담당한 것은 홍콩기업 등의 화교계 자본이었다. 1979년부터 1990년까지의 대중국 직접투자 프로젝트는 약 3만 건, 계약금액이 400억 달러 이상이며, 그중 홍콩기업(마카오 포함)에 의한 투자는 약 2.3만 건(78.1%)에 계약금액도 250억 달러(62.1%)에 이르고 있다. 이러한 홍콩기업의 대부분은 노동집약형 중소기업이며, 그 기업은 심양이나 동관 등으로 지리적으로 가까운 광동에 본사를 두고, 섬유, 시계 및 통신 장비, 장난감과 신발·우산, 전자 부품 등의 가공생산을 하고 완제품을 홍콩을 통해 미국 등 제3국에 수출하는 이른바 '삼각무역'의 가공무역을 전개하고 있었다. 또한, 홍콩계 기업뿐만 아니라 해외기업의 위탁을 받아 가공생산을 하는 향진기업도 화남과 화동의 각성에 많이 출현하고 있었다. 그러한 가공무역은 1980년대 후반부터 급속히 성장하여 1990년까지 중국의 약 620억 달러의 수출액 중에 40% 이상을 차지하게 되었다. 1978년~1990년 사이 중국의 수출은 연평균 16.7%로 신장하고 GDP 성장률(14.2%)을 웃돌고 있었다. 이처럼 1980년대부터 1990년대 초반 중국경제의 성장은 홍콩기업 및 향진기업에 의한 가공무역에 크게 의존하고 있었던 것이다.

(4) 경제성장과 혼란

1978년 덩샤오핑(鄧小平)이 집권한 이후 '흑묘백묘론(黑猫白猫論)'에서 출발하여

'사회주의적 시장경제체제'로 완성되는 개혁·개방정책을 추진하였다. 중국의 개혁·개방정책 이후 지금까지 약 37여 년간 중국경제는 연평균 약 9%의 높은 경제성장률을 유지해 왔다. 그러나 이러한 성장의 다른 한편, 제도의 미비가 다양한 문제를 발생시키고 있었다. 즉, 통화의 초과와 국민소득의 상승에 따른 소비붐이 인플레이션을 발생시킨 것뿐만 아니라, 각 지방 정부의 고정자산 투자도 활발해지는 등 '과열'의 상황에 빠진 중국경제는 사회의 혼란까지 일으키게 되었기 때문이다. 그리고 그러한 사태는 정치적 문제로까지 발전했다. 그 현상 중 하나가 민주화를 요구하는 대학생과 시민에 기인한 1989년 '천안문 사건'이 바로 그것이다[2]. 그 혼란을 수습하기 위해 덩샤오핑을 실질적인 톱으로 한 중앙정부는 어려운 경제긴축정책을 내세워 사회질서와 시장질서의 정비에 적극적으로 임했다. 그 결과 혼란은 수습되어 사회적으로 안정화되었지만 '과열' 경제가 일거에 급격한 '냉각' 상태로 전락하고 말았다. 1988년 11%를 넘었던 경제성장률은 1989년에는 4.1%, 1990년에는 3.8%까지 하락하고 중국경제는 크게 침체하게 되었다.

개혁·개방 이후 중앙정부에서 세력이 강했던 개혁파는 천안문 사건의 영향으로 1980년대 후반의 인플레이션과 경제의 과열, 개인 및 지역간 격차의 확대라는 지나친 개혁을 문제 삼고 있었던 보수파의 강한 반발에 대항하지 못하고, 점차 세력을 잃기 시작하고 개혁·개방정책의 실현이 불가능할 것처럼 생각되었다. 그러한 정치정세 아래에서 공개적으로 은퇴했던 덩샤오핑이 1992년 1월 광동시찰에서 '남순강화(南巡講話)'를 공표하여, 개혁·개방정책을 더욱 확대 및 촉구하였다. 당시 여전히 덩샤오핑의 영향력이 컸던 것도 있고 해서, 중국은 다시 개혁·개방 노선으로 회귀하고 중앙정부는 대외 개방지역과 시장의 양면에서 신속하게 새로운 정책을 내놓았다.

또한 1988년 이후의 긴축정책을 통해 침체된 경제를 고민하고 있었던 지방 정부도 남순강화를 받아들여 곧바로 개발구건설을 시작하여 외자기업의 유치에 힘

----

2) 개혁·개방에 의한 민주화와 물가 폭등의 공통이 결합된 것이 원인.

을 쏟게 되었다. 이렇게 중앙정부의 정책 장려와 지방 정부의 인프라 정비에 의해 외자기업이 본격적으로 중국에서 생산거점을 마련하게 되면서 중국은 '세계의 공장'을 향해 본격적으로 움직이기 시작한 것이다. 이런 가운데 외자기업의 대중국 투자는 한꺼번에 빠르게 성장하였다. 1992년에만 대중국 투자는 지난 13년간의 총 건수에 상당하는 약 49,000건으로 계약금액도 581억 달러를 기록하여, 중국은 외자를 받아들이는 최대의 개발도상국이 되었다. 또한 1993년에는 외국인 투자 붐이 한층 뜨거워져 연간 계약건수는 약 83,000건, 계약금액은 1,100억 달러로 엄청난 정도로 급증하였다.

표 5-1 산업구조 추이 (단위: %)

년차	국민수입			노동력		
	농업	공업	운수업	농업	공업	운수업
1952	57.7	23.1	19.2	83.5	7.4	9.1
1955	52.9	26.5	20.6	83.3	8.6	8.1
1960	27.2	52.8	20.0	65.8	15.9	18.4
1965	46.2	40.2	13.6	81.6	8.4	10.0
1970	40.4	45.1	14.5	80.8	10.2	9.0
1975	37.8	50.5	11.7	77.2	13.5	9.3
1980	36.0	53.9	10.1	68.9	18.3	12.8
1985	35.4	50.8	13.8	62.5	20.9	16.6
1988	32.4	52.8	14.8	59.5	22.6	17.9

자료: 南 亮進(1990)『中国経済論』東洋経済新報社, p.15.

한편 경제성장은 산업구조의 변화를 동반한다. 산업구조 면에서 보면, 1인당 소득의 증가에 따라 사람들의 소비구조가 변하고 그 결과 산업구조는 농업으로부터 공업으로, 그리고 서비스산업으로 이동하여 그 변화에 따라 노동력의 산업간 분배도 변화한다. [표 5−1]에서 보면 해방 직후 중국에서는 농업이 압도적으로 큰 산업부문이었다. 1952년의 경우 농림수산업은 국민수입에 의하면 58%, 노동력 인구로 보면 84%를 차지하고 있다. 그러나 그 후 경제성장에 의해 그 비율은 낮아졌다. 1988년에는 농림수산업의 비율이 32%, 노동력 인구의 비율이 60%로 변했다. 그 반면에 서비스산업(운수업, 상업, 서비스업 등)의 상승 경향은 노동력에서만 나타난다. 이 시기에는 서비스산업의 단계에 아직 진입하지 못했다.

section 02　중국의 시장개방과 경제성장

1. 세계의 공장 중국

1) 실질 GDP 성장률 추이

중국의 실질 GDP 성장률을 보면, 중국은 1980년부터 2005년까지 25년간 평균 약 10%의 높은 경제성장을 거듭했으며, 위안화로 계산한 중국의 GDP는 같은 기간 약 50배나 증가했다. 또한 같은 기간의 1인당 GDP도 381위안에서 1만 3,985위안으로 약 37배나 증가해 중국 연안도시 중에는 소득이 이미 선진국 수준에 이른 곳도 있다. 특히 1990년~2007년까지는 1998년 아시아 금융위기 때를 제외하고 약 17년간 장기간에 걸친 고성장을 기록한 것이 특징이다. 그리고 2008년의 글로벌 금융위기를 계기로 중국경제는 10%대의 고도경제성장을 마무리하고 마침내 장기 경기하락 국면에 돌입하였다. 즉, 중국경제는 마침내 30년간에 걸친 장기 고도경제성장에 종언을 고하는 시점이었다.

그림 5-1 중국의 실질 GDP 성장률

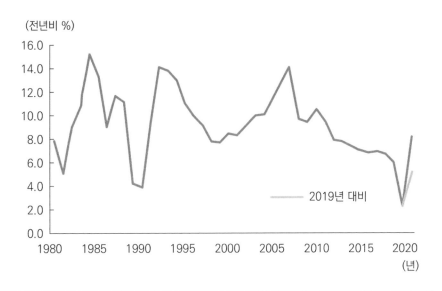

(전년비 %)

2019년 대비

(년)

자료: Bloomberg, SFGI에서 인용.

특히 2019년 코로나19 발생 이후 중국의 경제성장률은 급락하여 과거의 성장 저점을 밑돌았다. 2020년부터 미국을 비롯한 세계 각국이 코로나19로 인해 경제적 충격에서 벗어나기 위해 재정·금융확대 정책을 실시한 결과, 2021년 중국의 실질 GDP 성장률은 전년 대비 8.1%로 높은 성장률을 보였다. 그러나 성장률의 회복 분위기와는 달리 실제 경기상태는 감속 기조에 있다. 2020년에는 2.2%라는 기록적인 저성장을 기록했기 때문에 2021년 고성장은 경기 반동의 증가 측면이 강하다. 2019년 대비 2021년 GDP 성장률(연평균)은 5.1%로 잠재성장률과 비슷한 수준에 그친 것으로 보인다. 또한 2021년 후반 GDP 성장률은 2021년 전반과 비교해 둔화감이 다소 강해지고 있다.

그림 5-2 주택총가격 대비 세대소득의 배율 추이

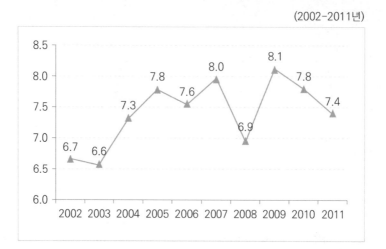

(2002-2011년)

주1: 주택총가격 대비 세대소득의 배율＝(주택단가×주택면적)/(인당 소득×세대인수)
주2: 상하이 역거방지산연구원의 보고서가 정리한(중국 전역) 평균치.
자료: 上海易居房地産硏究院「全国35大中都市住宅総価格対世帯所得比報告書」

2) 세계의 공장 중국

① 수출주도형 경제성장

중국의 경제성장 전략은 기본적으로 외국인 직접투자 중심의 대만식 경제성장 전략이다. 즉, 국내의 저렴한 노동력에 중국 진출 외국기업의 자본과 기술에 의존하면서, 외국기업 주도의 수출시장에 의존한다는 전략이다. 1980년대 이후 중국경제는 연평균 9%가 넘는 성장률이 이어졌다. 동시에 대외무역 의존도는 1980년대 초에 약 15%에서 2004년 약 70%에 이르기까지 급격히 상승했다. 그러나 2010년 이후 중국의 경제성장률이 10%를 밑돌았고 무역의존도도 점차 낮아져 2022년에는 33.3%까지 떨어지고 있다.

그림 5-3 한국, 중국, 일본의 GDP 대비 직접투자 유입액 추이 (단위: %)

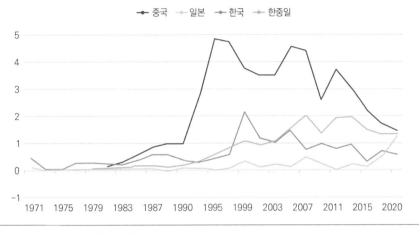

자료: 일본 CEIC 자료에서 인용.

특히 외국인 직접투자 상황을 살펴보면, 1986년 외국투자장려규정 제정과 외자기업법 공포 및 연해개발전략 전개 등으로 외국의 대중 직접투자는 다시 가속화되어 1988년부터 1989년까지의 제2차 붐이 되었다. 그러나 1989년 천안문 사태를 계기로 대중국 직접투자는 둔화됐다. 1990년부터 대중투자는 회복궤도에 오르기 시작해 계약건수와 금액 모두 큰 폭으로 증가했다. 특히 1992년 덩샤오핑의 남순강화를 계기로 중국이 개혁·개방과 경제발전을 가속화하였다. 이에 따라 중국시장의 확대와 개방, 중국시장의 성장성에 대한 평가가 높아지고, 나아가 1993년부터 일본의 엔고 진행 등도 더해져 대중 투자는 더욱 급증했다. 그러나 1994년부터 부동산 투자 등 규제강화, 우대조치 취소, 세제 변경 등 외자도입을 둘러싼 제도들의 개편으로 대중국 직접투자는 감소세를 보였다. 2001년에 중국이 WTO에 가입한 이후 중국의 외국 자본시장 환경이 끊임없이 개선 및 법률제도의 건전화가 추진되어 외국의 대중 직접투자는 양·질 모두 눈부시게 향상되어 제4의 붐을 맞이해 왔다. 중국에 진출한 대부분의 해외기업들은 주로 제조업 중심의 생산 활동이었고, 또한 그 대부분의 생산이 본국 또는 제3국 수출이었다.

표 5-2 중국의 대외무역 추이

년	수출	수입	가공무역의 비율		외자계기업의 비율	
			수출	수입	수출	수입
1990	620.9	533.5	40.9%	35.2%	12.6%	23.1%
1995	1,487.8	1,320.8	49.5%	44.2%	31.5%	47.7%
2000	2,492	2,250.9	55.2%	41.1%	47.9%	52.1%
2005	7,619.5	6,599.6	54.7%	41.5%	58.3%	58.7%

자료: 중국 국가통계국 『중국통계연감』 각 연도.

이처럼 중국은 1990년대 말까지 저렴하고 풍부한 노동력을 무기로 대량의 제조업 중심의 외자기업을 유치함으로써 공업화를 추진하는 동시에 글로벌 사회에서 산업 재편의 발판을 굳히고 있었다. 대형 가전제품 분야에서는 1999년 중국의 생산점유율은 이미 세계 1위였다. UNCTAD가 발표 한 '2004년 세계 투자보고'에 따르면, 2003년 중국은 처음으로 미국을 넘어 세계 최대의 외국인 직접투자의 호스트 국가가 되었다고 언급했다. 신규 투자의 지속적인 성장에 따라 외자기업 수도 2000년에 비해 2007년에는 40% 증가되었다. 즉, 제조업을 중심으로한 외자기업의 진출에 따라 중국의 국제무역도 크게 확대되어 2000년대 중국경제성장의 견인차가 되었다.

그림 5-4 중국의 수출성장률 추이 (단위: %)

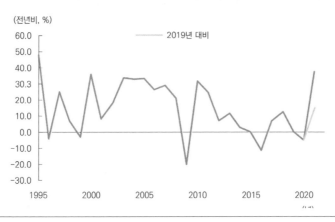

(전년비, %)

자료: Bloomberg, SFGI에서 인용. 원자료: 중국국가통계국 자료.

   앞에서도 언급했듯이, 2002년 이후 중국의 수출입은 연평균 약 20% 성장하여 수출입 성장률은 세계 1위를 차지하고 있다. 또한 1990년대에 전체 수출에서 차지하는 비중이 20%에 지나지 않았던 기계제품이 50% 이상으로 대폭 증가했다. 그 다음으로, 섬유·의류, 신발, 가구, 장난감 등이 중요한 수출제품이었다. 무엇보다도 2000년~2009년의 수출액 분석에서 알 수 있듯이, 홍콩기업을 포함한 외자기업이 항상 50% 이상을 차지하며 외자기업 수출의 대부분이 여전히 가공무역이었다. 또한 2000년대 중반 이후 중국 수출의 급증이 이러한 외자기업의 수출 급증에 의해 지탱해 온 것은 분명하다. 특히 IT 관련의 전기관련 산업에서 그 경향은 뚜렷하여 글로벌 가전시장에서 세탁기와 냉장고의 절반, 에어컨의 약 80%가 중국에서 생산되고 있다. 한편 대만기업들이 생산거점을 중국으로 이동한 데 따른 것이 크지만, 세계 반도체 시장의 중국 점유율도 2000년의 7%에서 2013년에는 약 26%로 상승하였다. 이 처럼 '세계의 공장'이 된 중국은 임금이 크게 오른 지금도 '세계의 공장' 지위에 머물러 있다.

   이처럼 해외기업의 중국 진출에 힘입어 자본과 기술, 그리고 해외시장을 확보한 중국경제는 해외기업을 통한 급속한 수출 확대를 꾀할 수 있었다. 그 결과 중국의 고용 및 소득 증가가 나타나면서 마침내 저조했던 내수시장이 그 힘을 발휘하기에 이르렀다. 게다가 2002년에는 2010년 세계 박람회의 개최지가 상하이로 결정됨으로써 중국은 선진국의 일원이 되는 조건을 거의 갖춘 것이다. 또한 중국은 2008년 베이징 하계올림픽의 개최 결정, 상하이에서 APEC 비공식 정상회의 개최, WTO 가입 승인 등 중국은 국제사회에서 존재감을 어필 할 수 있는 좋은 기회를 얻었다.

시장의 측면에서 중국의 무역상대국을 지역별로 살펴보면, 이들은 북미, EU, 아시아 지역에 집중되어 있다. 이 중에 북미 및 EU와의 무역은 흑자를, 아시아국과의 무역은 적자를 기록하고 있다. 이는 중국이 가공무역의 결과, 이미 세계경제에서 고용분배 사슬의 튼튼한 고리가 되었음을 시사한다. 이 과정에서 수십 년간 중국경제의 주축을 이루던 국영기업 대신, 해안 지역에 밀집해 있는 민영기업, 외국자본 기업이 중국경제의 중추 역할을 담당하게 되었다. 중국경제의 해외무역의존도(GNP에서 해외무역이 차지하는 비율)는 2003년에 60%까지 상승, 세계 평균치인 50%를 웃도는 수준에 이르렀다. 그러나 2022년, 중국경제의 저성장 추세에 따라 무역의존도도 33.3%까지 떨어진 상태이다.

한편 해외직접투자 형태로 유입된 해외자본은 중국 국내의 자본형성, 기술이전, 경제구조 변화, 경제성장 전반에 걸쳐 중요한 역할을 담당하였다. 1978년을 시작으로 2005년까지 해외자본에 의한 창업은 1조 1166억 6천만 달러의 계약금이 유입되었고, 이 중 5천 7백억 달러가 실제로 사용되었다. 총 5천 5백억 달러에 달하는 이들 해외 직접투자액의 중국 GNP의 성장기여도는 40%를 웃도는 수준이다. 해외자본 기업은 중국의 총부가가치생산의 30%를 차지하고, 해외무역의 57%를, 그리고 조세수입의 20%와 고용의 10%를 차지한다. 이렇듯 중국의 해외자본 유입이 활발한 것은 튼실한 국내 제조업 기반, 비교적 높은 수준의 기술력, 기반시설의 정비, 엄청난 규모의 국내시장, 상대적으로 저가의 고급인력 등이 그 원인이라 할 수 있다. 또한 중국 정부가 제조업 분야에 적극적인 지원정책을 사용함으로써 이 분야의 성장에 기반 추진력을 제공하는 한편, 투자자에게는 이윤 창출의 기대를 심어주고 있는 것도 한 원인이 되고 있다. 이러한 이유로 해외자본의 70~80%는 제조업 분야에 집중되고 있는 실정이다.

이 처럼 국내외적으로 조성된 양호한 경제 환경은 중국경제에 거대한 신규 투자를 유발하는 동시에 기간산업 및 건설산업의 활성화로 이어졌다. 신규 사업들을 투자하고 유지·발전시키기 위해서는 필연적으로 거대한 재정 및 금융지원은 필수적이다. 해외기업들의 자금유입과 더불어 중국 정부 및 기업의 대량 투자는 중국 내의 소득 증가와 더불어 내수시장의 활성화로 이어졌고 이는 향후 '세계의 시장 역할'로써 다시금 해외기업들을 불러 모을 수 있는 동력을 제공함으로써 재차 외국인 직접투자의 급등세를 초래하는 계기가 되기도 했다.

② 투자주도형 성장

중국은 오랜 세월 두 자릿수대의 고성장을 유지해 왔지만, 그것을 지탱한 것은 높은 투자의 성장이었다. GDP에서 차지하는 투자(총고정자본 형성)의 점유율은 2010년 시점에서 47.3%로 절반 가까이를 차지하고 있으며([그림 5-5]), 일본을 포함한 다른 아시아 국가·지역이 과거 경험한 고성장기와 비교해도 상당히 높은 수준이다. 이처럼 총자본형성 기여율이 가장 클 경우를 투자주도성장이라고 부르기로 한다.

다시 말해서, 2000년 들어 고용 및 소득의 증가와 함께 소비증가 및 저축이 급증하는 현상이 나타나기 시작했다. 문제는 중국경제도 항시적으로 소비보다는 저축이 많은, 즉 저축초과 상태가 장기간 유지된다는 점이고, 더욱 문제가 되는 것은 저축초과가 일본보다도 더욱 심해지면서 설비투자는 장기적으로 급속하게 하락한다는 점이다. 특히 2008년 전까지는 소득증가에 힘입어 민간소비와 저축이 다 함께 증가하는 가운데 투자가 증가했다. 그러나 2010년부터는 민간소비와 투자가 감소하는 가운데 저축이 급증하는 전형적인 불황형 거시경제구조를 보이고 있었다. 즉, 2010년 이후 중국경제는 성장률과 더불어 GDP 대비 투자율이 47%를 정점으로 서서히 하락하여, 2023년에는 43% 전후의 저조한 흐름을 보이고 있기 때문이다. 마찬가지로 저축률은 투자율을 초과한 상태로 2010년을 정점으로 하락하여 2023년에는 43%에 이른다.

그림 5-5　중국의 저축율과 투자율 추이

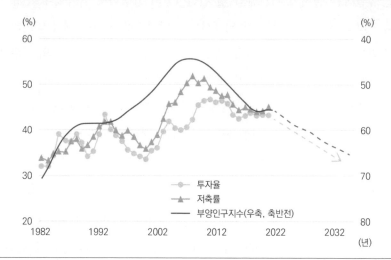

주: 투자율·저축률은 각각 총자본형성, 국내총저축(GDP － 최종소비)의 GDP비율, 종속인구지수는
　　생산연령인구(15~59세)에 대한 비생산연령인구의 비율(2022년 이후는 국제연합의 저위 추계
　　에 기초함.
자료: 일본「ニッセイ基礎研究所」2023년 자료에서 인용.

그림 5-6　GDP 성장에 대한 기여도 추이

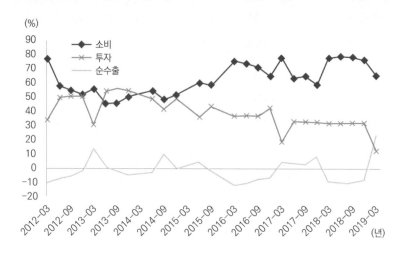

주: 수요항목별 기여도의 합계가 실질 GDP 성장률과 같지 않을 경우도 있음.
자료: CEIC, 중국국가통계국에 의한 자료에 의해 작성.

한편 중국경제가 직면한 다른 과제는 21세기 들어 투하자원 의존체질이란 점이다. 2000~2015년(16년간) GDP 성장에 대한 기여율을 보면, 자본형성은 투자가 소비를 상회하고 있다([그림 5-6]). 2001년을 예로 들면, 자본형성에 의한 GDP 성장기여율이 64%로, 만일 이 해에 GDP가 10% 증가했다고 하면, 그 중 자본형성에 의한 부분이 6.4%라고 하는 것이다. 해에 따라 순수출이 마이너스를 기록하고 있지만, 중국의 수출이 둔화되자 투자를 강화하여 자본형성을 늘려 경기둔화를 억제하려는 노력을 해왔음을 잘 알 수 있다. 그 두드러진 사례가 2008년 미국의 리먼 쇼크로, 이 해에도 중국은 어느 정도의 경제성장을 이루어 세계경제를 지탱하는 역할을 담당했다. 그것은 오로지 국내 투자를 대폭 늘린 결과다. 이처럼 21세기 들어 투자의존 경제를 소비와 투자, 또는 수출입의 균형 잡힌 성장으로 수정하는 것이 현재 중국경제의 정책 과제이다. 최근 이 과제는 상당히 개선되어 왔다. 그런데 그동안 무리한 투자 확대를 이어온 중국경제의 상처는 크다. 실제로 중국 도시들을 보면 과도한 건설투자 흔적이 곳곳에서 드러난다. 이처럼 투자감소는 고용 및 소득감소로 나타나 2023년에는 경제성장률조차 5%전후로 예측할 정도이다. 따라서 2010년을 전후하여 중국경제는 「투자주도형 경제」에서 「소비주도형 경제」로의 전환을 받아들일 수밖에 없는 경제 환경에 노출되어 있었다.

③ 소비주도형 경제

2005년 이후, 중국 정부는 종래의 수출·투자주도형 성장 모델을 전환해, 소비주도형 성장 모델을 목표로 전환하게 되었다. 이를 위해 위안화 절상, 임금 인상, 수출우대 세제의 대폭 삭감이라는 정책을 중심으로 수출 억제, 내수확대 및 촉진을 도모했다. 게다가 2008년 이후에는 세계 금융위기에 의한 선진국 경제의 급속한 정체를 배경으로 중국의 수출이 급락해, 그 영향으로 수출의존도가 높은 동부 연해 지역의 경제성장률이 크게 하락했다. 거기에 더해, 중국 정부가 2008년 11월 세계 금융위기에 대한 대응책으로서 실시한 4조 위안의 경기부양책과 초금융완화 정책의 영향에 따라 중국 내륙을 중심으로 인프라 정비계획이 단번에 가속화되었다. 그 결과, 토목 및 건설경기의 활성화로 내륙 지역의 소득증가와 더불어 내수확대가 가속화되었다. 종래, 수출·투자주도형의 중국경제를 리드하고 있던 동부 연해 지역의 성장률이 내륙 지역을 웃돌고 있었지만, 2008년 이후는 반대로 내륙 지역의 성장률이 동부 연해 지역을 웃돌기 시작했다. 이로써 중국경제의 소비영역은 연해 지역에서 내륙 지역으로 확대되면서, 소비증가에 의한 성장세가 전국으로 확대·유지되었다. 이러한 경제 환경을 배경으로 당초 상정했던 것보다 빠른 속도로, 단번에 소비주도형 성장 모델로의 전환이 진행되었다.

한편 소비주도형 성장 모델이란 GDP를 최종소비, 총자본형성, 순수출로 분해했을 때, 최종소비의 성장에 대한 기여율이 총자본형성과 순수출보다 클 경우 소비주도성장이라고 부르는 것이 자연스러울 것이다. 중국의 소비규모는 최근 크게 확대되어 2013년에는 미국에 이어 세계 2위가 되었으며, 2018년 GDP 성장률 기여도는 70%를 넘었다. 미·중 무역마찰의 장기화 속에서 중국의 소비심리가 정체되고 소매매출액의 증가세도 둔화되고 있지만, 그래도 전년 대비 9% 안팎으로 여전히 높은 수준을 보이고 있다.

중국의 경제성장을 돌아보면, 2002년부터 2012년까지는 투자주도의 성장이었다. 2002년부터 소비확대가 둔화되는 가운데, 경기의 저점을 회피할 목적으로 중국 당국의 투자억제 기조가 완화되었기 때문에 제조업의 설비투자나 인프라 투자가 확대되어 투자주도의 성장을 이루었다. 특히 2009년에는 4조위안의 경기대책에 따라 투자기여율은 87.6%까지 상승했다([그림 5-6]). 그 후 금융긴축정책에 따라, 투자기여율은 2011년 47.7%, 2019년 12.2%로 떨어졌다. 한편 2018년 소비기여율은 각각 72%에서 2019년 60%로 크게 하락했지만, 중국의 소비기여율은 투자를 앞질렀다. 반면 순수출 기여도는 미·중 무역마찰 등을 배경으로 마이너스로 나타냈다. 주의할 점은 2017년 중국의 GDP 대비 개인소비는 39.1%를 기록한 반면에 투자율은 44.4%로 경제성장에 대한 중국의 투자비율은 여전히 크다는 점이다. 같은 기간 미국(68.4%), 영국(65.5%), 일본(55.5%), 프랑스(54.1%), EU 평균(54.1%), 독일(52.9%), 한국(48.1%)을 밑돌아, 여전히 미국의 68.4%를 밑돌았다. 다시 말해서, 2011년~2019년까지 중국경제의 성장 모델은 기본적으로 소비주도였다.

소비가 경제성장을 주도하는 움직임은 미국을 비롯한 세계에서는 적지 않지만 투자주도 성장이 오래 지속된 중국에서는 새롭고 중요한 현상이다. 이처럼 중국의 성장 모델도 조금씩 변화를 시작하고 있다. 소득수준의 향상에 의해 중국에서는 이제 인구의 40% 이상이 중산층·고소득자층으로 자리매김하고 있어 소비행동에 있어서도 질이나 안전성을 중시하는 경향이 강해지고 있다. 게다가 소비주도형 경제로의 전환을 목표로 하는 중국 정부는, 높은 소비확대와 고도화를 추진할 수 있도록 다양한 대책을 실시하고 있다. 서비스업에 대한 규제완화나 신흥산업의 육성 강화, 재정지원 외에 최종소비지출의 10%를 차지하는 정보소비의 확대를 향한 시책 등이 나오고 있다. 그러나 최근 외부 환경의 악화로 중국에서 소비확대의 흐름이 꺾이는 것을 우려하는 목소리도 있다.

한편 중국은 면적이나 인구뿐 아니라, 경제규모 면에서도 대국이면서도 높은 대외무역 의존도는 다른 한편으로 경제에 취약성을 초래할 위험이 있는 내수부족으로 나타난다. 내수부족의 원인으로 9억 명이 거주하는 농촌의 낮은 구매력이 문제시되고 있다. 또한 중국의 높은 GDP 성장률에 따라 도시 주민의 소득수준도 높아졌다. 하지만 현실은 중국에서 저축이 크고 그만큼 소비가 작다. 저축 증가율이 GDP 성장률(명목기준)을 훨씬 웃돌고 있음은 이미 지적했다. 각종 조사에 따르면, 도시민 저축의 목적은 자녀교육비, 주택구입, 노후생활보장 등으로 나타났다. 각종 민생문제(교육 의료 주택 등)가 가계에 부담을 주고 있다. 그중 주택구입에 해당하는 지출이 가장 큰 부담이다. 중국경제에서 필수 물건인 주택이 안정적이고 합리적인 가격으로 공급되지 않는 한, 다른 수요를 감소시키는 효과를 갖는다. 만일 주택, 사회보장, 교육 등의 체제가 갖추어지지 않고, 중국의 경제성장이 일반 민간소비의 증가(내수)에 의해 뒷받침되지 않는다면 지속성이 부족할 것이다.

중국은 1989년 천안문 민주화 운동을 탄압하면서 받은 국제제재로 1990년 3.9% 성장한 뒤, 1990년대와 2000년대를 거치면서 7~14%의 고속 성장을 이루었다. 2010년대 들어 성장률은 이전보다 낮아졌지만 여전히 6~9%의 성장세를 유지했다. 그러나 최근의 상황을 보면, 2022년 중국의 국내총생산(GDP)은 전년

보다 3.0% 성장해 2022년 초 중국 정부가 밝힌 목표(5.5% 안팎)의 절반 수준에 그쳤다. 중국경제는 코로나19 대유행 첫해인 2020년에는 2.2% 성장했고, 이듬해인 2021년에는 전년도 저성장 기저효과가 반영되면서 8.4%로 반등했다. 2022년의 경제성장률 3.0%는 사회적 대혼란기였던 '문화대혁명'이 끝난 1976년 이후 코로나19의 직접적 영향을 받은 2020년에 이어 두 번째로 낮은 것이다.

이는 2000년대 들어 세계의 공장으로 불리며 세계 경제성장을 이끄는 견인차 역할을 해온 중국경제가 이제 세계 평균과 거의 같은 위치에 서게 됐음을 의미한다. 중국경제가 부진해진 결정적 요인은 '제로 코로나' 정책이다. 제로 코로나 정책은 2020~2021년에는 중국경제를 떠받치는 역할을 했지만 2022년에는 큰 악재로 작용했다. 특히 2022년에 최대 경제도시인 상하이 등과 같은 대도시가 전면 봉쇄되면서 주민소득이 떨어지고 소비가 위축되는 현상이 이어졌다. 중국 정부는 강력한 경제부양 의지를 밝히고 있다. 실제 물가와 금리 상황에 여유가 있어 통화정책을 쓸 여지가 있는 상황이다. 하지만 민간의 소비욕구가 돌아오느냐도 관건이다. 2022년 중국 가계의 은행예금은 18조 위안(약 3290조 원: 2023년 환율) 증가했다. 코로나19와 경제 전망에 대한 불안으로 사람들이 소비를 미룬 결과다.

2. 중국시장의 국제화

중국경제의 성장은 수출이 크게 기여하고 있는 것은 분명하지만, 2000년 이후 실질 GDP에 대한 수출기여도는 감소 추세에 있었다. 즉, 2000년 들어 본격적으로 중국의 급속한 성장을 뒷받침한 것은 수출 증대보다 대내투자와 소비시장의 확대가 크다고 할 수 있다. 그 배경에는 베이징 올림픽과 상하이 엑스포의 개최가 결정됨에 따라, 베이징과 상하이에서 회의장·시설의 건설 러시가 시작되어, 관련 도시도 이러한 이벤트에 입장하는 외국인 관광객을 겨냥해 공항이나 도로 등의 인프라 건설 및 도시경관 정비도 급속히 진행되었다. 또한 2001년에 공표된 '제10차 5개년 계획' 중에서도 고속철도, 고속도로, 싼샤댐 등 많은 국가수준의 건설 프로젝트가 발표되었다. 이러한 인프라 투자는 2000년을 통해 GDP의 40%를 넘어 건설뿐만 아니라, 관련 철강, 시멘트내지 산업부문 전체의 급성장을 가져와 중국의 경제성장의 큰 견인력이 되었다.

그림 5-7　제2차 산업부문별 실질 GDP 성장률 (단위: %)

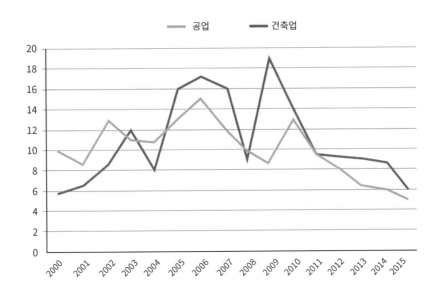

자료: 한국무역협회, 2016년 4월과 2018년 1월의 자료.

　또한 이즈음에 베이징 올림픽과 관련하여 각종 인프라 건설 붐이 고용 및 소득 증가를 유발하면서 연해 지역에서는 내구재의 소비 붐이 시작되었고, 그 중심에 있던 것이 '마이카와 마이홈'의 붐이었다. 중국에서는 1998년 주택상품화 개혁에 의해 도시주민에 대한 거주 부동산의 불하가 시작되었다. 주택제도의 개혁으로 기존 기업의 복지로서 주택이 분배되어 상품으로 판매되고, 기업에서도 주택수당을 직원들에게 지급하기로 했다. 그 후 부동산업은 '주력 산업'으로서 경제성장의 견인차 역할을 담당하게 되었다. 이러한 '주택상품화'에 의해서 중국의 부동산 시장이 형성되게 되었다. 1980년~1990년의 제2차 베이비 붐 세대가 2000년대 들어 결혼 연령이 되면서 주택수요가 갑자기 높아진 것이다.

　한편 도시화가 진행되는 가운데 도시로 떠났던 농촌주민들에 의해 새로운 주택수요의 출현과 함께 일부 부유층이 더 넓고 살기 좋은 주택을 구하게 됨에 따라 부동산 붐이 일거에 퍼졌다. 2000년대 중반 이후 부동산은 주거용에서 투자용으로 전환되어 부동산 가격이 크게 상승했다. 따라서 부동산 가격이 상승하고 2000년대 중반까지 부동산 가격은 2~3배가 되었다. 2000년 당시 중국의 부동산 판매 총액은 GDP의 불과 4.5%를 차지하는 약 4,500억 위안에 불과했으나, 2012년에는 약 10배인 4조 3,000억 위안으로 중국 GDP의 10.7%에 해당하는 규모가 되었다. 부동산 가격의 급속한 상승에 자극받은 부동산 개발자는 적극적으로 새로운 프로젝트를 시작해 부동산 건설 붐의 지속적 확대를 이끌어 왔다. 이러한 부동산 붐은 건설업뿐만 아니라, 그와 관련된 철강, 시멘트, 건축 자재 등의 중화학공업과 가전, 인테리어, 방직, 인테리어 등 산업분야의 성장도 촉구했다. 이렇게 부동산 붐은 중국경제의 거품 요소로써 누적·확산되었고, 다른 한편으로는 많은 관련 산업의 경기 호황을 가져와 중국의 경제성장을 지원하는 요인이 되어 왔다.

　여기에 더하여 부동산 붐과 시기를 같이하여 모터 리제이션의 물결이 중국에도 찾아왔다. WTO 가입조건인 자동차에 대한 보호·규제철폐 및 관세 절감의 실시에 따라 13억 명이 넘는 큰 시장을 겨냥해 많은 주요 글로벌 자동차 업체들이 생산거점을 중국으로 옮겨와 사업 확대를 본격화하고 있었다. 부동산 붐에 의해 도시 규모가 확대되는 가운데 기존의 자전거나 대중교통으로 통근 및 통학하기가 어렵기 때문에 새로운 교통수단으로 승용차에 대한 수요가 연해 도시지역으로 확대했다. 동시에 중국의 자동차 생산량의 증가에 의해 가격하락과 연해 주민의 소득증가와 함께 중국의 자동차시장이 2003년에만 30% 이상 증가했다. 2004년 중국 정부는 '자동차 산업발전 정책'에 따라 "2010년 주요 자동차 생산국이 될 것"이라는 목표 실현을 위해 업계 재편을 촉진하고, 외자계 자동차의 도입이 인정되었다. 특히 WTO 규정에 따라 수입자동차의 할당제도의 철폐와 관세인하에 따라 수입차 시장의 신장률이 시장 전체의 신장률을 상회하게 되었다. 이렇게 중국은 '세계의 공장'으로 위상을 확고히 해온 한편으로 '세계 최대의 시장'으로 입지를 다져가기 시작한 것이다.

이러한 국내외 시장의 절절한 접근에 따라, 중국은 2001년 세계무역기구(WTO)에 가입한 후 수출과 내수증가에 힘입어 경제성장률이 8%에서 12.5%대까지 급증하는 고도경제성장을 달성했다([그림 5-1] 참조). 이에 따라 중국의 명목 GDP 규모는 1978년 3,635억 위안에서 2022년에 114조 3670억 위안(약 2경 1442조 원)으로 114배 커졌고, 1978년 세계 10위에 그쳤던 중국이 2010년에는 일본을 넘어서 미국과 함께 G2가 되었다. 중국의 교역규모도 1978년 206억 달러에서 2021년 6조 500억 달러(약 7,997조 원)로 늘었다. 중국의 외환보유액은 1978년 1억 6,700만 달러에서 2023년 10월 말 3조 1,012억 달러로, 현재 세계 최대의 외환보유를 차지하고 있다. 한편 중국의 1인당 GDP는 2020년 기준으로 12,732달러를 초과하고 있지만, 그것은 어디까지나 전국 평균이며, 연해 지역의 1인당 GDP는 전국 평균과 비교가 되지 않을 정도로 높은 수준으로 2019년 상하이는 이미 22,799달러이며, 베이징은 23,805달러에 달하고 있어, 이미 선진국 수준에 도달해 있다.

3. 금융완화정책과 물가

중국에서는 1980년대 중반 이후, 금융 움직임이 단계적으로 활발해졌다. 1984년 공산당 대회에서 국유계획경제 중심의 도시지역에서도 경제개혁 개방정책을 본격 도입하기로 결정되자 은행을 중심으로 금융의 역할이 확산되기 시작했다. 은행은, 중국 인민은행(중앙은행)의 지도하에 개인 및 기업의 잉여자금을 예금으로서 모아, 그것을 인프라 건설투자나 국유기업의 설비투자에 융통해 경제활동 확충에 공헌했다. 1990년대 후반 이후에는 정책적 유도로 국유부문 대출에 더해 민영기업 대출과 가계의 주택담보대출도 점차 증가했다. 2008년 이후 시장금리는 지속적으로 하락하는 가운데 통화공급도 증가하는 추세를 보였다. 이처럼, 중국 정부의 재정확대 정책과 더불어 통화공급을 증가시켜, 시장에 풍부한 유동성을 공급하였다. 그 결과 중국은 부동산 버블에 따른 자산 폭등 및 임금상승과 같은 부작용이 발생했다. 그 정도가 얼마나 심각한지를 유통화폐와 은행예금을 주요 대상으로 측정되는 통화공급(M2) 움직임을 보면, 1990년대 중반까지만 해도 M2 잔액은 큰 변동을 겪으면서도 경제규모의 확대를 강하게 견인하는 성장세를 지속해 왔다. 2000년 이후 M2 잔액은 대체로 안정된 추이를 걷고 있었지만, 2009년에는 약간 돌출한 움직임을 나타냈다([그림 5-9]). 이는 2008년 하반기 글로벌 금융위기의 타격을 완화하기 위해 내놓은 이른바 4조 위안의 경기부양책의 영향을 받은 움직임이었다. 중앙정부의 장려로 전국 각지에서 인프라 건설, 기업의 설비갱신·확장, 주택건설 등의 움직임이 활발해졌고, 이를 위한 자금조달도 급증했다(조달된 자금은 현금 또는 은행 예금으로 금융시장에 체류하기 위해 M2잔액도 급증). 이 같은 투자는 중국에 높은 경제성장률을 가져와 사회 안정에 크게 기여했다[3].

그림 5-8   상해 인터뱅크 시장금리(1년물)

자료: 梅原直樹(2022.05), 국제통화연구소에서 인용.

- -

3) 岡嵜 久実子(2019.09.25), 「キャノングローバル戦略研究所」.

이 같은 안정적인 통화공급 및 운영에도 불구하고, 중국의 통화공급량은 인플레이션을 일으키기에 충분하고도 넘쳐났다. [그림 5-9]를 보면, 1978년 당시 GDP 대비 통화량 M2는 0.25배였던 것이, 2004~2008년 사이에 1.5배로 증가하였고, 급기야 2016년에는 GDP 대비 통화량이 2배에 이르렀다. 2012년 시진핑 정부가 들어서면서 통화긴축정책을 실행하여 통화량은 감소했지만, 국내총생산에 대한 통화공급의 증가는 억제하지 못했다. 2020년에 코로나19의 영향에 따라 억제되었던 통화공급은 중국 정부의 대규모 금융완화정책에 의해 다시금 급증하여, 기존의 금융긴축정책 기조가 흔들렸다. 이 같은 통화량의 급증은 말할 필요도 없이, 5차에 걸친 자산가격의 폭등을 불러왔고, 그리고 물가상승과 더불어 소득의 불균형을 초래했다.

그림 5-9 통화공급(M2)의 잔고 및 마샬 K의 추이

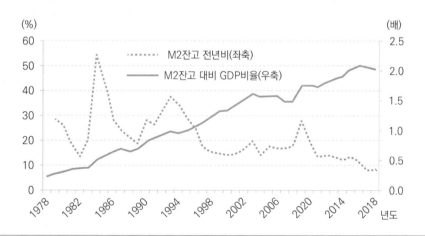

자료: 중국 금융연감 및 CEIC China Premium Database.

그림 5-10 통화공급(M2)의 전년도 차이

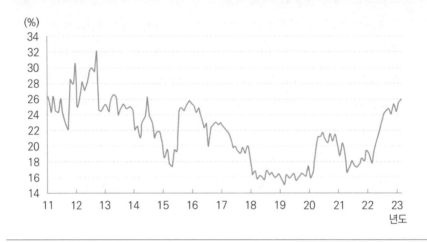

한편 많은 나라가 여전히 물가 급등에 시달리는 가운데 제2의 경제 대국인 중국에서는 반대로 물가가 지속적으로 하락하는 디플레이션의 위험에 노출되고 있다는 것은 상당히 의외다. 그것은 중국의 독자적인 요인에 의해 야기되고 있다고 생각하는 것이 자연스러울 것이다. 일본, 미국, 중국의 3개국의 소비자 물가상승률의 움직임을 비교하면, 중국의 물가상승률은 2002년 −1.0%에서 2008년까지 8.1%에 달하는 물가폭등 현상이 나타났다. 그러나 2009년에는 다시금 마이너스 떨어지면서 안정화되었지만, 글로벌 금융위기 해결을 위한 금융완화정책에 힘입어 다시금 물가가 폭등하는 반복을 연출했다. 이후 시진핑이 권력을 장악한 2012년 11월 이후 생산자물가 상승 시에도 소비자물가지수(CPI)가 장기간에 걸쳐 2% 내외의 안정세를 보이고 있었다([그림 5−11]). 그 이면에서는 기업에 가격전가 억제를 강요하고 있기 때문이다. 2022년 이후에는 중국의 물가상승률이 일본에 조차 크게 밑돌아 최하위를 기록하고 있다. 어느 국가나 그렇지만, 특히 독재적인 국가체제에서는 체제 유지를 위해 거대 인플레이션을 피해야 한다. 다시 말해, 그러한 국가는 대개 큰 인플레이션 때문에 붕괴된다. 그러나 최근 중국에서는 물가하락과 부동산 가격 하락이 동시 진행되는 더블 디플레이션 우려가 커지고 있

다. 그것은 버블 붕괴 후인 1990년대의 일본과 겹친다는 견해도 있어, 「중국의 일본화」라는 견해도 있다.

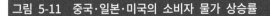

그림 5-11 중국·일본·미국의 소비자 물가 상승률

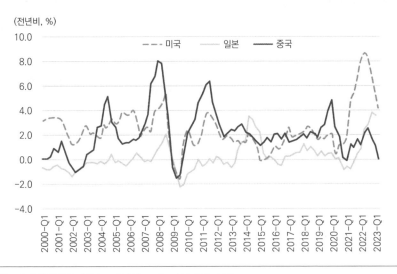

자료: 경제협력개발기구(OECD)와 MRI 자료에서 인용.

또한 중국에서 인플레이션에 의해 소득격차가 확대되고 있다. 도시지역 가구에서는 1인당 가처분소득 상위 20%와 하위 20%의 평균치 차이가 6.3배로 확인되는 1985년 이후 가장 컸다. '제로 코로나 정책'으로 실업 위험이 높아진 음식점 종업원들의 수입이 주춤한 반면, 부실채권 처리의 지연으로 생긴 금리 지급이 거액의 금융자산을 가진 부유층에게 수입을 안겨주고 있다. 한편 중국 정부가 2023년 7월 발표한 주요 70개 도시의 신축 주택가격 동향에 따르면, 전체의 54%인 38개 도시에서 주택가격은 전월 대비 하락했다. 절반이 넘는 도시에서 신축 집값이 하락한 것은 2022년 12월 이후 6개월 만이다. 중고 집값도 절반 이상 도시에서의 가격 하락이 2개월 연속 이어지고 있다.

중국경제는 지난해 말, 제로 코로나 정책의 종료로 한 차례 회복궤도에 들어섰지만 오래가지 못했다. 부동산 불황이 계속되는 가운데 개인들은 신규주택 구입에 신중하고, 그것이 부동산 시장의 하락을 장기화하고 있다. 또한 청년층을 중심으로 고용사정도 악화된 상태가 이어지고 있어, 제로 코로나 정책의 후유증은 예상보다 심각하다. 게다가 정부가 2023년 7월에 발표한 무역통계에 따르면, 수출은 전년 대비 12.4% 감소로 사전 예상을 크게 밑돌았다. 중국은 내수 둔화에다 외수 둔화의 악영향도 받고 있는 내우외환의 상황이다.

현재 중국경제가 여전히 디스인플레이션 기조에 있다는 것이 확인됨에 따라, 중앙은행(중국 인민은행)은 재작년말 이후에 경기부양을 목적으로 간헐적인 금융완화를 실시하고 있어, 2022년 이후의 통화공급의 증가는 가속의 움직임을 강화하는 등, 금융시장은 풍부한 유동성 상황에 놓여 있다고 파악된다. 이 배경에는 당국이 경기부양을 목적으로 국유은행을 통해 국유기업에 대한 대출 확대를 꾀하고 있는 것도 영향을 미친 것으로 보인다. 이런 상황에도 불구하고 디스인플레이션 기조가 지속되자 중앙은행은 2022년 8월 지준율을 0.05%p 인하 추가적인 금융완화에 나서고 있어 앞으로도 한층 더 금융완화에 나설 가능성이 높아진 것으로 판단된다.

한편 경제활동 정상화에 힘입어 조정이 계속된 부동산 시황은 대도시 지역에서 바닥을 치고 있는 반면, 지방도시에서는 하락세가 멈추지 않는 상황이 지속되는 등 도시와 지방의 격차 확대로 이어질 조짐도 보이고 있다. 이러한 문제에 대한 중국 당국의 대응도 가계 부문을 둘러싼 환경을 복잡하게 할 것으로 예상되어 하루 아침에 사태 타개를 도모하는 것은 어려운 전개가 계속될 것으로 전망된다.

1. 경제성장의 저해 요인

이처럼 중국경제가 고속성장을 할 수 있었던 배경에 대해 주로 높은 저축률과 저임금, 그리고 광활한 국내시장을 지적하고 있다. 또한 막대한 해외직접투자의 유입도 경제성장에 큰 역할을 하였다. 특히 중국은 상대적인 저비용, 그리고 높은 저축률에 따른 충분한 국내자본과 해외자본으로 재정자원이 풍부하다는 점이다. 특히 1980~1999년 사이에 중국의 평균 경제성장률인 9.7%에 대하여 해외자본이 2.7%를 기여했다.

지금까지 살펴본 바와 같이, 중국경제는 1978년 이후 40년간 확대 성장해 왔다. 하지만 경제성장에 따라 많은 문제가 표출해 온 것도 사실이다. 경제성장이 둔화기에 들어 있는 지금, 중국은 국가에 의한 투자주도의 성장 모델에서 소비 중심의 성장 모델로의 전환되고 있다. 즉, 중국에서 지속적으로 진행해온 투자주도의 높은 GDP 성장이 한계에 도달한 듯하다. 중국은 지난 40년간의 고속성장 과정에서 채택했던 불균형 발전전략으로 인해 연해 지역과 중서부 지역 간의 발전 격차가 확대되고 계층 간의 소득격차와 관료의 부패 등 사회적 불만요인도 커졌다. 다른 한편으로는 무분별한 개발로 인해 환경이 파괴되고 자원이 고갈되는 등의 문제도 나타났다. 즉, 중국의 성장은 환경, 자원, 일부 취약 계층과 지역의 희생을 통해 이루어졌다고 말할 수 있다. 이러한 내부적인 구조적 모순들이 중국경제의 지속적 발전(sustainable development)을 저해하고 있다.

현재 중국경제에서 무엇보다도 문제가 되는 것은 ① 인력개발의 문제이다. 교육 및 인력수준의 향상에도 불구하고, 학문 및 기술 분야의 전문인력은 여전히 부족한 상태이다. 이 때문에 중국은 창의적인 자체기술을 개발하지 못하고 있으며, 경제구조의 혁신적인 변혁도 이루지 못하고 있다. ② 에너지 및 자원부족 문제이다. 대량생산 및 대규모 내수시장, 그리고 광역의 해외무역으로 대변되는 중국의 무작위 경제활동을 지속하기 위해서는 대량의 에너지와 자원이 필요하다. 예를 들어 석유의 경우, 중국은 세계 2위의 석유·천연가스 소비국인데 반해, 이러한 수입의존도는 2013년 58%에서 2020년에는 67%까지 증가했다. ③ 핵심기술의 개발 지연도 문제이다. 2022년 들어 중국은 전체 GDP의 2.55%를 꾸준히 R&D 분야에 투자하고 있다. 그러나 한국의 4.93%나 일본의 3.59%에는 아직 못 미치는 수준이다. 중국의 핵심기술 부족의 다른 원인은 첨단기술을 보유한 기업 대부분이 중국내 다국적기업이나, 해외자본 기업으로 그 비율이 82%를 차지한다. ④ 고용 문제는 더욱 심각하다. 도시지역에서는 매년 8백만 명의 새로운 노동력이 쏟아지는데, 여기에 매년 농촌지역으로부터의 유입 인구 1천만 명이 보태져 중국의 도시 실업률은 높은 수준이다. 게다가 과거 국영 경제체제의 붕괴로 실업자가 된 노동력도 있다. 이 문제를 적절히 해결하지 못할 경우, 중국의 사회안정은 큰 위협에 직면하게 될 것이다. ⑤ 국제적 변수도 문제이다. 중국경제의 세계화가 진행되면서 중국의 해외무역 조건(수출, 수입가격의 변화)은 악화되는 경향을 보이고 있다. 또한 해외시장의 위축이 중국 내 전통 제조업에서는 과잉으로 이어지고 있어 수출을 중심으로 하는 성장전략이 한계에 봉착했다. 대외적으로는 미국과 유럽 등 선진공업국의 경기둔화 및 무역마찰(최근 미국, EU와의 무역마찰)의 문제, 그리고 미국과의 패권 경쟁과 맞물리면서 선진공업국으로부터의 기술도입 및 첨단기자재 도입이 더욱 힘들어 지는 것도 향후 중국경제에 큰 부담으로 작용한다. 따라서 이를 타개하기 위해 중국경제는 소비확대를 통한 경제성장을 강력히 추진해야 할 시점에 와 있다.

2. 인구구조의 변화 및 임금상승 문제

2020년 들어 중국경제의 가장 큰 화두 중 하나는 인구구조의 변화와 그에 따른 노동임금의 상승이다. 지난 40년간 중국의 인구는 9억 6천만 명에서 14억 1천만 명으로 증가하고 인구 보너스의 혜택을 누림과 함께 농촌에서 이주 노동자를 비롯한 저렴한 노동력을 무기로 하여 고도경제성장을 지탱해왔다. 그러나

1980년부터 실시된 '한 자녀 정책'의 영향으로 2011년을 정점으로 생산가능 인구가 감소하기 시작했다. 중국 국가통계국의 발표 자료에 따르면, 15세~64세의 생산연령 인구비율은 2010년에 최고치인 74.5%에 도달하고 2011년부터 점차 감소하여 2022년 기준으로 69.0%까지 떨어졌다. 최근 중국 노동임금은 대폭 향상되어, 국제경쟁력이 떨어지기 시작하고 있다. 특히 상하이, 베이징, 광저우 등 선진국 수준의 경제력을 자랑하는 연해 도시에서의 노동임금은 2006년의 2.5배까지 치솟고 있다. 따라서 현재 외자 중심의 제조기업, 특히 생산집약형 기업의 중국 진출은 감소하고, 생산거점을 다른 아시아 국가에 이전하는 기업도 잇따르고 있다. 2023년 중국의 경제성장률이 5%대로 떨어지고 있는 것은, 그 영향이 적지 않다고도 알려져 있다.

이러한 노동력의 고갈, 인건비 상승, 국제경쟁력 저하 등은 중국경제가 이른바 '중간소득 국가의 함정'에 빠져들고 있는 징조라고 할 수 있다. 확실히 개발도상국과 신흥국은 선진국을 향해 경제가 성장하고, 일인당 GDP가 3,000달러~1만 달러정도에 도달하면 중간소득 국가에 동참할 수 있지만 1만 달러에 이른 시점에서 경제성장의 정체라는 '중간소득 국가의 함정'은 지금까지도 브라질, 아르헨티나, 말레이시아 등 중남미 국가와 동남아지역에서 실제로 보고 된 현상이다. 그것을 능숙하게 잘 벗어나 국가는 일본, 한국, 대만, 싱가포르 등에 불과한 것으로 알려져 있다. 2010년부터 일인당 GDP가 4,000달러를 넘어 약 7,000달러가 된 2013년 중간소득 국가에 진입한 중국이 '중간소득 국가의 함정'에서 탈출하여 앞으로도 경제성장을 순조롭게 진행할 수 있을지 없을지에 관해 세계의 주목을 받고 있다. 또한 생산가능 인구가 감소하는 반면, 노인 인구의 비율이 증가하고 있다는 것도 향후 큰 문제가 된다. 중국 국가통계국에 따르면, 2013년 중국이 65세 이상 노인인구는 1억 3,200만 명에 달해 전체 인구의 9.7%를 차지하게 되었다. 유엔 기준에 따르면, 현재 중국은 이미 '고령화 사회'가 되었으며, 대체로 30년전 일본과 유사한 궤도에 올라 2030년에는 '고령 사회'에 들어갈 것으로 전망하고 있다. 앞으로 어떻게 생산성을 향상시키고, 사회보장 체제를 갖출 수 있느냐의 여부는 중국 정부에게 큰 과제이다.

3. 소득 및 빈부격차의 확대

최근 또 하나의 큰 문제가 되고 있는 것은 소득격차의 문제이다. 즉, 중국경제에서도 장기간에 걸친 10% 전후의 높은 성장률 속에서 성장의 모순은 존재한다. 특히 외국인 직접투자와 더불어 수출이 급증하는 시기인 2000년 이후, 그 모순은 절정에 다다랐다. 중국경제는 30여년에 걸친 고도성장으로 국민생활이 풍요로워진 것은 확실하지만, 그로 인해 전례가 없는 소득격차를 가져왔다. 그것은 고용 및 소득증가와 더불어 실시된 1998년 주택상품화 실시에 따른 부동산 취득 및 가격 폭등에 따른 소득불평등이 심화되었다.

그림 5-12 중국 가처분소득의 도시지역 격차 추이

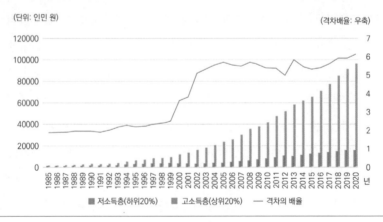

주: 세대 1인당 가처분소득이 많은 순으로 나열 상위 20%와 하위20%의 격차를 계산함. 2013년은
　　신기준 적용.
자료: 일본 ニッセイ基礎研究所에서 인용.

이러한 소득격차는 도시와 농촌, 지역격차, 고소득층과 일반 노동자의 격차라는 3가지 측면에서 지적할 수 있다. 개혁·개방 후, 외자기업의 진출에 따라 연해 도시가 먼저 발전했기 때문에 내륙 지역과 농촌의 성장이 늦어 소득격차는 점점 확대되어 왔다. 특히 같은 도시에서 일부 기회를 잡은 사람들이 단기간에 재화

(상품)를 얻는 것으로부터, 빈부격차가 표면화되어 일반 국민이 격차를 느끼게 되었다. 게다가 그러한 부유층의 대부분은 정부의 권력자나 그들과 결탁한 상인이기 때문에 정부는 국민들의 불만과 불신을 초래하여, 그것이 사회의 안정성을 위협하거나, 경제성장에도 영향을 주고 있다. 풍요를 가늠하는 지표로서 가구당 자산액을 들 수 있는 데, 2012년 당시 중국 서남재경대 의 중국가구 금융조사보고에 따르면, 중국인의 자산구조는 부동산이 무려 70%를 차지하여 미국의 30%보다 월등히 높은 반면, 자산구조에서 금융자산이 차지하는 비중은 중국이 겨우 5%인 반면, 미국은 38%를 차지한다. 아울러 중국의 자산격차가 소득격차보다 크다는 점도 중요하다.

한편 지니계수의 추이를 보면, 개혁·개방이 실시되기 전에 지니계수가 0.2이하였다. 당시 중국은 '고도평균'이었지만 개혁·개방에 따라 소득격차가 벌어지기 시작했다. 상대적인 소득격차를 나타내는 중국의 지니계수(가처분소득 기준)를 보면, 이미 국제경고 수준인 0.4%를 넘어 2008년에는 0.491을 정점으로 하락 경향을 보였지만, 2015년에 0.462로 상승세로 돌아섰다. 2019년에 0.465로 소득격차는 다시 커져 중국 당국이 '격차가 과도하게 크다(0.4~0.5)[4]'고 지적했다. 이처럼 중국은 20년 정도에 큰 격차 사회로 변모한 것이다.

그림 5-13   중국의 지니계수

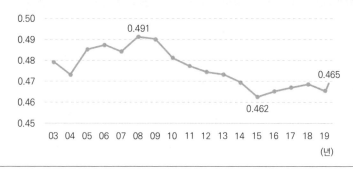

자료: 중국 국가통계국 통계자료에 의함.

4) 0.5이면 전쟁 상태의 수준이라고 함.

또한 2014년 베이징대 중국 사회과학 조사센터가 발표한 중국 민생발전보고에 따르면, 중국 가계의 자산불평등도는 급속히 진행되고 있다. 최상위 1%의 가계는 전체 자산의 30% 이상을 차지하고 최하위 25% 가계는 10%밖에 안 된다. 자산 지니계수도 1995년 0.45, 2002년 0.55를 거쳐 2012년 0.73으로 상승했다. 즉, 성장이 있어도 공유가 되어 있지 않다는 구조적인 경제 왜곡이 심하게 발생하고 있다. 이처럼, 중국경제의 왜곡은 주로 1998년 이후 부동산의 상품화와 부동산 버블에 기인하고, 또한 2008년 이후 중국 정부의 내수확대를 위한 초금융완화 정책에 기인한다. 이 문제의 접근에는 정치·경제학적인 시점이 불가결하다.

section 04   중국의 버블경제와 경제위기

1. 중국의 버블경제

이 책을 처음(초판) 쓸 당시, 2017년의 중국경제는 순조로운 회복 과정을 걷고 있었다. 그 당시 저자는 향후 중국의 부동산 경제 부문은 안정적인 성장을 저해할 가능성이 높다고 지적했다. 그리고 2020년 이후, 중국의 부동산 거품은 특히 대도시에서 두드러졌으며, 개인이 구입할 수 있는 주택가격의 수준을 넘어 높은 수준에 도달하였다. 최근 중국에서는 세계가 경험한 적이 없는 부동산 가격의 비정상적인 상승이 일어난 것이다. 국내외 투기자금이 상호간 머니게임의 양상을 보여 중국 정부도 대응에 고심하고 있다.

여기서 다른 중요한 문제는, 지금 중국 부동산 시장이 과연 버블인가 아닌가, 혹은 부동산 시장이 붕괴될 것인가, 또는 계속 성장할 것인가에 대한 논쟁이 일본 및 미국을 비롯하여 2010년부터 끊임없이 제기되어 왔다. 이 문제에 대해 중국 전문가들조차 견해를 달리한다. 먼저 이 문제부터 논의해 보면, 보통 버블경제는 ① 자산가격의 급격한 상승, ② 경제활동 과열, ③ 자금신용의 팽창과 같은 특징이 있다고 한다. 지금 중국을 보면, ② 2023년 현재 경제활동은 과열감이 아니기 때문에 버블의 정의에는 합치되지 않는다. 단지 ③에 대해서는 채무의 팽창이라는 점에서 버블의 정의에 해당하고 있다. 다른 측면에서 일본의 거품경제를 기준으로 비교해 보면 유사점이 많은 지금, 중국의 주택가격은 이미 거품의 경지에 도달했다고 말할 수 있다. 여기에는 두 가지 근거가 있다.

첫째는 일본에서 자주 사용되는 지표이다. 평균 가구소득으로 표준적인 주택을 구입할 때 몇 년이 걸리는가라는 '주택가격 대비 수입비율'이다. 일본의 경우, 현재 도쿄 근로자 가구의 평균 연수입이 600만 엔이라면, 4,000만 엔의 아파트를 구입하기 위해 7배 전후가 된다. 같은 계산으로 부동산 가격수준을 연소득과 비교해 보면(2023년 NUMBEO 조사), 상하이 50배, 선전 43배, 홍콩 42배, 광저우 37배, 베이징 36배로 역사적 고수준에 이르고 있다(도쿄는 12배, 뉴욕은 10배). 버블기 도쿄의 배율이 15였던 것과 비교하면 중국의 심각도는 분명하다. 또한 주택가격을 연간 집세와의 비교로 봐도 도쿄나 뉴욕의 25배에 비해, 중국은 전국 중앙값에서도 58배(중국 부동산협회 2023년)로 현저하게 높다. 주택소유가 결혼 조건이라는 중국에서 청년 실업률이 20%를 넘는 환경에서 이 가격은 비정상적이다. 결혼하지 못하는 젊은이들이 속출하고 사회적 불안이 커지면서 정권은 이를 무시할 수 없게 됐다. 게다가 중국의 토지공유제 하에서 도시에서는 국유 때문에 실제로 매매되고 있는 것은 70년간의 사용권한뿐이다.

둘째로는 주택구입을 투자로 생각해 보면, 연간 임대료 수입이 주택구입 가격의 몇 퍼센트인가가 판단의 기준이 되지만, 중국의 어느 지역이나 약 2~2.5% 정도에 그치고 있다. 이것은 예금금리보다 낮다. 그럼에도 불구하고, 주택이 팔리는 이유는 지금까지 부동산 가격자체의 가격상승에 의한 자본수익을 기대할 수 있었기 때문이다. 이것은 바로 거품이다. 돌이켜보면, 중국경제에서 자산가격이 폭등하는 버블현상이 발현한 것이 2020년 이후 최근의 일만은 아니다. 1998년 주택의 상품화 정책이 실행된 이후 최근까지 그 정도가 크던 작던 간에 총 5회에 걸쳐 자산가격의 폭등 현상이 발생했다. 그 중에서도 가장 처절하다고까지 말할 수 있을 정도의 폭등은 2008년의 글로벌 금융위기 전후였다. 중국경제의 거품 형성에는 대략 3가지 요인이 작용한다. 첫째는 금융당국의 초금융완화책이고, 둘째는 중국 정부의 거대 재정지출 정책이다. 그리고 마지막으로, 중국의 막대한 경상수지 흑자에 기인한다.

2008년의 글로벌 금융위기 이후 10년에 걸친 금융완화정책에 의해 중국경제도 왜곡이 발생하고 있었다. 2008년 12월에 미국 연준(FRB)의 정책금리가 이미 제로에 이르렀고, 중국 인민은행도 대출금리를 인하했다. 이후 5년간 정책금리는 인플레이션 조정 후 평균 0.7%에 불과해 국민총생산(GDP) 성장률을 크게 밑돌았다. 당시 중국 같은 개발도상국으로는 초완화적 금융정책이었다. 그 결과 중국에서는 다수의 거품이 발생했다. 주식시장의 거품은 2008년에 붕괴되었지만, 얼마 지나지 않아 또 다른 거품이 시작돼 2015년 중반 붕괴했다. 중국 부동산 시장은 대폭 확대되는 대출과 저금리 주택담보대출에 힘입어 2007년에 이어 2009년에도 강력한 회복세를 보였다. 2015년 주식시장의 거품붕괴 여파로 금융정책이 더 완화되자, 부동산의 거품은 한층 본격화됐다. 2016년 베이징(北京)의 주택가격은 33% 상승하였고, 상하이 일부에서는 심지어 땅이 인접 빌딩보다 비싸게 거래되면서 빵보다 밀이 비싸다는 문구까지 생겨났다.

그림 5-14 중국의 GDP와 부동산산업 GDP

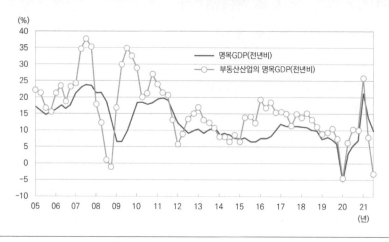

자료: 중국 국가통계국에 의함.

또한 중국 정부의 재정지출 확대정책에 따라 살펴보면, 중국 국가재정은 지방이 지출의 85%를 담당하는 구조로 되어 있지만, 지방 재정수입의 40%가 토지이용권 매각 이익에 의해서 연출되는 구조로 되어 있다. 지방 정부는 규제·주변 인프라 정비·금융지원 등으로 매력도를 높인 토지이용권을 매각해 거액의 수입을 계속 챙겼다. 그 위력은 2008년 미국발 금융위기 때 세계경제를 도왔다는 4조 위안의 경제대책 때나 2015년 차이나 쇼크 때 발휘됐다. 지방 정부의 토지이용권 매각수입은 2020년과 2021년에 8조 위안을 넘었는데, 이는 국내총생산의 7퍼센트에 달하는 엄청난 수치이다.

셋째, 부동산 금융에서 중국의 부동산 관련 부채는 일본에 비해 돌출된 수준이다. 일본의 부동산 금융은 전적으로 은행 부문의 과잉대출이었다. 반면 중국은 지방 정부의 별동대이자 공공인프라 정비자금 조달을 담당하는 지방 융자평대(LGFV)의 채무가 급격히 확대되어 왔다. 일본의 부동산 금융규모는 1990년 총량규제 대상 3개 업종(건설, 부동산, 제2금융권)에 대한 은행대출은 1985년 50조 엔(총대출 대비 18%), 1990년 89조 엔(22%), 1997년 115조 엔(29%)로 급증해 거품 형성의 주인이 됐다. 반면 중국의 경우 대출평대에서만 채무총액이 2018년 35조 위안(GDP 대비 38%), 2023년 57조 위안(GDP 대비 53%)로 추정하고 있다. 또한 일본의 버블 붕괴 시에는 존재하지 않았던 그림자 금융(대출 신탁, 수탁 채권, 수취 어음, 신용장, 수익권 등)에 의한 개발자 등의 자금조달도 수십조 위안(GDP 대비 10%) 존재하고 있는 것으로 추측된다.

그림 5-15 중국과 일본의 GDP 대비 경상수지

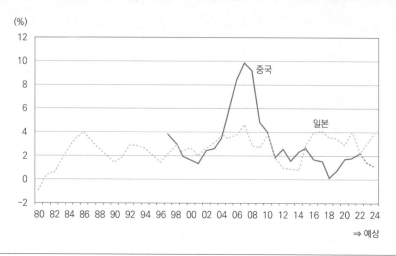

자료: IMF, 일본 武者リサーチ에서 인용.

마지막으로 지적해야 할 것은, 중국과 일본의 버블 원인에는 공통점이 있다. 양국 모두 부동산 거품은 1972년 닉슨 쇼크 이후, 국제분업의 진전 아래 대미 수출 급증으로 경상흑자가 크게 쌓였던 데서 비롯되었다. 일본은 1980년대 이후 GDP 대비 34%의 경상흑자가 쌓였다. 중국은 베이징 올림픽을 낀 2006~2010년 GDP 대비 510%의 거액 흑자를 이어갔다. 그것은 대량의 달러 공급이 곧 국내 통화의 과잉공급으로 이어져 부동산 거품 형성의 원동력이 되었다. 또한 중국에서는 2015~2016년 금융위기·위안화 약세 위기에 대응해 자본수출 규제를 재도입하면서 과잉저축이 국내에 봉쇄돼 2016~2017년 부동산 광란을 일으켰다. 이처럼 대외 흑자와 과잉통화 발행은 일본과 중국에 공통으로 적용되는 거품 원인이다.

한편 마오쩌둥이 사망한 1976년경에는 세계적으로 가장 평등한 사회 중 하나였던 중국은 이제 가장 격차가 큰 사회로 변모했다. 은행 예금금리는 인플레이션율 보다 낮아 가계소득을 압박하고 있다. 개발용지를 확보하기 위해 수백만 명의 농민이 자신의 농지를 내놓아야 했다. 중국 정부는 끊임없이 대책을 세우고 있지만 인프라 관련 지출이 과열되었다. 부동산 거품 덕분에 개발자들은 거액의 이익을 손아귀에 넣었다. 여기서 중국의 민간부채 중 주택관련 채무를 보면, GDP 대비 모기지 잔액은 2016년 말 44.4%이며, 일본의 버블기의 정점인 1990년 3월 말의 70.7%를 크게 밑돌고 있다. 그러나 버블의 붕괴가 부동산 개발회사 등 많은 기업의 대차대조표의 급격한 악화를 초래하고 줄도산도 증가할 것으로 생각된다. 그것이 금융기관의 부실채권을 증대시킬 우려가 단순히 부동산 대출이 적은 이유만으로 버블 붕괴에 따른 금융기관에 미치는 영향이 경미하다고 말하기는 어렵다.

이러한 상황을 감안할 때, 만일 주택버블이 붕괴하면 개인자산이 줄어들어 소비가 위축하는 것을 생각할 수 있다. 중국 정부가 이러한 버블을 제거하지 못했던 이유는 부동산이 중국 지방 정부의 주요 수입원이었기 때문이다. 즉, 중국 정부가 버블이 위험하다는 것을 알면서도 손을 대지 못한 이유 중에 하나가 버블을 제거하면 곧바로 부동산 가격이 하락하고, 이는 곧 바로 모든 지방 정부의 파산을 의미하기 때문이다. 부동산시장의 붕괴는 곧바로 지방 정부의 파산으로 이어지기 때문에 중국 정부가 손을 댈 수 없다는 것은 그만큼 부동산시장의 문제가 심각하다는 반증이다.

2. 중국 자산 버블의 진행과 특징

1) 자산시장의 투자 특징

[그림 5-16]을 통해 중국의 자산시장을 살펴보면, 다소 흥미로운 점을 발견할 수 있다. 즉, 중국의 주식가격 지수는 2008년 이후 계속 하락하여 2012년 2/4분기에는 저점에 도달하여, 2014년 초기까지 장기간에 걸쳐 최저점을 형성하고 있었다. 그런데 이 기간 주식가격의 급격한 하락에 대하여 부동산 가격은 오히려 2012년부터 급등하는 현상을 발견할 수 있다. 그리고 이번에는 부동산 가격이 2013년 2/4분기부터 하락하여 2014년 2/4분기에 저점에 도달하자, 다시금 주식

가격이 1년을 선행해서 2014년 초부터 급등하는 현상이 반복적으로 나타나고 있다. 다시 말해서, 중국 자산시장의 경우 대략 1년의 시차를 두고 현금 투자행동이 주식시장에서 부동산시장으로, 그리고 다시 주식시장으로 투자행동의 대체현상이 뚜렷하게 반복적으로 나타나고 있다.

이는 앞서 미국의 서브프라임 모기지론 사태 때 발생한 미국의 경우와 유사하다고 말할 수 있다. 또한 일본의 경우에도 1989년 말 주식시장의 붕괴 후, 2년이 지나고 나서 부동산시장의 붕괴가 나타난 것과 유사함이 나타난다. 즉, 주식가격의 급락 후, 1~2년 후에 반드시 부동산가격의 급락이 나타나는 것은 아니지만, 일반적인 유사성이 나타나고 있다는 점에서 주위를 필요로 한다. 다시 말해서, 자산시장을 지탱해 줄 긍정적인 요소들이 무너지면, 곧이어 주식시장의 붕괴가 나타나고, 뒤이어 시차를 두고 부동산 가격의 폭락으로 나타날 가능성이 높다는 것이다.

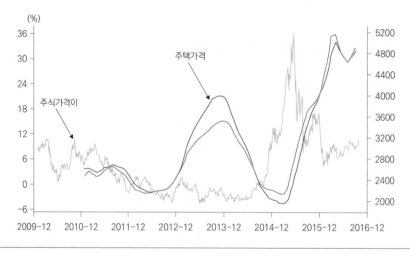

그림 5-16　중국의 부동산시장과 주식시장 동향

자료: 대외경제정책연구원, 『한중경제포럼 5』 2016년 12월 8일.

한편 중국 가계 보유자산의 약 70%가 부동산으로, 1998년 이후 부동산 가격상승이 지속되면서 가격상승이 확실시되는 도시 중심의 부동산의 인기가 확산되었다. 즉, 부동산 신화 같은 생각이 시중에 퍼지면서 부동산을 현금·예금 등과 동렬로 안전자산으로 받아들이는 풍조도 확산되고 있었다. 그러나 2005년경 주택의 거품억제를 위해 중국 정부가 부동산 기업에 대한 규제를 강화하자, 그때부터 규제와 완화의 반복 과정 속에서 부동산 가격은 상승과 하락을 반복했다. 이에 따라 가계에 안전자산으로 회자됐던 부동산 투자자금이 예금에 체류한 것으로 보인다.

2) 부동산 시장의 규제와 붕괴

중국에서는 1998년 주택상품화의 개혁으로 도시주민에 대한 거주 부동산 불하가 시작되었다. 이에 따라 주택매매가 가능해지고 사회주의 체제이면서 부동산업이 발달해 건설업 등의 관련 산업을 수반해, 이들 산업이 GDP의 30% 가까이를 차지하는 버팀목 산업이 되어 경제성장의 견인차 역할을 담당하게 되었다. 부동산 거래가 활성화하는 가운데 호경기로 부동산 가격이 지나치게 급등하자 중국 정부는 억제에 나섰고 이것이 반복되었다. 우선 후진타오(胡錦濤)정권에서 2005년에 「국8조」라는 전국적 규제와 2008년 글로벌 금융위기 때에는 국10조(2010년)」라는 규제에 의해 가격 억제나 투기적인 움직임의 억제가 도모되었다. 또한 최근에는 코로나19에 대응해 대규모 금융완화로 쏟아진 잉여자금이 부동산 시장에 대거 유입으로 아파트 값이 급등하고 추가 상승을 예상한 투자도 가속화하는 등 일부 대도시에서는 다시금 거품현상이 빚어지는 사태가 벌어졌다.

즉, 경제격차의 확대로 시민들의 불만도 커지는 가운데, 중국 정부의 규제로 인해 총부채 비율 등 기준에 저촉된 기업대출에 제한이 걸린 많은 부동산기업이 채무불이행(디폴트)에 빠졌다. 그리고 중국의 부동산 대출규제로 또 하나 표면화된 것이 업체가 건설을 중도 포기한 미완성 주택의 문제이다. 그런데 중국 정부의 부동산 대출규제로 부동산기업들은 자금부족에 빠졌고, 그 여파로 건설공사가 지연되거나 중단되는 경우가 늘었다. 그 결과 물건을 인도받지 못하고 주택담보대출만 지불해야 하는 많은 주택구입자가 잇따랐다. 이런 문제 때문에 건설공사가 멈춘 미완성 물건 구매자들 가운데 주택담보대출 상환을 거부하는 움직임이 확산된 것이다. 상환 거부가 계속되면 주택담보대출이 부실해지고 이들이 부실화될 위험이 우려되는 사태가 벌어지고 있다.

그렇다면 버블 붕괴의 현상은 어떠한가? 일본의 추이와 비교해 보면, 일본버블붕괴의 초기 1990년대 전반에 상당한다. 일본의 6대 도시 지가지수 1990년 버블의 고점에서 87% 하락해 저점을 찍었다. 한편 중국의 부동산 가격 하락은 이제막 시작됐고, 당국의 공표치는 단지 몇 퍼센트 하락에 불과하다. 그러나 언론보도(블룸버그)에 따르면, 중개업자 데이터에서는 이미 고점에서 15~25%포인트 하락한 것으로 추정하고 있다. 오히려 현재 가장 크게 변화하고 있는 것은 중국 부동산의 판매 급감이다. 100대 부동산 개발사의 판매액은 최고 정점인 2021년 대비 70% 감소로 추정하고 있어, 아직 바닥에 들어가지 않았다. 또한 가계 주택담보대출도 급감하고 있다. 이에 따른 부실채권의 발생과 처리도 지금의 중국은 단지 진입 단계에 불과하다는 것이다.

일본 닛케이신문(2023년 8월 31일)은 중국 부동산 개발업자 11개사의 대차대조표 합계치를 발표했다. 주요 11개사의 2023년 6월 말 대차대조표는 자산총액이 약 300억 위안(GDP 대비 10%)에 비해 부채총액이 약 10조 3,400억 위안에서 차감한 약 1조 9,900억 위안이 자본이다. 총 자산의 약 절반을 차지하는 개발용 부동산의 평가가 만일 32% 떨어지면, 자본부족으로 채무초과로 전락한다는 의미이다. 그러나 총 자산내 개발용 부동산 이외에도 버블붕괴로 평가가 크게 하락할 것이며, 가격하락은 앞으로 큰 폭의 평가감소가 불가피할 것이라는 점 등을 고려하면 거의 전 회사가 채무초과에 빠지는 것은 불가피하다는 것이다.

한편 고정자산 투자를 통한 경제성장을 이어올 수 있었던 배경에는 토지 연금술이 있었다. 지방 정부가 토지이용권을 팔고, 그 매각대금이 지방 정부 수익의 40%를 차지함으로써 지방 정부는 지극히 수입이 윤택해졌다. 그러한 풍부한 자금을 인프라 투자나 하이테크 기업에의 지원에 돌릴 수 있었다. 이 성장 패턴은 거품이 꺼지고 지방 정부의 토지이용권 매각 수입이 멈추면 유지할 수 없게 된다. 그리고 지금 그 붕괴가 실제로 시작된 것이다. 이 중 부동산 산업의 부실이 금융시장에 가장 크게 영향을 준 것이 2021년 중국을 대표하는 부동산 개발기업인 헝다그룹(에버그란드)의 경영위기였다. 2021년 헝다의 채무불이행(디폴트)으로 시작된 중국의 부동산 위기는 비구이위안·위안양 등 다른 초대형 부동산 업체들의 채무불이행으로 빠르게 번지고 있다. 중국 헝다그룹은 부동산 사업 외에 관광이나 인터넷 서비스, 보험, 전기자동차(EV) 등 사업 다각화를 추진하고 있었다. 중국 부동산 대기업의 경영위기는 부동산 이외의 부문에도 악영향이 파급되어 중국 경기를 끌어내릴 것이라는 우려가 강해진 것이다. 또한 2023년 7월 부동산 개발업체 완다그룹의 계열사가 디폴트 위기에 놓이면서 2년 만에 다시 불이 붙은 것이다.

앞으로 부동산 가격의 추가 하락과 경기 상황의 악화는 중국의 가계 및 기업의 부채 축소(디레버리징)를 촉진하고, 그것이 추가적으로 경제 상황의 악화와 부동산 가격의 하락을 발생시키는 악순환이 생길 가능성도 높다. 하지만 중국의 이른바 '경제의 기적'도 지난 10년간 저금리와 거액 대출, 대규모 부동산 거품의 조합에서 비롯된 것으로 그동안 비참하게 끝난 수많은 아시아 각국의 성공 스토리와 흡사하다.

3. 가계와 기업부채 문제

이 책을 처음 쓸 당시 2016년의 중국 정부부채는 GDP 대비 46.4%로 비교적 낮은 수준에 머무르고 있어 1991년 일본의 122.8%를 크게 하회하고 있었다. 그러나 중국의 경우, 국영은행과 국영기업의 부채를 포함하면 이야기는 달라진다. 즉, 모기지 잔액이 상대적으로 낮은 수준에 그치고 있는 반면, 기업부채는 고수준에 달하고 있다. GDP 대비 기업부채는 2016년 166.3%로 일본의 버블말기(1990년)의 143.8%를 상회하고 있다. 기업부채를 GDP 대비로 보면, 일본의 버블 당시의 수준을 넘어섰다.

한편 기업채무 증가의 원인은 정부가 주도한 경기부양책의 과정에서 누적된 측면도 있다. 결과적으로, 주로 국영기업이 과잉생산 능력을 만들어 내고, 그것이 제품가격의 하락을 초래하여 적자를 양산해 내어 좀비기업을 만들었다. 2000년대 후반, 중국 정부도 과잉 생산능력에 대한 정책 대응을 실시해 왔지만, 글로벌 금융위기 발생 후에 실시된 대규모 경기부양책을 계기로 자본재고가 더욱 과잉으로 쌓이게 되었다. 중국의 민간부채의 내역은 기업이 17.4조 달러, 가계가 4.1조 달러로 되어 있지만, 부채의 80%를 차지하는 기업부문 중 부채비율이 높은 부동산, 철강, 금속, 자원 등 분야는 채무불이행이나 법정관리에 대한 우려가 계속 제기되고 있었다. 즉, 중국의 기업부채가 비정상적으로 확대된 계기는 2008년에 발생한 미국발 리먼 쇼크에 있다.

2008년 미국발 리먼 쇼크 당시, 후진타오(胡錦濤)가 GDP의 10%에 해당하는 사업규모 '4조 위안'의 경제대책을 실시하고 세계경제를 지탱할 것을 표명했다. 그 결과 2008년 이후 중국경제의 실질 GDP 성장률은 연율 9.5% 이상의 증가를 기록하며 세계경제의 견인차 역할을 담당하였다. 즉, 2008년 경제대책의 중점 분야는 ① 낮은 가격의 분양·임대주택의 건설, ② 농촌 인프라건설, ③ 교통 인프라건설, ④ 의료·보건·문화·교육사업, ⑤ 생태환경 건설 및 자주개발과 구조조정, 지진재해 부흥 등 다양했다. 이 외에도 지방 정부 자체에 대한 대책도 실시되었고 결과적으로 대규모 경제대책이었다. 이를 실현하기 위해서는 국영기업을 중심으로 한 생산능력의 증강 투자가 필요하여, 철강, 시멘트, 알루미늄 등의 소재산업을 비롯한 많은 산업분야에서 생산능력의 증강 투자가 실행되어, 이들 기업의 투자는 은행차입을 통해 조달했다. 중앙정부도 감세를 통해 주로 국영기업의 설비투자를 적극적으로 지원했다.

그러나 경제 대책의 효과가 사라짐에 따라 국영기업은 과잉설비, 과잉인력, 과도한 채무를 안게 되었다. 소재산업을 중심으로 하는 국영기업은 적자를 각오하고 해외에 제품을 수출함에 따라 국제적으로 비판을 받았다. 국영기업의 적자는 국영 상업은행에서 대출로 충당되고 있으며, 이것이 기업부채를 매년 쌓아가는 상황이다. 원래 국영기업의 자금은 정부출자로 충당하고 있었지만, 1990년대 후반 주룽지(朱鎔基) 총리가 추진한 국영기업 개혁으로 국영은행 대출로 전환되었다. 많은 중국기업과 금융기관이 정부의 암묵적 정부보증 혹은 명시적 채무보증을 전제로 리스크를 경시한 경영 판단을 계속해 온 것도 크다. 정부가 국유기업과 은행을 부실로부터 보호하기 때문에 국유기업은 상환능력을 초과하는 규모의 채무를 지게 되고 국유은행도 대출업체와 은행자신의 경영에 대한 점검이 느슨해 졌다[5]. 이것이 결과적으로 기업의 과잉채무를 만들어 내기도 했다. 국영기업의 채무는 국가의 숨겨진 빚이며, 이는 궁극적으로는 중국의 국가채무로 남는다.

국제결제은행(BIS)에 따르면, 중국의 비금융부문 채무잔액의 GDP 대비는 1995년 12월 말 99.3%에서 2022년 6월 말 295.3%로 최고가 되었다. 채무잔액은 특히 금융위기 발생 후인 2009년에 급격히 확대(2009년 12월 말 175.1%)된 이후 지금까지 확대 기조가 이어지고 있다. 2022년 6월 말 일본 및 미국의 비금융부문 채무잔액의 GDP 대비는 각각 425.6%, 263.5%로 중국만 높은 것은 아니다. 그러나 이 내역을 2022년 6월 말 기준으로 보면, 정부 75.0%, 기업 158.7%, 가계 61.6%이다. 기업과 가계는 2006년 3월 말에 각각 105.3%, 11.5%였던 것을 감안하면, 각 채무가 급속히 부풀어 올랐음을 알 수 있다. 이 가운데 기업채무는 일본의 채무비율이 가장 높았던 1993년 12월 말 144.9%를 웃돌고 있어 유의할 필요가 있다. 기업채무 확대에는 부실채권의 우려가 따른다.

---

5) 関辰一(2022) '中国の不良債権問題－金融危機を回避できるか－日本のバブル期を 想起' nipon.com에서 인용.

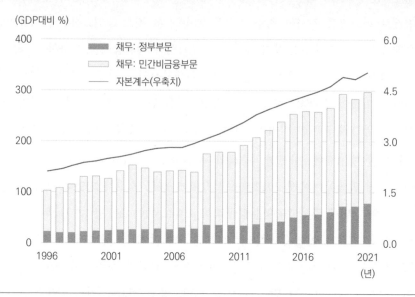

그림 5-17 중국의 GDP 대비 채무잔고와 자본계수

(GDP대비 %)

- 채무: 정부부문
- 채무: 민간비금융부문
- 자본계수(우축치)

주: 채무는 명목GDP 대비, 자본계수는 실질자본스톡/실질 GDP.
자료: BIS, 중국국가통계국,ニッセイ기초연구소로부터 인용.

　한편 코로나19의 확대 전인 2019년부터 최근까지를 살펴보면, 비금융 부문 채무잔액의 GDP비율은 코로나19 확대기인 2020년 12월 말에 291.7%까지 상승했다. 단기적인 어려움을 버블붕괴 연기, 부실채권 은폐, 가계에 대한 감세 등의 소비지원으로 호도하겠지만, 그 효과는 제한적이다. 본질적으로는 미국형 소비주도 경제로 이행해야 하지만, 그것은 체제적 어려움을 수반한다. 중국의 어려움은 과거 일본이 빠졌던 밸런스시트(대차대조표) 불황과는 다르다. 일본의 밸런스시트 불황은 자산가격의 하락에 따른 금융상의 손실 발생으로, 그 처리는 시간을 두고 완수되었다. 그러나 중국의 문제는 실물자산의 과다 조성, 과잉주택·과잉설비·과잉인프라에 있다. 이들로부터의 탈피는 실물경제의 급격한 수축을 가져온다. 즉, 심각한 대공황형 경제난이 있을 수 있다.

1. 시진핑(習近平) 지도부의 등장 배경

중국의 제1의 시대는 마오쩌둥의 시대이며, 제2의 시대는 덩샤오핑의 등장과 함께 시작됐다. 중국은 1978년 덩샤오핑이 개혁개방 정책을 시작한 이후 줄곧 선진국을 따라 잡을 목적으로 사회주의 시장경제체제를 지향하는 성장노선을 밀고 나갔다. 개인의 이기심에 기초하여 해외기업의 기술과 자본, 그리고 내외시장을 활용해 근대화를 목표로 하는 실리중시의 경제우선 노선이 채용되어 왔다. 1992년 덩샤오핑이 체제의 생존을 위해 사회주의 시장경제체제로의 이행을 결단하면서 개혁개방을 더욱 가속화하고 고도성장을 추구해 왔다.

덩샤오핑은 마오쩌둥의 부정적 유산을 청산하고, 중국경제를 회복 발전시키고 국민의 활력을 끌어내기 위해 혁명적인 정책을 도입했다. 그의 발상은 획기적이었다고 말할 수밖에 없다. 덩샤오핑의 정책이란 첫째, 공산당 독재라는 정치기구를 견지하면서 공산주의 이데올로기를 포기하고, 대중의 금전적 물질적 욕망을 해방시킨 것이다. "흰 고양이든 검은 고양이든 쥐 잡는 고양이가 좋은 고양이다"라는 그의 말은 그의 사상의 진수를 참으로 잘 표현하고 있다. 둘째, 외자의 중국 진출을 인정하고, 선진국의 기술과 중국의 저렴한 양질의 노동력을 결합하여 압도적인 국제경쟁력을 가진 내구·비내구 소비재를 만들어 내외시장을 활용해 근대화를 실현하는 것이었다. 30년 만에 중국은 제2의 경제대국이 됐고, 많은 분야에서 세계 최대의 생산국 및 소비국이 됐다. 덩샤오핑 시대 중국경제의 발전은 인류 경제 역사상 가장 획기적인 사건이었음에 틀림없다

덩샤오핑의 노력 덕분에 마침내 2010년에는 세계 2위의 경제대국이 되었다. 하지만 30년을 거쳐 덩샤오핑 정책은 유통기한을 마쳤다. 첫째, 이데올로기와 도덕을 버린 공산당 통치가 필연적으로 낳은 것은 광범한 부패와 그 결과로 확대된 경제적·사회적 격차였다. 이것이 방치됐더라면 틀림없이 정권에 대한 불만과

반감이 터져 나왔을 것이다. 둘째, 급속한 성장·확대에 수반하여 발생하는 경제적 제약이다. 공기·물 등의 환경오염 자원의 고갈과 낙후된 농민들의 문제가 있다. 그것은 일반 대중 생활과 직결되는 것인 만큼, 그 정치적·사회적 시급도는 높은 것이다.

이런 와중에도 중국의 소득격차나 부패, 환경문제와 같은 모순에 대해서는 해결이 미뤄져 오로지 경제성장을 추구하는 개발독재적인 노선에 몰입해 왔다. 그러나 2012년 시진핑이 당권을 장악하자, 그동안의 축적된 모순 청산이 시작되고 정치적 긴축이 강화됨과 동시에 경제성장을 우선시한 각종 제도에 대한 궤도 수정이 잇따라 시작됐다. 전 절에서도 지적했듯이, 중화인민공화국 제3의 시대인 시진핑 시대는 이러한 정치·경제적 과제를 안고 등장한 것이다. 아니면 이런 과제가 있었기 때문에 시진핑과 같은 지도자가 등장했다고 말할 수 있을지도 모른다. 그리고 잊지 말아야 할 것은 시진핑 시대는 이런 국내적 과제에 더해 마오쩌둥 시대나 덩샤오핑 시대에는 없었던 '중국의 국제적 역할'이라는 역사적 대문제도 짊어지고 있다는 것이다.

2017년 10월 당대회에서 '중국 특색의 사회주의'와 '신시대'를 내세웠다. 또한 중화민족의 부흥이나 사회주의의 사수, 비서구형 근대화의 가능성을 강조하고, 21세기 중반을 목표로 하는 「강국화」의 실현이나 「공동부유(共同富裕)의 달성」 등을 전면에 내세우도록 되어 있다. 현실적인 문제를 떠나서 이념적으로 보면, 사실상 중국 사회주의의 재출발이 선언됐다고 보면 된다. 또한 시진핑 정권 하에서 진행되는 정치적 보수 회귀와 개혁개방의 궤도 수정은 중국의 경제발전과 중산층 성장의 미래를 어둡게 만드는 동시에 중국의 민주화를 꿈꾸던 서방 사회를 실망시켰다. 서방 세계에서 볼 때 '중국 제조 2025'나 '신시대 선언'에 내걸린 야심찬 기술근대화 정책은 중국의 현재 상황을 '국가자본주의 전환'으로 간주해 논란을 증폭시켰다. 그 결과 미·중 무역마찰에 이어, 미·중 패권경쟁과 맞물리면서 미·중 갈등이 급속히 첨예화됐다.

보수성향의 시진핑이 2012년 실권을 장악한 후, 국내 문제에 대한 시진핑 정책은 한마디로 숙정을 통한 조직정화와 경제안정화 달성일 것이다. 덩샤오핑의 자본주의적 시장경제의 부작용으로 생겨난 부패를 고치려면 도덕의 부활이 필요했을 것이다. 그러나 공산주의가 본래 갖고 있던 풀뿌리의 윤리성은 이미 버려졌고 새삼 되찾을 수도 없었다. 유교를 재활용할 수도 있었지만 정치적 리스크가 너무 크다. 그렇다면 남는 것은 숙정밖에 없다.

경제면에서의 과제는 많은 중진국에 공통되는 것으로 너무 빠른 성장으로 생기는 각종 제약을 피하기 위해서는 성장속도를 억제하는 동시에 자원배분을 바꿔야 했다. 두 자릿수 성장은 논외이며, 중국이 지속 가능한 성장속도는 대략 5~6%일 것이다. 그러나 중국이 중진국 함정에 빠지지 않고, 국민으로부터 정권의 신뢰를 유지하기 위해서는 경제성장률을 아직 상당한 성장세로 이어갈 필요가 있었다. 중국의 현재 1인당 GDP는 10,000달러 정도인데 이를 10년간 20,000달러로 배로 늘리려면 인구가 불변하더라도 적어도 7%에 가까운 성장이 매년 필요하다. 그러나 문제는 시장경제 중심의 경제성장 정책을 추구하면 빈부격차 및 사회윤리적 부패의 심화를 초래하고, 전적으로 사회주의 경제정책을 추진하면 성장이 둔화되면서 거대한 실업이 발생하여 체제위기가 발생할 우려가 커진다. 어떤 선택을 하든 시진핑 정권으로선 쉽지 않은 과제이다. 즉, 중국에 있어서 안정적인 국내·국제환경하에서, 안정적인 성장을 계속하는 것이 지상 과제이며, 이를 위해서는 필요에 따라 기업이나 가계의 경제활동을 미세 조정하는 것이 필수적이라고 믿고 있는 것이다. 시진핑 정권의 경제정책이 시장 중시에서 통제 지향으로 전환되고 있는 데는 이런 정세 판단이 깔려 있다.

2. 경제정책의 전환과 그 결과

1) 민간주도의 경제

시진핑 정권이 출범할 당시에 직면해 있던 과제를 보면, 이전 후진타오(胡錦濤) 정권으로부터 많은 경제적 과제를 물려받았다. 예를 들면, ① 각종 격차의 확대와 격차의 세대를 초월한 대물림, ② 국유부문의 비효율과 확대, ③ 도시화에 수반하는 여러 문제(부동산 버블, 환경 문제, 교통 문제)의 격화 등이다. 시진핑 정권은 초기에 이들 과제에 더하여 대외개방 확대를 통한 개혁추진이라는 입장에서 임하려 했다. 즉, 2013년 가을부터 자유무역시범구와 '일대일로' 구상이라고 하는 대외개방의 신기축을 내세우는 동시에, 거시경제 정책에서는 낮은 경제성장하에서 구조개혁을 진행한다고 하는 「새로운 상태」의 진입 및 전환을 도모한 것이다. 이러한 의도의 표명은 '공급측 중심의 구조개혁'이라는 방침이었다.

그러나 본질적인 경제구조는 정권의 의도를 뛰어넘어 변화하고 있었다. 시진핑 정권 이행기 전후부터 성장률의 하락과 성장구조의 변화가 동시에 진행되고 있었다. 첫째, 중국의 경제성장률은 2009~2013년의 5년간 평균 8.86%에 비해 2014~2018년 기간에 7.04%가 됐고, 점차 연 6%대의 성장세를 보이고 있었다. 둘째, 앞서 살펴 본 것처럼, 성장기여 요인을 수요항목별로 보면, 전기에는 자본형성(투자)과 순수출이 컸던 반면, 후기에는 최종소비지출이 투자를 대신하였고, 수출은 성장의 발목을 잡는 존재가 됐다. 그리고 산업별로는 3차 산업이 성장의 주력이 되어 갔다. 셋째, 산업구조 및 취업구조에서도 변화가 나타났다. 즉, 경제성장률의 저하에도 불구하고, 취업상황은 양호하여 신규 취업인구는 매년 1000만 명을 초과하여, 도시지역 등의 실업률은 4%대 초반의 추이를 보이고 있었다. 고용 측면에서도 서비스 경제화의 진전은 빨랐다. 2012~2019년 산업별 취업인구 구성은 1차 산업이 33.6%에서 25.1%로, 2차 산업이 30.3%에서 27.5%로 감소하였고, 3차 산업은 36.1%에서 47.4%로 증가했다.

또한 소유제별로 보면, 국유기업이 1366만 명 감소해 5473만 명으로 나타났고, 사영기업이 7010만 명 증가한 1억 4567만 명, 개인 경영기업이 6049만 명 증가해 1억 1692만 명이다. 즉, 국유기업의 고용감소에 반하여, 사영 및 개인기업의 고용증가가 압도적이다. 넷째, 산업구조의 변동과 병행하여 인구의 도시집중이 진행되었다. 2019년말 도시인구 비율은 62.7%에 달했다. 게다가 도시인구의 소득은 지역을 불문하고 급속히 향상되어 같은 해 1인당 소비지출은 28,063위안(약 4070달러)에 달해 왕성한 소비력으로 경제를 이끌고 있었다. 이상의 변화를 종합적으로 보면, 관주도의 「공급구조 개혁」과는 별도로 「민간주도」의 산업구조 및 취업구조, 그리고 거주구조의 변화가 경제 전체를 크게 변모시키고 있었다고 할 수 있다.

2) 시진핑의 경제 개혁과 그림자 금융

(1) 중국의 부동산 상품화 개혁

2012년 시진핑 지도부가 출범하면서 중국은 경제발전 속도를 고도성장에서 중속도 성장으로 안정적으로 옮겨가게 됐다. 동시에 2008년 이래의 경기부양책으로 생긴 과잉투자의 왜곡을 수정하는 것이 정책의 중심에 놓였다. 2008년 경기부양정책 과정에서 지방 정부는 중앙으로부터 특별한 재원을 제공받지 못하자 융자평대라고 불리는 반관반민 회사를 통해 자금조달을 하고 공공투자를 진행하였다. 금융기관들은 경쟁적으로 금융파생상품(그림자 금융)을 개발해 이들의 왕성한 자금수요에 부응했다. 그러나 이 같은 구조는 지속 불가능하다고 판단되어 시진핑 지도부는 시장원리와 법률에 따른 개혁을 추진하게 됐다. 지난 2015년 개정 예산법이 시행되면서 지방 정부는 지방채권을 발행해 인프라 투자자금을 조달하게 됐고, 금융당국은 금융혁신을 동반해 확산된 「그림자 금융」의 정리에 착수했다.

시진핑 지도부는 초기 반부패 운동에 주력해 정치적 라이벌을 견제하면서 재정금융정책은 신중하게 운영했다. 그러나 2013년 경기가 침체하자 2014년에는 1선 도시라 불리는 베이징, 상하이, 선천, 광저우 등의 부동산 가격이 하락하면서, 경기 실속의 우려가 확산되었다. 그 때문에 2015년 2분기에 금융완화로 정책 방향을 틀었고, 시중금리는 인하되었다([그림 5-6] 참조). 이 때문에 주가는 상승을 시작하여 미니 버블을 일으켰지만, 2015년 말기에는 이내 폭락하였다. 부동산 가격은 크게 올라 1선 도시지역과 2선 지방도시의 격차가 커졌다.

(2) 양(量)에서 질(質)의 경제로

2017년 정권이 2기에 접어들자 사회주의 현대화 강국 건설을 장기 목표로 삼고 경제는 규모뿐 아니라, 질 높은 발전을 지향하는 방향으로 전환을 꾀했다. 또한 ① 빈곤퇴치 ② 환경개선 ③ 중대 리스크 방지 해소 등을 겨냥한 정책 실행을 강화하기로 했다. 이들은 각각 2020년까지 기한을 제한한 집중 조치로 2021년 창당 100주년의 고비를 무사히 맞이하기 위한 필수 도달의 시책이 되었다. 이 중 '중대 리스크 방지·해소'는 앞선 차이나 쇼크도 감안해 금융 리스크를 해소하고 시스템 리스크를 미연에 방지하는 것이 목표였다. 우선 금융은 실물경제를 지탱한다는 정의를 확인한 뒤 중앙은행과 감독규제기관을 묶는 사령탑 역할에 부총리를 수장으로 한 금융온정 발전위원회를 설치해 하향식 개혁을 추진하기로 했다. 이에 따라 당국은 규제를 강화하고 디레버리지(부채억제)를 추진하며 그림자 금융의 근본적인 정리를 추진하고 IT플랫폼 기업의 금융서비스업 진입에 관한 규칙을 마련하며, 기업과 금융기관이 결탁한 금융그룹의 규제, 금융질서 문란, 사업그룹의 정리·도태를 실시하는 등 여러 개혁을 추진해 나갔다. 이는 1970~1980년대 한국기업 및 금융산업의 규제 및 억제정책과 유사한 통제정책이었다.

3) 부동산 산업의 구조조정

부동산 산업이 경제성장을 견인하는 중요 산업으로 꼽히는 가운데 부동산 시장에서는 2015년 금융완화에 따라 1선 도시에서는 가격이 급상승해 지방 중소도시인 3·4선 도시에서는 재고가 축적되어 있어, 그 해소에 상당한 지연이 보였다. 시진핑 지도부는 공급측에 대한 구조성 개혁을 내걸고 부동산 재고 축소를 목표로 했지만, 전국 일률적 거시정책으로는 적절한 관리가 어려워지고 있다고 판단되어 2016년에 새로운 관리방식이 나오게 되었다. 이는 중앙정부가 기본적인 정책 방침을 정하지만 구체적인 관리시책은 각 지방 정부에 맡기는 것으로 했다. 2015년 12월 중앙경제회의에서 내놓은 과잉 생산능력, 과잉 부동산 재고, 과대 레버리지의 3가지 해소와 기업비용 절감, 공공 서비스의 부족 등의 보충부터 주력해 나가기로 되어 있었다.

중국 정부의 시책 후, 지방도시의 부동산 재고 축소에 효과를 낳았고, 이 큰 틀의 관리는 현재도 계속되고 있다. 그러나 이 같은 정책은 부동산 가격 급등의 근본 원인이나 구조에는 손을 대지 못했고, 그 사이에도 사람들 사이에서는 「부동산 신화」가 형성되어 부동산 가격은 계속 상승하여([그림 5-14]), 거품 경제가 강화되었다. 구조적으로 1994년 도입된 분세제로 불리는 중앙 및 지방재정 예산 분배 규칙 때문에 지방 정부는 만성적으로 재원이 부족해져, 이를 보완하기 위해 국유 토지사용권의 매각수입에 의존하는 것이 정형화되었다. 토지사용권의 매각 수입은 일반재원의 30~40% 규모에 달해 토지재정으로 불리며 현재에 이른다.

지방 정부는 우선 집단소유제 농지를 용도전환하고 사용권을 민간에 매각해 재원을 확보했다. 그리고 그것을 공공투자에 이용해 경제성장이나 도시정비를 도모해 나갔다. 그 과정에서의 토지경매는 매우 중요하며, 이것이 부진에 빠지면 투자자금이 부족해져 경제성장의 목표 달성이 어려워진다. 토지경매에는 대형 부동산 개발회사가 참여하고, 지방 정부는 이들의 고가 낙찰을 기대한다. 부동산 개발회사는 낙찰 받은 토지에 아파트 등의 물건을 지어 널리 판매한다. 이때 부동산 개발회사들은 경쟁적으로 은행차입과 회사채 발행을 통해 부채를 쌓아나 갔다.

3. 시진핑 지도부의 중국경제

1) 중국 정부의 정책 전환

현재 중국경제는 현재 부동산 시장 침체에 따른 하방 압력을 강하게 받고 있다. 그러나 부족하지만 각종 경기부양책을 펴고 있어 2023년 실질 GDP 성장률은 5% 정도로 성장률 목표(5% 내외)를 달성할 전망이다. 향후 중국경제를 전망하면, 도시화나 산업의 서비스화 등, 성장의 여지는 아직 남아 있는 한편, 인구감소의 영향이나 각종 구조 문제의 잔존으로 인해, 과거의 고도 경제성장을 지탱한 풍부한 노동력이나 왕성한 자본의 투입에 의존하는 것은 어렵다. 또한 생산성 향상도 다양한 제약에 직면하고 있어 잠재성장률의 저하는 불가피하다. 중국도 2030년대 초에 걸쳐 성장률은 2%대 초반까지 단계적으로 낮아질 것이다.

현 상황에서 중국의 내외 정세를 감안할 때 경제부문에서 괄목할 만한 진전을 기대하기 어렵다. 국내에 관해서는 상술한 각종 제도개혁을 추진해 나갈 필요가 있지만 재원을 포함한 제도 설계나 이해 조정 등은 쉽지 않다. 또한 시진핑 정권 3기째가 발족한 이후, 공동부유 등의 관점에서, IT나 교육 등의 영역에서 민간의 활동에 대한 규제를 강화하는 움직임도 보이지만, 그 결과 민간의 활력이 손상됨으로써 이노베이션의 기세가 약해져 생산성 향상을 제약할 우려가 있다.

2022년 당시 중국경제는 ① 제로 코로나 대책을 우선시함으로써 ② 경제안정과 ③ 구조조정의 양립이 어렵다는 딜레마에 직면해 있었다. 2021년 중국 정부는 먼저 ①의 실시를 철저히 하는 가운데 ③의 구조조정을 우선시한 결과 ②의 경제안정이 다소 후순위가 되었다고 생각된다. 중국 정부가 제로 코로나 대책을 최우선으로 시행하는 배경에는 2022년 베이징 올림픽과 5년에 한 번꼴로 공산당 대회가 예정된 가운데 베이징 올림픽을 개최함으로써 이후 공산당 대회를 향한 탄력을 받으려는 의도로 풀이된다. 따라서 국내 감염 확산은 절대 피해야 했다.

한편, 2022년 1월에는 대형 부동산 개발업체 3곳이 줄줄이 강등되는 등 채무 상환 능력에 대한 우려가 큰 상황이다. 부동산 시장의 조정 압력은 중국경제에 있어서 어느 정도의 하방압력으로 작용할 가능서이 크다. 중국의 산업연관표 (2018년)를 이용하면 최종 수요에서 차지하는 부동산 관련 수요(건설, 부동산, 주택 임대 부문의 합계)는 약 35%로 추산된다. 일본의 산업연관표(2015년)부터 같은 시산을 하면 약 23%이며, 일본보다도 중국경제는 부동산 관련 수요에 대한 의존도가 크다. 실제로 부동산 시장 악화를 무겁게 받아들인 중국 정부는 다양한 대책에 나서고 있다. 코로나19 사태를 거치면서 중국 정부는 거품 억제를 목적으로 부동산 규제를 강화해왔지만, 2022년 들어 부동산 시장에 대한 포괄적인 금융지원책을 펴는 등 규제완화로 방향을 틀었다. 대기업에 대한 재무지침 '3대 레드라인'에 관해 부채비율 기준 등을 완화하기 위해 움직였고, 주택담보대출 규제완화와 지방 정부의 주택담보대출 우대와 보조금 지급 등의 수요 부양책이 시행되고 있다. 또한 2023년 7월 금융정책에서는 정책금리의 인하 대책이 부동산 위기를 누그러뜨릴 것이라는 기대도 나오고 있다.

또한 부동산 관련 수요 중 인프라 관련 건설투자는 경기부양책의 핵심으로 우선 실시될 공산이 크다. 하지만 주택이나 부동산개발 투자 등 다른 부문의 비중이 더 크기 때문에 인프라 투자만으로 부동산 관련 수요 전체를 끌어올리기는 어렵다. 그렇게 보면 2024년의 부동산 관련 수요는 2021년보다 둔화될 공산이 커 중국경제의 큰 문제가 될 것이다. 부동산 관련 수요의 하락을 완화하는 데 열쇠를 쥔 것은 제조업이다. GDP에서 차지하는 제조업(요컨대 재화) 관련 수요는 약 24%를 차지한다. 재소비와 재수출이 앞으로 가속화되면 부동산 관련 수요 둔화에 따른 악영향을 어느 정도 상응하게 상쇄하는 것이 가능하다.

2) 중국경제의 향방

첫째 문제가 된 중국 부동산 개발 대기업인 헝다 그룹의 경영파탄으로 촉발된 금융시스템 불안이 심화될 것인가, 또는 부동산업이나 부동산 시황 악화를 어떻게 볼 것인가 하는 문제다. 우선 금융시스템 불안에 대해 말하자면 헝다 경영은 사실상 파탄됐다고 할 수 있지만, 헝다의 디폴트(채무불이행)가 중국 전체의 금융시스템 불안으로 이어질 가능성은 크지 않다고 생각된다. 2021년 6월 말의 헝다의 이자 부채는 약 5,700억 위안으로, 그 중 은행으로부터의 차입은 30% 정도인 약 1,700억 위안에 지나지 않기 때문이다. 따라서 이론상으로는 중국 상업은행 전체의 대손충당금은 5.4조 위안으로 수치상으로는 헝다그룹이 파탄에 이르더라도 상당수 처리는 가능하다. 또한 일본의 버블 붕괴시나 미국의 리먼 쇼크 때와 결정적으로 다른 것은, 만일의 경우라도 중국은 금융시스템 불안 회피를 위해 정권 차원에서 공적자금을 투입할 수 있다는 점이다. 1990년대 한국과 일본, 그리고 미국의 리먼 사태 때는 공적자금 투입 결정에 시간이 걸렸고, 그러다 보니 부실채권이 증대됐다. 민주적 논의 없이 정책 실행을 바로 할 수 있는 중국에서는 공적자금을 바로 할 수 있다는 특징이 있다. 그러나 금융시스템의 불안에 대한 우려는 적더라도 실물경제 측면의 영향은 작지 않다. 부동산 시장은 공급측의 개발 의욕과 수요측의 매입 의욕이 함께 감퇴하면서 부동산 침체가 지속될 가능성이 크다. 그만큼 중국경제의 성장은 둔화될 것이고, 또한 장기화될 것이다.

알리바바(인터넷쇼핑몰), 바이두(검색엔진), 텐센트(SNS), 화웨이(통신기기) 등 중국 4대 IT기업은 지금까지 비교적 느슨한 규제 속에서 급성장해 왔다. 그러나 그 존재가 너무 커져 정부의 컨트롤이 효과적이지 않게 되자 최근의 중국 당국이 IT기업에 대한 옥죄기 강화로 대응하고 있는 것 같다. 확실히 기업에 대한 중국 당국의 옥죄기 강화는 비즈니스에 마이너스가 될 것으로 생각된다. 그러나 이 같은 움직임은 한국과 유사하게 IT기업뿐만 아니라, 학원 등 교육 관련 비즈니스에도 미치고 있는데, 이는 저출산 대책이라는 의미가 있다. 중국에서는 2015년 말 한 자녀 정책이 폐지됐지만 저출산 흐름에 제동이 걸리지 않고 있다. 부모가 자녀를 학원에 보내면서 교육비가 증가하고 있는 것이 저출산의 원인으로 지목돼 교육비 인하가 필요하다. 그래서 중국 당국은 후술하는 공동부유 정책의 일환으로 무료 온라인 학습의 서비스 제공 등을 통해 형평성을 확보하면서 국민 전체의 교육 수준을 높이려 하고 있다. 교육은 시진핑(習近平) 정권이 가장 공을 들이는 분야다.

두 번째로, 최근 공동부유 정책으로 인해 중국이 문화대혁명(1966~1976년)으로 혼란스러웠던 마오쩌둥 시대로 돌아가는 것 아니냐는 우려가 존재한다. 2021년 8월 시진핑(習近平)은 '공동부유(共同富裕)'를 촉진하겠다는 결의를 재차 표명했다. 앞서 살펴 본 것처럼, 공동부유는 중국의 심각한 빈부격차를 줄여 사회 전체가 풍요로워져야하고, 또한 그래야만 하는 정치·경제적인 절박함에 대한 슬로건이다. 보도에 따르면, 중국 정부는 최고소득자의 소득을 타당한 형태로 조절해 저소득층의 소득을 올려, 파이를 나누는 것을 목표로 하고 있다고 했다. 특히 소득층의 가운데 부분이 크고, 양쪽 끝이 작은 럭비 공 형태의 소득분배 구조를 염두에 있다고 밝혔다. 공동부유를 처음 제창한 것은 확실히 마오쩌둥에 의해 제기된 개념이지만, 1978년 이후 중국경제의 고성장을 형성한 덩샤오핑도 개혁개방 정책에 따른 사회주의 시장경제 도입 후 공동부유를 중시했다. 시진핑 정권과 마오쩌둥 정권의 차이점은 누가 먼저 부를 얻고 부유해지는 것을 용인하느냐 하는 점이다. 마오쩌둥은 어디까지나 평등하게 풍요로워지는 것을 추구했다. 이에 반해 덩샤오핑은 근본 목표는 함께 잘사는 것이라면서도, 일부 사람들이 먼저 부

(富)를 얻어도 되고, 나중에 다른 사람들을 도와 점차 공동부유에 도달해 궁극적으로 모두가 부유해 질것이라는 선부론(先富論)을 폈다.

한편 2021년 8월 시진핑의 '공동부유(共同富裕)'발언에 대한 논리는 "먼저 부를 얻은 것이 나중에 부(富)를 얻는 사람들을 돕는 것"이며 "부자를 죽이고 가난한 사람들에게 나눠주는 것이 아니다"라고 했다. 즉 "공동부유해도 일정한 격차는 존재한다"고도 했다. 따라서 시진핑의 공동부유는 마오쩌둥의 문화대혁명 시대로 돌아가는 것이 아니라, 덩샤오핑에 가깝다고 볼 수 있다. 이 같은 정책 논리의 배경에는 미·일·유럽 등 선진국과 마찬가지로 소득격차의 확대는 중국에서도 큰 문제가 되고 있기 때문이다. [그림 5-12, 5-13]과 같이, 개혁개방 정책에 의해 중국이 급성장함과 동시에 소득 편재의 문제도 심화되어 갔다. 공동부유는 격차 문제에 대한 대응이고 중국은 과세, 사회보장 등 분배방안 강화 외에, 교육수준 개선을 통한 중·소득자층의 확대를 통해 장기적인 경제성장을 꾀하려는 것으로 보인다.

셋째, 자본투입(투자)에 대해서도 인구감소의 영향을 받는다. 2000년대 중반보다 고령자를 중심으로 부양인구 비율이 상승함에 따라 국가 전체에서 본 저축률은 저하 경향에 있으며, 그 결과 투자율도 낮아지고 있다. 이러한 경향은 향후 더욱 강해질 것으로 전망되어 추세적으로 투자율의 저하는 불가피할 것이다. 현재의 중국경제가 처한 상황을 보더라도 지금까지의 과잉투자의 영향으로 자본스톡이나 채무는 증대할 뿐, 투자에 의존한 성장 패턴은 이제 한계에 와 있다.

소결

결론적으로 중국의 대도시를 중심으로 한 주택거품은 언젠가 터질 가능성이 있다. 그러나 중국체제로 볼 때 버블이 붕괴하더라도 국가가 부동산 개발회사나 금융기관, 국영기업 등을 통해 경제에 미치는 악영향은 최소화될 수도 있다. 한편 이런 상황에서 주택버블을 경계하는 시각도 많다. 현재 베이징의 수준은 과거 일본의 버블경제와 양상이 다소 다르지만 향후 주택버블의 팽창 → 주택버블 붕괴 → 금융기관의 부실채권 증가 → 중국경제의 경착륙으로 이어질 수도 있다. 국영은행과 국영기업의 일부는 그림자 금융으로 얻은 종자돈을 부동산시장에 쏟아붓고 있다고 알려져 있다. 무디스의 추계에 의하면, 지난해 그림자 금융의 사업 규모는 9조 4,000억 달러(약 1,034조 원)에 달했다고 한다. 거액의 기업부채는 주택버블의 붕괴 등을 계기로 금융·자본시장의 혼란을 통해 중국경제에 악영향을 미칠 우려가 있다.

또한 중국 정부가 좀비기업 및 국영기업의 채무처리에 본격적으로 임한다면, 기업부채 감소 → 정부부채의 증가는 불가피하여 "잠재성장률이 하락하는 가운데 부채가 계속 증가해 재정의 힘이 약해질 수 있다"는 무디스의 지적은 타당성 있어 보인다. 근본적인 문제 해결은 국영기업의 경영효율을 높이고, 돈 버는 기업을 많이 만드는 것이다. 예를 들어, 경영효율을 측정하는 총자산 이익률(ROA)은 2015년 시점에서 국영기업이 2.87%인데 반해, 민간기업은 10.59%, 외자기업은 7.9%로 국영기업의 비효율성을 알 수 있다. 또한 채무상환 능력을 나타내는 부채비율은 국영기업이 61.94%, 민간기업이 51.81%, 외자기업이 54.49%로 국영기업의 채무부담이 민간기업보다 크다. 특히 주택투자는 GDP의 50% 이상을 차지하는 고정자산 투자의 핵심이다. 코로나19 불황의 2020년 주택투자 비율은 약 50%, 그 중 상당수가 부동산 개발에서 GDP 증가액의 31%를 차지했다. 부동산시장 붕괴는 중국경제의 앵커(닻) 상실을 의미한다.

마지막으로, 대외관계에 관해서도 중국에는 역풍이다. 그동안 중국은 국제공조적 대외정책 아래 수출을 통한 외수 유입과 대내 직접투자 적극 수용을 통한 선진기술 획득 등으로 성장을 가속화해 왔다. 하지만 시진핑 정부 출범 후에는 그동안의 발전으로 국력이 높아진 것 등을 배경으로 강대국 외교로 전환해 강국화를 지향하게 됐다. 이에 따라 미국을 중심으로 중국을 경계하는 자세가 강해지고 있으며, 미국 트럼프 행정부 때 미·중 마찰로 관세전이 첨예해진 뒤, 최근에는 '탈중국'로 중국에 대한 과도한 의존을 재검토하려는 움직임이 선진국에서 확산되고 있다. 이에 반해 중국은 국내 독자적인 과학기술 진흥(자립자강)에 주력하고 있지만, 어렵고 시간이 많이 걸릴 것이다. 또한 인구감소로 국내수요 둔화가 예상되는 가운데 '일대일로'정책 아래 중국으로부터의 대외전개를 강화하고 신흥국의 인프라 정비 등 종래와는 다른 형태의 해외수요 도입도 추진해 왔으나, 진출국 대상 대외채무에 부실 우려가 생기는 등 경제적 효율성, 지속가능성 면에서 휘청거리고 있다. 따라서 향후 중국경제가 과거와 같은 높은 경제성장이나 안정적인 경제운영을 하기에는 누적된, 해결하기 어려운 정치 · 경제적 문제가 산적해 있어 더욱 어려운 경제환경에 놓이게 될 것이다. 경우에 따라서는 체제위기까지 불러올 수 있다.

CHAPTER 06 필리핀의 경제구조와 저성장

section 01 필리핀경제의 서설(序說)

　1960년까지 필리핀은 아시아에서 일본 다음으로 부유한 국가였다. 필리핀의 1인당 GNP는 1955년 일본의 80%에 이루는 수준이었다. 필리핀의 1인당 GNP를 같은 시기의 한국에 비교하면 2배 이상 높은 수준이었다. 아시아에서 성공한, 즉, 한국보다도 잘 사는 나라가 바로 필리핀이었다. 그러나 필리핀의 경제 상황은 1970년대를 거쳐 1980년대에 이르러서는 더욱 악화되어 아키노 정권 탄생 전후에는 말기적인 현상이 나타났다. 필리핀의 GDP 성장률은 1975~80년까지 평균 6.3%에서 1981년에는 3.9%, 1982년에는 2.9%, 1984년에는 −6.0%까지 하락한 데 이어 85년 역시도 −4.3%를 기록했다. 1980년대 전반은 세계적인 경기후퇴에 기인하여 동남아시아도 성장률의 저하가 나타났지만, 이렇게까지 큰 폭의 마이너스 경제성장을 기록하지는 않았고, 적어도 세계적인 평균은 넘거나 유지하는 정도로 비교적 양호했다.

　그러한 필리핀경제가 2013년 기준으로 1인당 GDP(명목)가 2,790달러, 명목 GDP 총액은 2,720억 달러로 한국과 비교하면 2013년 한국의 1인당 국내총생산이 25,972달러, 명목 국내총생산액이 1조 3,000억 달러니까, 한국에 대한 필리핀의 1인당 국민소득은 1/10 수준이고, 국내총생산은 한국의 21% 수준에 해당한다. 또한 필리핀의 실업률은 2013년 기준으로 7.1%로 높은 편이다. 필리핀의 수출액은 566억 달러, 수입은 624억 달러로 한국의 수출총액이 5,573억 달러로 한국의 1/10 수준이고(일본은 6,970억 달러), 수입총액이 5,414억 달러로 이 역시 한국의 1/10(일본은 같은 기간 7,666억 달러)수준이다. 특히 필리핀도 개발도상국의 전형적인 특징 중의 하나인 수입초과 현상으로 인해 무역수지가 장기간에 걸쳐 적자로 나타나는 것을 외국인 직접투자나 해외진출 필리핀 노동자들의 송금에 의해 상쇄되는 전형적인 후진국 경제구조이다.

현재 필리핀은 다른 ASEAN 국가들과 유사한 공업화 전략을 실시하고 있음에도 불구하고, 왜 이처럼 빈약한 경제개발 성과밖에 거둘 수 없는 것일까? 즉, 1960년까지 필리핀은 한국보다도 부유한 공업화된 국가였다. 그런데 왜 1970년대 이후 한국보다 경제성장 및 소득에서 큰 차이를 보이면서 오늘날 아시아의 후진국으로 전락했을까?

section 02 필리핀경제의 역사적 접근

필리핀의 경제문제는 이해하기도 쉽지 않고 단순하지도 않다. 또한 그 원인을 규명하는 것도 역사적 접근으로부터 사회 및 인종, 그리고 지리적 조건, 종교적인 문제에 이르기까지 다원적이며 다층적인 분석이 필요한 만큼 그 또한 쉽지 않다. 다만 필리핀경제에서 첫 번째로 지적해야 할 것은 장기간에 걸친 식민지 지배에 따른 사회적 지배계층에 대한 문제이다. 과거 스페인은 필리핀 지역의 지배계층을 지방장관(지역 관리)에 임명하여 징세권을 주어 그들로 하여금 지방을 수세기에 걸쳐 지배해 왔다. 세금을 내지 못하는 농민은 토지를 잃고 농노로 전락했다. 이 처럼 지방 장관은 카토릭 교회와 중국계 혼혈(mestizo)과 함께 농원(농장)이라고 하는 거대한 토지를 집적했다. 19세기에 들어서 이들은 차입금에 메여 있는 소농경지를 양도받아 소유경지를 더욱 확대했으며, 부채를 가진 소작농들은 농노처럼 토지에 메여 여분의 노동력을 착취당했다[1].

특히 중국계 사람들은 열대 상품작물의 세계적인 수요급증에 편승하여 자본집적과 함께 필리핀의 사회·경제적인 엘리트로 변모했다. 필리핀에 대한 중국계 사람들의 지배력은 "중국계 사람들의 도움이 없었다면 스페인이나 미국도 필리핀의 정치적 관리가 힘들었을 것[2]"이라고 지적할 만큼 수백 년에 걸쳐 강력했으며 집요했다고 말할 수 있다. 필리핀에서 중국계의 경제활동은 말레이시아나 태국과도 크게 다르다. 즉, 말레이시아의 경우 독립 후에 경제발전 과정에서 중국계 화교들에 대해 강력한 경제활동의 제한조치로서 중소기업에 한정하여 기업활동을 허가한다든가, 혹은 태국처럼 중국계 사람들이나 화교들로 하여금 대기업을 구성하게 하여 태국경제에 기여하는 만큼 그들에 대한 통제도 강화하고 있는 태국과도 전혀 다른 사회·경제구조를 필리핀은 형성하고 있다. 한편 필리핀에서는 중국계 화교에 대한 경제활동의 규제도 제한도 없이 정치·경제·사회구조를 그들의 틀 속으로 내재화하여 경제정책 입안은 물론이고, 그에 따른 정책적인 혜택도 상당히 크게 받았다[3].

둘째로, 장기간에 걸친 식민지 지배와 중국계 사람들과 같은 이민족에 의한 정치·경제적인 지배에 따른 국가관의 문제이다. 지방 장관을 역임한 토착 엘리트들은 2차 대전 후에 교회 소유 토지를 접수하면서 지배력이 더욱 강력해져 이들에 의한 근대적인 관료제도, 공화제의 형태에서의 경험을 통해 근대 경제성장을 추진할 수 있었다. 한편으로는 중국계 엘리트들을 포함하는 필리핀의 토착 엘리트들의 지도력은 정치체계의 변화 및 경제위기, 쿠데타를 초월해서 존속해 왔다. 즉, 소수의 토착 엘리트들의 경제적 지배계급의 문제는 필리핀의 현대사에 있어,

---

1) Harry T. Oshima(1987), Economic Growth in Monsoon: A comparative Survey, University of Tokyo Press, Japan(渡辺·小浜訳(1991)『モンスーンアジアの経済発展』, p.211). 필리핀의 소농은 베트남이나 미얀마처럼 토지를 잃고 소작농으로 전락했다. 또한 태국의 농노들은 해방되었는데 반해 필리핀의 농노는 오히려 강화되었다는 점이 다르다.
2) 상동, p.212. 현재까지도 필리핀에 대한 중국계 이민족들의 정치·경제적인 지배력은 강력하다.
3) 예를 들면 1946년 독립 후 필리핀은 국내에 존재하지 않는 산업에 투자할 경우 내국세감면을 주는 신규필수산업법이 제정되었다. 이 법에 따라 1958년까지 면세특전을 받은 기업의 50%가 필리핀 기업이고, 20%가 화교기업이었다(平川·石川(2001), p.21).

또한 전 기간에 걸쳐서 국가에 우선하는 지위를 가져왔다. 국가에 대한 소수 토착 엘리트의 경제적 지배력의 우선이 중단된 것은 일본군에 의한 3년간의 점령시대만이 있었을 뿐이고, 한국과 대만과 같은 실효성 있는 토지개혁도 성립하지 않았다[4].

소수 토착 엘리트의 우월적인 경제적 지배력이 국가에 침투한 결과 관료조직의 단결력과 연속성은 발휘되지 못했다. 따라서 대토지 소유자 계급들이든 초기에 형성된 민간기업이든지간에 국민을 위한 정책이 이들 토착 엘리트 계급들의 이해에 저촉되는 경우에는 정책의 승인이 어렵고, 설사 승인되었다 하더라도 정책의 실행 단계에서 큰 저항에 부딪치는 일이 많았다. 수백 년 동안의 식민지 치하에서 국가 존재의 중요성 자체가 모호해진 상태에서의 개인 및 소수 엘리트 집단의 정치·경제적 이익이 국가발전보다 우선한다는 논리는 수세기에 걸쳐 다층적인 사회·경제구조를 형성해 왔던 필리핀의 지배계층에서 보면 자연스러울 수도 있다. 그 결과는 오늘 날 소수 정치·경제 엘리트 집단의 번영으로 나타났다.

이 같은 소수 지배계급 체제를 파타하려고 했던 마르코스 정치조차도 새로운 소수 엘리트 지배계급을 새롭게 만들었을 뿐, 결국 과거의 체제와 크게 다르지 않았다. 예를 들면 1970년대 말부터 코코너츠 나무, 열대과실과 같은 수출대상 산업을 마르코스 대통령의 측근 재벌과 반(牛)관민기업을 토대로 결합 및 재편을 통해 철강, 재련, 석유화학, 알루미늄 산업 등에 대한 지정 및 육성은 결국 새로운 재벌기업가 지배집단에 의해, 그 후 필리핀의 경제가 파탄에 이르게 되는 중요한 요인으로 작용한 것은 비극이다. 특히 필리핀의 지배계층은 자신들이 지배한 국가보다도 그 일족이 최고의 우선권을 갖는 것에 대해 골몰하는 경향이 강하다.

셋째로, 필리핀의 토지소유 문제이다. 앞서 언급한 것처럼 2차 대전 이후 한국 및 대만과는 다르게 필리핀에서는 실효성 있는 토지개혁도 이루어지지 않았다. 필리핀에서 토지개혁이 일어난 후 1970년까지 토지소유권 증명서를 받은 소작농민은 10년간에 약 19%에 지나지 않는다[5]는 것을 보면 얼마나 토지개혁이 부실

---

4) 猪木·高木(1993)『アジアの発展構造－ASEAN·NIES·日本』同文館. p.81.

하고 형식적으로 이루어 졌는지를 알 수 있다. 이는 필리핀 농업 총소득의 대부분을 대토지 소유자들이 점하고 있다는 것을 의미하며, 농업노동자들의 소득수준은 상대적으로 낮고, 동시에 농업의 유효수요에 점하는 비율 또한 낮을 수밖에 없다. 즉, 대토지 소유 및 소득 집중은 새로운 농촌시장을 형성하는데 한계가 있을 뿐만 아니라, 1차 수입대체 및 1차 수출 과정에서 형성된 기계산품에 대한 시장 제공이 불가능해 짐으로써 국내시장을 구축한 후 수출이라는 전형적인 제조업 성장 패턴을 형성할 수 없게 된다. 이는 필리핀 제조업의 성장이 초기부터 농업과 공업의 연계성이 떨어져 시장에 제한성을 가지게 되는 하나의 원인이기도 하다. 즉, 필리핀은 대형기계의 생산을 선진국의 기술과 합작을 통해서 도입했지만 그 규모는 확대되지 못하고 다른 제조업과 마찬가지로 정체적인 추이를 보이는 것도 이 때문이다[6].

넷째로, 필리핀의 시장구조에 관한 문제이다. 필리핀의 기업집단의 경제적 지배에 대해 한국 및 일본과 비교한다면 결정적인 차이는 시장에서의 경쟁조건이 유지되는 것이냐 아니냐의 문제이다. 한국이나 일본의 경우 국내의 특정 시장에는 복수의 기업집단이 경쟁적으로 진입하고, 또한 외국기업과의 경쟁이 격렬한 수출시장은 재벌계 기업에 입장에서는 우선순위가 높은 사업활동 분야로 되어 있다. 이에 반해 필리핀의 소수 엘리트 기업집단은 국내의 특정 시장에 독점적으로 진입하는 한편, 국제경쟁 시장에 진출하는 것은 일반적으로 적었다[7]. 즉, 필리핀의 독점적인 기업집단은 한국과 다르게 대내지향적인 생산활동 및 국내시장 지향형 기업으로서의 성장과 이익에 매료되어 있었다. 따라서 이들은 토착 엘리트집단이 가지는 우선적 특권을 이용하여 수입대체 공업화에서 수출대체 공업화로의 전환 과정에서 관세를 인상시켰다. 관세정책은 수입대체라는 목적에 대응해서 수입품에 각기 다른 관세율을 부과하기 때문에 국내 가격체계의 왜곡뿐 만 아니라, 전체적으로 경제후생이나 소비자이익이 저하한다. 즉, 국내 산업을 보호

5) 渡辺・小浜訳『モンスーンアジアの経済発展』, p.225.
6) 猪木武徳・高木保興(1993)『アジアの発展構造－ASEAN・NIES・日本』同文館, p.90.
7) 猪木武徳・高木保興(1993), pp.80~81.

하는 관세인상 정책은 국내 산업을 국제경쟁의 장으로 내보내는 것이 아니라, 언제까지나 편안한 국내시장에 온존시키는 것에 우선하게 되는 약점을 동시에 지니게 된다.

다섯째로, 토착 지주계층의 강력한 권력의 온존 문제이다. 전전(戰前) 및 전후(戰後)에 걸쳐서 토착 지주계층의 권력은 온존된 상태로 그들의 잉여자금을 도시로 투자하기 위해서 농촌에서 이전시킨 것뿐만 아니라, 토착 엘리트 지주계층이 지배하고 있는 정부나 은행으로부터도 자금을 받을 수 있었기 때문에 이들에 권력은 더욱 강력해 졌다. 물론 이들에 대항하기 위해 마르코스 전 대통령에 의해 형성된 신흥재벌 엘리트 집단조차도 국가에 우선하는 지배력에 따라 중소기업가나 노동자에 대해 경제적인 이익을 대폭적으로 양도하려하지 않았다. 이 같은 정치구조 하에서는, 그리고 소비자가 너무나도 유약한 정치력밖에 가지고 있지 않은 보호대상의 나라에서는 관세를 내린다든가, 혹은 수출을 확대한다든가 하는 움직임은 일어나기 어렵다.

마지막으로, 미시적인 관점에서 보면 필리핀의 권위주의적인 의사결정과 광범위한 친족 관계, 기업보다도 일족의 이익우선, 노동자에 대한 모멸적인 태도, 단기의 이익최대화 등의 특징도 필리핀경제재건에 단점으로 작용했다. 이 같은 점은 향후 한국에 대해 시사하는 점이 매우 크다고 하겠다.

section 03   필리핀경제의 정책적 접근

1. 필리핀경제 상황(1950~1960년대)

앞서 언급한 것처럼, 필리핀은 1950년까지 제2차 세계대전 전의 경제수준을 회복하고, 1950년대부터 아시아 여러 나라에 앞서서 공업화에 착수했다. 필리핀의 1인당 GNP는 1955년 일본의 80%에 이루는 수준이었고, 1인당 GNP는 한국에 비교하면 2배 이상 높은 수준이었다. 1950년대 아시아 주요국의 GDP의 연평균 성장률([표 5-1])에서 보면, 1950년대 대만(7.6%), 홍콩(9.2)을 제외하면 필리핀은 독립 후의 개발도상국 중에서 가장 높은 6.5%의 양호한 성장률을 기록했다. 이 같은 성장률 추세는 1960년대에 이르러 다른 아시아 주요국에 역전 당하기 시작한다. 그러나 1950년대~1970년대까지의 연평균 성장률로 비교해 보았을 때, 필리핀의 GDP 성장률은 태국을 제외하고 보면 다른 동남아시아 국가들에 비교 했을 때 크게 떨어지는 성과는 아니었다.

이 같은 GDP 성장률과 초기 공업화가 가능했던 것은 높은 저축률에 의한 것으로 1950년대에는 대략 15%의 투자율을 유지할 수 있었기 때문이다. 개발도상국에서 일반적으로 나타나는 저축에 대한 초과투자 부분은 0.1%로, 외국 저축률은

표 6-1 아시아 주요국의 국내총생산(GDP)의 연평균 성장률 (단위: %)

국 명	1950년대	1960년대	1970년대	평균
일 본	8.0	10.9	5.0	8.0
한 국	5.1	8.6	9.5	7.7
대 만	7.6	9.6	8.8	8.7
홍 콩	9.2	10.0	9.3	9.5
싱가포르	5.4	8.8	8.5	8.1
말레이시아	3.6	6.5	7.8	6.0
태 국	5.7	8.4	7.2	7.1
인도네시아	4.0	3.9	7.6	5.2
필리핀	6.5	5.1	6.3	6.0

자료: 渡辺・小浜訳,モンスーンアジアの経済発展, p.77.

표 6-2 필리핀의 투자율 및 저축률 (단위: 100만 페소, %)

년도	GNP	총자본형성	비율	총저축	비율
1960	13833	2247	16.2	2299	16.6
1961	15161	2753	18.2	2668	17.6
1962	17030	3052	17.9	2924	17.2
1963	19793	3876	19.6	4327	21.9
1964	21383	4526	21.2	4715	22.1
1965	23382	4883	20.9	5105	21.8
1966	25745	5097	19.8	5628	21.9
1967	28734	6052	21.1	5721	19.9
1968	31791	6794	21.4	5830	18.3
1969	35012	7209	20.6	6160	17.6

자료: 日本貿易振興会(1992) 『NIES, ASEANの持続的成長』, p.227.

1.6%로 투자의 대부분을 국내 저축에 의해서 충당할 수 있었다. 1960년 필리핀의 투자율은 16.2%인데 반하여, 저축률은 16.6%로 저축초과 상태였다. 즉, 1961년과 1962년을 제외하면, 1966년까지 저축률이 투자율을 항상 초과하는 상태가 지속되었다. 필리핀은 국내자본(저축)에 의한 투자가 초기부터 이루어진 흔하지 않은, 즉 외국자본의 의존율이 낮은 나라라는 점에서 다른 개발도상국과 다르다. 같은 기간 한국은 투자율이 11.7%인데 반해 국내 저축률은 3.0%로 필리핀의 초기 경제조건이 얼마나 양호했는지를 알 수 있다[8].

---

8) 1960년대 초기경제 상황을 보면, 1962년~1966년까지도 한국의 평균투자율은 21.6%, 국민저축률은 11.8%로, 항상적으로 투자초과에 의한 자금부족을 해외저축률 8.6%로 보충되고 있었다(경제기획원(1986) 『한국경제지표』. 6. pp13~14.).

표 6-3 필리핀의 산업구조 (단위: %)

	1960	1965	1970	1975	1980	1985	1989
농림수산업	34.8	34.0	28.9	26.8	25.6	29.2	27.1
광공업 (제조업)	22.0 17.4	25.7 20.3	29.5 23.2	34.1 25.3	36.1 25.0	32.3 24.0	33.2 25.1
서비스업	43.2	43.3	41.6	39.1	38.3	38.5	39.7
GNP	100.0	100.0	100.0	100.0	100.0	100.0	100.0

자료: 日本貿易振興会(1992)『NIES, ASEANの持続的成長』, p.199.
주: 광공업은 광업, 건설, 가스·수도·전기를 의미함.

따라서 저축초과(저축>투자)의 경제구조에서는 설비투자에 필요한 자금을 국내에서 조달할 수 있기 때문에, 국내 금융시장을 장악하고 있는 소수 엘리트 대기업집단의 입장에서는 달러에 대한 원금과 이자부담이 있는 외국자본에 의존하기보다는 국내자본에 의존하면서 수출지향적 공업화보다는 내수시장 중심의 수입대체 공업화 전략에 집착하게 된다. 그리고 국제시장에서의 제품경쟁보다는 국내시장에서의 독점적 지위를 이용한 자본축적에 몰입하는 경향이 강해지게 되는 것은 필연적이다.

한편 필리핀의 공업화 비율을 [표 6−3]에서 살펴보면, 1960년의 공업화 비율(GNP에서 차지하는 공업부분의 비율: 제조업, 광업, 건설, 가스, 수도를 포함)은 당시 개발도상국 중에서도 높은 수준의 22.0%였으며, 제조업만은 17.4%를 달성하고 있었다. 당시 한국의 경우를 제조업 분야로 한정해서 살펴보면 1962년의 한국의 공업화 비율(제조업)은 14.3%이다. 이는 1960년 필리핀의 공업화 비율인 22.0%에 비해 월등히 낮은 비율이며, 1979년에 이르러서야 한국의 공업화 비율은 27.5%에 이른다[9]. 다시 말해서 1950년~1960년까지 공업화 비율에 한정해서 비교해 본다고 하더라도 필리핀의 경제발전의 초기조건은 한국에 비하여 월등히 양호했다고 말 할 수 있다.

---

9) 한국은행, 국민소득계정 1984년 및 경제기획원(1981)『한국경제지표』, p.106.

더욱이 중화학공업 및 섬유공업, 그리고 기계공업 비율에 관하여 국가별로 비교해 보면 매우 흥미롭다([표 6-4] 참조). 먼저 중화학공업화 비율부터 보면, 1960년 일본은 56.9%, 한국은 22.4%, 필리핀은 30.8%로 태국의 14.2%나 한국의 22.4%보다도 매우 높다. 그러나 1975년이 되면 한국은 43.3%로 필리핀의 42.1%를 추월하게 된다. 이 같은 현상은 섬유공업화 비율이나 기계공업 비율에서도 유사하게 나타난다. 즉, 1960년 일본의 섬유공업 비율은 8.5%로 한국의 25.2%보다 낮은 13.1%이다. 일본, 한국, 필리핀은 비율이 점점 낮아지는데 반하여 태국은 오히려 증가하는 특징이 있다. 기계공업 비율은 1960년 일본이 31.7%, 한국이 9.9%, 필리핀은 13.3%로, 이 역시 필리핀은 한국보다도 높았다. 그러나 1980년이 되면 한국의 기계공업 비율은 21.8%로 급증하였고, 필리핀도 증가는 하였으나 한국에 추월당하거나 태국과 비슷한 성장을 보이고 있다.

표 6-4 아시아 주요국의 중화학공업화 비율 (단위: %)

분야	국별/년도	1960	1965	1970	1975	1980
중화학 공업화율(%)	일본	56.9	56.3	64.4	62.0	63.6
	한국	22.4	28.8	34.8	43.3	50.6
	태국	14.2	21.6	27.6	29.6	30.2
	필리핀	30.8	29.6	33.6	42.1	39.2
섬유공업 비율(%)	일본	8.5	7.2	5.5	4.7	3.6
	한국	25.2	28.2	21.4	21.3	17.3
	태국	12.4	13.5	13.7	17.2	23.5
	필리핀	13.1	12.1	10.1	9.0	12.6
기계공업 비율(%)	일본	31.7	32.9	39.9	39.7	39.6
	한국	9.9	10.8	12.6	16.2	21.8
	태국	6.3	8.2	10.7	11.1	15.5
	필리핀	13.3	13.0	11.2	11.1	15.5

자료: 日本貿易振興会(1992) 『NIES, ASEANの持続的成長』, p.199.
주: 중화학공업화율은 제조업 부가가치액에 점하는 중화학공업 부가가치액의 백분율, 그 나머지가 경공업 비율임.

표 6-5   아시아 주요국의 산업부문별 GDP의 연평균 성장률 (단위: %)

국 명	농업부문			공업부문			
	1950년대	1960년대	1970년대	1950년대	1960년대	1970년대	공업부문 평균
일 본	2.4	4.0	1.1	13.7	10.9	5.5	10.0
한 국	5.5	4.4	3.2	12.3	17.2	15.4	15.0
대 만	4.8	4.1	1.6	10.7	14.7	12.5	12.6
홍 콩	–	1.9	−4.6	–	7.9	8.2	8.1
싱가포르	–	5.0	1.8	–	12.5	8.8	10.7
말레이시아	0.9	5.8	5.1	3.7	7.0	9.7	6.8
태 국	3.8	5.6	4.7	8.0	11.9	10.0	10.0
인도네시아	2.6	2.7	3.8	–	5.2	11.1	2.8
필리핀	3.3	4.3	4.9	7.1	6.0	8.7	7.3

자료: 渡辺・小浜訳(1991)『モンスーンアジアの経済発展』p.79.

산업부문별 GDP의 연평균 성장률을 [표 6−5]에서 보면, 1950년대~1960년대까지 필리핀의 농업부문 성장률은 의외로 낮다. 즉, 1950년대 필리핀의 농업부문의 성장률은 한국의 5.5%, 대만의 4.8%, 그리고 태국의 3.8%에 비교해 보아도 낮은 수준이다. 그러나 필리핀의 공업부문은 한국이나 대만보다는 낮지만 1950년대까지는 동남아시아 다른 여타 국가들보다도 높은 수준이다. 그러나 1960년대에 들어 필리핀의 공업부문의 GDP 성장률이 지속적인 성장에도 불구하고, 한국이나 대만은 물론이고 다른 동남아시아 국가들에도 추월당하고 있다. 이는 필리핀의 공업부문이 정체되었거나 혹은 둔화되었기 때문이라고 말하기보다는 다른 아시아 국가들이 상대적으로 더 높이 성장했다고 말하는 것이 옳을 것이다. 이 같은 필리핀경제의 정체 및 경제적인 침하 현상은 공업화 초기 단계에서 필리핀의 경제 자체가 유력한 재벌들을 중심으로 민간부문에 크게 의존하고 있었기 때문이다. 즉, 필리핀 정부가 경제개발 계획을 책정했지만 재정적인 뒷받침이 없는 책상위의 계획이었기 때문이었다. 다시 말해서, 1950년대~1960년대의 필리핀의 경제발전은 국내시장을 중심으로 하는 국내의 유력한 재벌들을 중심으로 한 제조업 부분의 성장률이 경제 전체를 견인하는 제조업 주도의 경제성장이었다.

또한 1950년대부터 시작된 수입대체 공업화 과정에서 외국자본의 역할, 특히 미국자본의 역할이 컸다. 1946년 독립 후 필리핀은 미국과의 페루 통상법에 따라 미국자본에 대해 내국민 우대를 적용했다. 이에 따라 미국자본은 경제 활동이 자유로웠고, 수입대체 공업화정책에 민감하게 반응하면서 종래의 공익사업에서 1차 산품 관련 분야로, 그리고 제조업으로 경제활동 범위를 크게 확대했다. 즉, 1950년대 조기의 수입대체 공업화가 달성되었던 것은 중국계 화교자본뿐만 아니라, 미국계 다국적기업의 존재가 있었다[10]. 이처럼 필리핀 공업화에 외국자본의 역할은 크지만, 미국 투자자본의 3분의 2는 이윤의 내부유보에 의한 것이고, 필리핀에 대한 미국자본의 유입은 그 지배의 크기에 비해 상당히 작았다. 그리고 미국 이외의 외국자본의 유입은 미국자본 이상으로 한정적이었다. 그만큼 필리핀은 다른 외국자본에 입장에서 보면 매력적인 투자처는 아니었다. 이는 1960년대 1차 수입대체에서 1차 수출대체로의 전환 과정에서 대만의 중소기업이 가지는 수출 전략, 즉 외국자본의 유입에 따른 수출시장의 자연스러운 확보라는 이점도 기대할 수 없었다. 따라서 필리핀의 경우, 하천의 중류·하류와 같은 가공업=중·경공업=자본 및 노동집약적 공업=대기업=국내시장 독점=중국계 화교자본이라는 구도가 형성 된다. 한편 하천의 하류와 같은 가공업=경공업=노동집약적 공업=중소기업=국내시장 의존=필리핀 원주민 자본이라는 구도라고 말 할 수 있다.

1950년대 필리핀의 공업화를 지탱한 정책은 수입관리를 중심으로 하는 국내시장 보호였다. 수입관리는 당초에는 외화의 제약을 해결하기 위해서 도입되었지만, 소비재의 수입을 엄격하게 제한했기 때문에 수입재의 가격이 상승하여 국내생산으로의 전환을 촉진시켰다. 이것이 수입대체 공업화로의 길을 열어 공업화

---

10) 奥村 茂次(1988)『アジア新工業化の展望』大阪市立大学, p.219.

를 지원하는 정책이 실시되는 요인이 되었다. 수입대체 산업에 필요로 하는 중간재나 자본재 수입에 대한 우선적인 외화 할당에 있어서 높은 수준의 환율(1달러=2페소, 전쟁 전의 환율 수준을 유지)을 적용하는가 하면, 각종 세금에 대한 면제 및 우대금리에 의해서 공업화가 촉진되었다. 이 같은 조치에 의해 소비재의 생산은 증가하여 수입총액에서 차지하는 소비재의 비율은 1950년대 40%에서 1960년대에는 16%로 크게 감소했다[11].

이처럼 필리핀경제는 1950년대까지 매우 양호한 성적을 보였지만 1960년대에 들어 제조업의 부진이 시작되면서 경제성장이 둔화되기 시작했다. 1960년대 후반부터 기후불순, 내외 물가상승률 격차로부터 발생한 환율 하락(페소화 가치 상승) 등에 의해서 수출성장률이 3.1%로 하락하면서 수출부진에 따른 GDP 성장률은 3.5%로 하락하였다. 국내시장의 협소성이라는 성장제약과 수출 부진에서 시작된 필리핀 제조업의 성장은 1960년대 말부터 서서히 정체하기 시작했다. 이 같은 문제를 타개할 방법으로는 일반적으로 2개의 정책을 생각할 수 있다. 첫 번째는 수입대체 산업의 틀을 소비재뿐만 아니라 중간재 등으로 넓혀서 산업 간의 상호수요에 의해 성장제약을 제거하는, 소위 균제성장론의 전개 방식의 생각에 기초하는 정책이다. 두 번째는 대만이나 한국 등의 NIES가 채용한 외형적, 즉 수출지향적인 공업화로의 전환이다. 결과적으로 필리핀은 수출지향적인 공업화로의 전환을 위한 조치로 수입관리의 폐지와 환율 상승을 결정(1달러=3.6페소)함에 따라 경제자유화 정책을 실시하여 세계시장을 향해서 수출을 증가시키는 것을 목적으로 하였다. 경제자유화에 의해 수출은 1960~65년까지 연평균 11.6%로 증가해 수출의 활황은 투자 확대로 연결되는 듯했다.

일반적으로 개발도상국은 경제개발을 추진하기 위해 필요한 많은 재화를 수입에 의존하지 않을 수 없다. 수입은 수출에 의해서 충족되지 않으면 안 되기 때문에 경제개발은 수출 가동력에 의해서 크게 제약받는다. 수출 가동력이 낮은 국가들은 수입 능력도 낮아지고, 낮은 투자율로부터 성장률도 낮아지게 된다. 그러나

---

11) 梶原弘和 (1995) 『アジアの発展戦略－工業化波及と地域経済圏』, p.69.

수출을 상회하는 수입을 외국의 자금으로 상쇄할 수 있다면 이 제약을 완화할 수 있다. 즉, 개발도상국의 높은 경제성장률은 높은 투자에 의해 견인되고, 높은 투자율은 경상수지 적자를 보충하는 외국자금의 도입과 높은 수출증가율에 의해서 지탱되는 것이 일반적이다.

2. 수입대체 공업화 전략의 한계

아시아 국가들의 경우 1950년대부터 1970년대 초기까지 대략 수입대체를 목적으로 하는 공업화 전략을 채택하고 있다. 수입대체 공업화 과정에서 사용하는 주요한 정책수단으로서 외환관리, 관세 인상, 수입수량 규제, 수입대체를 진행하는 기업에 대한 투자장려(법인세 등의 세제 혜택이나 필요로 하는 원재료 및 기계설비의 수입세 면세 등), 대출금리에서의 우대조치 등이 있다.

특히 필리핀의 경우 수입대체 공업화에서 수출촉진 공업화(또는 수출주도형 공업화)로의 전환이 이루어질 수 없었던 주요 이유 중의 하나는 무역자유화를 실시했다고는 하지만, 동시에 관세를 인상시킨 것과 환율조정 효과의 제한성, 그리고 정부의 역할 등을 주로 지적하고 있다. 먼저 관세정책은 수입대체라는 목적에 대응해서 수입품에 각기 다른 관세율을 부과하기 때문에 국내 가격체계의 왜곡뿐만 아니라, 전체적으로 경제후생이나 소비자이익이 저하한다. 그럼에도 불구하고 1차 산품을 대체하는 공업제품의 생산 대체를 실현하고 이를 수출촉진(수출대체)으로 연결시켜 경제개발의 성과를 극대화하기 위한 정책적인 수단으로서 높은 보호관세의 채택과 환율조정 등의 정책이 일반적으로 사용되어져 왔다. 즉, 최종재나 소비재의 관세를 인상시켜서 국내 산업을 보호하는 이 정책은 국내 산업을 국제경쟁의 장으로 내보내는 것이 아니라, 언제까지나 편안한 국내시장에 온존시키는 것에 우선하게 되는 약점을 동시에 지니게 된다. 특히 수입대체 공업화 및 경제개발 과정에서 보호관세의 역할은 매우 중요시 여겨져 왔다.

필리핀의 보호관세 문제를 수입대체 공업화 과정에서부터 살펴보면, 1957년에 제정된 필리핀의 관세법에서는 제조업의 평균 관세율이 46.2%, 소비재가 64.1%,

중간재가 24.6%, 자본재가 16.2%였지만, 자유화 조치의 도입에 불만을 가진 토착 엘리트 세력의 압력으로부터 이 같은 관세율은 인상되어, 1965년의 관세율은 제조업 평균이 50.8%, 소비재가 70.1%, 중간재가 27.4%, 자본재가 16.2%로 변경되었다[12]. 또한 판매세도 시장보호에 공헌했다. 판매세의 체계는 최종재 만큼 높아서 관세와 같은 구조를 가지고 있었고, 국산품은 미과세의 투입재에 대해서만 과세되었다. 수입품은 수입가격(CIF)에 적당한 마크 업률(25%~100%)이 더하여진 수준의 과세 대상이었기 때문에 수입품의 국내 판매가격은 상당히 높아졌다[13]. 이는 앞서 언급한 개발도상국에서 공업제품을 국내에서 생산을 대체하는 경우 규모의 경제 때문에 수입대체의 상품가격이 수입가격보다 높아지는 결과를 필리핀에서도 초래했다.

한편 필리핀도 역시 1950년대 말 1960년대 초에 한국이나 대만처럼 수출촉진 정책으로 세제·금융·관세·외환·내국세 부문에서의 지원제도 등의 정책을 수립하였고 실행하였다. 특히 필리핀은 무역이익의 결실을 제약하는 환율의 과대평가 부분을 조정하는 정책을 수립 및 실행하였다. 즉, 필리핀도 한국과 대만처럼, 대미 달러에 대해 필리핀 페소화가 과대평가되어 있었다. 수입대체 산업에 필요한 중간재나 자본재 수입에 대한 우선적인 외화 할당 문제 때문에 1달러＝2페소로 전쟁 전의 높은 수준의 환율수준을 유지 및 적용하면서 각종 세금에 대한 면제 및 우대금리에 의해서 수입대체 공업화를 수행하였다.

1960년대에 들어 수출이 정체하자 필리핀은 수입관리의 폐지와 환율 상승을 결정하여 1달러＝3.6페소로 결정하고 경제자유화 정책의 실시를 통해 세계시장을 향해서 수출을 증가시키는 것을 목적으로 하였다. 그러나 당초의 목표만큼 수

----

12) 1957－1970년 기간에 대한 회귀분석에 의하면, 원화의 과대평가와 제조업제품 수출 사이에 통계적으로 유의한 부(負)의 관계가 있다고 지적하고 있다.
13) 한국의 경우를 살펴보면, 국내 산업을 육성 및 보호한다는 측면에서 1950년 1월에 제정된 관세법의 기본 구조가 계속 유지되었다. 정부는 국내생산 여부 그리고 완제품 여부에 따라 상이한 관세율을 부과하였다. 1957년까지 한국에서의 평균관세율은 약 40%였다고 한다. 특히 1957년 관세법 개정을 통해 국내생산이 가능한 품목에 대한 관세율을 인상하였으므로 평균관세율은 약 4.1% 인상되었다. 정부의 관세부과는 세수 확보뿐만 아니라 국내의 수입대체산업에 대한 보호라는 의미를 갖고 있었던 것이다.

출 증가가 순조롭게 나타나지 않자 필리핀 정부는 한국과 유사하게 수출증가에 의해서 경제상황을 개선하는 방향으로 추진하기 위한 일환으로 1967년에 투자장려법, 1969년에 수출가공구법을 제정하고, 1970년에는 페소화가치를 다시 평가절하하여 1달러=3.9페소에서 다시 6.4페소로 전환하였다. 즉, 필리핀 페소화는 실질적으로 달러화에 대해 220% 정도 평가절하 되었다[14]. 그만큼 필리핀의 수출기업은 수출증가를 통한 기업이익이 증가해야 하고, 그 같은 동력을 통해 필리핀은 정부의 바람대로 경제는 성장했어야 했다.

결국 필리핀 페소화의 대폭적인 평가절하(과대평가 해소)와 자유화 조치에 따라 필리핀의 수출은 1960~1965년까지 연평균 11.6%로 증가하고, GDP 성장률은 7.2%(1955~1960년 4.6%)로 필리핀경제가 수출에 견인되는 것과 같은 성장추이를 보이기 시작했다. 그러나 페소화의 대폭적인 평가절하(과대평가 해소)에도 불구하고, 그리고 자유화 조치에도 불구하고 이 같은 것에 의해 초래된 것은 1차 산품의 수출 증가였다. 수출 총액에서 점하는 제조업품의 비율은 1960년 5.0%, 1965년 5.7%, 1970년 7.7%에 지나지 않아 제조업품의 수출이 경제를 견인하는 것과 같은 수출지향적 공업화로 발생한 경제상황은 나타나지 않았다. 그 정책 체계는 여전히 수입대체 공업화 그 자체였기 때문이다[15]. 수입관리에 따라 관세에 보호수단이 변경됨에 따라 오히려 국내시장의 보호는 강화되었다. 즉, 국내시장의 협소성이라는 성장제약과 수출성장률이 3.1%로 하락하면서 필리핀 제조업의 성장은 1960년대 말부터 서서히 정체에 이르게 되었다.

그렇다면 왜 한국과 대만에서처럼 필리핀은 수출촉진을 위한 정책 수립과 더불어 실행된 필리핀 페소화의 과대평가된 문제가 해결됐음에도 불구하고 수출증가를 통한 경제성장이 이루어지지 않은 걸까? 결론적으로 말하면 필리핀은 과대평가된 페소화의 문제가 해소됨에 따라 나타나는 직접적인 수출증가의 경제적 이익을 누릴 수 있는 생산적인 사회 환경 및 기반 조건이 충족되어 있지 않았기

---

14) 梶原弘和(1995) 『アジアの発展戦略-工業化波及と地域経済圏』, p.73.
15) 日本貿易振興会(1992) 『NIES, ASEANの持続的成長』, p.201.

때문이다.

　마지막으로 언급되어야 할 부분은 정부의 역할이다. 사실 공업제품을 국내에서 생산을 대체하는 수입대체 공업화 전략의 수립과 진행 과정에서의 차이는 필리핀이나 한국이나 크게 다르지 않다. 그럼에도 불구하고 결과적으로 1960년대에 이르러서는 필리핀과 한국은 경제적인 상황이나 구조적인 면에서 현저한 차이를 보이고 있다. 이 같은 원인은 앞서 '정부의 역할'이라는 '정의와 범위'에서 생각해 보면, 그 실마리를 찾을 수 있다. 즉, 필리핀과 한국의 경제발전 과정에서 현저한 특징은 1차 산품을 수출해서 공업품을 수입하는 동시에 수입해 오던 공업제품을 국내에서 생산대체(1차 수입대체: 소비재 중심)하는 공업화를 통해 공업제품을 수출하는 1차 수출대체(수출지향형 공업화: 소비재 중심의 수출)를 각 정부와 그 사회가 얼마나 빨리 능동적으로 전환할 수 있는가의 문제와 이에 따른 사회적 역량 및 생산기반에 관련된 초기조건의 충실 여부에 달려있다고 말할 수 있다.

　이 시기에 한국은 1차 산품에서 공업제품으로의 1차 수출대체가 본격화한 것이다. 대만도 약간 늦지만, 이 같은 현상은 시차를 두고 유사하게 나타나고 있다. 물론 현재 태국의 경우에서도 과거 한국이나 대만에서 나타났던 1차 수입 대체에서 1차 수출대체로의 전환이 능동적으로, 그리고 순조롭게 연이어 나타나고 있다. 그러나 필리핀경제에서는 한국이나 대만, 그리고 태국에서 진행된 1차 수입대체에서 1차 수출대체로의 전환이 빠르게 능동적으로 나타나지도 않았고, 더욱이 그러한 수출 산품의 새로운 개발 및 등장도 시차를 두고 순조롭게 나타나지도 않았다.

표 6-6 필리핀 수출에 점하는 주요 1차 산품의 비율 (단위: %)					
항목	1960	1965	1970	1975	1980
코코너츠 제품	33.1	34.0	18.6	20.3	14.0
설탕	25.2	18.5	17.2	26.9	11.4
수산물	17.8	24.5	26.4	11.3	8.1
동정련	5.6	5.9	16.2	9.2	9.4
마닐라삼(abaca)	8.0	3.3	1.5	1.0	–
기타					
총수출	100.0	100.0	100.0	100.0	100.0

자료: 日本貿易振興会(1992) 『NIES, ASEANの持続的成長』, p .204.

사실 필리핀경제는 1960년대 전반까지 민간주도로 경제개발이 전개되어, 정부가 경제개발을 강력하게 추진하지는 않았다. 게다가 재정적자에 따라 외국 저축에 크게 의존하는 것도 아니어서 1960년대의 외국저축 의존율은 1.9%였다. 그러나 민간주도라 하더라도 제조업을 비약적으로 발전시킨 것도 아니고, 바람직한 산업구조의 형성을 향해서 진행되지도 않았다. 또한, 1차 수입대체에서 1차 수출대체로의 전환 과정에서 한국이나 대만이 취했던 보호정책의 해소 과정에서나 수출촉진 정책에 대해 적극적으로 실행하기보다는 국내시장에 대해 보수적으로 대응했다는 측면이 강하다. 즉, 필리핀은 수출지원 조치에 대해 수입대체 공업화 시기에 취해졌던, 즉 관세에 의한 보호효과를 제거하려고 하지도 않았기 때문에 기업은 수출보다도 국내시장을 향한 생산을 선택하는 경향이 강했다.

소결

필리핀뿐만 아니라 다른 수입대체 공업화를 실시해 온 개발도상국에서도 제2차 산업의 생산 증가에 비교해서 고용흡수력이 낮고, 산업의 비효율이 일반적으로 발생한다. 즉, 1차 산품에서 충분한 외화를 벌어들이지 못하는 가운데 수입대체 과정에서 필요한 원재료 및 자본재의 수입 증가는 무역수지 적자에 직면하게 되고 이는 경상수지 적자에 빠지게 된다. 이 같은 문제들을 극복하기 위한 공업화 전략으로는 수입대체에서 수출촉진(수출대체)으로의 공업화 전략 및 정책을 빠르게 전환하고, 이를 적극적이면서도 강력하게 실행하는 것이 중요하다. 과거 필리핀에서는 이러한 강력한 정책전환이 이루어지거나 그러한 의지조차 보이지 않았다. 그러나 2000년대 들어 필리핀경제가 회복되면서 점차적으로 내수 중심에서 수출 중심의 경제성장으로 전환되는 움직임이 엿보이고 있다. 그 결과 2022년 기준으로 필리핀의 경제성장률이 6.5%에 달하는 등 다른 ASEAN 및 중국의 경제성장률을 추월하고 있다는 점에서 희망적이다.

CHAPTER 07 말레이시아의 경제발전과 위기구조

1. 인종과 사회·경제구조

경제적으로 보면 말레이시아는 국내총생산(GDP)이 명목금액 기준으로 2016년 국제통화기금(IMF)의 추정치가 3079억 달러에 이른다. 인구가 2억 명인 파키스탄(2710억 달러), 1억 명인 필리핀(3116억 달러), '아시아의 용'이라던 도시 국가 홍콩(3160억 달러)과 싱가포르(2966억 달러)와 비슷하다. 명목금액 기준으로 1인당 GDP는 2016년 IMF 통계상으로 9501달러다. 구매력 기준(PPP)으로 살펴보면 GDP는 8598억 달러에 이른다. 원래 주력 산품은 고무·주석 수출로 유명했으나 지금은 다양한 산업을 유치해 산업국가로 거듭나고 있고, 수출품도 제조업 중심의 공산품 일변도이다.

말레이시아 경제를 이해하기 위해서는 먼저 인종적인 특징을 이해하는 것이 도움이 된다. 이는 대만이나 태국, 그리고 다른 나라를 이해할 때도 비슷하다. 먼저 말레이시아는 민족과 종교 구성이 대단히 복잡하다. 한반도의 1.3배가 넘는 국토에 2017년 추정치로 3140만의 인구가 사는데 민족과 종교가 다양한 다민족·다종교 국가다. 전체 인구의 50.1%가 말레이계이고 11.8%가 토착 비말레이 종족이다. 이 둘을 합쳐 '대지의 아들이라는 뜻'의 '부미푸테라'로 부른다. 이들이 말레이시아 땅의 토착민으로 핵심 정치세력이다. 말레이족은 이웃 인도네시아와 같은 말레 인도네시아어를 쓰는데다가 종교도 같은 이슬람이라 교류가 활발하다. 나머지는 이주자의 후손이다. 그중에서 22.6%가 화교이고 6.7%는 타밀족 등 인도계다.

종교적으로 보면 61.3%가 수니파 이슬람이다. 말레이계와 비말레이 종족을 합친 부미푸테라의 비율과 거의 일치한다. 19.8%가 불교도인데 대부분 중국 화교이다. 그리고 9.2%는 기독교도인데 중국인 중에서도 기독교도가 적지 않다. 6.2%가 힌두교도로 인도계 인구와 엇비슷하다. 이들 중국계와 인도계는 과거 무역풍을 타고 본국과 말레이시아를 오가며 무역을 하다 정착했거나 19세기 초 식민지 종주국인 영국의 필요에 의해 노동이민한 주민의 후손이다.

말레이시아는 1957년 8월 31일 영국으로부터 독립했다. 독립 당시 동남아시아의 영국 식민지는 지리적으로 흩어져 있었다. 말레이반도와 보르네오섬 북부의 북보르네오, 그리고 보르네오섬 서북부의 사라와크, 그리고 말레이반도 남부의 섬인 싱가포르로 나뉘어져 있었다. 말레이시아는 이를 모두 합쳐 연방을 구성했다. 연방은 1963년 9월 16일 결성됐다. 하지만 갈등 속에 싱가포르 지도자 리콴유는 1965년 연방에서 탈퇴했다. 말레이시아는 떠나는 리콴유를 잡지 않았다. 화교들이 정치 분야에서 득세할 가능성에 대한 두려움이었을 것이다.

다민족 국가다 보니 말레이시아 현대사에서 가장 큰 사건은 1969년 5월 13일에 최대 도시이자 현재 수도인 쿠알라룸푸르에서 발생했던 말레이계와 중국계 사이의 인종충돌 폭동이었다. 말레이시아 사상 최대의 민족 충돌 사건으로 기록된다. 폭동은 하루 만에 끝났지만 총격과 방화와 같은 폭력사태는 계속돼 사건 발생 뒤 며칠 동안 불안이 계속됐다. 그 결과 사망자 196명, 부상자 439명이 발생했다. 말레이시아 화교들은 이를 '5·13 폭동'이라고 부른다.

말레이시아는 독립 초기에는 민족융합 정책을 폈다. 말레이시아 건국의 아버지인 라만은 독립 이후 민족정책에서 기본적으로 '현상유지'와 '자유방임'정책을 폈다. 말레이계와 중국계, 인도계로 이뤄진 말레이시아에서 정치적으로 민족융합 정책을 추진했다. 이를 바탕으로 독립 직전부터 말레이계의 통일 말레이 국민조직(UMNO)과 중국계의 말레이시아 화인협회(MCA), 말레이시아 인도인협회(MIC)로 국민전선을 조직하고 연립정권을 구성했다. '정치는 말레이인이, 경제는 화교들이'라는 원칙도 세웠다. 말레이시아 국부다운 성숙한 정치력이었다.

그러나 말레이계의 통일 말레이국민조직(UMNO)의 말레이계 차세대 지도자 그룹의 생각은 달랐다. 이들은 라만의 민족유화 정책에 불만이 팽배했다. 이들의 가장 큰 불만은 말레이계 주민의 경제력이 화교들과 비교해 지나치게 빈약하다는 점이었다. 이를 정치적으로 보장까지 해주면 말레이계는 빈익빈을 겪게 되고 화교들은 부익부를 누리게 된다는 게 이들의 논리였다. 말레이계 정치지도자들은 이런 상황을 변화시키고 싶어 했다. 말레이계가 빈곤에서 벗어나려면 민족유화정책부터 포기해야 한다는 게 이들의 생각이었다. 이에 따라 말레이계에 우대정책을 펼쳐야 한다는 주장을 펼쳤다. 그 결과 말레이계가 내각 농촌부의 개발사업이나 상공부문에 참가할 때 지원하는 방안이 포함된 제2차 6개년 계획(1961~1965)를 시작하게 되었다. 라만이 노쇠해지면서 통일 말레이국민조직(UMNO)의 발언권이 약화하면서 벌어진 사건이었다.

한편 5·13 폭동 발생의 배경은 크게 두 가지였다. 말레이계에 대한 경제적 우대정책에 대한 반발과 공용어 선정 문제였다. 말레이계는 헌법 153조에 말레이어를 공용어로 하는 내용을 삽입했는데, 1957년 교육령을 발표하면서 중등학교 이하에서 중국어 교육을 계속할 것인가를 분명히 정하지 않아 중국인의 불만이 고조됐다.

2. 차별정책과 그 결과

말레이시아 정부는 1971년부터 더욱 노골적인 중국인 차별정책에 나섰다. 이를 위해 신경제정책이란 것을 내놨다. 경제권을 장악한 중국계의 횡포에 맞서 말레이계의 경제 형편을 개선한다는 명분으로 기업경영이나 대학입학에서 말레이족 우대정책을 폈다. 이는 1981년부터 2003년까지 22년간 집권한 마하티르 총리의 재임기간 중 더욱 노골화했다. 1980년대 당시 마거릿 대처 영국 총리의 신자유주의 경제의 영향을 받아 규제 완화와 공기업의 민영화를 대대적으로 하면서 경제활동의 기회를 말레이족에게 몰아준 것이다. 1990년대 중반까지 매년 50개 정도의 국영기업을 민영화했는데 노른자위는 말레이족에게 갔다. 이렇게 중국계를 견제하고 말레이계를 우대하면서 마하티르와 통일 말레이국민조직(UMNO)은 인구의 다수를 차지하는 말레이족과 다른 원주민의 정치적 지지를 받아 정권을 계속 안정적으로 연장할 수 있었다.

그런 마하티르는 집권 말기에 새로운 고민에 부딪히게 됐다. 말레이계와 화교에 이은 말레이시아 제3의 민족인 타밀계였다. 그런데 인도 타밀계는 영국이 말레이시아를 식민지로 경영하던 19세기에 또 다른 식민지였던 인도 남부에 살던 타밀족을 말레이시아에 노동인력으로 데려왔다. 부지런하고 노동숙달 능력이 뛰어난 타밀족은 당시 실론 섬의 차 농장 등 다양한 영국 식민지 산업현장에 노동인력으로 이주했다. 힌두교도인 타밀족은 본고장인 인도에 6000만 명이 살고 있다. 영국이 이주시킨 주민의 후손이 스리랑카에 320만 명, 말레이시아에 150만 명 이상이 각각 거주한다. 말레이시아에선 타밀족이 분리독립을 주장하며 무장봉기를 했다가 정부군에 진압되기도 했다.

말레이시아는 풍부한 자원보유국으로 아시아의 제1세대 신흥공업국보다는 10여 년 이상이나 뒤늦게 마하티르 수상에 의해 정부주도의 공업화를 시도하였다. 말레이시아는 80년대 초까지만 하여도 천연고무, 주석, 식용유, 목재 중심의 경제구조를 가지고 있었다. 그러나 적극적인 외국인 직접투자의 유치와 일본, 한국, 대만의 발전모델을 답습하려는 '동방정책(Look East Policy)'으로 20여 년 만에 압축형 고속공업화를 달성하였다.

말레이시아의 발전 모델은 마하티르의 장기집권을 가능케 하였고 고속성장은 경제의 버블화의 징후와 함께 말레이시아를 아시아 금융위기에 전염케 만들었다. 동아시아 금융위기에 대하여 마하티르는 선진국이 일방적으로 주도하고 있는 새로운 세계금융질서와 국제투기자본에 원인이 있다고 공격했다. 마하티르는 IMF의 구제금융 제의를 거부하고 자본통제(capital control)라는 극약처방과 함께 독자적 경제회생을 추구하여 세계적 주목을 받았다.

1. 제조업의 성장과 구조

말레이시아 경제를 언급할 때에도 역시 다른 나라에서는 크게 나타나지 않는 몇 가지 특징적인 요소들이 드러난다. 첫째로는 독립 후 공업화를 시행하는 과정에서 나타나는 인종적인 갈등 요소가 산업구조의 형성에까지 영향을 미쳤다는 점이다. 둘째는, 다른 동남아시아 국가들과 유사하게 초기 공업화가 대부분 대단위 플랜테이션 생산물을 식민지 종주국에 수출하면서 시작하여 한국보다 1인당 국민소득이 높았다는 점이다. 셋째로는, 다른 동남아시아 국가들에 비하여 외국자본에 대하여 개방적이면서 적극적인 유치 및 유지정책에 노력하였다. 넷째로는 말레이시아는 수입대체에서 수출촉진으로 정책전환 과정에서 국내시장의 개방에 대하여 적극적이었다는 점도 다르다. 끝으로 경제위기에 대한 처방책도 다른 여타 국가들과는 현저히 달랐다. 이 같은 경제적인 차이점을 중심으로 말레이시아 경제를 살펴보자.

1957년 독립 당시 말레이시아는 3개의 계획이 실시되었다. 최초의 계획은 '개발초안계획(1950~1955년)'이고, 그 후로 '제1차 마라야계획(1956~1960년)'과 '제2차 마라야 계획(1961~1965년)'으로 연결된다. 이러한 계획은 애매한 정부의 역할과 인프라 중시에 집착한 나머지 산업적으로는 오히려 1차 산품에 대한 모노컬처가 강화되는 현상이 나타났다. 독립 후 말레이시아는 필리핀과 유사하게 대단위 플랜테이션에서 생산되는 1차 산품에 크게 의존하는 경제구조를 지니고 있었으며, 제조업 부분은 GDP의 8%에도 미치지 못하였다. 말레이시아는 지금도 식용유와 열대 원목부문의 생산과 수출에 있어서 세계 최고를 나타내고 있다.

1965년에 발족한 신생 말레이시아 정부는 겨우 공업화를 목표로 움직이기 시작하였다. 1960년대 말부터 외국자본에 대하여 공장단지, 보세공장제도, 자유무역지역 등을 지정 및 설치하면서 공업화가 본격화되었다. 그러나 말레이시아 경제가 급속하게 성장하기 시작한 것은 '신경제정책(NEP)' 하에서 시작한 공업화 덕분에 급속한 경제성장을 하였다고 말하는 것이 옳을 것이다. 이 정책의 목표는 ① 빈곤의 근절, ② 사회구조의 재편성, 이라는 2가지의 목적을 가진 경제정책으로 1991년 이후에는 국가개발정책(National Development Policy: NDP)로 계승되었다. 그 결과 1971년부터 1980년까지 8.0%~8.6%에 이르는 높은 경제성장률을 기록했다. [표 7-1]에 나타난 것처럼, 말레이시아의 경제성장률은 연대별로 상당한 변동 폭을 보이고 있으나 다른 아시아 신흥공업국들에 비해서 양호한 경제성장률을 기록하고 있다. 1980년대 중반 세계적인 경제침체와 반도체 불황에 따른 영향으로 연평균 4.9%대의 낮은 성장률을 제외하면 1989년부터 1997년까지는 다른 신흥 공업국들에 비교해도 높은 경제성장을 이룩한 것이다.

표 7-1 말레이시아의 연간 GDP 성장률과 산업별 구조

GDP 성장률(%)								
1966~70	71~75	76~80	81~85	86~88	89~92	93~97	2000	2004
5.4	8.0	8.6	5.2	4.6	8.8	8.7	8.3	6.5

자료: 三木 敏夫(2005) 『先進経済論序説』, p.7.

표 7-2 말레이시아의 GDP 대비 산업별 비중 (단위: %)

	1965	1970	1975	1980	1990	2000
농업, 임업, 어업	31.5	32.0	29.8	22.8	16.3	8.5
광업	9.0	5.7	4.0	10.0	9.4	7.4
제조업	10.4	12.2	14.3	19.6	24.6	32.4
건설업	4.5	4.5	4.7	4.6	3.5	3.9
서비스업	44.6	45.6	47.2	43.0	46.2	47.8

자료 : 三木 敏夫(2005) 『先進経済論序説』, p.8.

1995년 세계은행의 세계 개발보고서에 따르면, 1965~1994년 동안에 말레이시아는 세계에서 그 어떤 나라보다 가장 급속한 산업구조 전환을 이룩한 나라로 분류되었다. 말레이시아 산업의 구조전환은 다른 여타 신흥공업국이 경험하듯이 제1차 산업에서 제2차 산업으로, 그리고 다시 수출주도형 공업화 정책으로 선회 하면서 가속화 되었다. 이는 다시 수출구조를 급격히 변화시켰다. 1970년대 초반 제조업은 내수를 충당하는 데에 급급하였다. 그러나 제조업의 성장도 1980년대 부터 대부분 섬유와 전자공업 내부의 노동집약적 공정과 조립생산품이었고 이들 부문은 곧장 수출산업으로 변모되었다. 제조업품 중에서 수출을 견인했던 것은 기계, 특히 전기 전자, 그리고 기계류였고, 수출의 반이 기계류라는 것은 태국과 비슷하게 후발공업국으로서는 예가 없던 업적이었다.

말레이시아의 급속한 경제성장은 [표 7−2]의 GDP 대비 산업별 비중에서 보 는 바와 같이 급속한 산업구조 전환을 동반하였다. 가장 일반적인 특징으로는 1 차 산업 비중의 경향적 저하의 움직임에 반하여 제조업은 1965년 GDP 대비 10.4%에 지나지 않았던 것이 1990년에는 그 비중이 24.6%까지, 그리고 2000년 에는 32.4%까지 비약적으로 증가했다. 즉, 제1차 산업을 대신하여 제조업의 급속 한 성장은 산업구조의 전환에 가장 중요한 역할을 하였다.

산업구조의 전환은 수출구성의 변화에서도 볼 수 있다. 1971년 제조업부문의 수출은 11%밖에 안 되던 것이 1990년에는 제조업의 수출 비중이 59%로 5배나 증가했다. 1995년에는 전체 수출의 80%를 제조업 상품이 차지하고 있을 정도이 다. 한편 1차 산품의 수출구성은 1970년 전체 수출에 79%를 차지하던 것이 1990 년에는 41%로까지 하락했다[1]. 일찍이 말레이시아 수출경제의 중추적인 역할을 하였던 고무와 동(銅)의 수출 비중이 급속히 낮아지면서 과거 식민지 경제 현상 인 모노컬처의 경제구조는 불식되었다.

한편 다른 아시아 신흥공업국과 다른 특징이 있다면, 1965년 당시 말레이시아 의 1인당 GDP가 한국과 대만의 그것보다 높은 수준이었다는 것이다. 그럼에도 불구하고 GDP에서 차지하는 제조업의 비중은 한국의 절반수준이었으며, 대만과 비교할 때는 절반에도 못 미치는 수준이었다. 그러나 말레이시아 제조업의 급속

---

1) 三木　敏夫(2005)『先進経済論序説』, p.14.

한 성장이 1차 산업을 대체하면서 1990년에는 제조업의 대GDP 비중이 24.6%에서 2000년에는 32.4%로 급증하였다. 후진공업국이었던 말레이시아가 제조업의 급속한 성장 속에서 산업구조 면에서는 한국과 대만의 제조업 비중보다 훨씬 높은 수준으로 성장했다. 이러한 제조업부문의 급속한 성장은 당연히 말레이시아의 1인당 소득의 증대를 초래하였다.

그러나 말레이시아 공업화 과정을 설명할 때 산업구조의 형성 과정에 대한 말레이시아 정부의 정책 수립 및 과정을 이해하지 않을 수 없다. 1980년대 중반에 말레이시아의 경제 변화는 동아시아의 공업화 모델을 답습한 마하티르 수상의 공업화 종합정책(Industrial Master Plan: IMP)[2]에서 나타났다. 이 계획에 의하여 말레이시아는 국민차와 메탄놀, 제철, 제지산업과 같은 중공업 분야의 산업들이 정부에 의해 육성되었다. 물론 1980년대부터 제2차 수입대체라고도 말하는 중화학공업화는 말레이계 사람에 한정해서 실시했다. 일명 공업조정법에 의하여 화교 및 화인이 제조업에 진입하는 경우, 기업창업, 자본구성, 생산설비 등에 제한을 두어 중화학공업에서는 화교 및 화인의 참여를 환영하지 않았다. 또한 금융기관이 말레이계 사람 및 정부에 의해 지배되고 있었기 때문에 자금배분도 말레이계 사람에게 우선시 되었고, 장기자금의 투입이 필요한 제조업에 화교 및 화인 기업이 진출하는 것은 어려웠다. 이 같은 산업구성 과정에서의 인종적인 '차별－왜곡' 현상은 산업구조의 형성에까지 영향을 미쳤다.

말레이시아 공업청의 조사에 따르면, 화교 및 화인의 경제적인 지위가 하락함에 따라서 제조업에서 화교 및 화인의 자본소유 비율은 1980년에 24%로부터 1987년에는 19%로 감소하였고, 같은 기간 말레이계 사람의 자본소유 비율은

---

2) Mahathir 수상의 Look East Policy는 日本, 韓國, 臺灣의 발전모델을 벤치마킹한 측면도 강하다. 1982년부터 시작된 Industrial Master Plan(IMP)은 말레이시아 공업화전략의 청사진 투자계획을 수립하는 것이었다. 한국의 重化學工業化 전략도 크게 참고가 되었다. 西歐의 유명한 컨설팅회사보다 한국경험을 참고한다는 측면에서 한국인 전문가들이 연구책임자로 참여하였고, 저자는 동태적 投入産出 모델 작성에 참여하였다. 당시 IMP는 1995년을 최종 년도로 설정하였었다. 저자는 1992년에 다시 IMP때 적용하였던 동태적 투입산출 모형을 2000년 까지 연장하는 연구단의 책임을 맡게 되었고, 모형에서 제시된 목표를 달성하기 위한 정책방향을 제시한 바 있다. Ahn C Y., K. T. Hong and S. W. Kim(1992) 참조.

18%에서 35%로 급증하였다[3]. 특히 1980년대 중화학공업화 정책의 실시에 따라 석유 및 수송용 기계의 말레이계 사람의 비율은 50%를 넘었다. 같은 기간에 외자는 38%에서 32%로 하락했다. 이 같은 중화학공업화 정책의 결과는 재정 압박으로 나타나고, 다른 한편으로 세계경제가 침체됨에 따라 수출이 감소되고 국제수지의 적자 압력이 가중되었다. 이 같은 결과는 외국자본의 도입을 한층 가속화하는 동기가 되기도 하였다. 한편 공업화 종합정책(Industrial Master Plan: IMP) 기간에 제조업의 비중은 결정적으로 증가하였다. 1987년에는 제조업의 비중이 농업부분의 비중을 앞서게 되면서 공업화의 중요한 전환점이 되었다.

2. 외국인 직접투자 주도의 성장과 구조전환

말레이시아 공업화 과정에서 후발공업국에서 나타나는 외국인 직접투자의 역할과 중요도에 있어서 약간의 특이한 현상들도 나타난다. 말레이시아도 다른 후발도상국처럼 적극적인 외국인 직접투자 유치정책이 있었다. 외자유치를 위해서 1960년대 말부터 말레이시아는 외국인 전용공단, 보세수출 가공지역 설정, 내국인과 동일한 대우의 금융지원 등 파격적인 유인책을 제공하였다. 1975년 기준으로 외국인 직접투자 누계를 업종별로 보면, 섬유가 19.8%, 전기기계가 13.6%, 식품이 12.3%, 석유가 8.7%, 목재가공이 8.1%, 화학이 8.0% 등으로 다른 저개발국가의 경우와 같이 초기 외국인 투자는 광업과 농업에 주로 집중되었다. 또한 국가별로 보면, 일본이 25.7%, 싱가포르가 18.8%, 홍콩이 13.8%, 그리고 미국과 영국을 포함하는 5개국이 83%를 점하고 있었다[4]. 말레이시아 제조업 분야의 모태는 1차 상품을 가공한 외국기업들이 할 수 있다. 특히 외국인 직접투자는 1980년대에 말레이시아 산업화에 결정적인 역할을 하였다. [표 7-3]에서 보는바와 같이 외국기업들이 1968년 제조업 생산액과 고정자산에서 절반 정도를 차지하였

---

3) 梶原弘和(1999) 『アジア發展の構図』, 東洋經濟新報社, p.113.
4) 梶原弘和(1999) 『アジア發展の構図』, 東洋經濟新報社, p.111.

다. 공업화가 상당히 진척되고 국내공업이 상당히 진흥되고 난 이후에도 1987년 외국인 기업들은 총고정자산의 22%를 보유하였을 뿐만 아니라 제조업 생산물의 40%를 차지하였다.

표 7-3 말레이시아의 제조업 부분의 외국기업 비율 (단위: %)

	1968	1970	1972	1974	1979	1985	1987
기 업 수	6.0	na	14.9	11.3	9.2	7.6	9.3
고정자산	52.7	51.0	na	46.6	33.9	18.6	22.3
산 출 량	48.2	na	52.0	49.8	42.1	34.6	40.0
고 용	na	na	33.0	33.5	32.7	28.8	33.8

주: 외국인에 대한 완전 유이거나 합작투자 가운에 외국인지분이 큰 경우만 다루었음.
자료: 안충영(2008) 및 Rasiah, Rajah(1995).

특히 흥미로운 점은 말레이시아의 공업화 정책 속에서 외국인 직접투자의 역할이 다른 후발공업국과 다소 다른 측면이 있었다. 말레이시아는 외국자본을 ASEAN4에게도 비교적 인정하는 나라였다. 영국자본이나 화교자본이 경제력을 가지고 있는 말레이시아에서는 국내시장을 보호하고 공업화를 진행하면 영국이나 화교자본에 의한 경제력이 더욱 강화될 것이라는 우려에도 불구하고 오히려 외국자본을 도입하여 국내의 기존의 거대 기업을 견제하고 다른 한편으로는 말레이계를 우대하여 경제력을 높이려는 정책(부미푸테라 정책)을 실시했다. 즉, 외국자본에게 국내시장을 개방하여 기존의 경제력 집중(대체로 화교기업의 경제력 집중)을 억제하고, 다른 한편으로는 외국자본을 통하여 말레이계 기업에게 혜택을 주어 그들의 성장을 통해 정치·경제적인 균형을 맞추려 했다는 점이 특이하다. 또한 1차 산품을 영국 연방에 수출하고 있었던 경험으로부터 국내시장의 보호는 수출에 마이너스가 된다는 생각에서 비교적 국내시장이 경쟁적으로 유지되었던 요인이기도 하다.

한편 한국과는 다르게 말레이시아의 경우 외국인 투자는 자본형성 및 수출 촉진에서 절대적으로 중요한 역할을 하였다. 1980년대 국내투자에 점하는 외국자본의 비율이 34.7%였던 것이, 1985년에 16.9%까지 떨어진 후 1996년에는 국내투자에 점하는 외국자본의 비율이 49.8%까지 급증하였다. 1991년 시점에서 고용수가 200인 이상의 제조 기업수는 1069사였고, 전체 제조 기업수의 14.6%였다. 1996년 시점에는 대기업수가 3000개사를 초월했다[5]. 부언하자면 한국의 경우는 공업화 초기부터 말레이시아와는 대조적으로 외국인 직접투자 유치보다는 외국자본의 차입을 통해 산업구조 전환을 가속화 시켰다. 한국은 산업의 대외종속을 우려하여 외국자본을 정비하여 내국인에 의한 기업경영과 자생적 힘으로 흡수능력(absoptive capacity)을 제고하여 산업구조와 기술능력의 고도화를 추구하였다.

[그림 7-1]을 보면, 말레이시아의 누적된 외국인 직접투자는 1984~1994년 기간에 집중되었다. 그 같은 배경에는 말레이시아 정부의 외국자본에 대한 유치전략의 성공이라고 말할 수 있지만, 다른 한편으로는 당시의 국제경제의 환경에도 큰 변화가 있었기 때문에 가능했다라고 말할 수 있다. 1985년대 중반에 아시아에 대한 직접투자를 가장 많이 한 나라는 역시 일본과 미국이었다. 특히 1985년 당시 일본은 미국으로부터 무역마찰로 인한 수출가격의 상승압력을 받고 있었다. 즉, 1985년 G5에 의해 일본은 엔화가치의 상승 압력을 받고 있었다. 일본기업들은 환율조정에 힘입어 당시 1달러당 240엔 하던 것이 120엔으로 조정됨에 따라서 일본기업들이 동남아시아로 대거 진출하기 시작했다. 특히 말레이시아는 일본기업들의 아시아에 대거 진출한 것을 두고 '역사적 일본 기회'로 부르면서 일본기업 유치에 적극적으로 임했다. 이 같은 일본경제 환경의 변화는 말레이시아에서의 외국인 자본, 특히 말레이시아에서 일본 자본의 진출이 눈에 띄게 증가했던 이유이기도 했다[6].

---

5) 青木 健(1998)『マレーシア経済入門』日本評論社, p.9.
6) 青木 健(1998), p.59.

그림 7-1 말레이시아의 외국인직접투자 현황 (단위: 100만 달러)

자료 : 三木 敏夫(2005) 『先進経済論序説』, p.15.

　이러한 외국인 직접투자 정책에도 불구하고 말레이시아 공업화 과정에서 제기되는 문제는 말레이시아 기업과의 낮은 연계성의 문제이며 이는 대부분의 후발 공업국들의 문제이기도 하다. 다시 말해서 외국인 직접투자 기업과 국내기업의 연계화가 취약한 것은 결국 말레이시아 경제가 선진기술과 '노하우'를 소화할 수 있는 흡수 능력의 부족으로 설명할 수 있다. 따라서 말레이시아의 경우 경제구조의 구성에서 보면, 하천의 상류·중류와 같은 가공업＝중공업＝자본집약적 공업＝민간 대기업＝해외시장 및 국내시장 의존＝말레이계 및 외국자본이라는 구도가 형성된다. 한편 하천의 하류와 같은 가공업＝경공업＝노동집약적 공업＝중소기업＝국내시장 의존＝중국계 화교자본이라고 말할 수 있다.

section 03 경제성장의 부작용과 정부의 대응

1. 거품 경제의 형성

외국자본과 국유기업을 중심으로 한 말레이계 기업, 그리고 화교 및 화인 기업에 의해 말레이시아의 고속성장은 1997년까지 지속되었다. 1991~1997년의 기간 말레이시아 GDP의 실질성장률은 8.5%를 기록하였다. [표 7-4]는 1993~1998년까지 말레이시아 경제를 거시지표로 보면, 1990년대에 들어 말레이시아는 1997년에 외환위기가 발생할 때까지 물가는 안정된 상태로 고도경제성장을 달성하면서 완전고용을 유지하였다. 정부재정은 상당한 흑자 기조를 외환위기 직전까지 유지하였다.

무역수지는 1994년부터 적자였으나 1995년에 37.7억 달러를 정점으로 점차 감소하여 1996년에는 0.96억 달러를 기록하여 경상수지도 관리할 수 있는 수준에 있었다. 1997년 말레이시아의 대외채무 누적잔고는 298억 달러로 태국의 1/3 수준이었다. 문제는 한국처럼 말레이시아도 국내저축보다 국내투자가 항상적으로 초과 상태에 있기 때문에 이를 보충하기 위해서는 충분한 달러의 유입이 없으면 안 되는 구조였다는 점을 제외하고는 총체적으로 말레이시아 경제는 다른 동남아시아 국가들보다 건실한 경제기초를 지니고 있었다.

다시 말해서 고도성장을 지속하는 동안 말레이시아 경제에 1990년대 중반부터 저축·투자 갭(Gap)이 확대되어 1997년에는 GNP의 5%에 이르는 경상수지 적자가 발생했다. 1994년 이후 GDP에 대한 경상수지 적자폭은 동아시아에서 가장 큰 규모를 지닌 국가군에 속하였다. 그런데 1990년대 중반에 이르기까지 저축-투자 갭은 주로 외국인 직접투자(FDI)에 의하여 해소되었다. 그러나 1990년대 금융자유화의 바람이 말레이시아에까지 영향을 미쳐서 외국인 직접투자 기업의 과실송금과 외환자유화가 진전되면서 말레이시아의 경상수지는 더욱 악화되기 시작하였다.

표 7-4 외환위기 직전의 경제지표 (단위: %)

	1993	1994	1995	1996	1997	1998
GNP 성장률	8.7	9.1	9.3	8.3	7.8	-6.3
국내저축률	34.7	34.4	33.5	38.5	39.4	41.2
국내투자율	39.8	42.5	45.7	43.6	45.1	N.A.
경상적자 GNP	-5.1	-8.2	-10.4	-5.1	-5.4	13.7
실업률	3.0	2.9	2.8	2.6	2.6	3.9
외채부담률(수출대비)	7.1	5.5	6.6	6.9	5.5	6.7
외채/GNP	44.1	42.1	40.8	41.3	65.4	60.9
재정수지/GNP	-2.4	3.7	3.4	4.2	6.6	-1.8

자료: Malaysia(1999), p.5 및 Malaysia(1998), p.12.

한편 금융자유화에 힘입어 다른 아시아 국가들처럼 말레이시아의 민간기업들도 1990년대 중반이후 국제금융시장에서 단기자금 차입을 크게 늘렸다. 또한 말레이시아 정부가 야심차게 실시한 1980년대의 중화학공업화를 위한 차입 및 적극적인 민영화정책(privatization)도 민간기업에 의한 해외차입을 증가시키는 요인이 되었으며, 그 중에서도 단기자금이 더욱 높은 비중을 차지하였다. 말레이시아 역시 여타 동아시아 국가와 비슷하게 경상수지 적자를 단기자본으로 보전하였다.

경제상황을 내면적으로 보면, 말레이시아도 1970년대 이래 한국 및 대만처럼 수출주도형 경제체제에서 물가를 안정화시키고, 재정의 건전성을 유지하였다. 그러나 1980년대 후반부터 고도성장이 지속되면서 외국자본의 유입이 말레이시아의 필요투자율 이상으로 유입되면서 잉여자본은 건설과 부동산으로 유입되면서 거품경제가 발생하기에 이르렀다. 결국 말레이시아도 1990년대 중반부터 금융자유화의 물결에 따라 과잉 유입된 외국자본에 의해 본격적인 경제 버블화가 시작된 것이다. 건설업이 호황을 누리자 부동산을 담보로 은행들은 제조업이나 자원활용 산업에 대출하기보다는 다시 부동산에 단기 투자를 부추겼다[7]. 투자재원이

---

7) Jomo, K. S.,"Malaysia:fromMiracle to Debacle" in Jomo K. S., ed., Tigers in Trouble: Financial Governance, Liberalization and Crisis in East Asia, ZED Books Ltd, London and New York, 1998.

부동산 등 비교역재로 집중되면서 말레이시아 경제의 효율은 저하되고 국제수지는 악화되기 시작하였다. 1991년 이래 말레이시아의 고속성장률은 잠재성장률을 훨씬 초과하여 물가가 상승하고 경상수지의 적자를 촉발하는 요인이 되었다.

또한 태국과 마찬가지로 말레이시아 상업은행들은 총대출금의 25% 정도를 생산적인 투자사업에 융자하였고 나머지는 부동산이나 주식시장에 투자하였다. 달러화에 대한 태국의 고정환율과 같이 말레이시아의 준고정(quasi-peg) 환율체계는 말레이시아 링키트화의 고평가를 유발하였다. 태국에서 발생한 외환위기(1997년 7월 2일)는 곧바로 말레이시아로 전염되었다. 외국의 투기자본에 의한 공격에 따라 말레이시아 정부는 링기트화 가치의 하락을 허용하였다. 1997년 7월 말레이시아의 링키트화는 달러당 2.47을 기록하였고, 1998년 1월에는 다시 4.398 링키트를 기록하여 50%의 평가절하가 일어났다.[8]

2. 국제 투기자본에 대한 대응

말레이시아는 1987~96년 기간에도 연평균 8%를 초과하는 고속성장을 하였다. 그러나 태국에서 시작된 아시아의 외환위기는 말레이시아에도 심각한 충격을 주었다. [표 7-4]에서 말해 주듯이, 1997년 말레이시아의 GNP성장률은 7.8%를 기록하였으나 1998년도에는 -7.5% 성장률을 기록하였다. 고도경제성장을 해오던 말레이시아의 경제는 태국 발 외환위기로 치명타를 입었다.

태국 발 금융위기가 발생한 뒤 말레이시아 통화당국은 링기트화의 가치 유지를 위해 노력하였으나 링기트화의 가치는 계속 폭락하고 주가도 크게 하락하였다. 그러자 당시 마하티르 수상은 동아시아 금융위기는 국제투기 자본가들의 음모적인 환투기 때문이라고 평가하고 IMF구제금융과 이행조건 수락을 거부하고 말레이시아의 독자적 대응방식을 추구하였다. 즉, IMF의 경제통치 방식을 수용

----

8) Malaysia(1998), Prime Minister's Office, Economic Planning Unit, National Economic Recovery Plan: Agenda for Action, pp. 14~16.

하지 않겠다는 입장의 표시였다[9].

  말레이시아의 경제는 태국발 외환위기로 치명타를 입어 그때까지 지속해 온 건설 프로젝트의 중지 및 연기, 그리고 신용수축에 따라 기업의 업적 악화로부터 국내경기는 최악의 저점을 지나고 있었기 때문에 이를 회복시키는 금융수단은 금리를 인하시키는 금융완화정책이 필요하다고 생각했다. 그런데 금리상승은 환율 폭락에 대항하는 수단이었기 때문에 금리를 인하하는 것은 어려웠고, 따라서 경기침체의 장기화가 우려되는 상황이었다. 경기후퇴는 부미푸테라 정책에 의해 오랫동안 일구어온 말레이계 기업의 위기, IMF의 관리하로의 이행, 부미푸테라 정책의 폐지로 연결될 위험성이 있었다. 부미푸테라 정책은 그때까지 일부 완화되어 실행되기는 했지만, 말레이시아 정부가 무엇보다도 중요시한 정책이면서 절대 사수하지 않으면 안 되는 기본 정책이었다[10]. 여기에서 말레이시아 정부는 1998년 9월에 1달러=3.8링기트의 고정환율과 환율정책을 발표했다. 이 목적은 국내 금융시장의 독립성을 확보하고 통화의 안정성을 확보하면서 금리하락을 가능하게 하였다. 또한, 투기적인 단기 자본거래를 억제하고, 통화와 주가의 안정을 꾀하는 것이었다.

  말레이시아 정부의 외환관리 하에서 해외시장에서의 링기트화의 거래금지, 외국인 계정간의 자금이동은 중앙은행의 승인이 필요, 수출입 결제는 외화로, 비거주자의 링기크화의 대외반출 및 반입은 1000링기트화로 한정한다고 발표하는 한편, 무역에 관련한 통화교환, 해외로부터의 직접투자에 의한 이자 및 배당의 본국 송금은 불인정하는 정책이 실시되었다. 사실상 해외로부터의 단기투자는 할 수 없게 되었다. 결과적으로 말레이시아에서의 국제 단기자금에 의한 투기가 금

---

9) Hong Kong's South China Morning Post, September 21, 1997. 1997년 9월 20일 홍콩에서 개최된 세계은행과 IMF의 연차총회에서 마하티르 수상은 국제환투기자본에 대해서 투기적'환거래는 불필요하고, 비생산적이며, 비도덕적이다. 따라서 투기적 외환거래는 정지되어야 하며 불법화되어야 한다고 공격하였다. 사실 마하티르 수상은 태국 발 금융위기가 일어나기 전부터 미국이 주도하는 세계경제 및 금융질서는 미국과 서구 선진국의 국익을 일방적으로 반영하는 것이라고 반기를 자주 들곤 하였다.
10) 梶原 弘和(1999)『アジア発展の構図』東洋經濟新報社, p.115.

지되면서 외환에 의한 경제 불안은 일단락되었다.

소결

말레이시아의 독자적인 금융 및 외환의 제한수단에 대한 긍정적인 업적과 부정적인 업적(功罪)은 금후에도 계속 논의되어야 하겠지만 사실 마하티르 수상의 금융위기에 대한 대응정책은 다분히 자국의 부미푸테라 정책의 연장선상에서 보면 그들의 독자적인 금융 및 외환관리 정책에 일정정도 이해가 가는 측면도 있다. 즉, 세계적인 금융 및 외환 자유화의 흐름에 역류하는 조치였지만, 금융 및 외환시장의 규모가 작고, 국제적인 단기자본에 충분한 대항 수단이 없는 개발도상국에서는 어느 정도 용인하지 않을 수 없는 조치이지 않을까하는 생각이 든다.

한편 당시 한국은 말레이시아와는 달리 경제규모도 달랐고 단기차입 형태의 외채가 많았다. 또한, 한국은 경제규모와는 달리 외환보유가 거의 고갈되었기 때문에 말레이시아처럼 자본통제를 할 경우 곧바로 채무불이행(모라토리움)을 의미하며 모든 무역거래(원자재수입 등)가 중지될 위기에 있었기 때문에 현실적인 정책 대안은 될 수 없었다. 비록 IMF 처방 방식이 한국에 대해 결과적으로 극단적이기는 했지만 달리 선택의 여지도 없었던 것이 당시의 경제 상황이었다.

CHAPTER 08 한국과 대만의 경제구조 형성과 한계

section 01 경제위기의 서설(序說)

1997년 동아시아 경제위기 전의 국제경제 상황은 선·후진국을 포함하여 상당수의 국가가 세계화의 계몽적인 흐름 속에서 개방과 자유화를 급속하게 진행시키고 있었다. 동아시아 지역의 산업·경제구조는 크게 변하지 않은 가운데 오히려 이 지역의 경제성장률에 주목한 국제자본이 새로운 자본축적을 꾀하기 위한 호기로써 동아시아 금융시장에 접근했다. 즉, 동아시아 각국의 대기업은 초기 경제발전 과정의 구조적인 모순을 수정하기보다는 국제자본의 전략에 편승하는 형태로 새로운 자본축적을 꾀하고 있었다.

특히 동아시아 경제위기의 원인은 국제단기자본의 급격한 이탈이라는 결과적인 요인과 경제의 기초조건의 취약에 따른 필연적인 결과라는 전제적 설명 이외에 그 원인이 산업 및 경제구조의 차이(相異)와도 크게 관련되어 있다[1]. 경제구조 및 산업구조적인 측면에서 보면, 경제구조의 단순화 및 단층적인 산업구조에 따른 중소 부품산업의 빈약함은 앞으로 이 지역의 경제적 안정화와 지속적인 경제성장에 상당한 저해 요인으로 작용할 것이다. 따라서 연구의 다른 측면은, 1997년의 동아시아 경제위기를 계기로 동아시아 지역에 대한 보다 본질적이고

---

1) 김일식(2006), '동아시아경제구조의 차이(相異)와 통화위기에 관한 연구'『국제통상연구』 제11권 제2호 9월.

구조적인 접근이 필요하다. 즉, 지금까지 번영의 한 축이라고 여겨졌던 고수출·고성장의 아시아적 경제발전 모델이 일시에 바뀌어 성장의 모순이라는 비판의 저변에는 경제발전의 구조 및 전략을 포함하여 다양한 구조적인 모순이 있음을 의미한다.

따라서 국제자본의 재축적 과정의 문제와는 별도로 국가주도의 기업의 성장이 곧바로 경제발전에 이바지한다는 고전적인 경제성장 전략과는 별개로, 현시점에서 자생적으로 성장해 온 중소기업은 세계화 및 FTA라는 지역주의가 병존하는 세계적인 흐름 속에서 지금은 또 다른 위기구조의 정점에 있다고 하겠다. 그리고 한정된 자본과 노동 등의 생산요소를 생산구조 속에서 결합하는 것은 결국 기업의 몫이다. 그런 의미에서 기업의 형성과 구조변화는 지속적인 경제발전에 있어서 중요한 의미를 갖는다. 또한 각 경제주체에 대한 자원배분의 왜곡은 기업구조의 취약함과 함께 경제구조의 왜곡을 초래해 경제성장의 저변에 장기적으로 또 다른 구조적인 위기를 초래할 수 있는 요인으로 작용할 수 있다. 그 전개 과정에서 대기업과 중소기업의 역할에 관한 문제는 오늘날 우리에게 시사하는 점이 매우 크다.

이러한 측면에서 보면 한국과 대만에 있어서 대기업과 중소기업의 생성과 성장, 그리고 쇠퇴 과정을 이해하는 것은 한 나라의 경제발전 과정만큼이나 중요한 의미를 가지고 있다. 특히 이들 경제주체들이 생성하고 성장하는 데 필요한 가장 기본적인 발전 요소인 자본과 노동, 그리고 기술과 시장은 어떻게 조달 및 분배되어져 수출로 이어지는 경제성장 전략을 구축했는지, 또한 그 성과를 분석하는 것은 후발공업국들에서도 중요한 의미가 있다. 특히 대만의 경우, 중소기업의 생성과 성장 과정이 한국과는 같은 시대에 공업화 과정을 거치고 있지만 결과적으로 많은 경제적 차이를 보이고 있다. 따라서 본 장에서 사적(史的) 분석과 경제학적 분석을 통해 오늘날 한국과 대만이 직면해 있는 경제문제를 경제구조적인 측면에서 살펴볼 것이다. 따라서 본 장에서는 한국과 대만에서의 대기업과 중소기업의 형성 과정을 재고(再考)하고, 이에 따른 각국의 경제구조의 차이와 성과를 재조명 것이 목적이다.

section 02 경제구조의 차이에 대한 사적(史的) 접근

1. 대·중소기업의 형성과 차이(相異)

한국과 대만의 경제는 비슷한 시기(세계 2차 대전 이후)에 경제발전을 시작해서 결과적으로 공업화에 성공한, 경제발전에 관한 한 하나의 모델 국가로 불리고 있다. 그러나 일본 식민지로부터의 해방이라는 '시작'과 세계 2차 대전 후 일인당 국민소득이 350달러 수준의 빈곤으로부터의 탈출이라는 '동기'는 경제발전에 대한 방향적 동질성을 만들어 냈지만 동시에 한국과 대만이 가진 기본적인 조건, 즉 사적(史的)조건과 경제 및 정치적인 조건의 차이에 의해서 양국의 경제 및 산업구조는 서로 다른 차이(相異)를 보이고 있다.

한국과 대만의 경제발전에 대해 이야기할 때 일반적으로 몇 가지 공통점과 차이점이 있음을 지적한다. 양국에 있어서 주요한 공통적인 특징은 ① 일본에 의한 식민지 지배의 경험이 있다는 점, ② 양국 모두 군사적인 위협에 직면에 있다는 점, ③ 미국에 의한 해방과 미군의 경제 및 군사지원이 있었다는 점, ④ 양국 모두 일정기간 정치적인 독재정부가 존재했다는 점, ⑤ 정부주도의 경제개발 전략 및 시행이 있었다는 점, ⑥ 외국자본의 역할이 중요했다는 점, 유교적 문화권 등, 경제발전의 전후 과정에서 나타나는 양국의 공통점은 이외에도 상당히 많다. 이와 같은 공통적인 특징과 더불어 양국에서 나타나는 몇 가지의 서로 다른 중요한 차이(상이: 相異)가 있는데 이는 오늘날 한국과 대만의 경제발전의 성과 및 위기구조를 설명하는 데 하나의 실마리를 제공해 준다.

우리가 일반적으로 말하는 한국과 대만 경제에서 가장 큰 첫 번째의 특징적인 차이는 한국의 경우, 대기업 중심의 산업 및 경제구조라는 점이고, 대만은 중소기업 중심의 산업 및 경제구조라는 점이다. 이 같은 산업 및 경제구조의 상이(相異)한 차이의 본질은 자본과 노동이라는 기본적인 생산요소의 생성과 도입, 그리고 분배 과정에서 시작한다. 한국의 경우 경제발전에 필요한 자본은 장기에 걸쳐 외자(차관)에 크게 의존하는 경제체제를 구축하였고, 그 과정에서 필연적으로 재벌기업의 생성과 성장(육성이라고 말할 수 있을 정도)이 한국의 고도경제성장을 견인했다. 반면에 대만은 토지개혁에서 필연적으로 나타난 지주계급의 분해, 그리고 그 과정에서 나타난 중소기업의 생성이 다국적기업(외국인 직접투자 형식)과의 연계과정을 통해서 대만경제를 견인했다는 점이다. 그리고 두 번째의 특징적인 차이는 대만이 국제하청에 의한 '기업내 분업구조'로 형성되어 있지만, 한국은 대만과 다르게 생산 및 수출구조가 일괄생산으로 완성품을 생산·수출한다는 '국제기업 간 분업구조'로 형성되어 졌다는 점이다.

여기서 문제는 한국은 어떤 이유로 차관(외자)을 주축으로 한 대기업 중심의 산업·경제구조를 구축하였고, 또한 대만은 어떤 이유로 외국인 직접투자 중심의 경제구조를, 게다가 중소기업 중심의 산업·경제구조를 구축하게 되었는가에 관한 의문에 답을 찾아야 할 것이다. 이에 관한 해답의 실마리는 한국과 대만에 있어서 산업·경제구조의 형성에 관한 양국의 사적 및 정치·경제학적이라고 말할 수 있는 주관적인 정책의 차이에서 찾을 수 있다. 즉, 1960~1970년대 한국 정부는 일본기업의 '계열'을 모방하여 거대한 재벌그룹의 성장을 촉진했다. 이 같은 시책의 이론적인 근거는 경제학적 측면에서 한정된 자원을 능력있는 투자가에게 집중시켜 기술과 조직 면에서 '규모의 경제'를 실현하는 것이었다. 이 같은 지원 스타일과 방법의 차이는 산업·경제구조의 차이를 대변한다[2].

한편 대만은 정치적인 요소가 강하게 작용하는 측면이 있어서 대만 정부가 민간기업(중소기업)에 간접적인 인센티브를 제공했다. 요컨대 공영기업(대기업)에 대해서는 직접적이며 동시에 우선적으로 자원배분(특히 국내자본)을 실시했지만, 민간의 산업부문에 대해서는 오히려 기간산업의 정비나 외자도입의 완화 등의 정비로 간접적인 인센티브를 제공했다(이것은 상당히 후의 일로 애초에는 그러한 진전된

---

2) 한국의 저축률은 대만보다 상당히 낮고, 낮은 저축률에 비교해 높은 투자율은, 항상 경제성장을 제약하여, 자본도입은 기술도입 문제보다도 우선시되었다. 이것은 한국이 해외로부터 많은 외자차입을 초래하는 동기였고, 그 자금을 국가주도의 우선 분야에 배분 투입하였다는 것은 비우선 분야의 공업에 대해서 축소 및 제약을 의미하는 것이었다.

제도와 시행도 없었다)[3]. 이것은 한국과 대만의 산업 및 경제구조에 있어서 큰 대조를 이룬다. 그 같은 산업·경제정책은 최근의 일로써, 제2차 대전이 끝난 후 얼마 동안 대만의 경제정책은 한국처럼 재벌기업의 육성을 지향하지 않고 '민생주의'를 내세우면서 실제로는 사적(私的) 부문(민간기업)을 적극적으로 억제하고 있었다. 또한 공적(公的)부문(관영기업)을 육성하고 공영기업(공기업)에 중점적으로 투자했다. 즉, 한국처럼 초기의 경제정책은 공영기업의 육성이 중심이었다.

이 같은 한국과 대만의 초기 경제발전 구조의 차이를 이해하기 위해서는 일본의 식민지 정책의 결과가 두 나라의 경제개발에 어떠한 초기조건을 제공해 주었는가에 대해 이해할 필요가 있다. 일본에 의한 식민지배의 경험을 가지고 있는 한국과 대만에서 과거 전통사회로부터 근대적 사회로의 이행은 사실상 일본에 의해 이루어졌다고 말할 수 있다. 따라서 다소의 차이가 있을지라도 양국에서 일본의 식민지 정책은 근본적으로 다르지 않았다. 따라서 한국과 대만에 대한 일본의 식민지 정책은 기본적으로는 동일한 '성격'을 가지지만, 산업 및 경제구조적인 '성질'의 면에서 세부적으로 살펴보면, 두 나라에는 일정한 차이가 있다.

먼저 농업부문에서 보면, 한국과 대만은 근대적 토지소유 관계의 도입과 농업생산성의 향상을 위한 계획과 투자가 모두 일본의 식민지배 기간에 시행되었다는 공통점이 있다. 그러나 공업부문에서 보면, 1928~1940년 기간에 한국의 공업생산지수는 12.37% 성장하였으나, 1912~1938년 기간에 대만의 공업생산지수는 겨우 2.48%의 성장률을 기록했다.[4] 공업부문에서의 이러한 차이는 일본의 식민지배 기간에 공업부문에 대한 투자와 생산력의 증대가 대만보다 한국에서 더 많은 투자와 생산력 증대가 이루어졌음을 의미한다.

그런데 한국과 대만의 산업 및 경제구조의 상이(相異)를 이해할 때 반드시 집고 넘어가야 할 다른 하나는 역시 한국과 대만의 토지개혁에 대한 성과이다. 논

---

3) 石田浩『台湾経済の構造と展開 - 台湾は'開發獨裁' モデルか-』大月書店, 1999年, p.201.
   1985年 정보산업에서의 연구개발비의 약70% 이상이 公營機關에 의한 것이었다. 한편, 韓國은 겨우 45%였다.
4) 溝口敏行, 같은 책, p.97

란의 여지가 있지만, 분명한 것은 대만의 토지개혁이 한국보다도 비교적 일관되고 철저하게 진행되었다는 것이다. 이 같은 차이를 설명할 수 있는 가장 중요한 요인은 대만의 경우, 정책 담당자들이 대부분 중국대륙으로부터 이주(철수)해온 중국 본토 출신이기 때문에 토지소유에 대해 아무런 이해관계가 없기 때문이다. 즉, 일본의 식민 통치에 협력이나 부역했던 한국의 관료들은 비난으로부터 자유롭지 못했다. 그러나 대만의 경우, 대부분 중국 본토에서 패전의 결과로 이주해온 대만의 관료들(중국 본토인)이었기 때문에 그들의 권위가 심각한 도전을 받지 않았고, 따라서 대만 원주민 사회의 계급 및 사회적 이해관계로부터 상대적으로 자유로울 수 있었다.5) 이러한 사실은 개발전략과 정책전환의 과정에서 발생하는 정치적 음모론에서 비교적 자유로울 수 있었기 때문에 경제개발에 관한 정책 수행에서 정치적 지도력이 비교적 연속적일 수 있었다. 즉, 중국 본토의 내전에서 퇴폐한 당시 장제스(蔣介石)의 국민당 관료들은 지주계급의 이해로부터 자율적이었을 뿐만 아니라, 경제적 목적과 더불어 강력한 정치적 목적도 가지고 있었다. 그들은 중국 본토에서의 군사적 패배의 원인이 농민들의 지지를 얻지 못했다는 인식에서 토지개혁에 대해 강력한 의지와 실행을 동반하게 하였다.

대만에 대한 토지개혁의 성과를 보면, 봉건적 토지소유 관계를 해체하고 농민의 경제적 지위를 향상시킨다는 목적에서 보면 토지개혁의 결과, 대만에서는 농민의 경제적·사회정치적 자립이 현저하게 나타났다. 토지개혁 전의 대만의 상황을 보면, 1948년 당시 소작농의 비율이 전체 경지의 44%, 농가의 41%를 차지하였다. 즉, 토지개혁 당시 농가의 상위 10%가 토지의 60%를 소유한 반면에 하위 40%는 단지 5%만을 소유하고 있었다. 그러나 토지개혁 후인 1953년에는 그 비율이 각각 17%(상위 10%의 토지소유 비율)와 21%(하위 40%의 토지소유 비유)에 불과하게 되었다6). 한편 대만에서 토지개혁의 기본적인 성과는 정치적·사회적으로

5) Cummings, B., "The origins and Development of the Northeast Asian Political Economy: Industrial Sectors, Product Cycles, and political Consequences," International Organization, vol.38, no.1 1984, pp21 – 22.
6) 정동현·조준현(1999), 『동아시아 경제발전론』, p.131. 전체 농가 중에서 차지하는 비율을 보면 자작농이 34%, 반자작농 26%, 소작농 40%로서, 소작농과 반자작농을 합치면 농업인

농민들의 지위는 크게 향상되었다는 점이고, 이는 바로 농업생산성의 향상으로 이어짐으로써 이후 대만의 경제성장에 크게 기여를 했다는 점이다.

한편 이시카와(石川)의 연구에 따라, 대만의 토지개혁을 산업구조의 구축과 연관지어 살펴보면, 제2차 대전 후 장제스의 국민당군은 대만에 상륙하여 860단위의 주요 일본기업을 접수했고, 이것은 원칙적으로 민간에 매각되었다. 이 중에 과거 일본기업 중에 금융, 보험, 석유, 전력, 알루미늄, 제당, 화학비료, 조선, 기계, 시멘트, 제지 등 대규모 중점산업(대기업)의 399단위가 공영기업(대기업)이 되었고, 나머지 85단위는 대만인 자본이 차지하고 있었다. 이렇게 대만의 대기업은 일본 식민지 기간에 형성되었던 일본기업의 접수와 중국 본토에서 철수한 섬유산업에서부터 출발했다고 볼 수 있다.

그러나 중소·농림업과 광공업이라는 다수의 중소기업은 1953년 토지개혁의 '경자유전(耕者有田)'을 계기로 자생적으로 군집하여 생성되기 시작했다. 사실 토지개혁을 토지자본에서 산업자본으로의 전환이라는 측면에서 보면, 농촌 경제의 생성과 시장의 창출, 그리고 신흥 산업자본가 계급의 생성이라는 기본적인 목적에 충분히 부합했다고 하기는 어렵지만, 그렇다고 해서 대만의 토지개혁이 산업자본의 형성에 전혀 기여하지 못한 것은 아니다. 왜냐하면 대만정부는 토지대금으로 지주들에게 채권으로 지불했는데, 지주들이 포기한 토지가격은 시장가격보다 훨씬 낮고, 게다가 채권의 이자율도 낮았기 때문에 지주들은 거의 헐값으로 채권을 매각할 수밖에 없었다.7) 토지개혁에 따라 토지를 빼앗긴 과거의 지주는 토지 채권을 매각하여 얻은 적은 자금을 종자돈으로 기업경영에 나섰다8). 이것

구의 66%에 이르렀다.

7) Haggard, S., Pathway from the Periphery: The Politics of Growth in the Newly Industrializing Countries, Ithaca, Cornell University Press, 1990, p82. 대만의 지주들은 지가의 30%를 국영기업의 주식으로 보상받았다. 그러나 이 기업들은 국가의 직접 경영 하에 놓여 있었기 때문에 지주들은 경영에 참여할 기회를 전혀 가질 수 없었다.

8) 石田浩(1999) 『台湾経済の構造と展開 - 台湾は'開發獨裁'モデルか』大月書店, p.105~106. 안충영씨는 한국의 대기업, 대만이 中小企業中心의 産業構造로 構成한 것을 溝口敏行教授의 論文을 인용하여, 한국은 식민지 시대 때부터 日本人의 民間資本(전체 중39.9%)에 의해 대기업 中心으로 구성되었고, 대만은 당시 1차 산품을 가공하는 중소기업이 대만인에 의해 구성되어 있었다라고 한다(그 중, 日本人의 소유는9.0%라고 한다). 즉 본래부터 한국은 大

이 제2차 대전 후 대만 중소기업 형성의 모태가 되었다.

다시 말해서, 대만의 토지개혁은 농업에서 잉여 획득의 기회를 축소시킴으로써 토지자본이 산업부문에서 새로운 투자처를 찾지 않을 수 없게 했다. 즉, 토지개혁 과정에서 과거 지주들의 분해 과정 속에서 중소기업의 필연적인 생성과 발전이 나타났다고 볼 수 있다. 그러나 토지개혁의 가장 중요한 결과는 농촌 엘리트 계급의 해체와 중국 본토 세력에 대한 반정치적, 그리고 산업화 세력에 반대하는 기득권에 대한 잠재적 위협 요인들의 해체라고 할 수 있다. 그 결과 향후 수입대체에서 수출촉진 정책으로의 전환과정에서 방해가 될 수 있는 농촌의 기득권 세력이 무력화됨에 따라 대만의 국민당 정부는 경제정책 과정에서 보다 자유로운 정책 결정을 할 수 있게 되었다. 즉, 대만에서 초기 1차 수출상품에서 2차 제조업 중심의 수출상품으로 전환하는 과정에서 필연적으로 발생하는 사회·경제적인 갈등 요소를 사전에 해소시켜, 수출주도형성장으로의 전환을 용이하게 하는 측면도 있었다.[9)]

한편 한국에서도 '경자유전(耕者有田)의 원칙'으로부터 1948년의 토지개혁이 실시되었다. 한국에서의 토지개혁은 기본적으로 완전하지 않았다[10)]. 예를 들면, 당시 토지개혁이 90% 가까이 시행되었지만, 그 내용을 보면 토지개혁이 시행되기 이전에 이미 옛날의 지주들에 의해서 소작농에게 매각되었거나, 또는 가명을 사용하여 토지의 소유권을 그대로 보유한 경우가 많았다는 것이다. 그런 점에서 보면 한국의 토지개혁은 대만에 비교해서 상대적으로 불완전했다고 볼 수 있다.

企業, 대만은 中小企業中心으로 구성되어 있었다라고 하지만, 戰後의 問題에 관한 說明은 별도의 說明이 필요할 것 같다(安 忠栄, 『現代韓國·東아시아經济論』, 博英社, 2001年, p.95).

9) 이 같은 문제는 과거 및 현재 필리핀경제 문제를 이해할 때 중요한 하나의 요소로 작용한다. 즉, 필리핀경제에서 토지개혁의 실패로부터 나타나는 기득권 계층의 저항이 곧 수입대체정책을 저해하는 중요한 요소로 작용했기 때문이다.

10) 이 한구(1999) 『韓國의 財閥形成史』, 比峰出版社, pp.51~56. 즉 1945년 말기를 기준으로 보면 정부에 의해서 소작농들에게 분배되어야 할 농지는 84만 7천ha였지만, 그러나 최종적으로 분배된 토지는 60만 5천ha정도밖에 안 되었다. 즉 분배되어야 할 소작지 중에 28.8%에 해당하는 62.3만ha가 어떠한 이유로 제외된 채의 토지개혁이었다.

표 8-1 한국에서 旧(구)일본식민자산의 불하와 출신별 배경(1945~1960년까지)

구분	상업 및 기타 업체	광공업 불하
식민지 말의 기업가	2	94
식민지 말의 기업가, 지주	3	14
식민지 말의 기업가, 기술자	1	1
식민지 말의 기업가, 관리자	4	53
식민지 말의 기업가, 미군정기의 기업가	21	21
식민지 말의 기업가, 지주 및 관리인		3
식민지 말의 기업가, 지주 및 미군정기의 기업가		1
기술자		4
기술자 및 관리인	1	2
지주	2	21
지주 및 관리인		10
지주 및 미군정기의 기업가		3
관리인	12	358
미군정기의 기업가	9	96
합계	42	681

資料: 李 憲昶(1999)『韓國經濟通史』法文社, p.399.

또한 식민지배 기간에 형성된 주요 일본기업들은 미군에 의해 접수되었다. 그 규모를 보면 접수한 기업수는 대만보다 월등히 많았다[11]. 그것은 대만처럼 한국도 원칙적으로 민간에게 매각되었지만, 식민지배 기간에 형성된 일본기업 중에서 대규모 중점산업(대기업)은 국유 및 공영화하고, 한편 다수의 중·소규모의 산

[11] 공장과 광산만으로 2690건이며, 점포는 9096건이었다(이 한구(1999)『한국의 재벌 형성사』, 비봉출판사, p.95.).

업은 민간에게 매각되었다 (그 후 대규모 중점산업도 다수의 중소기업군처럼 민간에 매각되었다). 이런 점에서는 한국이나 대만 모두 유사한 사적(史的)구조를 가지고 있다. 그러나 과거 일본 자산의 매각과정 및 주체는 다르다. 즉, 대만은 식민지배 기간에 형성된 일본 대기업군은 주로 중국계(외성인) 본토인에게 매각되어 졌으며, 중소기업군은 주로 대만인의 옛날 지주들에게 매각되었다는 점이 다르다. 더욱이 대만의 산업은 이미 식민기간에 제1차 산업부문을 주로 가공·생산하는 경공업 중심의 산업구조로 구축되어 있었다. 반면에 당시의 한국은 제1차 산업과는 무관한 중공업 중심(북쪽 지역에 더욱 편중됨)의 식민지 공업화정책이 시행되었다는 차이가 있다.

더욱이 한국의 경우, 과거 식민지자산의 매각과정에 관한 배경에는 주로 식민지 말기의 지주와 기업가, 그리고 관리인이 많았다([표 8-1]). 또한 미군과의 관계가 많은 관리인이 상당히 많았다. 그 기준은 '자본과 경영능력'이라는 경제학적 측면이 고려된 선택이었고, 이것이 대기업의 모태가 되었다[12]. 동시에 한국도 대만처럼 중규모 상인이나 옛날 지주도 어쩔 수 없이 중소기업 운영 등의 산업자본가로 전환하는 경우가 있었다(그러나 한국전쟁 과정에서 나타난 물가 폭등 때문에 대만처럼 산업자본가로서의 지속적인 성장을 구현하지는 못했다). 특히 당시의 상인과 기술자들은 제2차 대전 후 광공업부문으로의 참가가 상당히 두드러졌고, 산업자본가로의 전환이 무리없이 이루어졌지만, 순수한 지주계급이 산업자본가로 상승·전환한 경우는 상대적으로 적었다고 말할 수 있다. 1950년대 말 한국의 대자본가 23명을 조사한 자료를 보면([표 8-1]), 이들 중에서 13명이 과거 일본 식민지자산의 매각이 大산업자본가로 성장·발전하는데 결정적인 역할을 했고, 이들은 주로 식민지 시대의 상인, 무역업, 자영업에 종사했던 사람으로 2차 대전 후 과거 식민지자산의 매각에 의해서 大산업자본가로 성장하는 경우가 많았다[13].

이 같은 점은 한국 사회에 있어서 사회·경제적 모순의 원선이 되었다는 점에

---

12) 安 忠栄, 『現代韓國·東아시아 경제론』, 博英社, 2001年, p.95.
13) 李 憲昶(1999) 『韓國經濟通史』 法文社, p.401~402 참조.

서 대만과 유사하지만, 그 모순의 형태는 다르다. 대만의 경우에는 외성인(중국계 본토인)과 내성인(대만인)과의 사이에서 우대와 소외(차별)의 문제였다고 한다면, 한국은 동일한 경제주체(국민)들 속에서 새로운 사회계층의 형성을 의미하는 우대(기득권 계층)와 소외(하부 계층)의 문제였다는 점이 다르다. 이것은 오늘날 양국 간의 산업·경제구조의 형성과 전개과정 속에서 중요한 의미를 가진다. 이처럼 당시의 시대적 상황과 배경의 차이(相異) 속에서 형성된 민간 중소기업군과 과거 일본으로부터 접수한 기업에 의해 대규모 근대 공영기업(한국의 경우, 대기업)과는 형성 과정에서부터 큰 대조를 보인다. 이것은 오늘날 한국과 대만경제에서 산업의 '이중구조'를 형성하는 원선이 되었다고 말 할 수 있다.

흥미로운 것은, 대만의 경우 1950년대~1960년대 전반의 수입대체 공업화가 공영기업(공기업)과 당영기업(국민당 기업)의 보호·육성정책 아래에서 이루어졌다는 점이다. 그러나 당시의 기업보호·육성정책은 국·공 내전의 패배 때문에 중국(북해)에서 피난해 온 섬유산업을 중심으로 한 중국계(외성인) 자본의 보호·육성을 위한 정책이었지, 재래의 대만인 자본의 보호·육성을 위한 정책은 아니었다. 또한 공영기업의 기본적인 특징은 내수를 중심으로 이루어졌다. 그 배경은 아마도 국내의 저축초과가 존재했고, 국내자본이 공영기업(중국계 대기업)에 대해 우선적으로 배분되었기 때문으로 여겨진다. 즉, 대만경제가 외자도입(상업차관)에 크게 의존하게 되면, 한국의 대기업처럼 원리금의 변제문제 때문에 필연적으로 대만은 해외시장을 개척하지 않으면 안 된다.

그러나 대만 공영기업의 경우, 국내자본에 크게 의존하고 있었기 때문에 무리하면서까지 해외시장을 개척하고 진출해야 할 필요성과 그에 따른 위험성은 상대적으로 적다. 그 결과 대만의 공영기업(대기업)이 국내시장을 독점하는 가운데, 민간 중소기업은 자본부족에 직면하는 동시에 협소한 국내시장에 의존하지 않고 생존과 성장을 위한 다른 선택이 불가피하였다. 그 즈음(1960년 전후)에 미국의 다국적기업이 대만에 대해서 시장개방을 요구하고, 국제정치·경제의 변화와 더불어 대만도 외자도입에 관한 규제를 완화했다. 이 같은 것들은 대만이 정책적으로 빠르게 수입대체 공업화에서 수출지향형 공업화로의 전환을 필연적으로 선택할 수밖에 없었던 하나로 요인으로 작용하였다.

　대만의 산업·경제정책이 중국인(외성인) 중심의 정책이었다는 사실을 전제로 생각한다면, 대만의 중소기업이 외자를 도입하는 경우 한국의 대기업처럼, 대만 정부가 정치적으로 대만계 기업(중소기업)에 대해 지불보증을 해줄 필요는 없다. 왜냐하면 기업의 성장가능성이나 자금회수의 가능성을 고려해 보면, 중국계(외성인) 기업에 비해 대만계(내성인) 기업은 더 열악했다. 이를 고려하면, 대만 정부는 대만계 기업(특히 중소기업)에 대해 정치적으로 외자도입에 따른 지불보증을 해주고 싶지 않았을 뿐만 아니라, 오히려 지불보증을 해줄 필요가 없었을 것이다. 아마도 그것은 대만계 기업의 성장이 중국계(외성인) 주도의 대만 정부에 대해 미래적으로 정치·경제적인 압력 요인으로 작용할 것을 우려했기 때문일 것이다[14]. 이 같은 정치·경제적 배경의 차이 때문인지 규모별 기업의 자금동원 출처를 보면, 대·중·소형 기업에 대한 외국의 차관비율은 각각 5.10%, 0.15%, 0.01%였다. 즉, 중간 규모의 기업에 대한 차관이 지나치게 작았다[15]. 게다가 의외였던 것은, 대만경제가 중소기업 중심의 산업·경제구조라고는 생각할 수 없을 만큼, 중소기업의 육성과 성장을 위한 대만 정부의 제도확립도 상당히 늦었다. 중소기업의 진흥을 목적으로 전문적인 금융지원을 하는 중소기업은행의 설립은 1976년에서야 설립되었다.

　대기업 중심의 산업구조인 한국이 1961년에 중소기업은행을 설립한 것에 비교

---

14) 대만에서는 토지개혁의 대상이 되는 90% 이상이 강력하게, 그리고 지속적으로 실시되었지만, 그 과정에서 대만계의 기득계층(대지주 등)은 큰 사회경제적인 몰락을 가져왔다. 한편 한국은 기득계층의 특권이 그대로 유지 및 확대되었다는 점에서 정부의 정치적인 입장과 조건이 기본적으로 달랐다(Koo hagen, "The Interplay of State, Social class, and World system in East Asian Development: The cases of South korea and Taiwan", Deyo Frederic C, "The Political Economy of the New Asian, Industrialism", Cornell University Press, 1987, p.170.) 예를 들어 토지개혁에 의해 받은 배상금은 한국전쟁 중에 고율의 인플레이션 때문에 가치가 극단적으로 하락하여 산업자본가로의 전환이 사실상 어려웠다. 즉 대만처럼 지주계급의 붕괴와 산업자본에의 전환이라는 현상은 한국에서는 크게 발생하지 않았다(오명호, 『한국 현대정치사의 이해』, 올무도서출판사, 1999年, pp.111~113) 그러나 이점에 대해서는 이론도 상당히 많다.

15) 石田浩(1999) 『臺灣経済 構造 展開－臺灣は '開發獨裁' モデルか』, 大月書店, p.111.

하면, 대만에서 중소기업은행의 설립은 상당히 늦었다. 그뿐만 아니라, 대만경제부 내에 중소기업청이 설립되었던 것이 1981년의 일이다. 따라서 대만 정부가 대만경제에서 중소기업의 중요성을 인식하고 중소기업의 육성과 발전을 위한 여러 정책을 수립하기 시작한 것은 상당한 시일이 지나간 후의 일이었던 것으로 생각할 수 있다. 이러한 경제 환경에 따라 생각해 보면, 초기의 경제발전 구도에서 중국계(외성인) 주도의 대만 정치·경제구조 아래에서는 어떤 의미에서 당연하다고 하겠다. 따라서 한국의 차관 경제와는 달리, 대만은 비교적으로 지불보증이 없는 외국인 직접투자와 연계된 중소기업 중심의 산업 및 경제정책을 선택할 수밖에 없는 정치·경제적 모순을 이미 갖고 있었다고 생각할 수 있다.

결과적으로 한국과 대만의 초기 경제정책들은 그들 자신이 가지고 있는 정치·경제적 환경하에서 개별적으로 수립·확장된 것이지, 정부주도하에 계획적으로 수립된 것은 아니었다는 사실이다. 대만의 경우, 외국인 직접투자를 통한 중소기업 중심의 산업·경제구조의 수립과 확장이 경제이론의 정합성에 따라 산업·경제구조가 구축된 것이 아니라, 대만만이 가지고 있는 정치·사회적, 그리고 경제적 여건의 차이에 따라 불가역적으로 선택된 산업 및 경제정책이었으며, 결과적인 성공이었다고 볼 수 있다.

2. 대기업의 자본축적과 중소기업의 형성

초기 한국기업의 자본축적은 과거 일본 식민지자산의 매각이라고 하는 특권 이외에, 제2차 대전 후와 한국전쟁 후의 무역업이 자본축적의 원천이 되었다. 그 때문에 한국도 달러 확보가 불가피했지만, 패전 직후의 일본경제처럼 한국도 주요 산업에 대해 달러가 우선적으로 할당되었다. 즉, 주요 기업은 달러를 우선적으로 확보함에 따라 초기의 무역업에서 독점적인 지위를 획득하게 되었다. 더욱이 미국의 무상원조에 의한 물자의 가공도 한국 정부에 의해 배분되었기 때문에, 이것은 과거 일본 식민지자산의 매각이라는 특권과 함께 자본축적의 큰 원천이 되었고, 대기업으로서의 기반을 확립하는 계기가 되었다. 물론 이 과정에서 제외된 기업군은 당연히 중소기업으로서 잔존할 수밖에 없었다. 이 같은 자원배분의 기준은 수입대체 공업화 부문에 우선하지만, 제2차 대전 전·후의 관료와 거대한 상인자본의 기업가들, 즉 정부와 연줄이 있는 상인·기업가에 대해서 우선적으로 배분되었다는 점도 부인하기 어렵다.

따라서 초기의 산업구조 형성에는 주로 제2차 대전 전·후의 대지주와 상업자본가·관료들이 대기업을 접수하여 산업자본가로 변모하였다. 한편 제2차 대전 전·후의 중규모 상인과 과거 중소 지주들은 중소기업군을 형성하면서 중소기업을 운영하는 산업자본가로 변모했거나[16], 인플레이션에 의한 토지 채권의 가치 하락 때문에 도시노동자로 전락했다. 사실 한국은 한국전쟁 때문에 극단적인 인플레이션에 빠져, 이것이 토지의 채권가격을 극단적으로 폭락시켰기 때문이다. 즉, 대만과 같은 기업의 형성 과정은 한국에서도 존재했다. 다만 대만의 경우가 한국에 비해 보다 구체적으로 농민층의 분해 과정을 통해 중·소 산업자본가로의 전환이 두드러졌다는 것이 다르다. 그것은 대만만이 가지는 정치·경제·사회의 특이한 양자구조(외성인과 내성인)의 결과 때문이라고 볼 수 있다.

남겨진 문제는 기업의 생산활동과 시장의 문제이다. 전술한 것처럼, 대만은 외자도입에 관한 규제를 완화하는 것과 관련해서 민간기업이 수출지향형 공업화 틀 속에서 단번에 외국시장을 향해 급속하게 성장했다. 외국인 직접투자 중심의 외자도입은 위탁가공으로 시작하여 기술제휴·합병·하청의 형태로 전환하고, 제품은 국내시장뿐만 아니라, 그 대부분이 국외시장용이다. 즉, 대만은 한국처럼, 생산 및 수출구조가 일괄생산으로 완성품을 생산하여 수출한다는 '국제기업 간의 분업구조'가 아니라, 국제하청에 의한 '기업 내의 분업구조'로 형성되었다는 점이 다르다. 그 결과 대만경제는 무역의존도가 매우 높은 산업구도로 형성되어 있고,

---

16) 한국의 경우 식민지 시대에서 농민층의 분해 과정(지주제의 확대와 소작농의 증가)과 가내공장제 공업, 그리고 중소기업의 형성 과정을 보면, 자작농과 중규모 지주 계층의 붕괴 과정 속에서 가내공장제 공업이 증가하는 경향을 보였다. 또한 최종 소비재 공업의 하부를 형성했던 중소기업도 1930년대를 기점으로 크게 활성화 되었지만 그것은 어디까지나 한정된 기업 성장에 지나지 않았다(허수열 '개발 없는 개발-일제하, 조선경제 개발의 현상과 본질', 은행나무, 2005년, pp.103~200).

또한 민간기업이 경제성장을 견인하는 구도로 구축되어 있다. 즉, 과거 일본 식민지자산을 접수하여 설립된 공영기업(국영 대기업)이라는 것은 하천의 상류와 같은 소재산업＝중화학공업＝자본집약적 산업＝대기업＝국내시장·독점이고, 이는 주로 중국계(외성인) 자본으로 형성되어 있다. 한편 민간기업은 하천의 중류·하류와 같은 가공업＝경공업＝노동집약적 공업＝중소기업＝외국시장 의존＝대만계(내성인) 자본이라는 구도가 형성된다[17].

그러나 한국의 경우는 다소 다르다. 1960년대에 들어 군사정권의 경제정책은 조기의 경제발전을 위해 1950년대에 거대화했던 대기업을 적극적으로 활용했다. 그 때문에 우선 대기업에 대해서 일정의 역할을 정책적으로 부여했다. 그것은 자유방임주의에서 국가주도형 경제로의 전환을 의미한다. 그 일환으로서 정부가 선정한 주도 산업부문에 대해 대기업의 역할을 증대하고, 이를 위해 한국 정부는 정책금융과 세제 측면에 대해 우대해 주었다. 특히 대만과는 다르게 한국은 저축부족 상태에서 조기의 경제발전을 위해 외자(차관)를 적극적으로 사용했지만, 한국 대기업이 외자(차관)을 도입할 때 정부가 지불보증을 한다는 것은 양국의 산업·경제구조의 형성에 있어서 매우 중요한 의미를 가진다.

다시 말해서, 대만과는 대조적으로 한국은 차관에 대한 원리금의 변제가 절대적이고, 해외차관에 대해 지불보증을 했던 한국 정부는 대기업에 대해서 끊임없는 지불보증 및 금융·세제에서의 우대(특권)를 제공하지 않으면 안 되었다. 더불어서 대기업도 해외차관에 대한 원리금의 변제를 위해서 적극적으로 수출 확대 및 해외시장을 개척하지 않으면 안 되었다. 이는 계속적인 수출주도형 공업화 구조가 고착·확대됨을 의미하고, 한국기업은 계속적인 수출의 확대·구축을 위해 끊임없이 자본재와 중간재의 수입을 해야 하는 필연적 과정에서 무역적자가 일상화되는 구조가 고착 및 강화되었다.

---

17) 石田浩(1999)『臺灣経済 構造 展開－臺灣は‘開發獨裁’モデルか－』大月書店, p.85.

표 8-2 총고정자본 형성에 점하는 외국인 직접투자 비율 (단위: %)

	1966	1971	1976	1981
한국	3.0	4.5	10.1	7.0
대만	27.3	47.1	30.0	23.8
싱가포르	36.5	57.4	72.6	77.5

자료: 平川均(1992)『NIES－世界システムと開発－』同文館, p.87.

한편 중소기업은 1950년대 이후 제2의 정책적 소외(차별) 때문에 결과적으로 대기업으로의 상승·전환의 기회를 놓치게 되는 또 다른 요인으로 작용한다. 기업에 대한 우대정책에서 소외된 중소기업은 외자도입에 따른 변제 의무가 없기 때문에 무리하게 해외시장의 개척과 수출용 제품을 생산할 필요도 없다. 따라서 중소기업은 열악한 조건하에서 국내시장에 우선하여 생산 활동을 전개하게 된다. 즉 대만과는 다르게, 과거 일본의 식민자산을 접수·설립한 기업은 무역업과 차관도입 등의 특권을 통해 더욱 거대화되어 간다. 그것은 구조적으로 하천의 상류와 같은 소재산업＝중화학공업＝자본집약적 산업＝대기업＝국내·외시장의 독점으로 형성되고, 주로 외자에 의해 주도된다. 굳이 말하자면, 제2차 대전 전에는 일본과 관련된, 그리고 전후에는 정부밀착형 자본이라고 말할 수 있다. 한편 소규모 상인은 하천의 하류와 같은 가공산업＝경공업＝노동집약적 공업＝중소기업＝국내시장 의존＝중간규모의 상인과 과거 중소지주, 그리고 제2차 대전 후에는 정부에 대한 비(非)밀착형 국내자본이라고 말할 수 있다. 그러나 대만이든 한국이든 간에 공통적인 것은, 대기업과 중소기업간, 그리고 산업 간의 유기적인 연관이 매우 약하다는 것이다. 한국의 대기업은, 오히려 외국의 대기업과의 경쟁 및 국제분업 관계 속에서 생산과 수출이 이루어지지만, 대만의 중소기업은 외국의 대기업과 연결되어 생산과 수출이 이루어진다는 점이 다르다.

1. 수입대체 공업화의 초기조건

여기서 또 다른 의문은 어떻게 1960년대 초에 한국은 그리고 대만은 빠르게 1차 수입대체에서 1차 수출주도로의 정책 전환을 단행했고, 결과적으로 성공했을까? 아무것도 없는 상태에서 최초로 정책을 수립하고 실행하여 새로운 것을 만들어내는 것은 쉽지 않은 과제이다. 그러나 어느 정도 만들어져 있거나 보수 및 수정만 해도 새로운 것과 같은 긍정적인 현상을 만들어 내는 것도 또한 탁월한 능력에 해당한다.

수입대체 공업화란 소비재공업의 수입대체를 의미한다. 즉, 수입에 의존하던 노동집약적인 소비재를 국내 생산으로 대체한다는 의미로 보통 수입대체 공업화라고 말한다. 즉, 초기 공업화 과정은 소비재수입에서 국내생산(수입대체)으로, 그리고 수출로 이어지는 하나의 과정으로 산업구조가 농업에서 공업으로 대체 및 형성되는 초기과정에 해당한다. 그리고 수입대체 공업화는 주로 노동집약적인 소비재를 중심으로 시작되기 때문에 소비재산업의 기초 여건의 차이에 따라, 그리고 정책의 계획성 및 일관성에 따라 수입대체(국산화) 기간 및 완성도에 차이가 날 수 있다.

먼저 1950년대의 수입대체 공업화에 대해 한국의 경우를 보자. 제2차 세계대전 후 남북 분단에 뒤이은 한국전쟁은 산업시설과 사회간접자본을 포함하는 국부(國富)를 심각히 파괴시켰다. 한국전쟁 후 한국은 자본, 기술, 원료, 시장을 미국과 일본에 의존하면서 1차 수입대체에 해당하는 소비재를 생산 및 수입대체한다. 해방 후의 혼란과 전쟁의 폐허 속에서 '수입대체 공업화'가 빠르게 달성된 것에 대해 첫째로 지적해야 할 것은, 전쟁 피해가 상당히 심각한 수준이었지만 공업부문에서의 피해는 상대적으로 작았다고 지적한다. 특히 일반 기업체의 피해는 상대적으로 작은 규모로 전체의 16%를 차지한다고 하였다. 즉, 한국전쟁에 따른 일반적인 피해는 심각한 수준이었지만, 공업시설 부문에서의 피해는 상대적으로 작았다는 점이다. 따라서 생산력의 감소는 전쟁 후의 미국의 지원으로 급속히 복구 및 회복할 수 있었다. 이는 일반적인 소비재산업의 복구이자 수입대체산업의 복구를 의미한다[18].

표 8-3 제조업 산업구성의 변화(1941~1960) (단위: 취업자 수)

	1941	1943	1948	1955	1960
식료품	32,975	28,221	23,986	33,205	36,553
	(18.8%)	(12.7%)	(16.5%)	(16.3%)	(14.6%)
생활재	67,704	89,235	48,047	112,432	125,686
	(38.7%)	(40.0%)	(33.0%)	(55.1%)	(50.4%)
생산재	52,681	62,030	45,747	36,788	55,509
	(30.1%)	(27.8%)	(31.5%)	(18.0%)	(22.2%)
자본재	16,544	37,626	18,601	13,447	21,885
	(9.4%)	(16.9%)	(12.8%)	(6.6%)	(8.8%)
건설재	5,170	5,713	9,051	7,994	9,939
	(3.0%)	(2.6%)	(6.2%)	(3.9%)	(4.0%)
계	175,074	222,825	145,432	203,866	249,572
	(100.0%)	(100.0%)	(100.0%)	(100.0%)	(100.0%)

자료 : 堀和生(1994), p.208.

두 번째로 지적해야 할 사실은, 한국전쟁 후 미국의 원조물자의 문제이다. 한국과 미국은 한국전쟁 후 경제재건에 대해 '부흥'과 '안정'사이에 이견이 있었다. 미국 정부의 입장은 한국의 재정안정과 민생문제의 해결을 위해 '소비재' 중심이

---

18) 최상오씨(2002)는 한국전쟁 동안의 총 피해액은 1953년 국민총생산의 85%에 해당한다고 하였음.

우선이라고 생각한 반면에[19] 한국 정부는 '생산재' 중심의 원조물자 도입을 통해 인프라 및 산업시설을 재건하고 조기에 수입대체 공업화를 달성하고자 했다. 결과적으로 미국 정부의 입장이 '경제안정'이었던 만큼 미국의 원조물자를 기초로 하여 1950년대에 면방직공업, 제분공업, 모방공업, 고무공업 등 소비재 생산부문을 중심으로 한 제조업이 빠르게 성장하였다[20]. 수입대체 공업으로 가장 중요한 부문은 소비재공업이었고 따라서 수입대체 공업화란 소비재공업의 수입대체를 의미하였다.

수입대체 공업화의 성장을 [표 8-3]에서 보면, 섬유, 고무, 인쇄, 목재, 그리고 잡제품 등으로 구성되는 생활재는 1948년에 33.0%에서 1955년에는 전쟁 직후임에도 불구하고 55.1%로 급속한 성장을 했다. 이는 생산재 및 자본재에 대한 인적자원의 배분감소에 따라 생활재의 급속한 성장은 과잉생산(제분, 제당, 방직 등)으로까지 이어질 정도였다[21]. 1950년대 후반, 즉 1958~1959년에는 인플레이션의 수습과 대풍작에 힘입어 실질 경제성장률이 평균 6.1%에 도달하여 1954~57년간의 평균 경제성장률 4.6%를 상회하였다. 1950년대의 경제성장은 광업부문과 전력부문의 생산증가 속에서 이루어졌고, 이는 1960년대 수출증가의 토양이 되었다. 즉, 1950년대 한국 정부의 역할에 대해 비판적인 시각도 많지만, 그러나 경제재건 및 공업화의 초기조건을 마련했다는 경제학적인 측면에서는 일정부분 인정하지 않을 수 없다. 다시 말해서, 1960년대의 공업제품의 수출대체 및 증가는 당시 경제기반이 전무한 상태에서 시작된 것이 아니라, 일정 정도의 공업기반 시설과 기술, 그리고 미국의 지원 속에서 이루어낸 결과라고 말할 수 있다.

....

19) 미국의 입장에서 볼 때, 한국은 동북아에 있어서 정치적·경제적 중요성 측면에서 그 핵심은 공업화된 일본이었지 한국은 아니었다. 그런 면에서 미국은 한국전쟁 직후에도 국방이든 경제 문제이든 일본에 비교해서 소극적이었다.
20) 최상오(2002). p.141. 원조물자는 시설재 부문과 소비재의 민수물자가 대략 30대 70이라는 비율로 정해지게 되었다.
21) 김수근 외 2명(1991), 한국경제론. p.24.

그림 8-1 대만의 수출 구성비 추이 (단위:%)

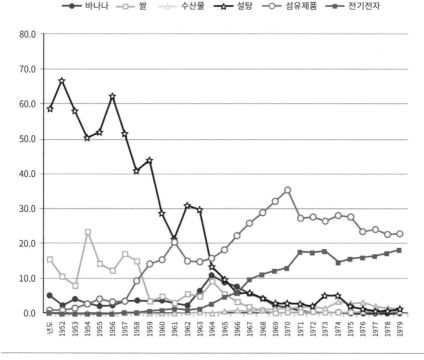

자료: 坂井·小島(1989) 『香港·台湾の経済変動』, pp.23~24에 의해 작성.

한편 대만의 수입대체 공업화 과정(1952~1959년)이 경제적 여건에서 한국과 근본적인 차이가 있었다고 하기는 어렵다. 차이가 있다면, 대만의 경우 한국과는 다르게 '높은 저축률'과 '균형재정' 정도의 요인이다. 당시 대만에서는 경제개발에 관한 구체적인 계획을 가지고 있지도 주도하지도 않았다. 그러나 대만은 경제 부문에서 정부의 역할[22]을 명확히 인식하고 있었고, 1953년에 최초의 경제개발계획이 시작되었다. 그럼에도 불구하고 수입대체기 동안 한국보다 대만의 성장률

---

22) 수입대체기 동안 대만에서 경제에 대한 국가의 개입은 세 가지 영역에서 이루어졌다. 첫째는 이자율에 관한 것이었다. 둘째, 국가는 국영기업들의 힘과 영향력을 조정함으로써, 그리고 국유토지의 매매를 통해서 경제에 개입했다. 마지막으로 국가는 기술적·경영적 자원들을 향상함으로써 역시 경제성장을 지원했다는 것 등이다.

이 더 높았던 이유는 대만에서는 1953년부터 이미 제1차 4개년 계획을 시작하는 등 비교적 일찍부터 보다 일관되게 수입대체정책을 추진하였다는 점과 한국과는 다르게 식민지배 기간부터 '쌀과 설탕'이라는 수출상품이 존재했다는 점을 지적할 수 있다. 즉, 대만은 해방 후에도 쌀과 설탕을 수입대체 공업화 기간에 수출상품으로 활용할 수 있었다. 또한 대만도 한국처럼, 제2차 대전 후 혼란과 수습과정을 거치면서 국가건설이 이루어졌다. 대만도 전쟁에 의한 피해는 막대했고, 식민지 시대에 건설되었던 공장의 3/4이 대파했다. 농업은 1938년을 100으로 했을 때 1946년 말의 쌀 생산량은 64였으며, 사탕수수는 1938~1939년을 100으로 했을 때 1946~1947년에는 18까지 떨어졌다[23]. 이처럼 대만도 전후 공업생산력의 저하와 더불어 부흥의 욕구는 강했다. 따라서 대만 정부도 전후 복구와 사회적 안정을 최우선으로 정책 목표를 설정하였다.

세 번째로 2차 세계대전 이후 한국과 대만은 공통적으로 새로운 화폐의 발행과 더불어 고금리정책을 통하여 인플레이션을 억제하고자 했다는 점이다. 즉, 한국과 대만 모두 금융정책에 대한 국가의 개입 정도는 매우 강했다. 그러나 한국과 비교할 때 대만의 금융정책 중에서 가장 두드러지는 특징은 안정지향적인 통화억제 및 고금리정책에서 나타난다. 이는 공업화에 필요한 자금을 고금리 저축을 통해 국내에서 조달한다는 기본적인 목적이외에도 세계대전 후에 진행된 초인플레이션을 억제함으로서 자산시장으로의 자금이동을 공업부문으로 유도한다는 측면이 있었다.

대만의 금리는 1973년 석유파동으로 대폭적인 인상을 제외하고 명목금리와 실질금리 모두 높은 수준이었다. 즉, 1960년대 중반 대만의 은행대출 실질금리는 11%였고, 명목 대출금리는 14%, 그리고 사채금리는 30%수준이었다. 한편 한국의 명목 대출금리는 일반은행 대출금리의 경우에는 26%, 특혜 대출금리의 경우조차도 17% 수준으로 대만보다 훨씬 높았다. 그러나 한국의 높은 인플레이션을 감안하면 한국의 실질금리는 대만에 비해 낮았으며, 때로는 마이너스이기도 했다.[24]

....

23) 坂井・小島(1988), p.18.

대만 정부가 경제개발 기간에 일관되게 인플레이션 억제 정책을 실시하게 된 것은, 중국 본토에서의 실패의 원인이 토지개혁의 실패와 함께 통화증발로 인한 초인플레이션으로 국민당(蔣介石정부)에 대해 국민(중국 대륙인)이 불신하게 된 것이라고 인식했기 때문이다. 특히 1949년을 전후해 중국 본토로부터 유입된 대량의 이민과 자본의 유입은 한국전쟁으로 인한 국제 상품가격의 상승과 더불어 대만의 인플레이션을 가중시켜 1950년대 초반까지 대만은 초인플레이션을 경험하였다[25].

표 8-4 대만의 저축률 (단위: %)

연도	저축률	연도	저축률	연도	저축률
1952	8.2	1960	12.7	1966	21.5
1955	9.0	1965	19.6	1970	25.5

자료: Rabushka, The New China : Comparative Economic Development in Main China, Taiwan, and Hong Kong, 1987, p224.

대만의 고금리정책은 과잉유동성을 흡수할 목적으로 1950년 3월 대만은행은 월 이자율 7%라는 극단적인 고금리정책을 시행하였다. 연 이자율로 계산할 경우 이것은 무려 125%에 달하였다. 그 결과 물가안정을 위한 고금리정책의 효과는 매우 성공적이었다. 1952~1960년까지 대만의 평균 인플레이션은 불과 8.8%에 불과했다. 1961년 그것은 2%까지 하락했으며, 1960년대를 통틀어서 평균 3%를 넘지 않았다.[26]

한편 한국의 경우도 한국전쟁으로 경제 불안은 피할 수 없었다. UN군의 전비

24) Wade, 1990, pp.58-59.
25) 이 기간에 대만의 물가는 1949년 초에 3,000%로 경이적이었다. 이에 대응해 대만 정부는 1949년 6월 환율개혁과 함께 통화가치를 40,000:1로 평가절하시켰다. 그 결과 1950년의 인플레이션율은 300%로 하락하였다(Rabushka, Ibid, p.113).
26) Rabushka, Ibid, p.114.

(戰費)지출로 통화량의 급증은 불가피하였고 초인플레이션 사태를 맞게 되었다[27]. 한국 정부는 전쟁 중이지만 통화증발 압력과 인플레이션 심리를 억제하기 위해 1953년 2월 예금동결 및 화폐단위 1/100 절하와 원(圓)에서 환으로의 명칭 변경 등을 내용으로 하는 화폐개혁을 단행하였다[28]. 한국과 대만은 기본적으로 국가가 금융시장에 적극적으로 개입했던 공통적인 특징을 가지고 있다. 다른 점이 있다면, 1960년대 대만의 인플레이션이 상대적으로 안정되었기 때문에 한국과는 다르게 낮은 물가상승률 속에서 미국 달러화에 대한 실효환율은 높게 유지할 수 있었다는 장점이 있었다. 그러나 대만은 산업정책의 수단으로서 금융체제를 한국만큼 적극적으로 사용하지는 않았다. 대만의 경우, 은행은 기업대출에 대해 매우 신중했으며, 그나마 그 상당수가 수입대체산업에 해당하는 국영기업들에 제공되었다.

2. 수입대체에서 수출주도형 경제로의 전환

한국이나 대만이나 수입대체 산업화를 통한 성장전략의 한계가 곧바로 수출주도형 정책으로 전환되어 나타난 것은 아니었다. 수입대체 공업화 전략에는 대체로 심각한 장애 요소가 두 가지 있다. 첫째는, 수입대체 공업화가 국내시장을 전제로 생산되기 때문에 소비재 중심의 산업발전이 한 나라의 인구 규모, 소비시장의 크기에 규정되어지는 한계가 있다. 시장규모가 작으면 공급하는 기업은 '규모의 경제'와 같은 비용인하를 실현할 수 없다. 그렇게 되면 국내제품은 수입품에 비해서 비용이 높아지기 때문에 높은 가격이 다시금 국내시장의 확대를 저해하는 악순환이 발생한다. 둘째는 수입대체를 진행하려면, 그것에 필요한 원재료나 중간재, 자본재의 수입이 증가한다. 그런데 이때 1차 산품(예컨대 농산품)의 수출

----

27) 그러나 1951년과 1952년에 임시토지수득세와 같은 가혹한 전시세제와 재정긴축으로 전비를 제외한 재정이 통화환수 부문이 되었다.
28) 그러나 화폐개혁으로 구화폐 발행액의 97%를 회수하였지만 봉쇄예금 총액의 약 3/4 이상이 자유예금으로 전환되고, 금융기관 자금경색을 타개하기 위해 재할인과 은행대출을 확대하면서 화폐개혁은 실패로 끝났다.

이 충분한 외화가득으로 나타나지 않으면 곧바로 무역수지 적자, 경상수지 적자에 빠지는 딜레마에 직면한다. 즉, 1차 산품의 수출 증가가 수입대체에 필요한 원재료 및 중간재, 자본재의 수입을 규정하면서, 수입대체에 필요한 수입의 증가가 수입대체 산업의 발전을 좌우하는 소위「외화의 제약」에 빠진다.

이 같은 문제들을 극복하기 위한 공업화 전략이 첫째, 바로 1차 산품을 대체하는 공업제품을 수출 및 촉진함으로서 본래 의미로서의 수입대체에서 수출촉진(수출 대체)으로의 공업화 전략 및 정책을 전환하는 것이다. 둘째로 수입에 의존하고 있던 중간재나 자본재를 수입 대체로 전환(제2차 수입대체)하여 추진하는 두 가지 방법이다. 이들 중에서 첫째에 해당하는 것이 바로 우리들이 본래적으로 말하는 수입대체 공업화 전략을 통한 경제개발 전략에 해당한다. 이런 의미에서 제2차 세계대전 후 대부분의 개발도상국에서 경제개발 전략으로서 일반적으로 채택된 것이 수입대체 공업화를 통한 경제개발 전략이다. 따라서 대만과 한국의 경우를 보면, 수입대체 공업화 전략을 채택하게 된 주된 첫 번째 요인은 소비재 수입 때문에 무역적자가 확대되는 것은 물론이고, 당시 중요한 수출품인 설탕과 쌀 등과 함께 경공업 제품이 국제시장에서 가격탄력성이 작았기 때문이었다. 즉, 대만의 주요 수출품인 설탕과 쌀의 가격이 하락함에도 불구하고 제조업 산품의 국내수요 증가가 충분히 나타나지 않았다. 그렇다고 해서 경공업 제품의 수출이 1차 산품을 대체해서 증가하는 것도 아니었다.

공업부문에 대하여 살펴보면, 대만의 공업도 한국의 경공업과 유사하게 일본 식민지하에서 시작했지만 발전은 그다지 이루어지지 않았다. 사카이·고지마(坂井·小島)에 따르면, 대만의 섬유공업은 대륙에서 퇴폐한 국민당 정부와 함께 대만에 유입한 중국 대륙계 자본에 의해서 기초가 형성되었다. 이는 다른 산업에 비하여 높은 자급률을 보였지만 여전히 섬유산업에 관련된 면사나 면포에 관련해서도 많은 수입에 따라 외화지출이 많은 부분으로 이 산업에 대한 수입대체도 시급한 과제였다[29]. 또한 대만 경제에 1950년대 전반기는 비교적 높은 수준의

---

29) 섬유산업에서의 자급률은 73.5%이며 수입총액의 14.2%가 섬유관련 수입품이었다(坂井·小島, p.28).

성장을 지속하고 있었지만 성장률은 매년 하락하였다. 비내구성 소비재를 위한 국내시장은 이미 고갈된 상태로 섬유·종이·고무·비누 등 대부분의 산업에서 대만경제는 생산능력의 과잉이라는 문제에 직면해 있었다. 이러한 시장 포화의 문제는 완전고용이라는 정책 목표를 심각하게 위협했다.

이와 같이 대만에서 수입대체 산업화의 한계는 명백했지만, 수입대체 산업화의 한계가 곧바로 수출주도형 정책으로 전환된 것은 아니었다. 대만에서 수출주도형 정책으로의 전환은 사회집단들과 정부 내에서 적지 않은 갈등과 정책적 대립을 겪고서야 비로소 구체화 되었다. 수입대체정책의 한계와 관련하여 기업과 지방 관리들이 시장에 대한 새로운 보호조치를 주장하였다[30]. 특히 대만의 국영기업을 선호하는 사람들(주로 중국계 대기업)은 필리핀처럼, 수입대체정책의 연장을 통한 산업 확대를 자연스럽게 옹호하였다.[31] 그럼에도 불구하고, 대만이 수입대체의 확대나 연장이 아닌 수출주도형 정책으로의 전환을 추진하게 된 데에는 '국제수지의 악화와 외환 부족'과 같은 문제들이 주요한 요인으로 작용했다. 특히 경제문제의 핵심으로 나타나는 것이 '달러의 확보와 통화가치의 과대평가'에 따른 환율의 문제였다. 수입대체기 동안 주요 수출품목인 쌀과 설탕의 가격탄력성이 비탄력적이었기 때문에 통화가치의 고평가가 외환획득에 유리하게 작용한 측면도 있었지만, 수출 확대라는 관점에서 보면 다른 산업에서 기존의 무역·환율 정책은 대만의 성장에 중대한 장애가 되었다.

두 번째로 당시 1960년대 세계경제는 GATT 체제의 성립과 함께 IMF라는 금융질서가 만들어지면서 한국이나 대만과 같은 후발공업국의 수출주도의 산업정책이 유리하게 전개되어가고 있었다. 또한 1960년대 중반부터 시작된 미국의 베트남 참전으로부터 생성된 세계적인 호황 속에 한국과 대만은 GATT와 IMF 체제 속에서 보다 자유롭게 세계시장에 접근할 수 있는 기회가 만들어졌다는 점이

....

30) 이것은 과거 필리핀경제에 있어서 수입대체에서 수출주도형 정책으로의 전환 과정에서 나타난 필리핀의 각 경제주체 및 이익 집단의 대립과 압력에 의해 그 전환이 순조롭게 진행되지 못한 예에서도 알 수 있다.
31) Ranis, G., "Industrial Development," Galenson, W. ed., Economic Growth and Structural Change in Taiwan, Ithaca, Cornell Univ. Press, 1979, p.219.

다. 이 같은 수출시장의 세계적인 개방은 수입대체라는 내수시장 중심에서 수출
주도의 해외시장을 통해 경제성장을 실현해 나갈 수 있는 다른 방법, 즉 수출주
도형 경제성장이라는 새로운 경제체제를 구축할 수 있었다.

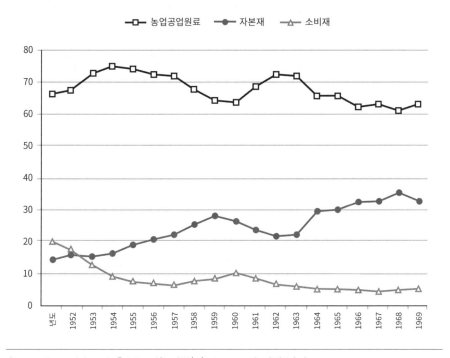

그림 8-2 대만의 수입 산품 수입구조 (단위: %)

자료: 坂井·小島(1989) 『香港·台湾の経済変動』 p.25에 의해 작성.

이처럼 수입대체 공업화의 한계 및 시장의 변화가 나타나면서, 수출주도 정책
으로의 전환에 보다 직접적인 계기가 되었던 세 번째 요인은 역시 '미국 원조정
책의 변화'라는 외적인 압력이었다. 수입대체기 동안 한국과 대만이 이룩한 경제
적 성취의 가장 주요한 요인은 '미국의 원조'이었다고 말할 수 있다. 1946~1962
년까지 대만에 제공된 미국의 원조는 44억 2,800만 달러로, 국가별 미국의 원조
규모를 보면([표8-5]), 한국이 1위이고 대만이 2위에 해당하는 규모이다. 대만에

대한 미국의 원조규모는 한국전쟁의 발발 직후인 1950년 6월부터 1965년까지 연평균 15억 달러에 이르렀다. 미국의 원조 목적은 크게 대만의 경제적 안정과 미국의 군사적 행동을 지원하기 위한 것이었다.

표 8-5 미국의 국가별 대외원조(1946~1962년) (단위: 100만 달러)				
	합 계	군사원조	경제원조	차관비율(%)
합계	97.675	31,060	66,615	35.9
한국	5,434	2,002	3,431	2.3
대만	4,428	2,377	2,052	17.3
인도	3,952	–	3,952	69.6
터키	3,869	2,288	1,581	36.6
일본	3.694	1,033	2,661	14.6
그리스	3,388	1,603	1,785	14.7
베트남	2,442	742	1,699	5.8
브라질	1,953	116	1,739	91.9
파키스탄	1,890	–	1,890	42.5
필리핀	1,753	419	1,334	29.2

자료: 이내영, 『한국 경제의 관점』 백산서당, 1987, p.143.

대만에 대한 미국의 원조규모를 GNP대비로 보면, 미국의 원조 비중은 1951~1961년 평균 GNP의 60%를 차지했으며, 총투자의 36.8%, 수입의 33.6%에 해당되었다. 따라서 대만은 상대적으로 원조에 대한 경제의존도가 한국보다 낮았지만, 대만에서도 미국 원조정책의 변화는 중대한 경제적 충격이었다[32]. 또한 원조의 내용을 보면, 1950년에는 공공 및 민간부문에 대한 증여가 1959년부터는 유상원조의 비중이 높아지면서 1964년부터는 유상원조가 오히려 원조 대부분을 차지하게 되었다.

이처럼 미국으로부터의 원조가 대폭 삭감된 결과 대만의 투자 및 수입에서 차지하는 원조 비중은 10% 내외로 하락했는데, 이러한 사실은 원조 삭감으로 인해

----

32) 그러나 1961년까지 대만의 GNP에 대한 미국 원조의 비중은 6%를 넘었으나 1962년의 3.8%를 시작으로 이 비율은 계속 하락하여 1967년부터는 1% 미만에 불과하게 되었다.

당시의 대만경제도 한국과 같이 심각한 '외화 부족'이라는 문제에 직면하고 있었다. 결국 한국 및 대만 모두 1950년대의 수입대체정책으로부터 1960년대 초의 비슷한 시기에 수출주도형 정책으로 전환하지 않으면 안 되는 하나의 직접적인 계기가 미국 원조정책의 변화였다는 점은 부인하기 어렵다.

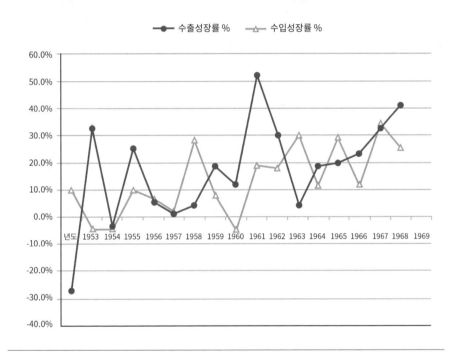

그림 8-3 대만의 수출과 수입 증가율

자료: 園田哲男(2015) 『戰後台湾経済の実証的研究』 八千代出版. p .28에 의거 작성.

수입대체 공업화가 내향적 성장전략이라고 한다면 수출주도형 성장은 세계경제에 적극적으로 그리고 상호 긴밀하게 통합된다는 것을 의미한다. 따라서 경제체제의 개방화를 위한 대만의 첫 번째 거시경제 개혁은 환율정책에서부터 시작되었다. 1950년대 중반 이후 계속 대만을 괴롭혀 온 국제수지의 악화 문제와 대만에 대한 미국의 원조가 점차 감소함에 따라 나타나는 '외화 부족'의 경제문제와 대만해협의 긴장고조라는 정치적 변화에 대응하여 대만은 1958년 일련의 경제개혁 프로그램으로서 적극적인 외자도입 정책을 시행하였고, 이와 더불어 환율 개혁을 단행했다. 이 시기에 대만도 한국과 유사하게 1958년 4월에 '외국환율 무역개혁 방책'을 공포하여 복수환율을 단계적으로 개정하여 과대평가된 대만 원(元)환율을 시장의 실질수준에 가깝게 수정하였다33). 물론 이렇게 미국 달러에 대해 실효환율을 높게 책정하고, 시장의 실질환율 수준에 맞게 수정할 수 있었던 것은 대만의 낮은 물가상승률에 기초한다. 여하튼 대만의 환율 문제는 1950년대까지 수출의 저해 요인으로 크게 작용했다. 그러나1960년 들어 시행된 투자장려 조례 및 환율제도 개선 등은 투자환경의 개선과 수출촉진이라는 점에서 큰 전기를 마련했다.

이 같은 경제정책의 결과는 [그림 8-3]에서 보듯이, 1958년을 기점으로 대만의 수출이 급증했다는 것을 알 수 있다. 그 전환기는 역시 다른 여타 요인보다도 수출기업에 직접적인 경제적 이익을 제공하는 것은 역시 환율이고, 환율변동의 추세에 따라 대만의 기업도 수출을 크게 증가시켰다. 이는 다른 여타 요인에 비해 대만 원(元)화의 평가절하 요인이 수출증가에 직접적으로 크게 작용했다고 말할 수 있다. 즉, 대만도 한국과 유사하게 과대평가된 대만 원(元)의 평가절하시기부터 수출이 급증하는 현상([그림 8-1]과 [그림 8-3])을 관찰할 수 있다. 특히 섬유산업의 수출구성비 추이를 보면, 1958년까지 3.3%대의 낮았지만, 1959년부터는 9.4%로, 1960년에는 14.2%로, 그리고 1971년에 35.4%까지 수출이 급증하는 것을 할 수 있다. 또한 전기·전자 산업에서도 1964년까지 1.1%의 낮은 수출구성에서 시작하여 1966년에는 4.8%, 1969년에는 11.3%로 수출이 급증하는 것을 알 수 있다.

....

33) 외환거래는 일반거래와 특정거래로 분류하고 각각 상이한 기준환율을 적용하는 제도를 가리킨다. 이는 인플레이션이 심한 국가에서 국제수지균형을 유지하기 위하여 불요불급한 수입을 억제하기 위해 고율의 환율을 적용하고, 필수품의 수입에는 저율의 환율 특혜를 제공한다. 한국도 1964년 5월 3일 단일변동환율제를 채택하기 전에는 복수환율제도를 채택하였다. 대만의 경우는 1960년 7월에 대략 1달러＝40.03 대만원으로 적용되어 1963년 9월 30일에는 단일환율이 확립되어 1달러＝40.00대만원을 기본환율로 정해졌다(朝元·劉) 2001, p.7.

이와 반대로 대만의 주요 수출산품인 쌀은 1952년에 15.3%, 1955년에 23.3%를 고점으로 수출이 점차 감소하다가 1960년에는 3.1%까지 떨어졌다. 그리고 대만의 주력 수출산품인 설탕의 경우를 보면, 1952년에 전체 수출에 58.9%를 점하는 설탕산품이 1967년에는 6.1%까지 떨어졌다. 이처럼 대만의 경우 국가 성립 및 재건 과정에서 제1차 주력산품에 해당하는 쌀과 설탕의 수출은 급속히 감소하면서 제2차 산업산품에 해당하는 섬유와 전기·전자산품의 수출이 급증하였다. 이러한 자료에 기초하여 보면, 1960년을 기점으로 제1차 수입대체 공업화가 충실히 진행되는 가운데 제2차 산업에 해당하는 섬유 및 전기·전자 산품은 1960년 및 1965년을 기점으로 수출이 급증하는 것은 한국과 유사하며, 동시에 이 시기에 대만 정부에 의해 취해진 경제정책들 또한 한국과 크게 다르지 않았다.

3. 구조전환을 위한 정부의 역할

한국과 대만경제에서 빠른 경제성장이 가능했던 이유에 대해 경제학적 접근이외에 거론되는 것이 정부의 역할에 관한 설명이다. 1960년대 당시 한국은 새로이 집권한 군사정부가, 대만은 중국 대륙에서 퇴폐한 장제스 군사정부가 집권하면서 종래의 수입대체 공업화를 통한 개발전략을 버리고 수출촉진을 통한 개발전략을 택한 것이 수출 급증을 촉발시켰다는 것이다. 여기서 정부가 경제활동의 방향과 크기를 시장이 결정하도록 맡겨놓지 않고 '정부의 간섭(역할)'이 한국이나 대만의 경제성장을 가능하게 했다는 견해가 있다. 먼저 경제개발에 대한 정의에서 유정호씨는 "개발계획을 위해 '자원 배분과 형성'에 영향을 주고, 달성시키다"는 관점에서 포괄적으로 정의하고 있다. 그는 또한 경제계획은 원 세트의 계획에 의한 총괄 계획이 아니라, 정부의 정책조정이나 부문 간의 조정에 의해서 상호의 충돌을 해소시키는 것이라고 했다. 이 같은 정의에 기초하여 보면, 당시 한국의 경우 "정부가 수입대체에서 수출촉진으로 개발전략을 전환한 것은, 의도하지도 않았고 예상하지도 않았던 수출 급증이 정책 전환의 필요성을 분명히 제시하였기 때문[34]"이라고 지적하고 있다.

중요한 것은 수입대체에서 수출촉진으로 "정책 전환의 필요성이 명백해졌다 하더라도 정부가 이를 인식하고 실제로 정책을 바른 방향으로 전환한다는 것은 어느 국가에서나 간단하거나 쉬운 일은 아니다"고 유씨가 지적한 것처럼, 1960 년대 초기의 경제개발에 대한 정부의 역할이 의미가 없다고 생각하기 보다는 적 어도 아시아의 다른 개발도상국에서 나타나는 무기력한 정부의 역할[35]과는 다른 긍정적인 역할을 수행하였다고 보는 것이 결과적으로 타당하다고 지적한 것에 수긍이 간다.

여기서 중요한 문제는 1960년대 초 당시 한국 정부 입장에서 정책 전환의 필 요성을 느낄 만큼 수출이 급증한 이유이다. 이것은 1960년 이전에 이미 수출 가 능한 상품들이 상당수 존재했으나 그때까지의 어떤 내외 경제 환경에 의해 수출 이 제한되던 것이 1960년대에 들어 한국 정부가 '정책 전환'의 필요성을 충분히 생각할 만큼의 수출 증가가 일어났다는 것이다. 이는 다름 아닌 1950년대의 '수 입대체 공업화'에 대한 결과적 측면이 강하다. 다시 말해서, 1950년대 다른 아시 아 개발도상국들처럼 한국도 제한적이지만 지속적으로 '수입대체 공업화'에 대해 어느 정도 긍정적인 성과 및 결과가 나타나 있었지만, 그러한 성과 및 결과가 수 출을 제한하는 '여러 요인'에 의해 수출 증가로 나타나지 않았다. 그러던 것이 수 출을 제한하는 '여러 요인(예컨대 고평가된 실질실효환율의 문제)'이 완화 또는 해제 되면서 1960년대 들어와서 수출 증가로 나타나기 시작했다고 생각하는 것이 타 당할 것이다.

---

34) 유정호(2006), 한국의 고속성장에서 정부의 역할『한국경제포럼』제2집 3호, p.62. 즉, 적 어도 "1962년 당시의 제1차 계획은 '수입대체'가 정부의 주된 개발전략임을 분명히 하면서, 이 계획에는 제조업 제품의 수출이 증대할 것이란 기대도 없고 제조업 제품의 증대를 통해 공업화를 이루겠다는 전략도 찾아볼 수 없다"고 지적하고 있다. 그러나 "1964년 2월에 발 표하는 '보완계획'에는 개발전략이 '수출촉진'으로 전환되어 있다"고 지적하고 있다.

35) 渡辺・小浜訳(1991)『モンスーンアジアの経済発展』勁草書房, 필리핀의 관료 및 소수 엘 리트계급의 국가 운영의 실패의 예.

4. 중화학공업화 정책의 배경과 전개

1970년을 전후한 대만의 경제적 상황은 한국에 비해 훨씬 안정적이었다. 그러나 [표 8-6]에서 나타나듯이, 대만은 1969년에 한국이 기록한 15.0%의 성장률과 같은 경이적인 성과는 달성하지 못했다. 그 반면에 한국과 같이 성장률의 극단적인 편차가 있는 것도 아니었다. 제1차 석유위기가 일어날 때까지 대만에서는 대체로 10% 이상의 성장률이 지속되었다. 인플레이션 문제에서도 1970년을 전후한 한국의 소비자물가는 평균 12% 내외의 상승을 기록했지만 석유위기 이전까지 대만의 물가상승률은 대체로 3% 내외로 안정적이었다. 그러나 역시 한국과 대만의 경제 현실에서 현저한 차이를 나타내고 있는 것은 무역수지 문제이다. 한국이 1960년대 이후 계속 적자기조를 지속하는 가운데 1970년의 무역적자는 10억 4,000만 달러였다. 반면에 대만의 무역수지는 1970년을 계기로 오히려 2억 1,000만 달러의 흑자를 기록하였다.

표 8-6 1970년을 전후한 대만의 주요 경제지표 (단위: %)

	1969	1970	1971	1972	1973	1974	1975
경제성장률	8.5	10.9	11.5	11.9	12.0	0.6	2.9
제조업 성장률	19.4	20.3	24.1	21.0	19.2	-1.5	5.8
소비자물가상승률	5.1	3.6	2.8	3.0	8.2	47.5	5.2

자료: Counsil for Economic Planning and Development, Taiwan statistics Data Book, 1976, passim.

이처럼 한국과 대만은 1960년대까지 비교적 안정적인 경제지표 속에서 1970년대 들어서 중화학공업화로 정책 전환을 추구하게 된다. 물론 대만이나 한국 모두 중화학공업화로의 전환을 강요한 내적·외적인 요인들이 있었다. 먼저 산업구조를 경공업 중심에서 중화학공업 중심으로의 전환을 내적으로 강요한 요인들을 보면 첫째, 한국과 대만 모두 1960년대 평균 10%가 넘는 높은 경제성장의 결과로 국민들의 생활수준이 높아지면서 내구소비재에 대한 수요가 증가하면서 반대로 일반 소비재(경공업)에 대한 가격탄력성이 작았다. 둘째, 1960년대의 높은 경제성장률 속에서 1970년에 접어들면서 한국 및 대만에서 단순 노동력의 부분적인 부족이 나타나기 시작했고, 이는 빠른 임금상승으로 이어져 지금까지의 단순 가공조립형 산업화가 한계에 직면하게 되었다. 따라서 한국과 대만과 같은 신흥 공업국의 입장에서는 산업구조의 고도화 문제가 제기되었고, 그 과정에서 필연적으로 중화학공업 부문과 기간산업 부문에 대한 투자가 요구되었다. 특히 수출용 경공업 부문에서의 생산력 확대는 중간재 및 자본재에 대한 수요를 급속히 증대시켰다. 이에 따라 1969년 초에 들어 대만 정부는 단순 노동집약적 산업의 한계를 인정하고 기술 및 자본집약적인 산업으로 전환을 위해 중화학공업화의 필요성을 제기하고 있었다. 반면에 한국의 중화학공업화는 경제개발계획 (1962~1966년)이 시작된 이래 이에 대한 요구가 제기되었으나 실현되지 못했다[36].

한편 중화학공업화로의 전환을 강요한 외적요인들을 보면 첫째, 세계경제가 1960년대의 고성장에서 1970년대의 제1차 석유위기를 계기로 저성장 경제로 전환되어 선진국들의 소비가 위축되었다. 이 때문에 선진국들은 중화학공업에 해당하는 프랜트 시설에 대한 수출지원 경쟁이 격화되었다는 점이다. 특히 일본의 플랜트 수출지원 경쟁으로 한국과 대만이 중화학공업화를 실현하는 데 유리했다[37].

둘째, 제1차 석유위기 후에 급속하게 진행된 선진공업국의 산업구조 전환 때문이었다. 즉, 제1차 석유위기를 계기로 선진공업국의 산업구조는 종래의 에너지 대량 소비형산업에서 에너지 절약형산업으로 변화했다. 단순 가공조립형 산업부문에서 개발도상국들 사이의 경쟁이 격화되었다.

셋째, 중화학공업이라고 하는 소재산업 및 거대 장치산업 그 자체가 선진공업

---

36) 대한상공회의소(1988), p.69.
37) 平川 均(1992), pp.113~121.

국의 입장에서는 성숙된 기술이면서 표준화된 기술, 즉 범용산업이었다. 즉, 혁신의 여지가 조립가공 산업에 비교해서 작았다. 따라서 이러한 소재형 범용산업에 대한 선진공업국의 수출지원 경쟁이 격화되었다.

넷째, 국제시장에서 개발도상국에 대한 수요구조가 이전의 단순조립 가공형 제품이 아닌 보다 높은 수준의 기술에 기초한 조립제품으로 변화하였다는 시장의 변화 등의 요인이 한국과 대만의 중화학공업화를 유인하였다.[38]

다섯째, 대만은 물론이거니와 특히 한국의 경우 중화학공업화로의 정책 전환을 정부가 강력하게 실행한 경제적인 논리가 산업구조를 고도화한다는 측면이외에 국가안보(국방력 강화)를 강화해야 한다는 절박함도 있었다. 1970년대 초 월남 패망 후에 발표된 '닉슨 독트린'과 이에 따른 주한미군 2개 사단 중 1개 사단의 철수가 결정되면서 자주국방의 일환으로서 중화학공업화는 선행적인 정책 요건이었다. 이러한 경제여건의 상당한 차이에도 불구하고 왜 한국과 대만 모두에서 중화학공업화라는 유사한 형태의 정책적 대응이 나타났는가하는 것은 결국 두 나라가 직면한 공동의 정치적·군사적 위협에서 기인한 것이라고 할 수 있다.

소결

오늘날 일본의 경제발전의 저변에 깔려있는 중소기업의 존재는 한국이나 대만 중소기업의 생성과 발전 과정에 큰 차이를 보이고 있다. 이는 오늘날의 경제발전과 구조적 모순에 따른 경제위기와 무관하지 않다. 한국과 대만은 중소기업의 생성과 성장과정이 일본과 다를 뿐만 아니라, 한국과 대만에서도 그 생성과 발전과정을 달리하고 있다. 이는 경제이론의 정합성에 의한 것이 아니라, 각국의 정치·경제적인, 특히 그 사회가 가지고 있는 사회의 모순적 구조에 따라 생성·발전한 것이었다.

---

38) 平川 均(1992), pp.113~121.

따라서 오늘날 후진국의 경제발전 전략은 선진공업국들이 말하는 것처럼 일반적인 공업화론과는 그 특질이 다르다. 대만이나 한국이 경제발전에 성공했다는 결과론적 입장에서 이들이 하나의 선택적인 모델은 될 수 있어도 경제위기를 겪은 결과로부터 보면, 경제발전 전략에 대하여 재고의 여지가 충분하다는 것이다. 경제발전 과정에서의 공통적 특질은 외자도입과 해외시장의 의존이지만 외자도입에 관한 경제주체가 누구냐에 따라 현대 경제가 직면하고 있는 고용과 경기변동, 위기 노출의 가능성, 그리고 소득불균형 등과 같은 문제에 관해 그 차이를 달리한다. 이점을 개발도상국은 충분히 인식하지 않으면 안 된다.

결국, 초기 경제발전 과정에서 사회·경제구조의 모순적인 결합 속에서 성립된 동아시아의 경제구조는 오늘날 중요한 경제문제 중의 하나인 고용과 소득불균형, 그리고 경제위기에 있어서 커다란 차이를 보이게 된다. 한국과 대만에서의 연구 결과처럼 중소기업 중심의 외국인 직접투자 유입과 수출주도 전략은 오늘날 동아시아 각국의 경제발전 전략에 있어서 중요한 의미를 가진다. 물론, 수출가공 기업의 원자재·부품의 대부분이 외국에서 수입하고, 완성품은 외국에 수출한다는 특질에는 변함이 없다. 그것은 대기업의 수입 및 수입대체공업화 과정에서 불가피하다는 점 때문이다. 이 문제는 오늘날 ASAEN 각국의 경제문제를 구조적으로 해명하는 데 있어 시사하는 점이 크다.

즉, 경제발전 전략이 수입대체형 경제발전 모델이든, 수출지향형 경제발전 모델이든지 간에, 동아시아 발도상국에 있어서 외국의 자본과 기술, 그리고 시장을 직접 또는 간접적으로 받아들이는 것은 공통의 출발 조건이다. 그러나 경제구조가 대기업 중심의 외국인 직접투자냐, 아니면 중소기업 중심의 외국인 직접투자 및 수출구조이냐에 따라, 즉, 경제구조의 차이에 따라 경제적 효과는 고용 문제나 소득불균형 문제, 그리고 경제위기의 충격이란 관점에서 보면 다르게 나타날 수밖에 없다.

아시아의 경제위기
- 과거의 위기구조와 현재 -

CHAPTER 09 동아시아의 경제성장과 위기구조
- 대기업과 중소기업의 역할 -

section 01 아시아 경제성장의 문제

1960년대 중반부터 동아시아 NIES(한국, 대만, 홍콩, 싱가포르)는 연율 10%대의 눈부신 경제성장을 기록하였다. 뒤를 이어 ASEAN과 중국이 동아시아 NIES의 뒤를 이어 발전하였다. 이 같은 동아시아의 경제발전 과정을 일본의 아카마츠(赤松)는 '기러기 비행형발전'(雁行形態發展)[1] 이라고 불렀고, 이 같은 기러기 비행형 발전은 아시아형 경제발전 모델로서 설득력이 있어 보였다. 개발경제학의 영역에서는 이것을 통상 '외자도입·수출지향형' 경제발전 모델이라고 총칭하고 있다. 즉, 자본과 기술(원료·중간재를 포함)은 세계시장에 의존하고, 노동력은 자국의 농촌사회로부터 적기에 확보하여 완성된 제품을 세계시장에 수출한다는 경제발전 모델이다. 그러나 이 같은 아시아형 경제발전 모델의 전성기는 1997년을 기점으로 전면적인 수정을 할 수밖에 없었다. 태국 바트화의 폭락을 계기로 그때까지 발전과 번영의 총체로서 찬사를 받아 온 아시아형 경제발전 모델이 돌연 '성장의 모순'이라는 다양한 비판을 받고 있었기 때문이다.

앞서 언급한 것처럼 개발경제학적 입장에서 볼 때 개발도상국이 공업화를 실현하고자 하는 경우 취할 수 있는 전략으로서는 일반적으로 다음의 세 가지를

---

1) 赤松 要(1945) 및 Akamatsu, kaname(1962), 赤松 要(1965) 참조.

생각할 수 있다. ① 1차 산품을 수출해서 공업품을 계속 수입하는 방법(순수 수입단계) ② 수입해 오던 공업제품을 국내에서 생산하는 방법(수입대체 공업화) ③ 국내에서 생산한 공업제품을 수출하는 방법(수출지향형 공업화)을 예로 들 수 있다.

즉, 1차 산품을 수출하는 방법(①)은 식민지지배와 깊은 관련이 있다. 식민지 해당국이 농산물이나 광산물을 수출하는 경우 필요한 자금이나 기술, 그리고 경우에 따라서는 노동력도 외부로부터 가져오는 소위 모노컬쳐 경제로 필리핀이나 초기 대만경제의 경우이다. 이 경우 농산물 및 광산물과 같은 1차 산품의 수출생산 증대가 다른 국내시장을 대상으로 성장하고 있는 산품의 기술 및 생산증대와는 연결되지 않는 결점이 있다. 그 결과 1차 산품의 수출 확대는 반드시 개발도상국의 경제발전을 견인한다고 말할 수 없다.

한편 공업제품을 국내에서 생산을 대체하는 수입대체 공업화전략(②)에는 시장규모가 작은 경우 규모의 경제 때문에 수입대체의 상품가격이 수입가격보다 높아지는 문제뿐만 아니라, 원재료 및 자본재 등의 수입의 증가에 따른 '외화의 제약'이 뒤따른다. 즉, 수입대체 과정에서 필연적으로 원재료 및 자본재의 수입이 증가하고, 수출을 담당하는 1차 산품에서 충분한 외화를 벌어들이지 못하면 곧 무역수지 적자에 직면하게 되고 이는 경상수지 적자에 빠지는 딜레마에 직면한다. 수출의 증가가 수입을 제한하고, 수입의 증가가 수입대체 산업의 발전을 좌우하는 소위 '외화의 제약'에 빠지게 된다. 이는 한국이나 대만에서 잘 나타나고 있다.

이 같은 문제들을 극복하기 위한 공업화 전략이 첫째, 바로 1차 산품을 대체하는 공업제품을 수출 및 촉진함으로서 본래 의미로서의 수입대체에서 수출촉진(수출대체)의로 공업화 전략 및 정책을 전환하는 것이다. 둘째로 수입에 의존하고 있던 중간재나 자본재를 수입대체로 전환(제2차 수입대체)하여 추진하는 두 가지 방법이다. 이들 중에서 첫째에 해당하는 것이 바로 우리들이 본래적으로 말하는 수입대체 공업화전략을 통한 경제개발전략에 해당한다. 이런 의미에서 제2차 세계대전 후 대부분의 개발도상국에서 경제개발전략으로서 일반적으로 채택된 것이 수입대체 공업화를 통한 경제개발전략이다. 이때 문제가 되는 것은 수입대체가 진행되면 될수록, 즉 수출의 증가가 수출을 위한 수입의 증가(중간재·자본재 등)를 제한하여, 수입이 수입대체산업의 발전방향을 좌우하는 소위 '외화의 제약'에 빠지게 된다는 것을 지적했다.

이 문제를 극복하기 위한 공업화 전략으로는 ① 1차 산품에 대신하는 공업제품의 수출 진흥(본래 의미의 수출대체)을 하는 것, ② 수입하는 중간재와 자본재 등의 여러 산품을 수입대체로 추진하는 것이다. 즉, 공업제품을 끊임없이 수입증가율 이상으로 수출하여 수입으로 인한 무역적자로 인한 외화의 제약을 해소할 것인가, 아니면 경제발전에 필요한 원자재와 중간재, 자본재의 수입대체(2차 수입대체)를 빠르게 함으로서 수입감소를 통한 외화의 제약에서 벗어날 것인가의 문제이다. 전자는 한국의 공업화 전략이고 후자는 대만의 공업화 전략이라고 말할 수 있다.

따라서 한국이든 대만이든, 그리고 말레이시아이든 기본적으로 경제발전 모델이 차관경제(외자) 중심이냐, 아니면 외국인 직접투자 중심의 경제체제이냐의 차이일 뿐, 기본적인 성장모델은 외화의 제약을 완화하기 위한 '외자 중심의 수출주도형 성장 모델'을 구축한다는 점에서 아시아 국가들은 유사하다. 더구나 수출은 부가가치가 낮은 가공제품이고 수입은 부가가치가 높은 자본재 및 중간재와 같은 가공 수출주도형의 특징을 가지고 있다. 즉, 아시아적 경제성장 전략에는 대략 3가지의 구조적인 문제를 내포하고 있다. 첫째, 이 성장 전략에는 일반적으로 수요와 공급의 양측을 선진국에 의존하는 것을 전제로 하기 때문에 경제적으로 종속적인 성향을 내포하고 있다. 그 때문에 자본재와 중간재의 수입이 제한되면 가공산업의 산출도 증가하기 어렵고 성장도 둔화한다. 둘째, 고부가가치의 자본재와 중간재의 수입의존, 그리고 저부가가치의 수출의존의 가공무역에서는 경상수지 균형점이 경제규모의 확대에 따라 끊임없이 상승하여 결국 경상수지가 적자구조로 형성된다. 셋째, 동아시아 지역의 수출지향형 공업화가 설사 같은 형태의 외자도입에 의해 형성되었다하더라도 그것이 대기업 중심의 경제구조인가, 또는 중소기업 중심의 경제구조인가에 따라 거시경제 구조도 상당히 다르게 나타난다. 경제규모의 확대 과정이 어떤 경제주체에 의해 형성되는가에 따라 무역수자 적자의 성격을 규정하는 중요한 요인으로 작용하기 때문이다.

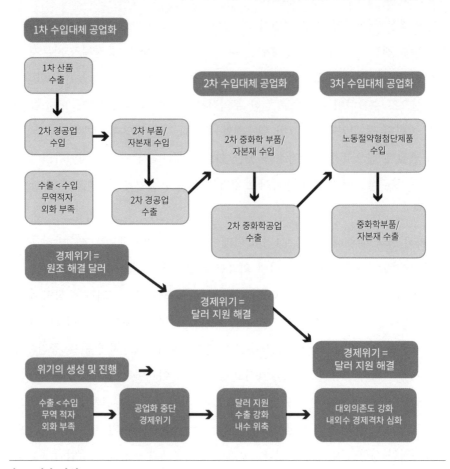

그림 9-1 후발공업국의 공업화 과정과 위기 구조

1차 수입대체 공업화

1차 산품
수출

2차 수입대체 공업화   3차 수입대체 공업화

2차 경공업
수입

2차 부품/
자본재 수입

2차 중화학 부품/
자본재 수입

노동절약형첨단제품
수입

수출 < 수입
무역적자
외화 부족

2차 경공업
수출

2차 중화학공업
수출

중화학부품/
자본재 수출

경제위기 =
원조 해결 달러

경제위기 =
달러 지원 해결

경제위기 =
달러 지원 해결

위기의 생성 및 진행 →

수출 < 수입
무역 적자
외화 부족

공업화 중단
경제위기

달러 지원
수출 강화
내수 위축

대외의존도 강화
내외수 경제격차 심화

자료: 저자 작성

즉, 1차 수입대체부터 시작하여 수출주도형 공업화로 전환하는 순간부터 수출
의 증가는 필연적으로 '자본재와 중간재'의 수입이 끊임없이 증가한다. 그리고 1
차 수입대체가 완성되어 수출주도형 경제체제로 전환이 되었을 즈음에는 이미 무
역적자에 노출된다는 점이다. 게다가 소득탄력성이 낮은 경공업 중심의 저가(低
價) 수출상품은 국제시장에서 경쟁에 노출되어 있지만, 상대적으로 '자본재와 중
간재'는 가격 및 소득탄력성이 높고 선진공업국에 의해 공급이 조절되기 때문에

후발공업국은 저렴한 인건비를 동원한 조립가공에 따른 이익밖에 볼 수 없다. 또한 1차 수입대체가 끝나고 1차 수출산업에 대한 2차 수입대체도 같은 프로세스를 거치기 때문에 후발공업국은 공업화가 완전히 선진화가 되지 않는 이상 끊임없이 '수출'에 따른 '수입초과'부터 자유로울 수 없다. 따라서 언제나 경제발전 과정에서 '외화의 제약'에 따른 경제위기에 노출되기 쉽다. 따라서 문제를 해결하는 방법으로는 필연적으로 '수출'을 수입 이상으로 빠르게 증가시키는 방법이고, 다른 하나는 처음부터 중간재 혹은 부품 중심의 공업화를 통한 수입억제, 즉 수출에 따른 비용을 억제함으로서 '외화의 제약'으로부터 벗어나는 것이다. 전자의 방법은 한국의 경우이고, 후자의 경우는 대만에 해당할 것이다.

그러나 가장 중요한 것은 역시 후발공업국의 경우 '외화의 제약'에서 벗어나야 한다는 것이고, 그 기본적인 전략은 외화의 지출을 절약하는 것이 아니라, 전략적인 수출상품을 끊임없이 수입증가율 이상으로 공급할 능력이 있어야 한다는 것이다. 이 사슬고리가 끊어지면 그 경제는 곧바로 경제위기에 직면할 수밖에 없다. 다만 다소의 차이가 있다면 대만과 같이 중간재 중심의 산업구조에서, 특히 외국인 직접투자에 의한 자본, 기술, 시장의 문제가 해결되는 경제에서는 한국과 같은 공업완제품을 생산·수출하는 나라보다 외화의 제약에서 보다 자유로울 수 있다. 그러나 한국과 같은 공업완성품을 중심으로 하는 수출주도형 경제구조에서는 끊임없이 '외화 부족'이라는 제약 요인에 노출된 상태에서의 경제성장 및 발전이 진행되고 있기 때문에 '수출상품'의 여건, 즉 수출가격 및 수량면에서 어떤 충격이나 변화가 나타나면 그것은 곧바로 경제위기로 직면할 가능성이 아주 높은 경제 및 산업구조라는 것이다.

따라서 국제자본의 행동을 가장 중요시하는 경우에서도, 그리고 경제의 기초조건을 중심으로 한 선행연구에서도 1997년 경제위기 때에도 다음과 같은 문제가 전제되어야 한다. ① 전체적인 틀 속에서 보면, 동아시아 경제위기 전까지 대만과 말레이시아에 유입된 외자는, 그리고 한국과 태국에 유입된 외자의 성격이 기본적으로 경제성장을 주도했다는 점에서 유사하다. 그러나 경제구조의 측면에서도 과연 이 두 그룹이 서로 유사하다고 말할 수 있을까? 만약 이들 두 개 그룹의 경제구조가 유사하지 않다면 결과적으로 아시아 경제위기와 어떻게 연관되어 있는가? ② 자본의 유출과 통화가치의 하락, 그리고 실질실효환율 등의 차이는 나라마다 크게 다르다. 특히 말레이시아·대만과 태국·한국이라는 두 그룹 간의 차이가 눈에 띈다. 즉, chapter 10의 논점은 이들 두 그룹 간에 존재하는 대기업과 중소기업이 동아시아 경제위기와 어떻게 연관되었는가에 초점을 맞춘다.

section 02 제1차 경제위기(1979~1980년 석유위기)

1960년대는 유럽 경제의 회복과 베트남 전쟁으로 인한 달러화의 과잉유출로 인해 세계는 전례 없는 호황을 실현할 수 있었다. 이러한 국제경제의 양호한 조건 속에서 한국과 대만은 '빈곤으로부터의 탈출'이라는 방향적 동질성 속에서 출발하여 '수출주도형 경제구조'를 실현하는 목표에 이르는 시점에, 즉 '산업구조의 고도화'라는 경제발전의 정점에 이르러서는 서로 다른 경제 및 산업구조를 만들어 냈다. 물론 경제발전의 초기 조건의 상이(相異)에 따른 측면에서 경제위기의 차이(경제적인 충격 및 기간 등)도 나타나지만, 이러한 상이는 결과적으로 양국의 경제위기의 발현 및 대응 과정에서도 차이가 나타날 수밖에 없다.

1960년대의 세계적인 호황 속에서 출발한 한국과 대만의 수출주도형 경제구조는 순풍을 맞은 돛단배처럼 1969년까지 순조롭게 순항했다. 그러나 1969년부터 불어 닥치기 시작한 미국 발 쇼크는 경제적인 측면뿐만 아니라, 국가안보 문제까지 심각하게 영향을 주면서 한국과 대만에 대하여 1차적인 충격을 안겨주었다[2].

----

2) 1969년 7월 미국의 닉슨 독트린(Nixon Doctrine)과 대만의 경우 1971년 2월 미국과 중국 본토와의 관계 정상화. 즉, 닉슨 독트린(Nixon Doctrine)에 따라, 주한미군 7사단과 2사단을 모두 철수시키려 하였으나, 한국 정부의 반발로 미국은 1970년 7월 5일 미군 7사단을 철수한다는 일방적 통고를 하고, 결국 미군 7사단은 철수했다. 이 반발 과정에서 박정희 정부는 미국의 15억 달러의 군사원조, 군사차관을 통한 군 현대화 5개년 계획 및 실행과 한

즉, 한국의 경우 주한미군의 철수가 결정되었고, 대만은 1971년 2월 '미국과 중국 본토와의 관계 정상화'가 발표되면서 한국과 대만이 정치·경제적으로 흔들리기 시작했다. 한국과 대만은 사회 및 경제가 저변으로부터 동요하기 시작했고, 제한된 생산요소를 수출주도의 산업에 선택적으로 집중배분 및 투자한 양국에게는 '충격'이자 '위기'였다.

그러나 이러한 위기는 양국 경제에 실질적인 충격을 크게 주지 않았다. 이는 국제정치 및 국제경제의 문제이기 때문에 시간적인 지혜를 가지고 해결해야 할 문제였다. 문제는 별개의 '사건'이 한국과 대만, 그리고 세계경제를 충격과 위기로 몰아넣는 결과를 초래했다. 즉, 한국과 대만 경제가 수출 촉진을 통해 경제개발을 성공적으로 수행하는 가운데 발생한 제1차 석유위기(1973~1974년)였다. 제1차 석유위기는 세계경제가 1960년대 경제성장의 한계와 피로감이 누적되고 있을 그 즈음에 발생했다.

제1차 석유위기는 석유의존도가 심한 나라에 큰 충격을 주었다. OPEC 산유국에 의한 석유의 양적 제한은 실질적 생산감소와 생활수준의 하락을 가져왔다. 또한 원유가격의 급격한 상승은 ① 인플레이션의 가속화, ② 석유수입 지불대금의 증가에 의한 해외로의 소득이전의 증가 → 국내수요 감소 → 불황·실업, ③ 국제수지 악화라는 삼중고(三重苦)를 가져오게 되었다. 실제로 원유가격은 1973년 10월 이후 약 4배 가까이 급등하였다. 서방 선진국은 물론이고 세계경제의 경제성장률이 마이너스성장까지 하였고, 인플레이션의 심화와 국제수지의 대폭적인 적자가 발생했다. 반면에 1974년 석유수출국의 경제수지 흑자액은 600억 달러에 달했다.

이처럼 산유국과 비산유국 간에, 혹은 공업국과 비공업국 간의 국제수지 불균형은 심화하여 경제성장률은 마이너스까지 떨어졌지만, 산업화의 걸음을 막 시

국은 무기와 탄약의 국내생산이 가능하게 되었으며, 미국의 지원으로 1971년 9월 국방과학연구소가 창설되었다. 한편 대만의 경우는 미국과 중국이 수교한 것은 1978년이지만 1971년 발표 당시부터 외국인 투자가 급속하게 감소하여, 71년 1억 6300만 달러, 1972년 1억 2666만 달러로 1970년 실적보다 감소했다. 1971년 8월 미국의 '금·달러 교환성 정지' 쇼크가 이어졌다.

작한 한국이나 대만의 경우에는 선진공업국에 비교하여 제1차 석유위기의 경제적 충격은 상대적으로 작았다. 그것은 한국의 공업화, 특히 원유를 많이 사용하는 중화학공업화가 아직 완전하게 구축 및 가동되지 않았고, 따라서 세계시장에서 나타나는 가격 폭등 문제로부터 비교적 자유로웠기 때문이다. 즉, 선진공업국보다는 한국이, 한국보다는 대만의 중화학공업의 구축 및 가동이 상대적으로 더 늦었다는 것에 기인한다. 따라서 대만은 한국보다 제1차 석유위기로부터 오는 경제적인 충격이 더 작았다.

제1차 석유위기 후 한국경제가 직면한 가장 큰 문제는 개발도상국들이 일반적으로 겪는 국제수지 적자와 인플레이션이었다. 1975년 소비자물가는 전년 대비 24.7% 상승하였으며, 국제수지는 18.9억 달러의 적자를 기록하였다. 특히 수출여건의 악화와 원자재 가격의 상승, 그리고 급증하는 외채상환 부담은 한국의 국제수지에 심각한 압박을 가했다. 따라서 당시 국제수지 문제를 해결하지 않고서는 경제성장을 유지 및 지속할 수 없는 한계점에 있었다.

이에 반해 대만경제는 국제수지가 흑자구조로 이 부분에서는 비교적 한국보다 자유로웠기 때문에 석유위기로 인한 인플레이션의 압력이 가장 시급한 문제로 간주하였다. 왜냐하면, 대만의 물가는 제1차 석유위기 이전까지 한국에 비해서 훨씬 안정적이었다. 그렇기 때문에 상대적으로 국제수지보다는 인플레이션의 잠재적인 위협이 더욱 중요한 문제로 생각했다. 그러나 제1차 석유위기 후 대만의 수입품 가격은 석유가격 및 1차 산품 가격의 급상승으로 평균 55%나 상승하였고, 대만의 소비자물가는 1974년에 47.5% 상승하였다. 그리고 1974년 대만의 순국민총생산(NNP)도 마이너스 성장을 했으며, 1974년 수출품 가격이 25% 상승한 반면 수입품 가격은 무려 82%나 상승한 데 따라[3] 대만도 무역수지 적자를 기록했다.

석유위기에 대한 한국 정부의 정책 대응은 석유위기 그 자체에서 오는 경제적인 '충격' 즉, 물가상승이라는 경제문제를 해소하는 것에 초점이 맞추어졌다기보

---

3) Ranis, G., Ibid(1979), p.256.

다는, 1973년부터 경제성장과 수출 신장의 한계를 산업구조의 고도화를 통해 석유위기를 돌파하기 위해 중화학공업의 육성을 본격적으로 추진하는 데에 초점이 맞추어져 있었다. 한편 대만 정부의 정책 대응에 대한 우선순위는 '급격한 인플레이션의 진정'이었고, 정책 효과는 미미했지만 대만 정부는 신용억제와 수입자유화 등의 조치를 잇달아 시행했다. 오히려 노동력 부족과 지속적인 임금상승으로 인해 인플레이션은 더욱 가속화하였다. 즉, 석유위기가 발생하자 대만 정부는 1973년 7월에 금융기관의 지불준비율을 5%에서 10%로 인상하였다. 1973년 10월에는 예금 및 대출금리의 인상을, 1974년에 다시 2.5~4.3%의 금리인상과 신용제한 조치가 이루어졌다. 이러한 대만 정부의 신속하고 적절한 금융정책의 대응에 대한 결과로 1974년에 48%까지 급등했던 인플레이션율이 1975년에는 5%로 급락하였다.

표 9-1 1970년대 대만의 주요 경제지표 (단위: %, 100만 달러)

	성장률			산업구조			무역구조	
	GNP	농업	제조업	농업	제조업	서비스	수출	무역수지
1971	12.9	0.5	23.6	13.1	43.5	43.4	2,060	216
1973	12.8	2.7	16.2	12.2	49.5	38.3	4,483	691
1974	1.1	1.9	-4.5	12.5	47.4	40.1	5,639	-1,3276
1975	4.3	-1.2	9.5	12.8	45.9	41.3	5,309	-643
1976	13.5	10.0	23.3	11.5	49.0	39.5	8,66	567
1979	8.5	5.2	6.4	8.7	52.0	39.3	16,103	1,329
1980	7.1	0.0	6.8	7.8	51.4	40.8	19,810	77

자료: Counsil for Economic Planning and Development, Taiwan statistics Data Book, Various issues.

한편 제1차 석유위기 후 한국은 경제체질을 개선하기보다는 중화학공업화를 완성하기 위한 일련의 정책들을 오히려 강화하였다. 즉, 한국경제는 경제성장의 한계를 산업구조의 고도화를 통해서 조기에 실현하고자하는 정치·경제적인 강박감에 사로잡혀 경제규모의 확대에만 몰두하던 중 제2차 석유위기를 맞게 되어 큰 피해를 입었다. 제2차 석유위기 때(1978년 12월~1980년 7월까지) 석유가격은 배럴당 12.9달러에서 31.5달러로(2.4배) 급등했고, 다시 세계경제는 커다란 혼란에 빠졌다. 생산비용의 상승으로 인플레이션이 가속화되었고, 세계 각국의 경제성장률은 둔화되었으며 무역수지는 악화되었고, 국제금융과 통화질서는 교란되었다.

한국은 원유가격 인상에 따라 도매물가는 1980년 38.9%, 1981년 22.5%의 큰 폭의 상승률을 나타냈다. 경제성장률은 1979년 6.5%, 1980년에는 −5.2%를 기록했다. 경상수지 적자는 1979년 42억 달러, 1980년 53억 2000만 달러나 되었다. 즉, 제1차 석유위기 때 100억 달러를 상회한 한국의 외채가 제2차 석유위기 때에는 국제수지 적자가 200억 달러를 넘게 되자 외채 문제가 심각해졌다.

제1차 석유위기 이후 잠시나마 회복되었던 한국 및 대만 경제는 제2차 석유위기를 계기로 다시 심각한 불황에 빠져들었다. 생산과 수출의 급격한 위축에도 불구하고 물가는 더 빠른 속도로 상승했다. 인플레이션의 가장 큰 원인은 역시 수입단가와 노동비용의 상승이었다. 그런데 동일한 위기에 대응해 대만에서는 석유가격을 낮은 수준에서 유지하기 위하여 통화가치를 고정시켜 놓는 대신 국내경기의 침체를 감수하고자 했다[4]. 반면 한국에서는 수입 원유가격의 대폭적인 상승과 그로 인한 인플레이션의 예상에도 불구하고 원화의 평가절하가 단행되었다[5]. 한국 정부가 인플레이션의 위험을 감수하면서까지 평가절하를 단행한 이유는 1973년 이후 시작한 중화학공업화를 포기하지 않기 위해서였다. 그러나 이로 인해 구조적으로 늘 국제수지가 적자 상태로 누적되는 가운데 원유대금의 결제를 위해 외화는 빠르게 소진되어 한국의 외환보유고는 거의 없어지고, 따라서 한국은 더 많은 외화를 외국으로부터 빌려오지 않으면 안 되었다. 결국 한국은

----

4) 1973년 대만은 미국 달러의 가치하락으로 1US$＝38.00NT$로 수정하였고, 석유위기에도 불구하고 이환율은 1977년까지 유지되었다(Li Kuo−Ting, Ibid, p.161).
5) 한국의 석유가격은 1979년 3월 9.5%의 가격 인상을 시작으로1981년 11월까지 총 337%의 가격 인상을 단행하였다. 물론 도매물가는 1980년 38.9%, 1981년 22.5%의 큰 폭의 상승률을 나타냈다.

1982년 제1차 외환위기라는 경제위기에 직면하게 되었다. 이때 신냉전하에서 한국 정부는 미국의 영향력에 호소하여 미국이 일본 정부를 움직여서 내키지 않아하는 일본으로부터 50억 달러를 빌려서 한국의 금융위기가 외환위기로 번지는 것을 막을 수 있었다.

한편 제1차 석유위기로부터 제2차 석유위기가 발생하기까지인 1976~78년까지 경제 상황을 보면, 한국과 대만의 실질 산출량은 각각 11.2%와 12.4% 성장함으로써, 석유위기 이전의 수준을 완전히 회복하였을 뿐만 아니라, 한국과 대만의 경제적 지위는 역전되었다. 무역수지를 보면, 대만은 1974~1975년에는 무역적자를 기록했으나 1976년부터는 다시 흑자국으로 전환하여 1976~1978년 평균 국내총생산의 15.1%에 달하는 무역흑자를 기록했다. 반면에 한국은 여전히 무역적자국이었으나 국내총생산에 대한 적자의 비율은 1976~1978년 평균 3.9%로 석유위기 이전에 비해 오히려 개선되었다고 할 수 있다.

제1차 경제위기에서 나타난 경제 현상을 정리해 보면, ① 한국은 대만과 다르게 국제수지 적자구조라는 문제로부터 자유롭지 못하기 때문에 정부 정책이 상대적으로 제한적이었다. ② 한국의 중화학공업 구조는 소재산업 중심이면서 완성재 중심의 산업구조인 반면에, 대만은 중간재 중심 및 부품재 중심의 산업구조이기 때문에 한국의 산업구조가 대만보다 석유의 소비량이 더 클 수밖에 없다. 이 때문에 석유위기로부터 받는 경제적 충격은 한국이 대만보다 더 클 수밖에 없다. ③ 대만 정부의 정책 대응은 석유가격을 낮은 수준에서 유지하기 위하여 통화가치를 고정시켜 놓는 것과 달리 한국 정부는 인플레이션의 위험을 감수하면서까지 한국 화폐의 평가절하를 단행했다. 그러나 이것은 결과적으로 대기업 중심의 중화학공업에 대하여 수출경쟁력을 강화시켜 국제수지 개선에 기여했다는 긍정적인 측면 이외에, 다른 측면에서는 평가절하에 따른 원유수입 가격의 상승과 이로 인한 물가상승은 대기업과 중소기업과의 기업이윤율 격차를 가속화시켰다. 뿐만 아니라, 격렬한 인플레이션은 임금 노동자로부터 자산가로 소득을 이전하는 경제적 요인을 제공했다. 결과적으로 이 같은 양국에 차이는 향후 양국 경제에 큰 버팀목이자 장애 요인으로 작용하게 된다.

1. 무역수지 흑자의 유혹

■ 경제안정과 구조 개혁(1980~1989)

1980년대 한국경제를 간단하게 요약한다면, 경제안정화와 구조 개편으로 말할수 있다. 이 시기의 경제적인 성과를 말한다면 ① 중화학공업화의 완성과 ② 물가안정, 그리고 ③ 경상수지 흑자로 약술할 수 있다. 1980년(전두환 정부) 당시의 경제성장률은 -2.1%, 소비자 물가상승률은 28.7%에 이르렀다. 경상수지는 53억 1200만 달러라는 대규모 적자를 냈으며 실업률이 5.2%에 달했다. 그야말로 경제위기 상황(제1차 경제위기)에 직면해 있었다.

이 같은 경제 상황에서 벗어나기 위해 1980년대에 들어 정부는 중화학공업화로 악화된 경상수지를 개선하고, 경제성장을 촉진하기 위하여 수출을 확대·추진하였다. 동시에 물가를 안정시키고, 민간주도의 경제 촉진을 위한 민영화 및 자유화를 추진하는 등 구조조정에 주력하였다. 이를 위해 ① 통화증가율을 낮추고 ② 재정지출을 더 긴축적으로 운영했다. 한편 정부는 중화학공업 지원을 위한 정부 중심의 금융지원에서 점차적으로 ③ 정부 개입을 줄여나갔다. 즉, 당시의 정부는 위기 탈출과 경제안정을 당면 목표로 삼고 경제체질을 전환하는 데 주력했다. 그 결과 1981~1984년 물가상승률은 21%에서 2%로 낮아졌고, 경제성장률도 6%에서 9%로 높아졌다.

이러한 경제정책의 내적 전환 속에서 1980년대 초 미국과 일본의 힘을 빌어서 '경제위기'를 넘긴 한국경제는 1980년대 중반 '3저 호황(저금리, 저유가, 저달러)'[6]

----

6) 1985년에 1달러에 240엔이던 일본 엔화의 환율이 1988년에는 128엔이 되어, 해외시장에서 일본 제품에 대해 한국 제품에 커다란 경쟁력이 생겼다. 1985년에 국제유가는 1배럴 당 28 달러에서 1986년에 15달러로 떨어져 한국의 석유 수입 대금을 절약하게 했을 뿐더러 석유를 원료나 중간재로 투입하는 공업 제품의 경쟁력을 강화시켰다. 국제 금리는 1986년 이후 안정되어 저금리를 유지했다. 이 덕택으로 거액의 외채를 지고 있는 한국의 원리금 상환 부담이 크게 경감되었다.

으로 인한 유례없는 성장으로 한국경제를 한 단계 성장시켰다. 즉, 1980년대의 한국의 경제성장은 경공업과 더불어 중화학공업 부문의 자동차, 반도체, 선박이 주력 수출상품으로 등장하면서 1986년 이후 연속 12%를 넘는 고도성장을 기록함으로서 1980년대의 연평균 경제성장률은 12%를 기록하게 되었다. 또한 한국경제는 1986~1988년까지 서울 올림픽과 맞물려서 1876년 개항 이후 110년 만에 처음으로 약 286억 달러의 경상수지 흑자를 기록했다.

2. 1997년 경제위기의 전야(前夜)

■ 자유화와 시장개방(1987~1996), 그리고 위기

1986년에 시작된 화려한 호황(일명 88올림픽 호황)의 끝에 들어선 한국경제에 새로운 과제와 후유증이 남았다. 한국은 무역수지 흑자폭이 커지면서 원화가 절상되고 한국의 주요 교역상대국인 미국과 선진국들로부터 본격적인 시장개방 압력에 시달리게 됐다. 한편 한국경제가 큰 폭으로 성장함에 따라 물가와 부동산, 금리가 상승하기 시작했고 근로자들의 임금도 큰 폭으로 뛰었다. 이로 인해 국산제품의 대외경쟁력이 약화됐고 수출도 타격을 받게 되었다. 1990년대 초반부터 한국경제는 조금씩 침체의 늪에 빠져들기 시작했다. 제조업 전반에 걸쳐 '빨간불'이 켜지기 시작했다. 즉, ① 경제성장률은 떨어지고, ② 전체 산업에서 제조업이 차지하는 비중도 낮아졌다. 한국을 신흥공업국으로 끌어올린 원동력인 제조업의 부진은 한국경제의 큰 틀이 바뀌어야 한다는 것을 의미했다. 여하튼 선진국들의 시장개방 압력에 대응하여 한국은 수입에 대한 관세 및 비관세 장벽을 낮추는 한편, 서비스 및 금융시장도 개방해 나갔다. 결과적으로 수출은 줄어들었지만 시장개방의 영향으로 수입은 크게 늘어났다. 게다가 세계화의 영향으로 해외여행, 유학 붐이 일면서 ③ 국제수지는 적자를 면치 못했다.

외형적으로는 110년만의 무역수지 흑자라는 큰 성장을 이룬 것처럼 보였지만 경제 기반은 여전히 불안했다. 한국경제에서 싸고 질 좋은 풍부한 노동력과 외국의 차입 자본에 의존한 고도성장이라는 공식이 1990년대 들어 더 이상 통하지 않게 되었다. 설비투자 증가율이 마이너스를 기록하고 있는 것도 한국경제를 암울하게 만드는 요인으로 작용했다. 지속적인 성장을 위한 새로운 돌파구가 필요했다. 제조업의 경쟁력을 강화하고 첨단기술의 발전을 통해 산업구조의 고도화에 대한 필요성이 대두됐다. 강력한 정부주도 아래 단순히 절약을 통한 잉여산물을 수출하는 소위 '허리끈 졸라매기'식의 수출 전략으로는 '위기의 굴레'에서 벗어날 수 없는 한계에 다다른 것으로 보였다.

■ 신경제 시대로의 진입(1992~1998)

1990년대 이후 한국 자본주의는 신자유주의 구조조정과 세계화, 금융화, 정보화 같은 상당한 구조변화를 경험했다. 1992년 김영삼 문민정부의 첫 과제는 침체된 경제를 살리는 것이었다. 경기침체에서 벗어나기 위해 경기활성화 대책을 담은 신경제개발 5개년 계획은 ① 기업의 경쟁력 강화, ② 사회적 형평성 제고와 균형발전, ③ 개방·국제화의 추진과 통일기반 조성 등을 3대 전략으로 삼았다. 또한 1990년대 한국경제의 가장 큰 특징 중 하나는 '민간주도 경제'라는 점이다. 정부가 경제를 주도하는 것이 아니라 민간기업들이 모든 것을 스스로 판단해야 하고, 경영효율을 목적으로 공기업들도 대거 민영화하기 시작했다. 국제화를 위해서는 금리자유화, 농산물, 서비스시장 개방 등을 추진해야 했다. 이즘에 선진국의 상징처럼 인식됐던 OECD 가입 추진도 신경제개발 5개년 계획의 중요한 목표 중 하나였다.

산업부문에서 보면 1990년대 들어 특이한 산업적 변화는 단연 섬유나 철강, 시멘트산업에 대한 비중이 낮아진 반면, 전자산업의 발전은 괄목할 만했다. 전자산업은 섬유를 대신해 1980년대 후반부터 수출 1위 산업으로 부상했으며, 반도체산업을 토대로 1992년 세계 6위의 전자산업 대국으로 성장했다. 전체적인 경기침체 속에서 전자, 반도체산업이 1990년대를 지탱했다고 해도 과언이 아니다. 1990년대 후반부터는 첨단산업인 정보통신산업(IT산업)의 발전이 눈부시게 발전했다. 즉, 1990년 중반부터 퍼스널 컴퓨터와 이동통신산업이 산업구조의 재편과 함께 새로운 수출 효자 상품으로 부상했다. 2000년 이후 이러한 산업의 발전은 더욱 가속화하여 수출주력 종목으로 등장하였다.

문제는 한국의 산업 및 경제가 '저성장·저효율'이라는 구조적인 틀 속에서 다른 아시아 국가들은 물론이고 한국경제가 거부할 수 없는 '세계화'의 물결에 충분한 준비없이 무방비로 휩쓸렸다는 것이다. 당시 세계경제는 새로운 무역질서를 향해 긴박하게 움직이고 있었다. 즉, 세계경제는 GATT 체제를 대신해서 좀더 자유로운 무역거래를 위해 새로운 체제를 마련하기 위해 분주했다. 그 결과가 바로 1995년에 출범한 WTO라는 세계무역기구였다[7]. 뒤이어 한국은 1996년 10월 '선진국들의 클럽'이라고 말하는 OECD에 가입했다. WTO 체제의 성립과 OECD가입으로 인해 한국경제는 결과적으로 두 가지 실수를 한다. 첫째는, 선진국 기준에 맞는 금융시장 개방을 해야 하는데 한국은 국제금융에 대한 이해와 준비가 부족했고, 둘째로는 WTO 체제로 한국은 세계시장의 접근에 따른 이익만을 강조했지, 시장개방에 대한 경제적 위험성은 상대적으로 덜 논의되었다.

다시 말해서 1995년 WTO 체제로의 전환은 전 세계를 대상으로 한국경제가 수출시장을 확대할 수 있는 좋은 기회가 되기도 했다. 이는 한국기업들도 글로벌 브랜드로 한 단계 성장할 수 있는 기회가 만들어진 셈이었다. 반면 그동안 보호받아왔던 한국의 많은 시장도 동시에 문을 열어야 했다. 이것은 마치 전쟁을 통해 많은 영토를 획득할 마음에 들떠서 정작 자기 나라의 방어를 소홀히 한 결과 후방의 침공을 받은 것과 비슷했다. 실제로 1990년 이후 활짝 열린 문으로 해외의 자본과 상품들이 쏟아져 들어오기 시작했다. OECD 가입 후 한국은 대외적인 신인도가 크게 높아져, 정부의 도움이 없이도 해외에서 많은 돈을 낮은 금리로 빌릴 수 있게 됐다. 그것은 결국 외채 규모가 급격하게 늘어나는 원인이 됐고, 차후 1997년 외환위기의 주범으로 작용하기도 했다.

다른 측면에서 보면, 1990년대 한국의 경제위기는 1995년부터 시작되었다고 볼 수 있다. 즉, 한국의 자유화 및 개방화 속에서 일본 정부는 1990년 이후 불황

----

7) GATT 체제에서는 농업이나 국가나 산업별 예외규정을 통해 보호받을 수 있는 영역이 많이 존재했지만, WTO 체제 하에서는 예외 없이 자유로운 거래가 이루어지도록 했다.

이 장기화하자 1995년 역플라자 합의로 10년간의 엔고(円高) 정책에서 탈피하여 엔저(円低) 정책으로 전환하였다. 1990년 초반 미·일은 저금리 정책을 고수하고 있었고, 한국의 경제성장률은 8%대를 오르내리고 있었다. 당시 한국의 부동산 경제는 1991년부터 버블이 꺼지면서 내부적으로 부실해 가고 있었다. 그럼에도 불구하고, 한국은 일본 엔화와 미국 달러 금리와의 차이를 이용하여 해외에서 많은 돈을 빌려 국내외에 투자하는 방식으로 기업들이 커가고 있었다. 그러나 일본의 환율정책이 엔저(円低) 정책으로 바뀌자 한국은 1996년 240억 달러에 달하는 역대 최악의 경상수지 적자를 기록했다. 이는 당시 한국 GDP의 4.5%에 해당하는 엄청난 금액이었다. 게다가 불행하게도, 1993~1995년까지의 반도체 D램의 최대 호황이 끝나고 1996년부터 반도체의 가격이 폭락하면서 경상수지 적자를 가중시켰다.

이러한 거시경제지표의 악화 속에서 한국경제는 드디어 1997년 들어 어두운 그림자가 다가오기 시작했다. 1997년 1월 한보철강의 부도가 발생했다. 당시 한국 대부분의 재벌이 적게는 자본의 500%, 많게는 1000%까지 부채를 지고 있었다. 당시 한보철강은 2,200억 원에 불과한 자기자본으로 6조 원대의 당진제철소를 건설하면서 공사비용 대부분을 금융권 차입에 의존한 결과였다. 한보사태는 기존의 개발경제에 경종을 울리는 사건이자 1997년 외환위기로 가는 도화선이 되었다[8]. 한보철강에 이어 7월에는 삼미, 진로, 해태에 이어 재계 서열 4위인 기아차까지 부도 처리되었다. 이후 다른 대기업 및 중견기업들이 자금난을 겪으면서 잇달아 부도를 내고 쓰러졌다.

비슷한 시기 태국을 비롯한 동남아시아에서도 낮은 금리의 엔화, 달러를 빌려서 자국에서 흥청망청 건설 및 부동산에 과잉투자를 하고 있었다. 그러나 한국 정부는 동남아시아 국가들과는 경제조건이 기본적으로 다르기 때문에 외환위기를 겪을 가능성은 별로 없다고 발표했지만, 위기의 전조 현상은 이미 나타나고 있었고 또한 수면 아래에서 진행되고 있었다. 결과적으로 대기업들의 잇단 부도

----

8) 당시 중국경제는 1992년 GDP 성장률이 14.2%에서 1997년에 8.8%까지 경제가 하락하는 추세 속에 있었다.

사태 이후, 한국에 대한 신용등급이 일제히 하향 조정되면서 외국자본의 이탈이 본격화하기 시작했다. 즉, 달러화를 중심으로 외환이 썰물처럼 빠져나갔다. 한국 경제는 대외지불능력 부족이라는 국가부도 상황에 직면하게 됐다.

결국 한국 정부는 1997년 11월 21일 IMF 구제금융을 공식 요청했고, 총지원 규모는 IMF를 비롯한 국제기구가 350억 달러, 미국·일본 등 선진국이 233억 달러로 총 583억 달러 규모였다. 한국은 지원조건으로 재정 및 금융의 긴축과 대외 개방, 금융 및 기업구조 조정의 요구를 받아들였다. 당시 한국은 IMF 외환위기로 1997년 12월 하루에 100개 이상의 기업이 부도를 내면서 멀쩡하던 직장인이 하루아침에 거리로 내몰렸다.

CHAPTER 10 동아시아의 경제위기의 전개[1]

1. 달러 위기의 서설(序說)

동아시아 경제위기에 대한 견해는 그 원인을 대체로 종합적으로 규정하고 있다. 다만, 무엇을 주요인으로 규정할 것인가에 대한 견해는 그 당시 약간씩 달랐다. 예를 들어 일본의 료이·후쿠시마(龍井·福島)[2]는 거액의 경상수지 적자와 높은 환율(과대평가)에 의한 경쟁력의 저하를 주요인으로 보고 있었다. 또한 F. Normanr[3]과 니시쿠찌·니시자와(西口·西澤)[4] 등은 동아시아 주요국의 경제구조층의 단순화에 그 원인을 두고 있다. 동경 미쯔미시은행 조사부[5]는 동아시아 주요국의 취약한 금융시스템을 문제시하고 있었다. 또한 카미카와·니이오카·마스다(上川·新岡·增田)[6]과 장원창[7] 등은 경제규모에 걸맞지 않은 극단적인 금융자

----

1) 김일식
2) 瀧井·福島(1995).
3) Norman, Flynn.(1999).
4) 西口·西澤 編(2000).
5) 東京 미쯔미시 銀行調査部(1999)참조.
6) 上川·新岡·增田 編(2000).
7) 장원창(2000).

유화에 원인이 있다고 보았다. 그리고 세계은행[8]과 P·Krugman[9]은 단기외자의 비효율적인 이용과 생산성의 구조적인 문제를 지적했다. 또한 이진면(1997)은 원화의 실질실효환율의 검증으로부터 정책 환율의 비신축성을 지적하였다[10].

한편 자본유입과 관련된 미시적 관점의 분석에서 이근영[11]은 아시아 국가에서 환율이 주가에 미치는 영향보다는 주가가 환율에 미치는 영향이 대체로 크다고 일일 분석을 통해 밝혀다. 그리고 오정근[12]은 외국인 주식투자와 주가수익비율(PER), 주가수익비율(PER)과 환율, 그리고 외국인 주식투자와 환율 하락 간에 상호 유의한 관계에 대해 밝혀다. 총체적으로 보면 ① 국제적인 단기자본의 이동과 ② 경제의 기초조건(Fundamentals)의 악화로, 이들 두 가지가 문제로 지적되고 있다. 그러나 이들 개개의 원인 중 ①의 요인이 동아시아 경제위기에 대한 본질적인 원인이라고 말하기에는 약간에 무리가 있다. 또한 ② 경제의 기초조건의 차이가 동아시아 지역의 자본유입과 이탈에 대해 설명하기에는 적합할지라도, 각국의 상이한 형태의 자본유입과 경제위기 현상을 설명하기에는 역시 무리가 있다.

예를 들어 단기자본의 급격한 유·출입이 원인이고, 그 주역이 헷지 펀드라고 한다면 원인과 결과가 뒤바뀌는 상황이 일어난다. 헷지 펀드가 태국 바트화의 폭락에 대해 '촉발적'인 역할을 한 것 같다. 그러나 그 같은 투기적 행위에는 태국의 경제상황이 '극히 위험하다'라는 투자자의 인식이 전제되어야 한다. 즉, 헷지 펀드가 경제위기의 촉발적인 역할을 했을지라도, 결코 그 원인은 될 수 없다. 오히려 1차적인 원인은 투자자의 의사 결정에 문제의 자료를 제공한 태국의 경제구조에 있다.

다시 말해서 급격한 단기자본의 유·출입에 따른 유동성 위기는 경제위기를 일으킨 결과적 요인이지 위기를 발생시킨 본질적 원인은 아니다[13]. 다시 말해서,

----

8) The World Bank. (2000)과 柳原 透譯(2000).
9) Krugman. Paul. (1999)(三上 義譯(1999))참조.
10) 李鎭勉(1997).
11) 이근영(2003).
12) 오정근(2001).
13) 이근영(2003)참조.

동아시아 경제나 멕시코 경제는 이전부터 경제위기라고 인식될 수 있는 나름대로의 '근거'가 있었다[14]. 따라서 거대한 단기자본의 유·출입만 적절히 관리할 수 있었다면, 적어도 경제위기까지는 가지 않았을 것이라는 생각은 결과적인 측면이 강조된 나머지, 장기적이며 동시에 구조적인 문제를 상대적으로 도외시한 고찰이라고 할 수 있다.

section 02 동아시아 경제위기에 대한 재고(再考)

1. 동아시아 경제위기의 특징

동아시아 경제위기에 대해서 IMF와 세계은행은 새로운 금융제도의 개혁과 투명성의 확보를 강하게 요구하는 한편, 전문가들 사이에서는 외자의존형 성장 노선을 문제시하는 주장이 대두되었다. 문제시되었던 국제단기자본의 유출입에 대해 살펴보면, 1994~1996년에 걸쳐 2,110억 달러의 해외자금이 태국, 인도네시아, 말레이시아, 필리핀, 한국에 유입하여 이들 국가에 거품경제를 발생시켰다. 2001년도 한국 국제통계연감을 보면, 태국에 대한 민간자본의 유입은 1990년대에 들어 급증하였고, 1992년을 제외하면 매년 100억 달러 이상의 민간자본이 유입되었다.

특히 1994년부터 1996년까지 3년 동안 510억 달러의 민간자본이 유입하였다. 이는 1991년부터 1997년까지의 경상수지 적자를 상쇄하고도 남을 정도의 거액이었다. 한국에 유입된 해외자금에도 현저한 차이가 있었다. 즉, 1990년부터 1995년까지 직접투자는 유입보다 유출이 많았다. 한편 자본투자에 관해서 살펴

---

14) 趙潤濟·김종섭(1998) 참조.

보면, 다른 주요 동아시아 국가와는 달리 증권투자(순)의 비중이 상당히 높았다[15]. 인도네시아와 태국의 증권투자는 10% 전후인 것에 비해 말레이시아는 -10.3%를 점하고 있다.

표 10-1 동아시아 주요국의 자본수지구성(1990~1995년 평균)(자본수지=100, %)

국별	직접투자*	증권투자*	단기투자	장기투자	단기외채/총외채
한국	-8.47	76.34	24.35	7.7	54.3(1995)
인도네시아	33.85	10.84	33.79	17.46	23.1(1993)
말레이시아	67.2	-10.29	34.56	8.76	29.3(1993)
필리핀	19.2	23.38	11.85	45.06	16.1(1995)
태국	5.62	13.32	56.61	24.46	45.1(1995)

주: 말레이시아의 직접투자와 증권투자는 1990~94년 평균이며 인도네시아의 증권 투자도 1990~94년 평균임. 또한 *은 순투자를 의미함. 단기외채/총외채의 기준 년도는 1995년을 중심으로 설정하였음. 단, 인도네시아와 말레이시아는 1993년도 자료를 사용하였음.

자료: IMF.(2000), International Financial Statistics Year Book.

직접투자 혹은 간접투자 중심의 상이한 자본유입은 동아시아의 경제위기를 설명하는 중요한 하나의 요인이다. [표 10-1]과 [표 10-2]로부터 경제의 기초조건을 살펴보면, 첫째로 한국, 태국, 인도네시아는 단기채무/수출비율이 상당히 높아, 그 비율이 각각 42.6%, 49.9%, 55.3%라는 점이다. 대조적으로 대만, 말레이시아, 필리핀의 비율은 각각, 14.2%, 11.8%, 18.9%로 확실히 낮다[16]. 따라서 단기채무/수출비율은 수출이 급격히 감소하면 한국, 태국, 인도네시아의 상환 능력은 상대적으로 떨어진다[17].

---

15) 이 기간 중에 한국의 순직접투자는 -8.5%이고, 순증권투자 비율은 76%이다. 오정근(2001), p.57.
16) 대만은 장기간에 걸쳐 저축이 투자율을 웃도는 저축초과 구조였으며, 금융규제가 제2금융권의 발전을 가져왔다. Tran van Hoa et al.(2000), pp.160-172.
17) 태국의 단기자본비율은 56.6%로 장기자본비율인 24.5%를 2배나 초과하였고 한국도 비슷

표 10-2 동아시아 주요국의 거시경제지표 (단위: %)

국별	경제성장률		통화 하락폭	인플레 이션	재정수지/ GDP	경상수지/ GDP	단기채무/ 수출	이자율/ 수출
	1996	1997						
한국	7.1	-5.8	-34.2	4.9	1.0	-4.9	42.6	13.1
대만	5.6	4.8	-20.2	3.1	0.2	4.1	14.2	*
홍콩	4.6	-5.1	-0.4	6.1	*	-3	7.2	*
싱가포르	7.1	1.5	-19.5	1.4	8.4	15.5	1.3	*
태국	6.4	-8	-41.1	5.9	1.6	-7.9	49.9	7.1
말레이시아	8.6	-6.7	-39.8	3.5	4.2	-4.9	11.8	13.1
인도네시아	8	-15	-78.3	7.9	1.4	-3.4	55.3	8.2
필리핀	5.7	-0.5	-39.8	8.4	-0.4	-4.2	18.9	9.8

주: 통화하락폭은 1996년 6월~1998년 8월의 하락폭이고, 이자율/수출은 1981년 기준.
자료: IMF(2000), International Financial Statistics Year Book. IMF(1998), World Economics Outlook. World Bank.(1998),Global Development Finance. 한국통계청(2001), 『국제통계 연감』.

둘째, 경상수지는 대만과 싱가포르를 제외한 대부분의 국가가 적자이고, 특히 한국은 GDP 대비 −4.9%로 다른 나라보다 상당히 열악하다. 말레이시아는 −4.9%로 한국과 필리핀에 필적한다. 그러나 한국의 경우, 재정지출은 비교적 건전하게 보이지만, 그것은 거대한 외자도입에 의한 민간투자가 있었기 때문이다[18]. 또한 말레이시아는 경상수지가 −4.9%라 해도 단기채무/수출비율이 11.8%를 차지하고 있고, 이는 대만에 비해서도 상당히 낮다는 점을 고려할 필요가 있다.

셋째, 재정지출/GDP의 경우, 싱가포르는 8.4%로 상당히 높다. 그 다음은 말레이시아로 그 비율이 4.2%이며, 이는 한국에 비해 상당히 안정적이다. 그럼에도,

....

하여 장기 자본비율이 7.7%인데 비해 단기자본비율은 3배 이상 높은 24.3%였다.
18) 당시 한국은 GDP에 점하는 민간투자비율이 높고 주로 대기업에 의해 주도되었다. 부족한 자금은 외자로 충당되는 것이 다반사였다.

말레이시아는 1996년의 경제성장률이 8.6%로 한국의 7.1%보다 높다. 또한 말레이시아의 인플레이션은 3.5%로, 한국의 4.9%, 태국의 5.9%에 비해 안정적이다.

한편 [표 10-1]이 의미하듯, 단기채무/총외채의 비율도 태국이 45.1%를, 한국은 더욱 높은 54.3%를 기록하고 있다. 따라서 거시경제지표가 불안정한 첫 번째 국가는 태국이며, 다음이 인도네시아, 한국 순이다. 통화가치의 하락폭([표 10-2])을 보면 인도네시아가 −78.3%로 하락폭이 가장 크고, 태국이 −41.1%, 말레이시아가 −39.8%, 한국이 −34.2%였다. 대만과 싱가포르는 각각 −20.0%, −19.5%로 다른 나라의 통화가치 하락보다 상대적으로 낮다.

넷째, 공교롭게도 대만, 중국, 홍콩, 그리고 싱가포르 등 중화권만이 다른 동아시아 주요국에 비해 통화·경제위기에 대한 영향을 상대적으로 적게 받았다[19]. 즉, 중화권은 한국이나 태국과는 대조적으로 대미무역 흑자의 유지에 성공했을 뿐만 아니라, 성장하는 중국에 투자함으로써 이익 증대에 성공하였기 때문이다.

다섯째, 대만, 말레이시아, 인도네시아는 외국 자본을 주로 직접투자의 형태로 도입하였지만, 한국과 태국의 외국 자본은 상대적으로 증권투자(혹은 차관)와 같은 간접투자의 형태로 유입하였다. [표 10-1]에서 보면, 유입된 민간자본의 상당액이 간접투자이며 직접투자는 겨우 36억 달러 정도로 유입된 자본의 5.62%에 지나지 않는다. 이것은 말레이시아의 67.2%, 인도네시아의 33.85%와 비교하면, 태국에 대한 직접투자 유입은 상대적으로 빈약하다. 그런데 한국과 태국은 대기업 중심의 경제구조로, 그리고 대만과 말레이시아는 상대적으로 중소기업군의 비중이 높은 경제구조로 구성되어 있다는 특징이 있다.

---

19) World Bank(1998)와 柳原 透譯(2000), p.49. 중화권 국가는 상품시장에 대한 상호의존도가 높아 미국이나 일본으로부터 상대적으로 경제적인 영향을 적게 받는다. 특히, 대미무역 흑자의 감소는 증대하는 대일무역 적자를 상쇄하기 위한 대체시장을 충분히 갖지 못한 한국과 같은 나라에서 심각했다.

2. 동아시아의 경제구조의 특성과 중소기업

세계 2차 대전 후 개발도상국에 대한 자본(외화) 공급은 주로 반공주의를 목표로 한 미국의 군사원조와 직접투자라는 형태로 이루어졌다. 직접투자의 목적도 자원개발(석유 등)을 통하여 지하자원의 독점을 목적으로 하는 다국적기업의 전략에 따라 이루어졌다.

그러나 직접투자는 1990년대에 들어 크게 바뀌었다. 1990년대 중반에는 간접투자의 비중이 직접투자의 비중을 추월하게 되었다. 그 전제는 1990년대 초의 동아시아 주요국에서 실시한 금융자유화 정책이 있었다. 동아시아 국가는 1970년대에도 금융자유화를 실시했지만, 그 혜택은 주로 국내의 경제주체였다. 그런데 1990년대의 금융자유화는 현지의 금융기관과 외국의 금융기관을 통하여 내외 자금이 현지 기업뿐만 아니라 외국기업까지 중계되었다[20]. 즉, 자금수급의 양면에서 해외의 경제주체가 중요한 역할자로서 등장했다.

한편 이렇게 도입된 외자는 어떠한 형태이든지 간에 반드시 국내의 경제주체에 배분된다. 즉, 동아시아 경제발전 모델이 외자도입·수출지향형 경제구조라 해도 외자를 도입한 경제주체가 기업이라면, 또한 외자의 도입 형태(직접투자 혹은 증권투자·차관)와 외자의 분배구조(대기업 혹은 중소기업)가 기업규모별에 따라 결정된다면, 경제구조는 물론이고 경제상황이 변하는 것은 당연하다. 경제발전 과정에서 투자행동이 대기업 중심의 차입경제에 의해 이루어진 경우와 중소기업과 연계된 직접투자 중심의 투자행동과의 사이에는 경제구조나 그 현상이 확연히 다르다[21].

또한 같은 외자도입이라도 대만과 말레이시아는 상대적으로 직접투자에 의한

---

20) 瀧井·福島(1995)『アジア通貨危機－東アジアの動向と展望』文眞堂, pp.45－46.
21) 일반적으로 대기업은 규모의 경제 및 자본집약적 산업에 따른 기간산업의 강화 등에 유익하고, 중소기업은 고용증가 및 경기변동의 완화, 시장집중의 완화, 소득균등화에 유익하다. 특히, 경기의 급격한 변동은 주로 설비투자의 행동이 대·중소기업 간의 시차적 괴리로부터 완화된다는 일본의 검증은 한국에선 나타나지 않는다(김일식, 1999).

중소기업 중심의 경제구조로 구성되어 있다. 한편 한국과 태국은 외자도입의 주체가 주로 대기업이며, 더구나 태국은 다국적기업을 중심으로 한 대기업 형태로 구성되어 있다. 그리고 경제·사회구조의 차이에 따라 단기자본이 집중된다는 별도의 특성이 있다[22]. 경제발전 과정에서 보면, 차관(혹은 증권투자)의 비중이 높은 대기업 중심의 경제구조에서는 상대적으로 직접투자의 비중이 작다. 또한 대기업 중심의 경제구조(차관 중심의 외자)는 외자가 중소기업과 연계되어 도입된 나라에 비해 실질환율이 고평가되는 경향이 강하다.

따라서 첫 번째 문제는, 한국과 태국이 과연 대기업 중심의 경제구조로 구성되어 있는가? 그리고 대만과 말레이시아는 상대적으로 중소기업 중심의 경제구조로 구성되어 있는가에 관한 것이다. 이 같은 문제는 경제구조의 차이에 따른 외자유입의 형태별(직접투자와 증권투자) 차이가 동아시아 주요국의 경제위기에 대한 차이를 설명하는 데 하나의 요인으로써 적용 가능한가에 대한 전제가 되기 때문이다. 따라서 한국과 대만의 경제구조에 관해서는 부연할 필요가 없다 하더라도, 과연 말레이시아가 태국에 비해 상대적으로 중소기업 중심의 경제구조로 구축되어 있는가에 관한 문제는 검토되어야 한다. 이에 대해 여러 가지 이론(異論)도 있을 수 있다.

이 같은 문제는 일본 사꾸라 종합연구소 환태평양 연구센터의 [표 10-3]의 연구 자료가 해결해 준다. 태국과 말레이시아의 대기업 및 중소기업에 관한 [표 10-3]의 자료에서 다른 점이 발견된다. 먼저 대기업(500명 이상을 대기업으로 함)의 고용비율과 기업수의 비율을 보면, 태국 대기업의 고용비율은 36.2%(1996년)이고 말레이시아 대기업의 고용비율은 42.1%(1993년)였다. 대기업수의 비율로 보면, 태국과 말레이시아의 비율은 각각 1.2%와 1.9%를 차지하고 있어 말레이시아가 태국에 비해 상대적으로 대기업 중심의 경제구조로 형성되어 있는 것처럼 보인다.

---

22) 태국의 경우 금융시장, 특히 화교계 은행권의 대출행위가 지극히 단기적이며 수익 중심적이라는 점이다.

표 10-3 태국과 말레이시아의 기업 및 종업원 규모별 비중 (단위: %)

	년도	태국		말레이시아			말레이시아(1)	
		1986	1996	1981	1993		1981	1993
기업수	19인 이하	85.5	75.7	77.0	68.7	K/L	0.4	0.3
	20-99인	11.0	17.2	17.7	20.7		0.9	0.7
	100-499인	2.9	5.9	4.5	8.7		1.4	1.2
	500인 이상	0.6	1.2	0.8	1.9		1.0	1.1
합계		36,913	92,095	20,429	23,462			
고용수	19인 이하	18.9	12.1	14.8	7.5	Y/K	1.4	1.9
	20-99인	20.9	19.5	26.4	18.0		1.0	1.2
	100-499인	28.4	32.2	30.5	32.4		0.8	0.9
	500인 이상	31.8	36.2	28.3	42.1		1.2	1.0
합계		783	3,438	579	1,267			
부가 가치액	19인 이하	Na	Na	8.3	3.7	Y/L	0.6	0.5
	20-99인			22.9	14.2		0.9	0.8
	100-499인			34.4	33.3		1.1	1.0
	500인 이상			34.4	48.8		1.2	1.2
합계				4,878	44,026			

주: 말레이시아(1)에서 K는 고정자산, L은 종업원수, Y는 부가가치를 의미함.
자료: サクラ綜合研究所環太平洋研究センター(1999), 『アジアの經濟發展と中小企業』, pp.70-80.

그러나 중기업 비율(20인 이상~499인까지)을 보면, 기업수의 비율은 1996년에 태국이 23.1%를 점하고 있고, 말레이시아는 1993년에 29.4%로 태국에 비해 상당히 높다. 또한 중기업의 고용비율은 태국이 51.0%로 말레이시아의 50.4 %를 약간 상회하고 있을 정도로 큰 차이가 없다. 오히려 말레이시아의 중기업이 태국에 비해 더욱 자본집약적이라고 말할 수 있다. 결과적으로 말레이시아는 태국에 비해 상대적으로 중소기업, 즉 중기업의 비중 확대와 견실함을 엿볼 수 있다. 반대로 태국은 대기업(1.2%)과 영세기업(75.7%) 간에 격차가 심각함을 알 수 있다.

표 10-4 태국과 말레이시아에 대한 직접투자의 건수 및 금액 (단위: 건수, 천 달러)

	말레이시아			태국		
	건수(A)	금액(B)	B/A	건수(A)	금액(B)	B/A
식료	52	48,505	932.7	260	356,554	1,371.3
섬유	67	166,245	2,481.2	357	461,591	1,292.9
목재,펄프	129	142,899	1,107.7	92	58,255	633.2
화학	102	603,283	5,914.5	170	386,738	2,274.9
철, 비철	135	541,163	4,008.6	217	584,161	2,691.9
기계	67	374,304	5,586.6	183	713,774	3,900.4
전기·전자	315	1,612,884	5,120.2	245	1,311,205	5,351.8
수송기	52	243,221	4,677.3	122	370,438	3,036.3
그외	253	996,268	3,937.8	358	580,624	1,621.8
합계	1172	4,728,772	4,034.7	2,004	4,823,339	2,406.8

주: 태국과 말레이시아의 직접투자 건수 및 금액은 1951~96년까지임.
자료: 금융재정사정연구회(1997), 『대장성국제금융국연보』, 제19회, p.460.

또한 양국에 대한 경제구조의 차이를 [표 10-4]의 직접투자에 관한 통계와 [표 10-5]의 통계로부터 추론해 보면, 말레이시아의 경제구조는 태국에 비해 자원 및 자본집약형이며, 동시에 노동집약적(중소기업) 형태로 구축되어 있다. 반대로 태국은 식료와 전기·전자부문에 집중되어 1건당 투자액이 말레이시아보다 대형화되어 있다. 이는 고용에 관한 대기업과 중소기업별 자료와 크게 다르지 않다. 이 같은 경제구조의 차이는 총고정자본 형성에 대한 외국인 직접투자 비율에서도 확연히 드러난다. 즉, 총고정자본 형성에 대한 외국인 직접투자 비율이 대만은 한국에 비해 높다. [표 10-5]의 자료에서 1986~90년을 보면, 대만은 3.9%로, 같은 기간 한국의 1.4%보다도 상당히 높다. 그리고 1991~96년은 대만이 2.5%, 한국이 0.9%로 대만의 총고정자본 형성에 대한 외자의 기여도는 여전히 높다.

표 10-5 총 고정자본 형성에 대한 외국인 직접투자의 비율 (단위: %)

년도	1981~85	1986~90	1991~96
대만	1.5	3.9	2.5
한국	0.5	1.4	0.9
말레이시아	10.2	11.8	15.8
태국	2.6	5.7	3.4

자료: Asia Development Bank, Key Indicator, IMF－IFS 등으로 작성.

같은 기간에 태국과 말레이시아를 보면, 태국이 5.7%인데 비해 말레이시아는 11.8%로, 그리고 1991~1996년을 보면 그 격차는 더욱 커져서 태국이 1986~1990년에 5.7%에서 3.4%로 축소된 데 반하여, 말레이시아는 오히려 15.8%로 크게 증가했다. 이 같은 자본유입은 말레이시아의 전 산업에 폭넓게 유입하였다([표 10-1]). 즉, 중소기업을 포함한 대규모의 외자유입을 의미한다. 중소기업 지원책에서도 말레이시아는 태국에 비해 시기적으로 앞서 있다[23]. 말레이시아의 중소기업 지원책은 외자계 기업과 국영 대기업에 대해서 중간재 등을 공급할 목적으로 정부 및 기업, 더욱이 외자계 기업을 포함한 구체적인 지원정책이 수립되었고, 이에 따른 성과도 상당히 좋았다. 한편 1993년부터 1994년까지 말레이시아의 중소기업에 관한 조사를 산업별로 보면, 식품, 금속·기계, 목재, 섬유·의류 등에 집중되어 있다. 자본규모별로는 50만 링깃 이하의 소기업이 83%를 점하고 있다. 더욱이 인종별로 보면, 부미부테라(말레이시아계 사람) 기업은 19%를 점하는 데 비해 화교계 기업을 중심으로 한 非부미부테라 기업이 70%를 점하고 있다[24].

....

23) 말레이시아는 외자도입정책(직접투자 등) 및 제도지원에서도 다른 ASEAN 국가, 특히 태국에 비해서 시기적으로 앞서있다(三木敏夫(2001) 참조).

이 같은 특징은 태국과 말레이시아뿐만 아니라 동아시아의 경제발전 과정을 설명하는 데 시사하는 점이 크다.

이처럼 말레이시아에서는 화교계 기업이 중소기업군을 크게 형성하고 있다는 것과는 대조적으로 태국의 중소기업은 1970년대까지 잊혀진 존재였다[25]. 태국은 상위 25개의 대기업 그룹 중, 23개의 대기업 그룹이 화교계가 점하는 등 태국의 대기업 형성에 화교계기업의 역할은 상당히 크다[26]. 특히 금융업의 대부분은 화교계이며, 대출의 특징과 대출처는 그들의 연고에 의한 것이 많다. 더욱이 금융업은 자금의 단기적 회수가 쉬운 상업, 무역, 서비스업부문에 편중되어 공업부문의 대출은 상대적으로 적다는 특징이 있다[27]. 이는 태국의 공업화에 있어 시사하는 점이 매우 크다.

section 03   경제구조의 차이와 충격의 차이

동아시아 경제위기에 대한 두 번째의 의문은 동아시아 지역에서 중소기업의 역할이 상대적으로 큰 나라의 경제구조는 동아시아의 통화위기와 어떻게 연관되었고, 또한 대기업 중심의 경제구조는 경제위기와 또 어떻게 연관되어 있을까에

---

24) 丸屋豊 二郎(2000)『アジア國際分業再編と外國直接投資の役割』, pp.8−11.

25) サクラ綜合硏究所 環太平洋硏究 センター(1999), pp.70−80. 통화위기가 순식간에 '전염'된 때에, 말레이시아는 빠른 경제회복을 위하여 1998년9월에 다른 동아시아 국가들과는 다른 독자의 자본거래 규제를 과감히 채택했다.

26) 화교계 금융회사들은 보험회사 등의 금융회사 외에도 제조업, 상업, 운수업 등에도 진출하여 기업그룹을 형성하고 있다(加藤 秀樹(1996), p.200).

27) 동아시아 주요국은 국영금융기관이 금융시장에서 중심적인 역할을 하는데 비해, 태국은 대기업 그룹계의 상업은행이 금융기관의 중추를 담당하고 있다. 이는 주로 단기자금의 대출이라는 당시의 통화위기와 무관하지 않다. 출자별로 보면 그 대부분이 외자계 대기업과 화교계 대기업으로 구성되어져 있다. 그들을 태국의 매출액 상위 100사로부터 보면, 국내 민간기업이 52사, 외자계 기업이 29사로 외자계 기업이 30%를 점하고 있다는 특징이 있다.

관한 것이다. 세계은행에 따르면, 이머징마켓(신흥국시장)에서 자본의 유출입을 결정하는 요인으로 국내경제의 기초조건을 강조하고 있다. 이에 따르면 GDP 대비 높은 투자율, 낮은 물가상승률, 안정된 실질환율 등, 국내경제의 기초조건이 견고한 나라일 수 록 GDP에 점하는 자본의 유입이 크다 [28]. 또한 자본유입의 가장 큰 요인 중의 하나인 직접투자는 국제금리보다도 자본수입국 경제의 기초조건에 의해 크게 영향을 받고, 포트폴리오 투자는 금리에 민감하게 반응한다. 이는 자본의 유출입을 결정하는 요인으로 나름대로 설득력을 가지고 있다.

그러나 왜 한국과 태국에는 대만이나 말레이시아에 비해 상대적으로 많은 투자(외자)가 증권부문에 급속하게, 그리고 대량으로 유입했느냐에 관해서는 의문이 남는다. 이 문제는 선행연구의 결과만으로는 설득력이 부족하고 다른 부차적인 설명이 필수적이다. 따라서 경제구조(대기업 중심 혹은 중소기업 중심)의 차이에 따른 국제자본의 유입 형태의 차이가 이 문제에 대한 하나의 보완적인 설명으로써 사용할 수 있을 것이다.

일반적으로 경기주도형 산업이 대기업에 의해 중화학공업으로 산업화가 진전되면 생산량의 증대가 같은 규모의 기계설비에 의해서가 아니라, 기계설비의 대형화에 의해서 진행된다. 고정자본이 대형화하면 생산량이 증대함에 따라 단위비용은 낮아지고, 수출경쟁력은 강화된다. 반대로 생산량이 감소하는 경우 고정자본은 축소할 수 없기 때문에 단위비용은 상승한다. 더구나 한국기업의 자본조달 방식이 대만이나 일본과는 다르게 경제개발 초기의 자금 부족을 주로 간접금융에 의해 채워졌다는 점을 고려하면, 개발도상국은 필연적으로 자기자본 비율의 저하와 금융비용의 증가를 가져온다[29].

··

28) World Bank(1998)와 柳原 透譯(2000), pp.5-7. [표 9-1]을 보면 높은 경제성장률 속에 태국의 고금리 정책과 한국의 높은 투자율은 정책당국의 전략대로 거액의 민간자본이 유입되었다. 1996년 주요국의 금리는 말레이시아의 19.2%와 대만의 5.9%를 제외하면, 평균적으로 10% 전후였다. 미국과 일본의 금리는 각각 8.3%와 2.7%였다. 한국통계청(2001).

29) 한국기업(대기업 중심)의 자기자본 비율은 24.1%, 대만은 53.9%, 일본의 32.6% 보다 상당히 낮다. 이는 한국기업이 대만 기업에 비해 상대적으로 금융시장에 크게 의존하는 이유이기도 하다. 한국은행(1997) 『기업경영분석』 및 대만경제연구소(1998), 『대만총람』).

그러나 이 과정에서 고정자본이 대형화하면 생산량이 증대됨에 따라 단위비용은 감소하지만, 개발도상국에서는 기업의 총자산에 대한 주가는 상대적으로 저평가된다는 특징이 있다. 동시에 실질환율은 반대로 고평가되는 경향이 강하다. 이는 국제단기자본이 동아시아의 증권시장에 대량으로, 그리고 급속하게 유입([표 10-1] 참고)한 것과 무관하지 않다. 거대한 설비투자와는 달리 그 자산에 대한 주가의 저평가 경향은 다른 투자지표(금리차 및 기업수익 등)와 함께 투자자에게 투자를 위한 또 하나의 '선별자료'로 활용되기에 충분하다. 이 과정에서 거대설비(대기업)를 가진 나라의 실질실효환율은 상대적으로 소규모(중소기업) 생산설비를 가진 나라에 비해 고평가되는 경향이 있다.

특히 동아시아 지역은 상이한 정치·경제 환경에 따라, 나라마다 각기 다른 형태의 산업 및 경제구조를 형성했고, 이것은 각기 다른 형태의 외자유입을 초래하는 데 주요했다. 따라서 경제규모 및 경제수준이 비슷한 나라라도 경제구조의 차이에 따라 실질실효환율도 다르게 나타날 수 있다. 한 예로서 [표 10-6]을 토대로 4개국에 대한 주가순자산비율(PBR: Price Book-Value Ratio)과 주가수익비율(PER: Price Earnings Ratio)을 검토하였다. 주가순자산비율(PBR)과 주가수익비율(PER)[30]은 국내외 투자가가 증권에 투자를 할 때 사용하는 지표 중의 하나이다. 다만, 자료의 제약에 따라 1999년부터 2003년까지 4개국의 주가순자산비율과 주가수익 비율만을 인용하였다.

---

30) 주가순자산비율(PBR)=주가/1주당 순자산 혹은 주가/주당 순이익×주당순이익/주당순자산, 주가수익비율(PER)=주가/주당 순이익. 주가순자산비율과 주가수익비율은 낮을수록 저평가되었음을 의미한다. 한편 토빈(Tobin's q) 의 투자이론에 따르면 장치된 자본의 가치/장치된 자본의 대체비용으로 계산하여 q가 1보다 크면 주식시장은 자본의 대체비용보다 장치된 자본에 더 큰 가치를 둔다. 반대로 1보다 작을 때는 주식시장은 자본의 대체비용보다 자본에 더 적은 가치를 둔다(Fomio Hayashi,Tobin's Marginal q and Average q: A Neoclassical Aapproach, Econometrica Vol 50(1982: 213-224). 따라서 토빈(Tobin's q)이론이 기본적으로 주가순자산비율(PBR)과 같기 때문에 본 논문에서는 주가순자산 비율(PBR)을 토대로 검토한다.

표 10-6	주가순자산 비율(PBR)과 주가수익비율(PER) (단위: %)							
	한국		대만		태국		말레이시아	
년도	PBR	PER	PBR	PER	PBR	PER	PBR	PER
1999	0.7	34.63	2.57	47.73	Na	Na	Na	Na
2000	Na	15.34	1.39	14.84	Na	13.5	Na	22.6
2001	Na	29.29	1.66	41.57	Na	10.4	Na	13.9
2002	1.02	15.61	1.41	41.77	Na	12.3	Na	16.8
2003	0.96	10.06	1.82	24.76	Na	10.1	Na	15.5

주: 태국과 말레이시아의 PER은 Financial Times의 7월 및 3월의 평균 합계임.
자료: Taiwan Stock Exchange Corporation.(2004), Taiwan Stock Exchange. 한국 증권거래소
      (2004) 『증권통계연보』.

[표 10-6]에서 보듯이 한국의 주가순자산비율은 대만의 주가순자산비율에 비해 저평가되어 있다. 한편 태국과 말레이시아 기업의 주가순자산비율에 관한 공식적인 자료는 발표된 것이 없다. 그러나 경제구조로 볼 때 한국처럼 태국도 말레이시아에 비해 주가순자산비율이 저평가되었을 가능성이 크다. 왜냐하면, 일반적으로 주가순자산비율이 높을 때 주가수익비율도 높게 나타나기 때문이다. 물론 주가수익비율을 보면, 태국은 말레이시아에 비해, 그리고 대만은 한국에 비해 주가수익비율이 높다.

이 같은 요인은 다른 투자요인과 함께 단기적으로 대량의 국제단기자금을 한국과 태국의 증권시장에 유입시키기에 충분한 자료를 제공했다고 볼 수 있다. 한국의 주가순자산비율과 주가수익비율만을 대기업, 중기업, 소기업별로 나누어 분석해 보면, 대기업일수록 주가순자산비율이 높게 평가되어 있고, 소기업일수록 낮게 평가되어 있다. 반대로, 주가수익비율은 소기업, 중기업 순으로 중소기업군의 주가순자산비율이 대기업에 비하여 고평가되어 있다.

표 10-7 주요국의 실질실효환율 (단위: 1990=100)

	1990	1991	1992	1993	1994	1995	1996	1999
인도네시아	100	100.7	99.3	101.2	100.0	98.5	103.3	96.5
말레이시아	100	98.6	106.2	109.3	106.0	105.9	111.1	108.5
필리핀	100	97.0	105.6	97.4	104.3	103.5	114.8	107.9
한국	100	97.4	89.5	87.2	85.8	87.3	89.7	84.2
태국	100	102.1	98.5	99.9	99.2	97.5	105.5	97.4
대만	100	102.8	100.8	97.7	96.4	97.4	95.0	96.2

주: 실질실효환율의 상승은 자국 화폐가치의 하락을 의미함.
자료: United Nations · New York.(2000), World Economic And Social Survey, p.257.

이를 고려해 보면, 대만의 주가순자산비율이 한국에 비해 높게 평가된 것은 중소기업군의 주가순자산비율이 한국에 비해 높게 평가되어, 이 부분이 저평가된 대기업의 주가순자산비율을 상쇄시켰다고 볼 수 있다[31]. 거대설비(대기업)에 대한 주가순자산비율의 저평가 경향은 증권시장에 대량의 국제단기자본의 유입과 함께 외환시장에까지 영향을 주어 실질실효환율을 고평가시키는 하나의 요인으로 작용한다. [표 10-7]를 보면, 말레이시아와 대만의 실질실효환율은 비교적 안정되어 있으나 한국과 태국에 비해서는 상대적으로 저평가되어 있다. 이 같은 경향은 한국과 태국의 증권투자에 거대한 국제 단기자본의 유입과 무관치 않다[32]. 따라서 한국은 대만에 비해, 그리고 태국은 말레이시아에 비해 실질실효환율이 상대적으로 고평가되는 경향이 강하다.

....

31) 한국의 경우, 2000년도와 2001년도의 주가순자산비율(PBR)에 관한 정부기관의 통계는 없지만, 당시 부동산가치의 하락으로 주가순자산비율(PBR)은 2002년의 1.0보다 낮을 것이다.
32) 전통적인 접근방법에 따르면 환율과 주가와의 상관관계에서는 환율의 상승은 수출을 통해서 수출과 수입대체 기업의 소득을 증가시켜 그들의 평균주가를 상승시킨다. 한편, 환율의 하락은 수입 감소를 초래하여 수입업체의 평균주가를 하락시킨다. 그러나 1998년 이후의 최근의 자료를 토대한 포트폴리오 접근법에 의한 연구에서 한국, 일본, 태국, 인도네시아는 주가가 환율에 유의수준 10%에서 영향을 받고 있다(이 근영(2003), pp.259-289).

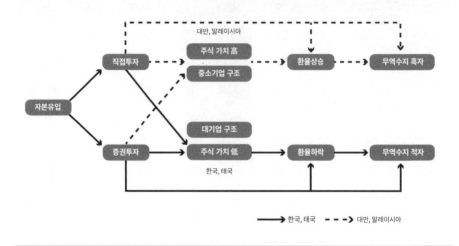

그림 10-1 동아시아 국가의 자본유입 경로도

자료: 저자 작성.

다시 말해서, 동아시아 지역의 경제성장력, 금리, 환율변동 등의 문제가 넓은 의미에서 외자의 유입요인으로 작용했다면, 기업규모별(대기업, 중소기업) 구성 혹은 경제구조(대기업 중심, 중소기업 중심)의 차이는 미시적인 관점에서 어떤 곳에 어떤 형태의 외자가 유입했는가에 대한 또 다른 요인이라고 말할 수 있다. 즉, 경제구조의 차이는 나라마다 각기 다른 형태의 외자유입을 설명하는 또 다른 요인이다. 1990년부터 많은 국제단기자금이 한국과 태국의 증권시장에 대량으로 유입된 것도 이와 무관치 않다[33].

따라서 경제구조의 차이에 따른 자본유입의 경로를 [그림 10-1]처럼 구체화해 보면, 한국과 태국의 경우 대기업 중심의 수출 경제구조에 따라 해외자본이 증권투자로 유입되는 하나의 요인이 된다. 이는 환율이 경향적 하락(화폐가치 상승)으로 나타나면서 상품수지 적자에 영향을 준다. 한편 대만과 말레이시아는 중

33) 전게서(2003), pp.273-276. 이 연구에서는 동아시아 국가들에서 환율이 주가에 미치는 영향보다는 주가가 환율에 미치는 영향이 대체로 크다고 일일 분석을 통해 밝혀다.

소기업 중심의 수출 경제구조로 해외자본은 직접투자 형태로 유입되어 환율이 경향적으로 상승(화폐가치 하락)하여 상품수지 흑자로 이어진다. 이것은 동아시아 일부 국가에서 경제구조의 차이에 따른 자본유입의 형태별 차이를 보여주는 하나의 예라 하겠다.

소결

동아시아 경제발전과 경제위기와의 사이에는 경제구조에 대한 대기업과 중소기업의 역할 및 그로부터 발생하는 문제가 동아시아 경제발전에 서든, 경제위기에 대해서든, 그것은 하나의 중요한 요인으로써 작용했다. 동아시아 경제위기는 단순한 통화 쇼크만의 문제가 아니라 경제구조적인 문제가 국제단기자본 등과 맞물려 발생했다는 것이다. 특히 한국, 태국, 대만, 말레이시아에서의 상이한 경제구조의 특징은 경제위기 시에 좋은 대비를 보여주고 있다.

동아시아 경제위기 시에 한국과 태국의 통화가치 하락 및 경제적인 충격, 그리고 경제회복을 위한 정책이 대만이나 말레이시아와 크게 달랐다. 이는 이들 나라가 다른 여타 국가에 비해, 특히 대만과 말레이시아에 비해 대기업 중심의 경제구조를 가지고 있었던 것과 상당한 연관성이 있다. 전후 전 기간에 걸쳐 한국의 실질실효환율이 대만에 비해 상대적으로 고평가되었다. 또한 동아시아 경제위기때에 한국의 통화가치 하락이 대만에 비해 상대적으로 컸다. 이 같은 차이는 거시경제의 취약함 이외도 양국 간의 경제구조(대기업·중소기업)의 차이와 외자(차관, 증권투자·직접투자)의 역할 및 도입 과정의 차이에 따라 크게 좌우된다.

실물경제의 규모를 넘는 과도한 국제자본의 유입은 증권부문의 유입과정을 통해 한 나라의 실질실효환율을 상승시키는 한편, 이 같은 나라에 대해 인플레이션을 유발했다. 그리고 국제자본이 한 나라의 경제성장률이나 이자율 등을 통하여 단기적이고 동시에 순간적으로 이동한다면, 경제구조의 차이에 따른 유입요인은 전 기간에 걸쳐 국제자본의 유입 요인으로 작용한다. 이 같은 경제상황하에서는 외자＝대기업 중심의 경제구조를 갖는 나라들은 직접투자에 의한 외자＝중소기업 중심의 국가에 비해 결과적으로 경제위기의 현상이 더 크게 나타날 수 있다.

CHAPTER 11 글로벌 금융위기 후의 한국경제
- 2007년과 2020년 위기구조 -

1. 2007년 경제위기의 전야(前夜)

■ 신경제의 구축과 경제재건(2000년대의 경제 전략)

1997년 경제위기 후 새로운 정부(김대중 정부: 1998~2002년)의 우선 과제는 1997년의 경제위기(외환위기)로부터 탈출하는 것이었다. 동시에 당시 정부는 파멸에 가까운 경제문제, 즉 대량 실업, 기업도산 등의 국내문제들을 해결해야 했다. 그런데 해외부채는 수출을 통해 해결해야 하고, 실업과 기업부실의 문제는 생산과 소비를 통해 해결해야 하는 문제였다. 흥미로운 것은 당시 김대중 대통령은 '대중(大衆)경제론'이라고 불리는 경제관을 가지고 있었다. 이것은 '노동자 농민 등의 대중 중심의 국내시장 활성화'라는 진보적인 경제관으로 기존의 '정부-대기업-은행'이라는 '3자 연결을 통한 대기업 중심의 수출주도형 경제구조'와는 대비되는 것이었다. 한국경제가 지나친 대기업 중심의 수출 경제구조로, 결과적으로 외환위기를 초래했다는 점에서 일견 이 같은 경제구조의 전환에는 의미가 있었다.

그러나 당시 정부는 내수시장 활성화로 개념화할 수 있는 대중(大衆)경제론을 실행에 옮기지 못하고 오히려 신자유주의 경제를 충실히 받아들였다. 그것은 외환위기 극복이라는 과제에 직면하여 실제로는 IMF 권고에 순응적이었고, 대중보다는 대기업, 국내시장보다는 해외시장 위주로 접근했다. 동시에 공기업과 금융기관을 민영화하고, 외국자본의 진출을 개방함으로서 미국을 중심으로 하는 선진국의 요구에도 충실했다. 이러한 구조조정에 힘입어 한국경제는 단기간에 회복하는 듯 보였다. 즉, 1998의 경제성장률이 전년 대비 −6.7%였던 것이 1999년에는 10.9%의 고성장을 달성하였다. 그러나 이 같은 경제 회복도 잠시 2000년에 경제성장률이 급속히 감속하면서, 2000년 이후 경제가 곧 회복될 것이라는 기대와는 달리 한국경제는 계속 바닥을 기기 시작했다.

2000년 이후 경기침체에 직면한 정부는 한국경제를 되살리기 위해서 전반기의 경제정책과는 다른 정책을 시도하였다. 즉, 기존의 대기업 중심의 수출 전략으로는 2000년 당시의 경기침체를 해결하는 데에는 한계가 있다고 판단한 정부는 '내수 중심의 대중(大衆)경제'로 해결하려 했다. 즉, 일반 대중의 소득을 증가시켜서 소비 및 생산증가를 유발하여 경기침체로부터의 탈출을 시도했다. 당시 정부는 소비 진작을 위해 소득증가 요인(즉, 고용증가와 같은 산업적 고용 요인)을 만든 것이 아니라 가계부채를 통한 소비증가였다. 다시 말해서 가계 주체들에게 카드를 쉽게 발급하여 카드 소비를 통한 생산증가 및 경기회복이라는 전략이었다[34]. 그리고 부동산시장에 대한 규제도 대폭적으로 완화했다. 하지만 내수경기 부양을 위해 단행한 신용카드 발행은 카드부실로 이어지며 400만 명의 금융채무 불이행자(옛 신용불량자)를 양산했고, 부동산 규제완화는 이후 2006년까지 부동산 폭등으로 이어졌다. 과도한 금융시장 개방에 따른 후유증, 사회 양극화의 심화, IT 거품붕괴 등의 사회·경제적 부작용이 나타났다. 물론 이 시기에 지나친 내수경제의 침체와 대조적으로 환율의 호조건 속에서 수출성장률이 수입보다 커서 2001년 8월 IMF 구제금융 195억 달러의 상환을 완료하면서 3년 9개월 만에 IMF 관리체제에서 벗어났다. 경상수지 흑자 규모가 5년간 906억 달러나 늘어났고, 1997년

··

34) 그러나 이 같은 쿠폰 발급을 통한 소비 및 생산증가 전략은 1990년대 중반 일본에서 실행했으나 실패로 끝난 경험이 있다.

말 204억 달러에 불과했던 외환보유액도 1214억 달러로 증가했다.

2. 2000년 이후 한국의 경제문제

2005년에 이르러서는 과거 고도경제성장 시기에는 상상도 하지 못했던 연간 경제성장률 3~4%가 현실화되고 말았다. 이해할 수 없는 경제 환경의 변화 속에서 한국경제는 다시금 2007년의 미국발 국제금융위기를 맞이하게 되었다. 즉, 1997년의 경제위기로부터 탈출했고, 강력한 구조조정을 통해서 경제체질이 바뀌었다던 한국경제가 2007년 다시금 미국발 금융위기에 휩싸였다. 1997년 이후 한국은 부분적이지만 노동시장, 금융시장, 공공부문과 기업부문에 대한 개혁을 시도하였고, 수출 촉진을 통한 외화보유액도 크게 늘렸다. [표 11 − 1]을 통해 1997년과 2007년 당시 한국의 경제 상황을 경제지표로 비교해 보면 외형상로는 상당히 개선되어 있었다.

그런데 경제위기는 왜 이처럼 한국에서 반복되는 걸까? 앞서 설명한 것처럼, 한국경제는 1960년대 이후 줄곧 대기업 중심의 수출주도형 공업화 전략을 바탕으로 고도성장을 해 왔다. 따라서 먼저 수출부문에서 보면, 2000년대 들어 한국의 수출은 2003~2004년 기간에 수출성장률은 20~30%에 이르는 등 상당한 호조를 기록하였다. 기업수익률 역시 견조한 설비투자를 바탕으로 2004년 높은 수익률을 기록하였다. 수출과 기업의 수익률을 기준으로 보면, 외형상 한국의 경제 상황은 상당히 양호한 상태였다. 수출 확대가 전체 경제성장에서 차지하는 비중은 2004년의 경우 연간 경제성장률 4.7%를 달성하는데 그 중에서 93.3%를 수출이 차지할 정도였다. 수출이 한국경제의 명실상부한 버팀목 구실을 한 것이다.

표 11-1 한국경제위기의 거시지표 비교 분석

항목	1996년-1997년	2007년-2008년
환율	800원대→1900원대	900원대 →1400원대
주가	780선→ 350선	1800선 → 900선
외환 보유고	309억 달러→204억 달러	2620억 달러 → 2390억 달러
상품수지	-6,518.3(95)→-16,698.9(96)	32,837.6(07)→12,197.5
GDP증가율	9.2%(94),9.6%(95),7.6%(96)	3.9%(05), 5.2%(06), 5.5%(07)
단기외채/외환보유액*	58.4% (1997년12월)	81.6% (2008년7월)

자료: 저자 작성
주: ( ) 안은 연도 표시임. 상품수지는 단위가 백만 달러임.

이 같은 수출성장률이라면 경제 전반이 기록적인 호황을 누렸어야 했다. 그런데 2000년대 전반에 걸쳐 연간 경제성장률은 3~4%에 지나지 않았기 때문에 과거 7%~9%의 경제성장률을 경험하던 국민들은 그 같은 성적 자체를 받아들이기에는 이성적으로 힘든 수준이었다. 그렇다면 2000년대의 한국경제는 외환위기 이전과 과연 무엇이 달라졌을까? 외환위기 이전의 한국경제의 특징은 소위 '정부─대기업─은행'이라는 3자 연합의 수출주도형 공업화 전략이라고 말할 수 있고, 이것은 외형상 성공적이었지만 "수출증가에 따른 무역적자의 증가와 외화의 제약"이라는 성장 전략의 태생적 한계와 구조적인 모순 때문에 결과적으로 1997년의 외환위기를 초래했다. 한국의 공업화 정책은 1960년대 경공업 중심에서 1970년대 중화학공업화로, 1980년대는 자동차 및 전자 등 첨단산업 중심으로, 그리고 1990년대 중반부터 정보통신산업이 새로운 산업으로 도약을 하게 되었다. 거의 10년 단위로 공업화의 새로운 단계를 열어나갔다고 할 수 있다([그림11-1] 참조).

이런 산업의 단계적 발전 과정에서 한국경제의 기본적인 약점은 '외화의 제약'에 빠지게 된다는 점이고, 중간재와 자본재의 수입을 전제로 하는 가공무역의 경제구조에서는 경제규모의 확대에 따라 끝임없이 '경상수지 적자' 구조가 형성된다는 점이다. 이 같은 경제적인 모순과 제약으로부터 탈출하는 방법은 오직 안정적인 수출 신장뿐이고, 이를 위해 해외시장의 확보와 개척은 필수적이다.

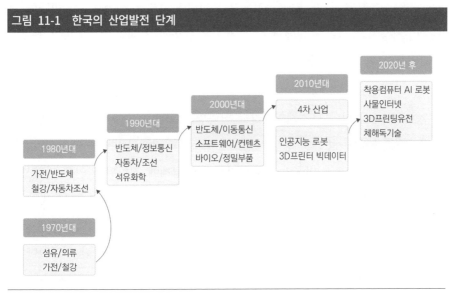

그림 11-1 한국의 산업발전 단계

자료: 대한상공회의소(2004)와 기술과 혁신에서 참조, 저자 작성.

그러나 대기업 중심의 안정적인 수출확대 및 외화의 제약에서 벗어난다하더라도 한국경제가 과거와 같은 경제성장으로 이어지기 위해서는 최소한 두 개의 경제사슬이 정상적으로 연동 및 작동되어야 한다. 첫째는, 대기업의 생산활동이 중소기업의 생산활동으로 연동되어야 하고, 더불어 후방효과에 의거하여 연쇄적인 창업 활동으로 나타나야 한다. 두 번째는 수출확대 및 산업적 생산확대에 기반하는 고용증대(소득증대)를 통해 내수시장을 활성화시킬 수 있어야 한다. 다시 말해서, 소위 낙수효과(trickle down)가 나타나야 한다는 것이다. 즉, 대기업의 수출확대는 부품을 담당하는 중소기업의 생산확대를 자극해야하고, 고용확대와 임금소득의 향상은 내수시장을 활성화하는 토양이 되어야 한다.

그런데 1997년 이후 이 두 개의 경제적 사슬(연결 고리)이 심각하게 손상되어 연동 및 작동하지 않게 된 것이다. 2000년에 들어서 수출을 통한 소득증가 효과,

소위 낙수효과(trickle down)가 과거와 같이 크게 나타나지 않음으로서 한국경제는 내수시장의 상대적 빈곤으로 인한 '소비의 제약'으로 새로운 경기침체를 맞이하게 되었다. 즉, 한국경제는 수출 촉진 과정에서 발생하는 경제문제를 대체할 내수시장이 수출 촉진 및 분배 과정에서 붕괴되어 새로운 위기구조를 만들어 냈다. 내수시장이 붕괴된 상태에서 수출 부진은 곧바로 경제위기에 휩싸일 가능성이 과거보다 한층 높아진다는 것을 의미한다.

가장 극단적으로 표현하면 1997년의 외환위기는 수입증가를 전제로 하는 왜곡된 수출구조에서 나타난 경제위기라고 한다면, 2007년의 경제위기는 수출 중심의 경제구조를 내수 중심의 경제구조로 전환하는 과정에서 나타난 경제위기라고 표현하고 싶다. 2007년 미국발 금융위기가 한국경제에 전이된 원인을 간략하게 보면 첫째, 2000년의 경제성장률 8.9%와 2002년의 경제성장률 7.4%는 비록 거품이었지만 벤처투자 붐의 결과였고, 또한 2002년의 신용카드 남발이라는 소비쿠폰을 대대적으로 보급함으로써 인위적으로 내수경제를 끌어올린 덕이었다[35].

둘째, 카드사태 이후 은행들은 새로운 수익 창출을 위해 이번에는 중소기업을 중심으로 여신을 급증시켰다. 이러한 과정에서 예대비율이 크게 급증했다. 은행권의 이익규모가 7배나 신장했다(2조 원에서 14조 원).

셋째, 금융시장의 발달과 더불어 대기업들은 증권 등 직접금융시장에서 자금을 조달하는 경향이 높아지면서 은행수신은 크게 감소하였다(이 같은 경향은 일본의 1975~1985년의 상황과 유사하다[제4장 참조]). 은행의 수익구조가 악화되자 은행들은 예대비율과 관계없이 고율의 은행채와 CD를 발행하였고, 특히 외화 확보를 위해서는 고금리도 마다하지 않았다.

넷째, 과도한 주택담보대출, 건설업과 조선업에 대한 과다한 대출 등은 미분양 아파트를 양산하면서 중소건설사와 조선사의 부실이 누적되었고, 이는 금융권의 부실까지 연결되는 문제로 나타났다(이 또한 일본경제의 경우와 유사했다[제4장 참조]).

---

35) 2008년 말 가계신용잔액은 688조 원, 개인부문의 금융부채는 802조 원에 달한다. 개인가처분소득 대비 금융부채 비율은 139.8%로 2000년에 비해 1.8배 상승했다(연구보고서, p.30).

다섯째, 외환보유고가 2581억 달러로 지난 1997년의 204억 달러보다 많지만 외환보유고 대비 단기외채의 비율을 보면, 1997년이 58.4%였는데 반해 2008년 7월 기준으로 81.6%였다는 것은 실로 충격적인 것이었다. 즉, 한국경제는 10년간 많은 구조조정과 경제개혁을 실행했다고는 하나 결과적으로 아무것도 바뀌지 않았을 뿐만 아니라, 오히려 새로운 위기구조만을 심화하는 결과만 초래했다고도 말할 수 있다. 흥미로운 점은, 위에서 언급한 다섯 가지의 요인 변화와 은행들의 대응 변화에 따른 경제위기는 제4장의 일본경제에서 언급했듯이, 1990년 일본의 내수 중심의 버블경제 붕괴의 현상과 아주 유사하다.

일반적으로 '위기'가 발생하기 위해서는 어느 순간에 아무 이유도 요인도 없이 발생하는 것이 아니라 '위기'가 발생하기 전에 반드시 위기가 발생할 수 있는 토양, 즉 여러 가지 문제적 요소들을 가지고 있어야 한다. 그리고 그것이 호경기 속에서 드러나지 않는 가운데, 또는 회피 및 묵인하는 가운데 시간과 더불어 '휘발성이 강화'되어야 하고, 이후 '폭발점'을 향해 수렴해야 한다. 그러다가 일본처럼 어떤 요인(일본의 경우 금리인상)이 '방아쇠 역할'을 하면 내재되어 있던 문제적인 요소들이 일거에 '폭발(위기)'함으로서 나타난다. 2007년의 한국의 금융 및 경제위기는 2000년 이후 문제적인 요소들을 잉태 및 배양해 가는 가운데 미국발 금융위기에 의해 '폭발(금융위기)'했다.

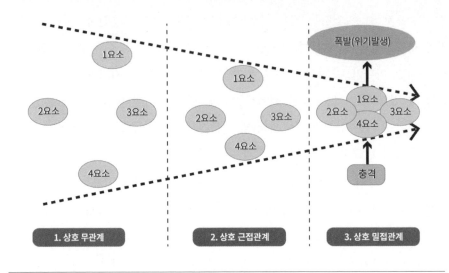

그림 11-2 위기구조의 형성과 과정

폭발(위기발생)

1요소

1요소

2요소   3요소   2요소   3요소   2요소   1요소   3요소
                                              4요소
                              4요소

4요소   충격

1. 상호 무관계   2. 상호 근접관계   3. 상호 밀접관계

자료: 저자 작성

　잘 알려진 것처럼, 2007년 미국의 금융위기는 부동산과 채권의 몰락으로 미국 금융기관의 도산으로 이어져 국제금융시장에서 달러 부족이 심화되면서 한국경제에 영향을 미쳤다. 미국 금융기관들이 달러를 회수하면서 한국의 주식시장이 붕괴되고, 뒤이어 한국 금융기관들은 외국에서 빌려온 단기외채를 갚아야 했다. 문제는 환율이 급등하면서 각 금융기관들이 갚아야 할 부채가 2배로 증가하면서 도산위기에 몰리게 되었다. 결국 달러화 부족을 해결하기 위해서 한국 정부는 미국에 통화 스왑을 요청하였고, 미국으로부터 300억 달러의 통화 스왑이 결정되면서 금융시장은 안정되었다. 뒤이어 일본이 통화 스왑을 통해 700억 달러, 중국이 560억 달의 통화 스왑을 제공해 주었다.

1. 경제위기의 생성: '3저(低)'와 '3고(高)'의 문제

1) 3저(低)의 문제: 저성장과 저출산, 저고용

이 책을 처음(초판) 쓸 당시, 2017년 한국의 경제성장률은 3.2%로 비교적 높은 경제성장률로, 이는 2016년의 2.8%를 넘어선 기록이었다. 2017년의 성장률은 지난 2년간의 정치·경제적 혼란(대통령 탄핵 등) 속에서 달성한 기록이라는 측면에서 다소 긍정적이었다. 과거에도 그랬던 것처럼, 2017년 당시 경제지표상의 어디에서도 불안정한 요소들은 보이지 않았고, 그 어느 때보다도 양호하다고까지 말할 수 있는 상황이었다. 따라서 2017년 당시에는 한국경제에 대해 부정적인 미래보다는 긍정적인 미래를 예측하는 것이 일반적이었다. 아마도 한국경제의 성장률이 과거보다는 낮지만 비교적 순조롭게 성장하는 상황에서 당연한 평가이며 예측이었다. 그럼에도 불구하고, 저자는 한국경제는 양호한 경제적인 조건 속에서 과거와 같은 위기의 요인들이 생성 및 배양되고 있을까라는 물음에서, 그리고 또 우리에게 새로운 위기는 다가올 것인가라는 물음에서, 이 책을 서술하기 시작했다. 실제로 2019년 9월 본서의 제목처럼, 이 책이 처음 출판되고 나서, 그해 12월 중국발 코로나19가 발생하여 전 세계는 일찍이 경험해 본적이 없는 경제적 충격에 휩싸였다.

(1) 저성장의 고착화

한국경제의 가장 큰 문제는 그 무엇보다도 저성장과 저출산, 저고용이라는 '3저' 문제이다. 앞서 언급한 것처럼, 저출산에 따른 저성장은 중장기적 문제라서 지금 해결한다 해도 경제가 저출산·저성장에서 벗어나려면 적어도 20여년 후에나 가능할 것이다. 따라서 지금 해결책을 가지고 실행해도 늦었는데, 지금 어느 것 하나 눈에 띄는 해결책은 보이지 않는다. 과거와 크게 다르지 않는 지원책들

뿐이다. 한국경제는 중장기적으로 잠재성장률의 기조적 하락에 직면해 있다. 또한 한국은 고령화에 직면해 있어, 한국경제를 성장궤도로 되돌리는 원동력을 찾기도 어렵다. 한국은행 총재조차도 장기 저성장을 우려하고 있다. 더욱이 2020년부터 물가상승을 억제하기 위해 한국은행은 정책금리를 과감하게 올렸다. 물가상승은 기본적으로 금융당국과 정부의 실책이 가장 크다.

한국의 경제성장률은 외환위기를 겪었던 1990년대에도 연평균 7%를 넘었으나 2000년대 4%, 2010년대 3%로 떨어졌고, 코로나19 이전인 2019년만 해도 2%였다. 되돌아보면, 아무런 문제가 없다던 2017년의 한국경제 성장률은 3.2%를 정점으로, 계속 하락하여 2019년에는 2.0%, 그리고 마침내 2020년에는 코로나19의 세계적 확산으로 −1.0%까지 떨어졌다. 2020년 경기침체에 직면했던 한국경제가 2021년에는 실질 국내총생산(GDP) 성장률이 4.0%를 기록했다. 그리고 2022년은 2.6%로 OECD가 발표한 세계경제 평균성장률인 3.3%에도 못 미치는 저성장을 기록했다. 그러나 그것도 2020~2021년 81조 원의 대폭적인 재정지출과 기저효과로 실현된 것으로, 그것을 제외하면 실질적으로는 2019년 기준으로 1%대 성장률이다[36]. 실제로 2023년 한국의 성장률이 1.5%라는 것은 1997년의 아시아 외환위기나 2008년의 미국의 리먼 쇼크 등과 같이 세계경제가 어려울 때나 나타나는 경제 실적이다. 2023년 이후 미국을 비롯하여 세계경제는 큰 호조를 보이며 회복하고 있는데 한국만 1.5%의 저성장으로 뒤처져 있다(2023년 말 전망치). 마치 1990~2010년대 일본의 저성장 시대를 따라가는 듯한 느낌이다. 정부 전망대로라면, 코로나19 사태가 발생한 2020년 이후 3년 만에 최저 성장률을 기록하게 된다. 그렇다고 2024년에 들어 뚜렷하게 경제성장률이 회복될 만한 내외 여건도 그렇게 한국경제에 호의적이지 않다.

---

36) 한국개발연구원(KDI)은 2021년 4월 29일 발표한 '코로나 위기 시 재정의 경기 대응에 대한 평가와 시사점' 보고서에서 2020년 네 차례와 2021년 한 차례 추경을 통한 66조 8천억 원과 14조 9천억 원의 지출이 성장률을 각각 0.5%포인트와 0.3%포인트 끌어올린 것으로 추산했다.

그림 11-3 한국의 경제 성장률 추이

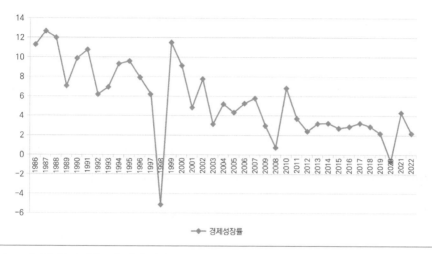

자료: 한국은행 통계자료에 의해 작성.

이 때문에 일각에서는 피크 코리아(한국의 국력이 정점을 찍고 내리막길에 접어든 것)를 맞이하고 있어, 일본과 같은 0%대 성장률에 진입하는 것도 시간 문제라는 전망까지 나오고 있다. 경제가 성장하고 산업발전이 고도화될수록 노동과 자본투입이 제한되고, 기술진보가 정체하면서 성장률이 떨어지는 것은 자연스러운 일이지만, 미국 및 일본과 비교해도 한국의 성장률 하락세는 심상치 않다. 여기에 더하여 한국경제는 인플레이션, 글로벌 경기침체, 무역수지 악화 등의 경고등도 켜졌다. 러시아의 우크라이나 침공으로 국제유가, 식량가격이 급등했다. 한편 미국은 인플레이션의 가속을 억제하기 위해 금리가 급상승했고, 미ㆍ중 패권경쟁과 부동산시장 붕괴로 인해 중국경제가 침체에 빠졌다. 이들 요인은 해외유발 요인으로 한국의 대응에 한계가 있다. 한국에서도 세계경제의 불안으로 원화가치가 떨어지고 수입물가가 상승, 인플레이션이 아직도 높은 주준에 머물러 있다.

(2) 저출산의 문제

한국의 인구감소 문제가 예상보다 심각하다. 한국의 2023년 합계출산율이

0.78명으로 나타나면서 국내뿐 만아니라, 외신들도 크게 주목했다. 1970년 한국의 출생자 추이를 [그림 11－4]에서 살펴보면, 1970년~2022년까지 크게 3회에 걸친 출생자 감소가 나타났다. 즉, 1970년에는 출생자 수가 101만 명에서 1984년에는 67만 명으로 급락했다. 그리고는 2000년까지 평균적으로 65만 명 수준을 15년간 유지했다. 그러나 이것도 잠시, 출생자 수가 1996년부터 다시금 하락하여 45만 명 수준을 10년간 유지하다가 2016년부터 다시 급락해 25만 명에 이르렀다. 그야말로 '인구절벽'이 아니라, '인구재앙'이라고 말해야 할 정도이다. 출생자 감소에 따른 인구감소 문제는 사회·경제 및 군사, 그리고 국가 존립에 관한 절체절명의 문제에 직면해 있다. 이 책을 처음 집필할 때만해도 저자 자신도 인구감소 문제를 알면서도 간략히 다루거나, 지적정도로 끝냈다는 것이 사실이고, 지금처럼 이렇게까지 부피로 느끼지는 못했다는 것이 진심이다. 주로 경제적인 문제에 한정해서 서술했을 뿐이다.

　과거 인구문제의 지적이 주로 인구가 감소하면, 소비수요가 감소하면서 경제가 침체된다는 원론적인 지적뿐이었다. 경제가 침체되면 불경기로 실업률이 증가하여 장기불황의 중요한 원인이지만, 이것은 불경기 자체로 그냥 견디거나 기술진보를 통한 생산성 향상으로 어느 정도 대체 가능하다고 하자. 그러나 대체 불가능한 것은 젊은 인력의 감소로 병력자원 자체가 부족해 병력유지가 사실상 불가능해 진다는 점이다. 이를 대체하기 위해서는 외인부대를 운영하거나 여성 징병제를 실시해야 할 처지에 놓여 있다. 즉, 한국의 국방도 외국인에게 맡겨야 하는 상황에 직면에 있다. 이대로는 국가가 소멸될 수도 있다는 전망도 나오는 시점이다. 행정안전부가 2022년 12월 말 기준으로 분석한 '2023~2040 20세 남성인구' 통계를 살펴보면, 2032년 25만 1000여 명인 20세 남성인구는 2033년 22만 6000여 명 선으로 줄어든다. 급기야 2037년 이후에는 20만 명을 밑돌 것으로 예상했다. 사실상 군 운영이 어렵게 되었다. 심지어 2011~2018년 8년 연속 증가하던 사망자 수는 2019년 감소세로 돌아섰다가 지난해 다시 증가했다. 행정안전부는 "출생자 수가 사망자 수보다 적은 '인구 데드크로스'가 지난해 등록인구 사상 첫 감소의 주요 원인"이라며 "저출산 현상이 훨씬 더 빠른 속도로 다가 옴에 따라 정부정책에 근본적 변화가 필요한 것으로 보인다"고 분석했다.

그림 11-4 한국의 출생자 수의 연도별 추이

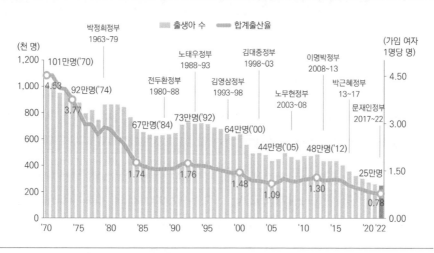

자료: 통계청 보도 자료에 의거 작성.

그림 11-5 서울지역 주택가격지수

자료: 통계청 자료를 기초로 작성.

(3) 저고용의 문제

한편 한국의 산업구조는 제조업 중심에서 점차 서비스 산업으로 옮겨가고 있다. 서비스 산업은 제조업에서 옮겨오는 고용흡수처의 역할을 하고 있는데, 그 중심 분야가 바로 교육 및 의료, 그리고 정보통신과 금융업이다. 그런데 이미 보도된 바와 같이, 서울에서조차 폐교가 되는 초등학교가 생겨나기 시작했다. 이는 군부대 소멸에 따른 지방도시 소멸과 같은 경제 현상이 나타나는 것이다. 초등학교의 폐교 후에 중학교, 고등학교로 옮겨가면서, 이후 학원들과 같은 교육시설이 대거 폐원으로 나타날 것이고, 그로부터 나타나는 서비스 분야에서의 실업률 증가는 고학력자들의 고실업 사태로 나타난다. 한국의 경우, 상당수의 고학력자들이 대기업에 들어가지 않고 교육산업에 종사하는 사람들이 다른 나라에 비해 상당히 많다. 학원관계 종사자가 2020년 기준 54만 9000천 명이고, 학교관계 종사자가 약 45만 명 수준으로, 순수 교육관련 종사자만 거의 100만 명 수준이다. 이들 대부분은 고학력 서비스산업 종사자들이다(한국고용정보원 자료). 향후 이들이 실업자로 전락했을 때는 사회적 역량을 한참 발휘할 때이다. 더군다나 이들은 사회안전망 속에 놓여있지도 않은 경우도 많을 것이고, 향후 연금예산도 충분하지 않을 시기가 도래할 것이기 때문에 더욱 문제이다.

2. 저출산의 원인

앞서 언급한 것처럼, 한국의 출산율 감소는 어제 오늘에 일이 아니다. 이미 3차에 걸친 출생자 감소로부터 예고되어 왔던 일이다. 출생자 감소에 대응하기 위해서 역대 정부부터 지금까지 약 180조 원을 인구감소 대책비용으로 지출했다고 한다. 그런데 왜 출생자는 25만 명까지 줄어들었는지에 대해 의문이 아닐 수 없다. 지금까지 어떤 정책 대응도 무용지물이었다는 뜻일 것이다. 이런 상황에서 출산율에 대한 통념을 뒤집는 전미경제연구소(NBER)의 연구는 흥미롭다. 연구소(NBER)는 2023년 보고서에서 두 가지 가설을 반박했다. ① 여성이 돈을 벌기 위해 사회활동을 많이 할수록 출산율이 떨어진다는 것과 ② 저출생은 젊은 세대의 고용·주거 불안 등 경제적 이유 때문이라는 것이다.

이는 경제협력개발기구(OECD) 회원인 고소득 국가 13곳의 '여성 경제활동 참여율'과 '합계출산율(여성 1명이 평생 낳을 것으로 예상되는 평균 신생아 수)'의 상관관계를 분석한 결과이다. 1980년엔 여성의 경제활동 참여율이 높은 국가일수록 합계출산율이 낮았다. 확실히 한국도 일하는 여성은 출산을 늦추거나 출산을 꺼리는 것이 사실이다. 이를 바탕으로 '경제적 지원'에 초점을 맞춘 수많은 저출생 대책이 나왔다. 그러나 2000년의 연구 결과는 반대였다. 여성의 경제활동 참여율이 높은 국가에서 합계출산율도 높았다는 것이다. 정부의 경제적 지원이 아니라 '여성이 일과 양육을 병행할 수 있는 사회적 분위기 조성'이 출산율을 높이는 핵심이라고 분석했다. 성차별적 사회구조와 가부장 문화 자체를 바꾸지 않는 한 출산율은 올라가기 어렵다는 얘기다. 이 논리의 근거는 여성의 일과 양육병행을 장려하는 미국과 노르웨이에선 1980년에 비해 2000년 출산율이 증가했기 때문이다. 반대로 보수적 문화로 일과 양육의 병행이 힘든 스페인과 이탈리아에선 같은 기간 출산율이 감소했다는 것이다.

한편 전미경제연구소(NBER)는 출산율이 높은 선진국의 4가지 특징으로, ① 남성의 적극적인 가사·육아 노동 참여, ② 워킹맘에 우호적인 사회적 분위기, ③ 정부의 적극적인 가족정책, ④ 육아를 마친 남녀의 취업 문턱이 낮은 유연한 노동시장 등이다. 영국 시사주간 이코노미스트는 '출산율을 올리기 위한 사회적 분위기'에서 남성의 적극적인 가사·육아노동 참여가 관건이라고 지적했다. 미국은 OECD 회원국 중 정부의 양육지원 예산이 가장 적고. 정부 차원의 유급출산 휴가가 없지만, 2022년 미국의 합계출산율(1.64명)은 OECD 평균(1.59명)보다 높았다는 것이다. 해답은 평균보다 높은 미국 남성의 가사·육아 노동 참여율에 있었고 지적했다. 즉, 돈이 결정적 문제가 아니라는 것이다.

이코노미스트의 지적처럼, 한국 남성의 가사·육아 노동 참여율도, 합계출산율도 OECD 최하위권이다. 2019년 기준 맞벌이 가구 남성의 가사노동 시간은 54분, 여성은 187분으로 격차는 크다[37]. 다른 배경에는 여성의 독박 육아 및 집안일도 혼자 다 하는 데 원인이 있다는 뜻이다. 또 다른 원인으로 25~34세 한국 여성의 대학 졸업 비율은 76%로 OECD 국가 중 최고 수준이기 때문에 경제적 자립도도 높다. 때문에 혼자도 잘살 수 있는데 굳이 "가사노동과 육아를 감내해야 하는 결혼은 선택할 이유가 없다"는 논리도 있을 수 있다. 기타 결혼시장의 불균형도 문제로 PIIE(피터슨국제경제연구소)는 ① 25~34세 한국 남성의 대학 졸업비율이 여성과 상당한 차이가 나고, ② 남아 선호사상 탓에 20~39세 남녀 성비가 112대 100으로 벌어져 청년기 남녀의 인구·학력 수준 차이로 결혼시장 불균형도 문제라고 결론지었다.

그림 11-6 여성의 경제활동과 출산율의 관계

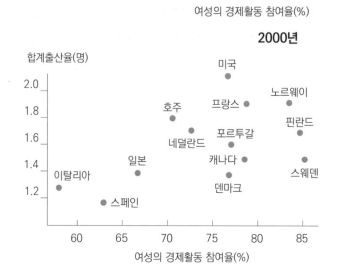

자료: 2023년 연합신문 인용.

37) 2015년 통계청이 발표한 자료에서 한국 남성의 하루 평균 가사노동 시간은 OECD 평균 (138분)의 3분의1 수준이었다.

그림 11-7 출산율과 남성 가사노동 분담율과의 관계

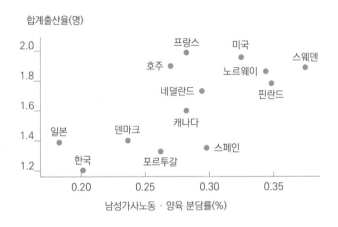

합계출산율(명)

남성가사노동 · 양육 분담률(%)

자료: 전미경제연구소(NBER) 보고서에서 인용.

그러나 이 같은 연구 및 견해는 틀린 지적은 아니지만, 그렇다고 그 요인들이 결정적인 요인은 아니라고 생각한다. 즉, 가득이나 경제생활이 힘든데 사회문화적 요인까지 힘들기 때문에 출산을 하지 않는다는 것이지, 사회문화적 요인 때문에 출산을 하지 않는다는 말은 아니라고 생각한다. 왜냐하면, 이미 오래전에 한국은 남아 선호사상에 의한 남녀 성비가 크게 차이나는 시기도 지났다. 심지어 2015년에 이미 남녀 성비가 같고, 2022년에 한국의 남녀 성비는 여자가 2588만 1369명(비율 50.05%), 남자가 2583만 3566명(비율 49.95%), 오히려 여자가 남자보다 4만 7803명이 많은 것으로 나타났다. 또한 남녀대학 졸업비율의 차이가 인위적인 것도 아니기 때문이다. 한편 일본의 경우, 남성의 가사노동 및 양육분담률이 한국보다 한참 떨어지는데도 불구하고, 2022년 출산율은 한국의 0.78명보다 높은 1.37명(2022년 기준)이었다. 또한 덴마크, 캐나다와 포르투갈, 스페인과의 관계에서도 남성 가사노동 및 양육분담률이 높은데도 출산율은 낮았다. 따라서 사회문화적 요인들도 출산율을 낮추는 하나의 요인이겠지만 결정적인 요인은 아니라고 생각한다.

특히 한국의 저출산 문제에서 가장 결정적인 요인 '경제적 부담'이다. 최근 각종 설문조사에서 한국의 저출산 이유로 '경제적 부담'이 가장 큰 것으로 나타났다. HR테크 기업 인크루트가 성인 남녀 1천 141명을 대상으로 설문조사를 진행한 결과, 자녀계획을 세우는 데 부정적인 영향을 미치는 요인 1순위로 응답자 66.3%가 '양육하는 데 경제적 부담(66.3%)'을 지적했다(2023년 3월 아이뉴스 24). 2순위로는 '바르게 키울 수 있을지 걱정(28.1%)'을 들었다. 한편 응답자의 결혼 여부에 따라 자녀 계획을 물어본 결과, 미혼자 그룹에서는 '계획 있다(42.6%)'보다 '계획 없다(57.4%)'가 높은 응답률을 보였다. '계획 없다'는 응답은 남성(48.4%)보다 여성(65.9%)이 더 많았다. 기혼자 그룹에서는 '현재 자녀가 있지만, 추가 계획은 없다'는 응답이 59.5%로 가장 많았다. 즉, 남성보다 여성이 자녀계획에 부정적이고, 자녀가 있는 상태에서 추가 자녀는 원하지 않는다는 것이다. 이를 종합해 보면, 확실히 전미경제연구소(NBER)의 분석이 맞는 듯하다. 그러나 내막을 열어보면, 그 무엇보다도 경제적 문제와 직결된다.

먼저 [그림 11-4, 그림 11-5]의 그래프를 보면 일정한 특징이 있다. 즉, 어떤 정부를 불문하고, 서울지역 주택매매 가격지수가 폭등한 후에는 반드시 출생자가 급락한다는 것이다. 1986~1990년까지 주택가격이 급증하자 출생자가 급락했고, 반대로 1991년~1997년까지 주택가격이 하락(노태우 정부)하자, 출생자가 67만 명에서 73만 명으로 증가했다. 그리고 1998년 외환위기 후, 2002년 김대중 정부 말기에 잠시 주택가격의 하락이 있었지만 1998년에서 2008년까지 10년간 거의 쉬지 않고 상승하였다. 그 시기에 출생자는 73만 명에서 약 44만 명까지 급락했다. 1998년의 외환위기에 따른 실업률 상승과 부동산가격 상승의 결과로 여겨진다. 즉, 경제적 부담으로 10여 년 만에 출생자가 거의 반 토막 난 것이다. 이때가 바로 한국 출산율 문제의 골든타임이었던 것이다. 그리고는 더 충격적인인 것은 2014년부터 2022년까지 다시금 주택가격이 폭등하자, 같은 기간 출생자는 약 45만 명에서 2022년에는 급기야 약 25만 명대로 떨어졌다. 이제는 손쓸 수도 없는 지경에 이르렀이다.

이제 출산과 관련된 요인들을 가지고 정말 출생자 수의 증감에 결정적인 요인들은 무엇인지에 대해 간략하게 살펴보자. 먼저 주택가격에 영향을 미치는 요인들을 살펴보면, 크게 공급과 수요, 그리고 금리 문제들이다. 그 외 사회문화적 요인들은 매개요인들이다. 주택공급은 1980년대부터 소득이 증가함에 따라서 주택수요는 급증하고 있기 때문에 이들에 공급은 대체로 부족한 면이 많았다. 주택공급은 서울주택인허가 건수로 사용하고, 수요 측면에서는 노동자보수의 증가 요인과 경제성장의 증가에 따른 실업률 감소, 경제사회의 분위기적 요소도 중요하다. 한편 주택가격의 변동에는 금리라는 요소도 중요하다. 왜냐하면 통화량의 증가는 명목소득의 증가를 유발하여 인플레이션 속에 주택가격을 밀어 올리는 중요한 요소이기 때문이다.

표 11-1 출생자 수와 주택매매가격의 상관관계표

	출생자	주택가격 지수	통화량 (M2)	실질 성장률	노동자 보수	서울 인허가	교육비
출생자	1	-0.873**	-0.897**	0.594**	-0.334*	0.368	-0.636**
		0.000	0.000	0.000	0.044	0.035	0.008
주택가격 지수		1	0.912**	-0.662**	0.447**	-0.359**	0.581*
			0.000	0.000	0.006	0.040	0.018
통화량 (M2)			1	-0.635**	0.531**	-0.342	0.935**
				0.000	0.001	0.051	0.000
실질 성장률				1	-0.409**	0.505**	-0.246
					0.012	0.003	0.359
노동자 보수					1	-0.146	0.790**
						0.419	0.000
서울 인허가						1	-0.200
							0.458
교육비							1

주: **상관계수 0.01 수준(양쪽)에서, *상관계수 0.05 수준(양쪽)에서 유의함.
자료: 한국은행 통계시스템에 의거 작성.

이들의 관계를 간단한 상관계수([표 11-1])를 통해 살펴보면, 먼저 출생자와 주택가격은 -0.873으로 주택가격이 높을수록 출생자는 낮아지고 있다. 그리고 통화량(M2)은 -0.897, 실질성장률과는 0.594, 노동자보수와는 -0.334, 서울지역인허가 수(공급량)와의 관계는 0.368이다. 즉, 다른 어떤 요인보다도 주택가격이 높을수록 출생자가 급격히 낮아지는 데, 이는 전체 소득에서 주택임대 비용이 차지하는 경제적 부담이 클수록 출산율의 하락으로 나타난다는 것이다. 그리고 교육비가 높을수록 출생률은 낮아지는 -0.636으로 상관도가 높았다. 즉, 주택가격과 교육비가 가장 높은 상관관계를 보였다. 또한 경제성장률의 상승은 곧 출생자의 증가로 나타나는 데, 이는 향후 경기동향 및 경제상황(분위기)에 크게 영향을 받는 것 같다. 그러나 노동자보수(소득)의 증가는 오히려 출생자 감소로 나타난다. 때문에 노동자의 소득증가분 이상으로 주택가격이 상승함으로써, 이는 실질소득의 감소로 나타나 출산을 꺼리게 만드는 요인으로 작용한다고 생각된다. 다시 말해서 출산을 가장 꺼리게 만드는 요인은 설문의 내용대로 주택가격의 상승과 같은 경제적 요인이 가장 크게 작용했다고 볼 수 있다. 그런데 더욱 중요한 것은, 주택가격의 상승과 통화량(M2)/GDP는 -0.873으로 주택가격이 높을수록 출생자는 낮아지고, 주택가격과 통화량(M)/GDP와의 관계는 0.912로 매우 높다. 이것은 주택가격 상승의 대부분이 통화량 증가에 의해 발생하고 있다고 말할 수 있다. 그리고 주택가격과 실질성장률, 노동자보수, 서울인허가 수와의 관계를 보면, 각각 -0.662, 0.442, -0.359로, 이 중 주택가격과 통화량(M)/GDP와의 관계가 정(正)의 관계로 가장 높다.

그림 11-8 서울 주택매매 가격지수와 M2/GDP의 관계

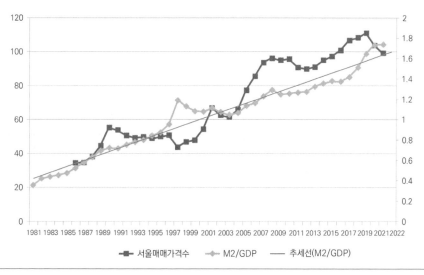

범례: 서울매매가격수 M2/GDP 추세선(M2/GDP)

자료: 한국은행 통계시스템에 의해 작성함.

한편 [그림 11-8]를 보면, 흥미로운 사실 두 가지를 발견할 수 있다. 우선 첫째로 GDP 대비 통화량(M2)을 보면, 1981년부터 지속적으로 국내생산량(GDP) 대비 통화량(M2)이 증가하고 있는데, 그 비율이 1981년에 0.25배 수준에서 2022년에는 1.74배로 크게 증가했다. 즉, 국내생산량보다 통화량이 2배 가까이 증가함으로써 주택가격과 물가상승을 유발했다고 볼 수 있다. 특히 2017년 문재인 정부 때부터 국내총생산(GDP) 대비 통화량(M2)의 급증은 서울지역 주택가격을 폭증시키는 주요 요인이 되었다. 물론 전체적으로 보면, 통화량의 급증은 2013년 박근혜 정부 때부터 시작되었지만, 그때의 통화량 증가는 당시 2008년부터 2013년까지 부동산가격 하락의 대응책으로서 대체로 추세선 아래에서 증가했지만, 2017년 문재인 정부 때부터는 부동산가격이 상승하는 속에서 추세선을 웃도는 통화량 상승세를 보였다. 그 결과 서울지역 주택가격은 대략 2배 가까이 오른 곳이 속출했고, 2003~2007년의 부동산가격 상승기보다 더 크고, 더 오랜 기간 부동산가격 상승기를 유발했다는 점이다.

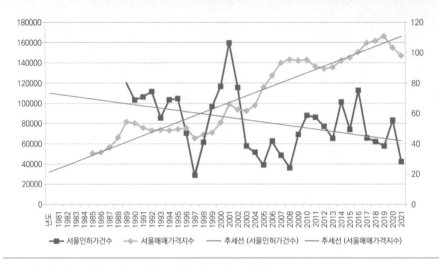

그림 11-9 서울지역 주택가격지수와 주택 인허가 수의 추이

범례: ■■ 서울인허가건수   ◆◆ 서울매매가격지수   ─── 추세선 (서울인허가건수)   ─── 추세선 (서울매매가격지수)

자료: 한국은행 통계자료 시스템과 통계청 자료에 의거하여 작성.

둘째는, 통화량(M2)/국내총생산(GDP)과 주택가격지수의 관계를 그래프에서 살펴보면, 1990~1997년까지 장기간 주택가격이 하락하는 가운데 1997년에 주택가격이 급락하자 국내총생산(GDP) 대비 통화량(M2)을 급증시켰고, 부동산가격이 상승하면 다시 통화량(M2)/GDP를 감소시켰다. 즉, 부동산가격 증가에 대하여 통화정책은 통화량 감소로 대응하여 부동산의 가격 변동을 통제하려 했다. 그러나 2004년부터는 부동산 가격이 급등하는 데도 불구하고, 통화당국은 국내총생산(GDP) 대비 통화량(M2)을 계속적으로 증가시켰다. 물론 2007년 이후 부동산 가격은 하락하고 있었지만, 통화량은 여전히 추세적 상승세를 멈추지 않았다. 그리고 2007년에서 2013년까지 부동산가격이 하락했지만, 그것은 2006년 기준으로 약 25%밖에 하락하지 않았다. 게다가 2014년부터는 박근혜 정부의 통화팽창에 더하여 문재인 정부의 재정 및 금융완화정책에 따라 부동산 가격은 더욱 폭등하는 버블 현상이 발생했다. 이때 GDP 대비 통화량(M2) 증가는 장기 추세선을 넘어섰다.

셋째로는 [그림 11-9]를 보면, 1986년부터 2022년까지 장기적으로 서울지역 주택가격은 지속적으로 상승하는 가운데, 반대로 주택공급에 해당하는 서울지역 인허가 건수는 추세적으로 급격한 감소 경향을 보이고 있다. 이 때문에 주택공급은 부족한데 통화공급은 늘어나, 결과적으로 명목소득이 증가함에 따라 서울지역 주택가격은 더욱 폭등할 수밖에 없는 구조로 만들어졌다. 여기에 주택공급 증가 정책은 미진한 상태에서 통화량(M2)/GDP를 계속 늘리고 있었다는 것은, 마치 부동산 가격의 폭등을 의도나 한 것처럼 느껴질 정도이다. 특히 서울지역은 주택공급을 크게 늘릴 수 없는 구조여서 화폐량 증가에 의한 명목소득 증가는 필연적으로 주택가격 폭등으로 이어질 수밖에 없다. 특히 아파트의 경우, 빌라의 전세사기 사건과 맞물리면서 앞으로 더욱 더 가격 폭등이 유발될 가능성이 크다.

3. 3고(高)의 문제: 고물가과 고비용, 높은 소득격차

1) 높은 소득격차의 문제

■ 기업규모별 소득 격차 및 성별 격차 문제

일본인은 상당히 개인주의적인데 반해, 한국인은 무척 이기적이다. 일본에서 오랫동안 살아본 결과, 일본인은 각각의 존재에 대해 간섭하지 않으면서도 동시에 "네가 살아야 나도 살 수 있다"는 의식이 강한 반면에, 한국인은 "네가 무너져야 내가 살 수 있고, 내가 살기 위해서는 어쩔 수 없이 너를 이용해야 한다"는 의식이 강한 것 같다. 지금 것 경험하고, 듣고, 느낀 결과이다. 실제로 한국의 대기업과 중소기업의 임금격차는 일본과 비교해도 심하게 왜곡되어 있다. 통계청 자료를 보면, 2021년 한국 직장인의 월평균 임금은 333만 원으로 나타났다. 2021년 12월 기준 한국 대기업 근로자의 평균 소득은 월 563만 원(세전 기준)으로 1년 전보다 6.6% 증가했다. 반면 중소기업 근로자의 평균 소득은 266만 원으로 2.9% 늘어나는 데 그쳤다. 즉, 대기업의 평균 임금은 중소기업보다 2.1배 이상 많았다. 심지어 중소기업 근로자 대부분이 대학 졸업자들이다. 교육비용 대비 소득은 그야말로 처참하다고 밖에 다른 할 말이 없다.

소득 순으로 중위소득은 250만 원으로 3.3% 늘었다. 소득구간별로는 150만~250만 원 미만이 26.3%로 가장 많았고 250만~350만 원 미만(17.8%), 85만 원 미만(13.8%) 등의 순이었다. 다시 말해서 약 58% 정도가 월 250만 원 이하의 소득근로자이다. 더군다나 대기업 근로자의 소득증가율도 2016년 이후 최고를 기록한 반면에 중소기업은 최저치를 기록했다. 한편 성별 기준으로는 남성 근로자의 평균 소득은 389만 원으로 1년 전보다 4.7% 늘었고, 여성 근로자는 256만 원으로 3.7% 증가했다. 여성 근로자의 평균 소득은 남성 근로자의 65.8% 수준으로 2020년(66.6%)보다 감소했다. 남녀 임금근로자 간 소득격차는 2017년 63.1%에서 2018년 64.8%, 2019년 65.5%로 줄었다가 2021년에는 다시 소득격차가 벌어졌다. 2021년 남성 근로자 소득은 여성의 1.5배 수준을 유지했다.

표 11-2 일본의 대기업과 종소기업의 임금격차

	대기업	중견기업	소기업
남성	37만 7100엔	33만 1700엔 (대기업 대비 88%)	30만 2400엔 (대기업 대비 82%)
여성	26만 6400엔	25만 3100엔 (대기업 대비 95%)	23만 2900엔 (대기업 대비 87%)

자료: 일본 후생성 「영화2년 임금구조기본통계조사」에 의거 작성.

한편 일본의 경우도 대기업과 중소기업, 남성과 여성 간의 임금격차는 존재했다. 그러나 한국만큼 그렇게 심하지는 않았다. 일본의 '2021년 임금구조 기본통계조사'에 따르면, 2021년 6월분 급여의 평균은 대기업(종업원 1000명 이상)에서는 37만 7100엔으로 나와 있다. 중기업(종업원 100~999명)에 대해서는 33만 1700엔, 소기업(종업원 10~99명)에 대해서는 30만 2400엔이다. 월급여만 봐도 대기업과 중소기업은 대략 4만 5400엔에서 7만 4700엔까지 차이가 난다. 여기서 대기업과 중소기업의 월급을 연으로 환산한 경우의 차이는 대략 54만 4800엔에서 89만 6400엔 정도이다. 또한 2021년 '매월 근로통계조사'에 따르면, 전체 노동자의 하계 상여금 평균 지급액은 대기업의 경우에는 77만 625엔, 중소기업(종업원 500~999명)이면 53만 3425엔, 소기업(종업원 30명 이상 규모)이면 42만 545엔이다. 상여금 차이도 대기업과 중소기업 사이에는 대략 35만엔에서 23만 7000엔 정도 차이가 난다. 상여금을 포함한 연봉은 대기업의 경우 약 567만 9000엔, 중소기업은 약 469만 8000엔, 소기업은 약 426만 4000엔이다. 즉, 일본 대기업 임금에 대한 중견기업 임금근로자의 임금비율은 88% 수준이며, 소기업은 82% 수준이다. 그러나 여성의 경우는 남성에 비해 절대 금액에서 낮지만 대기업 여성과 중견기업 여성 근로자의 임금격차는 95% 수준으로 크지 않았다. 심지어 소기업과의 임금격차는 87% 수준이다. 실제로 일본의 경우 대학 진학률이 56.6%(2022년 기준)에 지나지 않는다. 굳이 대학을 가지 않아도 월급여에 대한 임금적 차별이 크지 않기 때문에 큰 비용을 들여서까지 대학에 진학할 필요가 없다는 의미이기도 하다.

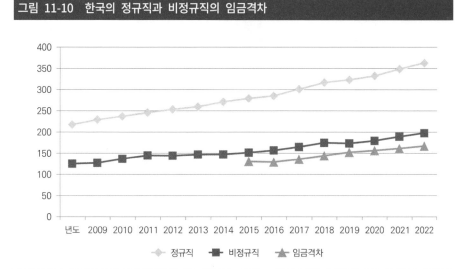

그림 11-10 한국의 정규직과 비정규직의 임금격차

주: 연도별 8월기준 월평균 임금.
자료: 통계청 국가통계포털(KOSIS).

한편 한국의 정규직 임금과 비정규직 임금격차를 보면 충격 그 자체이다. 한국의 2021년 6~8월 월평균 임금이 정규직 근로자는 362만 3000원으로 1년 전에 비해 14만 3000원 올랐다. 반면에 비정규직 노동자의 월평균 임금은 195만 7000원에서 7만 6000원 증가했다. 즉, 정규직 월급여에 대하여 비정규직 월급여는 53.8%밖에 안 된다. 전체 임금 근로자 월평균 임금은 300만 7000원으로 통계 작성 이래 처음으로 300만 원을 넘어섰다(2023.10 중앙일보). 정규직과 비정규직은 임금격차는 줄어들지는 않고 더 벌어지는데, 공교롭게도 2017년 문재인 정부 들어 '비정규직의 정규화 및 저임금 인상정책'을 강력하게 펼친 것과는 대조적으로, 그 격차가 더 벌어지고 있다는 것이 흥미롭다.

그림 11-11 일본의 정규직과 비정규직의 임금 격차 (단위: 만 엔)

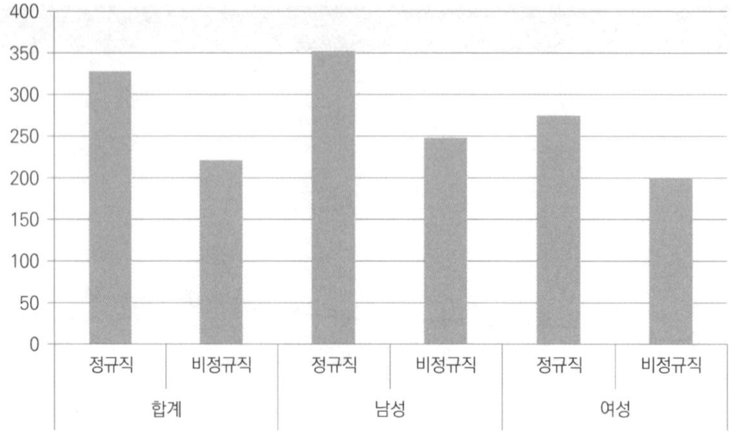

자료: 일본 후생성 「영화2년 임금구조 기본통계조사」에 의거 작성.

일본의 출산율은 2022년 기준 1.37명이다. 한국의 2022년 0.78명에 비해 월등히 높다. 무엇이 다르고, 무엇이 문제인가? 사회문화적 요인도 있지만, 결국은 살기 힘들다는 것이다. 다시 말해서 일본 남성 비정규직은 정규직에 대하여 67% 수준, 여성은 72%이다. 앞서 분석한 것처럼, 부동산가격이 폭등하는 상태에서 임금소득은 대기업에 50%밖에 안 된다. 대기업 월급에 대하여 중소기업의 월급여가 50%밖에 안 되는 99%의 근로소득자에게 국가가 존립할 수 없다고 애국심에 호소하면서 아이를 낳으라고 하면 낳을 수 있겠는가 묻고 싶다. 더군다나 한국은 남성 정규직에 대해 비정규직의 월급여는 53%로 수준이다. 비극적이게도 대기업 임금에 대해 비정규직 노동자의 임금 수준은 무려 34.5%밖에 안 된다. 일본 중소기업 근로자의 임금격차와 비교해 보면, 한국 대기업에 대한 중소기업의 임금수준이 50%에 머물러 있다는 것은 충격이다. 이것은 임금격차의 문제가 아니라, 경제적 착취에 해당하며 사회적 학대라고 말할 정도이다. 단순히 성적 1등급 차이로 중기업 근로자의 임금소득이 대기업 근로자 임금의 50%밖에 받을 수 없는 한국 사회에서 아이를 낳으라는 것 자체가 무책임이고, 또 다른 학대이다.

이런 상태에서는 결혼 할 수도 없고, 설사 아이를 낳는다 하더라도 잘 키울 수도 없는 경제·사회적 환경 속에서 출산율 증가를 기대하는 사회나 기업이나, 그리고 정부나 너무나 이기적이고 무책임하다고밖에 다른 할 말이 없다. 다들 '인구재앙'이란 말만 열심히 말하지, 어느 어떤 조직도, 어떤 정치지도자도 장기적이고, 심층적인 접근을 통해 근본적인 문제를 해결하려 하지 않는다. 예를 들어, 99%의 중소기업에 다니는 남자와 여자가 결혼했다고 가정해 보자. 남성 근로자 266만 원에 여성근로자 175만 원(남성 월급의 66% 적용)을 합하면, 월 441만 원의 근로소득이 발생한다. 물론 세후 적용과 각종 보험비를 지불하면 수령액은 약 360~380만 원 정도 될 듯하다. 24평 아파트 임대비(전세 이자 4.5%적용)이 월 123만 원이고, 교육비는 국,영,수로 계산하면, 초등의 경우 120만 원, 중학교는 150만 원, 고등학교는 200~250만 원으로, 이것만 계산해도 월 243만 원이다. 나머지 137만 원을 가지고 생활하고, 아이 취미활동, 그리고 문화생활을 해야 한다. 이것이 가능하겠는가? 이 같은 한국 사회에서는 아이를 낳을 수도, 결혼할 수도 없다. 더욱이 요즘은 과거와 달리 아파트 전세라도 살 수 있어야 결혼이 가능하다고 한다. 50~60대 부모가 아들 전세자금 마련해주고, 부모는 노후준비도 못하고 월세로 전환해야 한다. 게다가 노부모까지 모셔야 한다면 50~60대에게 이건 지옥이다.

이 금액은 어디까지나 평균치이며 지역이나 소득계층 간에 큰 격차가 있다. 특히 서울 유명 학원이 몰려 있는 지역의 실상은 상상을 초월한다. 예를 들어 학생 생활기록부의 내신을 고교 1년부터 3년까지의 성적은 물론 교내외 수상 경력, 자격증 취득 현황, 어학시험 결과, 과외 활동, 봉사 활동, 동아리 활동, 진로 희망 등이 적혀 있다. 이 모든 것을 관리하는 시스템은 과거 수능시험만 보고 대학에 입학 할 때보다 더 많은 비용이 든다. 그리고 신경도 더 많이 써야 한다. 일반 중견기업 근로자 가족들이 주택임대 비용을 내면서 이 교육비용을 감당할 수 있을까? 전적으로 무리이다. 이 시스템이 좋고 나쁘고의 문제를 떠나서, 이 시스템을 바꾼다 한들 기본적인 경제구조 및 사회 환경이 변하지 않은 한 어떤 구조로 바꿔도 소수의 대기업에 취업하기 위한 경쟁구조는 변하지 않았다. 따라서 유리한 고지를 선점하기 위한 교육비용은 경쟁이 치열할수록 더 증가할 것이고, 그만큼 가계에 큰 부담으로 작용할 것이다.

그걸 보고 자란 자식 세대들이 과연 아이를 낳고 싶다는 생각이 들겠는가에 대해 우리 사회와 정부, 그리고 작게는 기업들에게 묻고 싶다. 이대로 가면 오늘은 괜찮다 하더라도 대기업 그 자신도 노동력 감소와 소비감소로 인해 크나큰 경제적 충격에 직면할 수밖에 없다.

일본과는 경제·문화적으로 확연한 차이가 구조적으로 존재한다. 결국 현재 한국의 각 경제주체들이 뜨거운 냄비 속에서 죽어가면서도, 그 안에서 집단적 이기주의적인 생각과 행동은 끊임없이 한다. 대기업은 국제경쟁력 확보를 위해 유능한 인재를 채용하고, 그 대가로 높은 임금을 지불하는 것은 시장의 원리이고, 노동생산성의 결과라면 그건 당연하다. 그런데 상당수의 경우, 일본은 물론이거니와 경제불황, 임금상승, 환율하락 요인 등이 발생하면, 대기업은 그 비용상승분을 협력업체나 하청업체에 전가시켜 생산비용을 낮게 유지하면서 대기업 근로자의 임금상승을 지지해 왔다. 즉, 하청기업의 임금 상승분을 대기업 근로자의 임금상승으로 대체하여 고임금을 유지하면서 연구 및 생산에서 경쟁력을 유지하고, 또한 노동쟁의의 불만 요소를 사전적으로 막을 수 있었다. 하청기업과 협력기업의 희생으로 성장하는 대기업의 국제경쟁력 확보는 결국 소비수요의 감소와 저성장, 그리고 저출산으로 이어진다. 이 과정은 과거부터 지속적으로 이어져 왔다.

실제로 저자가 2006년 공단지역의 중소기업 실태조사를 실시할 때, 중소기업들이 제일 힘든 요인으로 과도한 납품가인하 요구였고, 지금도 변함없다. 지금의 저성장·저출산의 문제는 국가와 사회문제이기도 하지만 대기업과 중소기업들과의 상생과 협력의 관계가 선행되지 않으면 정부가 아무리 경제적 지원을 한들 그것은 그저 지원책일 뿐 내가 살아갈 수 있는 삶의 토대가 마련되는 것은 아니다. 실제로 많은 학생들과 토론해 보면, 거의 상당수가 경제적 문제 때문에 결혼을 안 하거나 혼자 살겠다는 비율이 5년 전에 비해서 월등히 높아졌다. 대학에 들어가기도 힘든데 취업하기는 더 힘들고, 취업했다 해도 99%가 중소기업의 근로자로 저소득층에 놓일 바에야 내 자식은 이런 고생을 안 시키겠다는 것이다.

그러면 과거와 같이 인위적으로 정부 주도로 임금소득을 높이면 해결되겠는가? 또한 모두가 대기업에 들어가려면 소위 명문대학에 들어가야 하고, 그러려면 사교육을 어릴 때부터 받아야 한다는 게 현실인데 사교육을 줄일 수 있겠는가? 정부가 사교육 시장을 아무리 규제하고 억제한다 해도 시장의 수요를 정부가 이길 수는 없다. 해결 방안은 사회주의적인 소득평등화가 아니라, 소비수요 증가를 위한 기회의 평등과 소득의 균형이 장기적으로 필요하다. 사회와 국가 존립을 위한 대기업과 중소기업 간의 사회적 합의에 따른 적절한 소득 균형이 필요하고, 그것은 국가와 사회, 그리고 장기적으로는 대기업이 생존하기 위한 선행적 조치이자, 필수적인 사회관계이다. 둘째로는 고용은 정부가 하는 것이 아니라, 기업이 하는 만큼 정부와 경제사회 주체들은 기업의 생성과 발전에 애정을 가지고 바라보면서 협력해야 한다. 기업은 생산의 주체이면서 소득 발생의 원천이기도 하다. 기업 환경을 적대적으로 바라보기보다는 기업의 생성이 무엇보다도 중요하다. 일본의 경우 많은 수의 중소기업의 존재와 소득격차가 비교적 적은 상태에서 대기업과의 협력과 공존이 오늘의 일본경제를 만들어냈다. 물론 경제성장만큼이나 일본 근로자의 소득은 증가하지 못했지만, 다른 한편으로는 중소기업이라도 국제경쟁력만큼은 세계적이라는 것이 오늘날 일본의 중소기업이다. 그만큼 안정적인 고용구조를 만들어냈고, 따라서 안정적인 소득하에서 출산율이 낮으나

마 1.37명의 기록하고 있다.

2) 저성장 속의 고비용과 고임금

1970~1980년대 신흥공업국의 우등생이자 모범생이었던 한국경제가 저성장 상황에 빠진 원인은 경제성장에 영향을 미치는 노동, 자본, 생산성 등의 생산요소에 모두 빨간불이 켜졌기 때문이다. 특히 경제가 제대로 성장하려면 높은 잠재성장을 실현하기 위한 생산성 향상을 이뤄야 한다. 동시에 경제가 풀가동하려면 수요 측의 안정성이 필요하다. OECD에 따르면, 한국에 일본과 같은 구조적 결함이 없다면 연간 성장률은 1~2%포인트 높아질 수 있다고 한다. 그러나 저출산·고령화로 노동투입에 한계가 있다. 인구가 감소하면 투자증가도 기대할 수 없다. 노동과 자본투입의 부진은 자본장비율도 떨어지고, 이들을 상쇄할 수 있는 것은 생산성이지만 한국의 생산성은 아직 선진국에 뒤쳐져 있다. 2022년 한국의 근로시간당 국내총생산(GDP)은 43.1달러로 미국(74달러) 독일(68.5달러) 영국(60.5달러)보다 훨씬 적다.

한편 요즘 일본의 경우, 고물가와 임금 정체에 대한 대응은 선거의 큰 초점이 되고 있다. 30년 가까이 오르지 않는 임금으로는 현재의 물가급등을 감당할 수 없기 때문이다. 아베 노믹스의 핵심이라던 금융완화는 엔화 약세를 조장하고 물가를 끌어올리는 부작용을 지적하고 있다. 미국, 영국, 한국에서는 임금상승이 이루지는 반면에 일본만 비정상적이라고 언성이 높다. 요시카와(吉川) 도쿄대 명예교수는 2013년 1월 일본경제가 디플레이션에 빠진 원인을 '임금하락'이라고 주장했다. 즉, 요시카와는 당시나 2023년이나 선진국에서 일본만 임금이 오르지 않는 비정상적인 상황은 변하지 않았다고 강조했다.

표 11-3 주요국의 임금과 물가변화율

1995년⇒2020년	명목임금		물가
한국	2.92배	>	1.92배
미국	2.23배	>	1.70배
영국	2.08배	>	1.64배
독일	1.64배	>	1.41배
일본	0.96배	>	1.04배

자료: 일본ニッセキ基礎研究所에서 인용.

경제협력개발기구(OECD)에 따르면, 명목임금은 1995~2020년 미국과 영국에서는 2배 이상, 한국은 3배 가까이 올라 물가상승률을 넘어섰다. 반면 일본의 임금은 실질적으로 하락해 물가상승률에 미치지 못한다. 특히 한국과 일본 양국은 극단적이다. 한국의 경우는 1995년에서 2020년까지 물가는 1.92배 변했는데 명목임금은 2.92배나 올랐다. 즉, 한국의 노동임금이 다른 나라에 비해 급격히 올랐다는 뜻이다. 물론 그 대부분이 대기업 중심의 노동임금이 올랐다는 것은 말할 필요도 없다. 그런데, 같은 기간 일본은 물가가 1.04배 변했는데 반해, 한국은 1.92배 만큼 변했다. 즉, 일본의 물가상승에 비해서 한국의 물가상승이 더 격렬하고, 다른 4개국에 비해서도 지나치게 높다. 다시 말해서 명목 임금상승이 물가상승을 못 따라가고 있다는 의미이다. 즉, 한국의 지나친 물가상승과 임금상승도 문제지만, 일본의 전체적인 임금 억제도 문제란 것이다. 이것이 양국의 경제성장에 발목을 잡는 것이다.

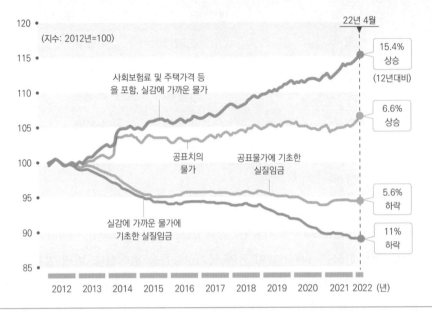

그림 11-12 실감에 가까운 일본의 소비자물가와 실질임금

(지수: 2012년=100)

22년 4월

사회보험료 및 주택가격 등을 포함, 실감에 가까운 물가

15.4%
상승
(12년대비)

6.6%
상승

공표치의 물가

공표물가에 기초한 실질임금

5.6%
하락

11%
하락

실감에 가까운 물가에 기초한 실질임금

2012 2013 2014 2015 2016 2017 2018 2019 2020 2021 2022 (년)

주: 실감에 가까운 물가와 그에 기초한 실질임금은 대화증권, 末広徹가 작성.
　　공표치 물가는 생선식품을 제외한 총합, 임금은 현금급여 총액.
자료: 일본 ニツセキ基礎硏究所와 동경신문 Tokyo Web에서 인용.

　　일본 국민이 물가인상을 견디지 못하는 배경에는 요시카와(吉川) 등이 말하는 오르지 않는 임금에 문제가 있다. 야마토 증권의 스에히로(末広)는 계속 상승하는 사회보험료나 주택가격 등 총무성의 소비자물가지수 공표치(신선식품 제외 종합)에 포함되지 않는 요소를 더한 '실감에 가까운 물가지수'를 만들었다. 2012년 평균과 비교한 2022년 4월 물가는 공표치의 6.6% 상승을 넘는 15.4% 상승이 실감에 가까운 물가를 토대로 산출한 실질임금은 같은 기간 11%나 줄었다. 스에히로(末広)는 "실질적인 임금이 이만큼 줄어서는, 가계가 소비 인상을 허용할 수 없는 것은 당연"이라고 풀이한다. 일본에서 당분간 물가상승에 따른 실질임금 저하가 불가피하다. 과도한 금융완화도 엔화가치 하락에 따라 수입품 가격급등 요인이 되고 있다. 일본의 각종 연구기관에서 조차 "지속적으로 임금을 올리는 것이 중요하다는 인식이 공유되어 온 지금이야말로, 구체적이고 장래를 내다본 경제정책의 선택이 중요하게 된다"는 지적이 공유되고 있는 실정이다.

이 같은 논쟁의 핵심은 두 가지이다. 하나는 일본 근로자의 임금이 오르지 않는다는 것이고, 다른 하나는 지나친 금융완화정책이 일본 국민들의 실질소득을 감소시킨 실패작이라는 점을 지적하고 있다. [그림 11-12]에서도 지적하듯이 일본 물가에 기초한 일본인들의 실질임금은 2012년부터 지속적으로 하락하고 있다. 반면에 사회보험료 및 주택가격 등을 포함한 '실감에 가까운 물가'는 2012년부터 거꾸로 급상승 후 지속적으로 상승하고 있다. 일본인들이 불만을 제기할 수밖에 없고, 또한 이런 상태에서는 소비가 늘어날 수도 없기 때문에 생산감소와 더불어 저성장, 저출산으로 이어지는 것이다. 그러나 하나의 결정적인 차이가 있다. 임금 상승이든 하락이든, 일본의 경우는 전체 근로자들의, 즉 대기업 근로자든 중소기업 근로자든, 비정규직이든 전체적으로 비슷한 비율로 상승 및 하락하지만 한국은 다르다.

한국의 경우는 앞서 살펴보았듯이, 임금상승은 주로 대기업 근로자 중심으로 크게 증가하는 반면에 중소기업 근로자들의 임금상승은 미미하고, 심지어 물가 상승에 크게 못 미친다. 게다가 주택가격은 2008년 금융위기 이후 제대로 하락한 적이 없어서 부동산 소유 자산가에 대한 상대소득 감소는 더욱 크게 느껴진다. 따라서 주택가격의 끊임없는 상승과 한국의 임금상승이 주로 대기업 중심으로 이루어지기 때문에 일본보다 더 급격한 내수시장의 쇠퇴와 더 급격한 성장력 저하, 그리고 '인구재앙'이라 불릴 만큼의 초저출산을 초래하는 것은 필연적이다. 일본의 사례는 우리에게 시사하는 점이 크다. 즉, 정치적 목적을 위한 무책임한 금융완화정책이 가져올 경제적 폐단과 저임금이 초래하는 장기적인 사회문제, 그리고 임금격차가 가져오는 저출산의 재앙적인 결과를 일본과 중국경제에서 찾아 볼 수 있다.

소결

한국경제의 기본적인 경제구조 및 노동시장, 그리고 사회 환경은 변하지 않는데도 불구하고, 그리고 가장 기본적이면서 전제조건인 대기업은 늘어나지 않는데, 이 본질적인 문제에는 접근을 의도적으로 기피하면서 자꾸 미국이나 영국에서 성공한 교육시스템만 적용하여 문제를 해결하려 한다. 우선 한국은 종교적 성향도 다르고, 경제 및 고용구조, 교육시스템, 취업구조, 소득격차, 남녀 성차별 등 무수히 많은 전제조건의 차이가 존재하는 데도 정권이 바뀔 때마다 외국에서 연구했다는 일부 전문가들이 경제정책이든 교육정책이든 실험적으로 무책임한 정책 남발을 한다. 일본처럼 너무 바뀌지 않아도 문제지만, 한국처럼 정치이념에 따라 5년 단위로 심하게 바뀌는 것도 큰 문제이다. 어떤 큰 원칙과 추세적 목적 하에서 정책이 변화 및 운영되어야 하는데, 원칙과 추세적 목적 자체가 정치 이념에 따라 180도 바뀌는 것은 정말 문제이다.

또한 한국 가계소득에 대해서도 격차가 확대되면서 저소득자의 어려움은 커지고 있으며 2020년 소득 상위 20%와 하위 20%의 소득격차는 5.26배에 달했다. 이는 역대 두 번째로 높은 수치다. 이런 경제 상황에서 소비증가와 출산율 증가를 기대하는 것 자체가 야무지다. 이런 환경이 지속되는 한 절대로 민간소비는 늘어나지 않고, 출산율 또한 증가하지 않는다. 한국, 중국, 일본을 비교해 볼 때, 인구감소가 가장 빠른 나라가 바로 중국이고, 그만큼 경제적 및 사회적 격차도 크고, 소득격차도 크다. 그 다음이 한국이고 그 내용은 이미 언급했다. 그리고 마지막이 일본이다. 일본은 전체 임금 상승률은 낮지만, 기업규모별 소득격차나 정규직과 비정규직의 소득격차는 크지 않았다. 그런 만큼 한국이나 중국보다는 출산율은 높았다. 즉, 부동산 가격 상승이 클수록, 그리고 소득격차가 클수록 인구감소는 급격했다는 것을 다시금 생각해 볼 필요가 있다.

CHAPTER 12 한국경제위기의 배양과 발현(發現)

section 01 새로운 경제위기의 도래

1. 2020년 세계경제의 구조변화

서장에서도 언급했듯이, 경제위기든 국가위기든 위기는 어느 한 순간에 발생하지만 위기구조는 그 사회의 내부조직 및 구조, 시장과 제도의 불일치, 사회적 태만 및 안일, 그리고 지나친 성과주의라는 사회적 현상이 융합·응집될 때 일어난다. 여기에 더하여 외부적인 요인도 크게 작용하는데 일반적으로 내외부적 요인이 결합될 때 위기가 발현된다. 한 국가에서는 이것을 보통 '예견된 위기'라고 치부하지만, 이런 위기의 시차적(時差的) 반복은 이미 시스템 불일치가 발생하고 있다는 뜻이기도 하다. 이런 반복적인 위기가 나타나고 있음에도, 그리고 경험했음에도 불구하고, 경제·사회의 제도적 개선이 일어나지 않고, 위기의 반복이 일어나는 데에는 크게 두 가지 요인에 기인한다.

첫째, 위기구조는 안정적인 경제 환경과 과도한 대중정치 속에서 나타날 수 있다. 안정적인 경제 환경은 제도의 불일치에 대한 사회 전체가 무뎌지고 태만해지면서 위기구조가 형성될 수 있다. 또한 현대 사회는 일부를 제외하고는 대부분이 자본주의 시장경제 속에서 '대중적 민주주의'를 지향하고 있다. 대중적 민주주의는 대중의 요구에 편승하는 정치활동을 하기 때문에 민의정치(民意政治)는 성공하는 반면에, 경제·사회 등에서 심한 왜곡이 일어나더라도 이를 빠르게 수정할 수 없다는 단점이 있기도 하다. 따라서 위기가 발생할 가능성이 있더라도, 민의(民意)정부는 위기에 선제적으로 대응할 수 없다는 결점을 내포하고 있다. 따라서 위기에 대응하는 선제적 구조개혁은 언제나 시차(時差)를 두고 언제나 후행적(後行的)일 수밖에 없다. 현재 안정적인 사회 및 경제환경 상태에서 과연 어느 대중 정치인이 "앞으로 다가올 위기에 대응하여 선제적으로 밥 한 끼를 줄여야 한다"라고 대중에게 말하고, 그것을 실행할 수 있겠는가? 앞서 미국경제에서도 보았듯이, 구조개혁은 대중이 위기라고 공감할 때 가능한 것으로써, 따라서 불행하게도 위기는 반복될 수밖에 없다. 공교롭게도 위기의 반복 과정 속에서 새로운 구조 및 제도가 형성되고 발전되어 왔다는 것이 영국의 산업혁명사 및 미국경제의 성장 과정 속에서 잘 나타나 있다. 다만 이러한 위기 속의 변화와 성장에는 필연적으로 '대중의 희생'이 동반된다는 점이다. 오늘 밥 한 끼를 줄이지 못한 결과의 끝은 밥 세끼를 먹지 못하는 결과로 나타난다는 것이, 오늘날 남부 유럽 및 라틴 아메리카 지역에서 잘 나타나고 있다. 따라서 위기는 역사적 관점에서나 경제학적 논리에서나 언제 어디서부터의 문제일 뿐, 필연적으로 반복 발현될 수밖에 없다.

둘째, 위기의 발현은 외부의 요인에 의해 강제 될 수 있다는 점이다. 과거 자료를 보면, 세계경제는 언제나 미국의 금리가 인상될 때 발현되었다. 대체로 미국의 금리가 인상된 후 2년 내외로 후발공업국에서 경제위기가 발생했기 때문이다. 즉, 미국의 금리인상이 경제위기의 '방아쇠 역할'을 하였다. [그림 12-1]을 보면, 1973~1975년에 미국의 금리가 폭등한 후 1979~1982년에 중남미 외환위기가 발생했고, 1987~2001년 기간에 미국의 금리가 인상된 후 1990년 일본의 자산시장 붕괴, 1993년 브라질 외환위기, 1995년 멕시코 외채위기, 1997년 동아시아 외환위기, 2001년 아르헨티나 채무위기가 발생했다. 그리고 2005~2007년에는 미국 금리가 인상된 후 2008년 미국 발 금융위기의 발생이 대표적인 사례이다. 2008년 미국 발 금융위기는 미국의 과도한 부동산 대출과 이를 이용한 금융채 발행이 원인이었다.

그림 12-1 미국의 정책 금리와 경제위기 상황

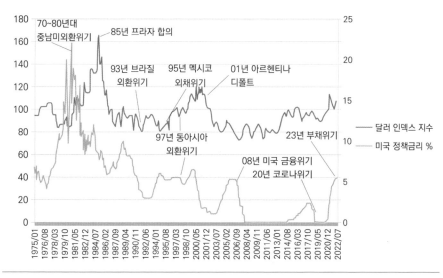

주1: 분기 자료에 기초함. 주2: 2023년 1분기까지임.
자료: 한국은행 통계시스템과 일본 CEIC자료에 의거 작성.

    다시 말해서 2007년 미국발 금융위기는 약간의 차이가 있지만, 원론적으로 자산시장의 거품에서 시작됐다는 일본의 사례와 크게 다르지 않다. 그로부터 10년이 지난 2018년 시점에서, IMF(국제통화기금)은 세계경제가 굴곡 없이 순조롭게 성장해 나갈 것이라는 전망을 견지하고 있었다. 실제로 2019년까지 세계경제를 견인하는 미국의 소비가 증가세를 유지하고 있었고, 유럽에서도 소비가 회복 기조를 유지하고 있었다. 중국도 공공투자가 경기를 지탱하고 있는 가운데, 소비증가는 그다지 줄지 않고 있었다. 일본만은 소비위축이 남아 있었지만, 그 만큼을 기업수익과 주택투자가 일정부분 커버하고 있었다. 2019년 당시 세계경제 전체로 보면, 저성장 추세가 계속되고 있다고는 해도 여전히 호황의 한 부류에 속해 있었다.

    그러나 이 책이 출간되고 나서 불과 4개월 후, 중국에서 코로나19(일명 우한바이러스) 사태가 터지자마자, 2020년 2월에는 코로나19 사태로 인해 전 세계가 봉쇄되었고, 물류가 마비되면서 그동안 진행되었던 미·중 무역마찰로 인한 경제관계가 패권 및 안보영역으로, 그리고 시장자본주의 진영의 생산소비 관리시스템으로 새롭게 전이 및 융합되면서 새로운 위기의 토양이 되었음은 말할 필요가 없다. 여기에 더하여, 러시아의 우크라이나 침공은 엎친데 덮친격으로 세계경제를 순식간에 공황상태로 몰아갔다. 이 같은 일대의 사건은 2018년 시점에서 불과 2년 후에 발현된 세계사적 쇼크였다. 1974년의 1차 석유위기에 의해 발생한 '스태그플레이션(stagflation)'이 자본주의 시장경제에서 처음 경험해 보는 경제 쇼크였다면, 2020년 코로나19에 의한 경제적 충격 또한 21세기에 맞이한 초유의 경제 현상이자 새로운 '공급 쇼크'였다고 말할 수 있다. 이 쇼크는 한국의 사회·경제·문화는 물론이거니와 세계사적 운영시스템의 본질적인 변화도 초래했다.

그중에서 가장 큰 변화는 리카도의 무역이론에 근간을 둔 생산비이론에 반하는 역내 중심의 생산조직 및 산업구축이라는 '자급자족 경제체제로의 전환'을 미국 및 유럽, 그리고 일본이 구축하려한다는 점이다. 종래에는 저가의 생산품은 중국을 통해서 수입하고, 첨단제품은 수출한다는 무역구조에서 무역분쟁과 코로나19의 영향으로 인해 미국 중심의 선진국들은 핵심 및 전략산품에 대하여 자국 내 생산을 전제로 하는, 그리고 자유진영을 중심으로 하는 새로운 공급망(SCM)을 구축하려 한다. 이 전략은 세계경제 시스템에서 보면 기회이자 위기를 불러오고 있다. 2020년 이전만하더라도 사회주의 경제체제와 자본주의 경제체제는 본질적인 이질성을 가지면서도, 현실적으로 타협하면서 자본주의 경제체제 안으로 '편입 및 조화'시키려는 시도가 비교적 강렬했다. 그러나 2020년 코로나19의 공급쇼크 후, 미국 중심의 자본주의 경제체제는 '편입과 조화'를 선택하기보다는, 중국과의 새로운 패권경쟁 구조와 맞물리면서 본격적으로 '배제와 붕괴'를 선택하는 듯 보였기 때문이다. 셋째, 내외의 불안전 요인이 융합 및 수렴할 때 위기는 크게, 그리고 길게 나타난다. 앞서 지적했듯이, 1974년~1981년도의 경제 상황을 살펴보면, 2023년 현재의 경제 상황을 이해하는 데 도움이 될 것 같다. 1974년 1차 석유위기가 발생하기 전에 미국이 베트남 특수작전으로 참전하기 시작한 것이 1961년이고, 본격적으로 베트남 전쟁에 발을 들인 것이 1965년부터 1971년 7월까지이다. 미국은 베트남 전쟁에 10년간 추계 1억 2000만 달러를 투입했고, 1968년 기준 미국 GDP의 3.4%에 달하는 거액을 투입했다고 한다. 이 거액의 달러들은 전 세계로 유포·확대되면서 선진공업국은 물론이거니와 당시 발전도상국들의 경제발전에 마중물 역할을 함과 동시에 새로운 달러화 위기를 초래함으로써 미국 중심의 세계체제가 흔들리기 시작하는 동기가 되었다.

여기에 더하여 1973년~1974년 1차 석유위기는 전 세계를 충격의 도가니 몰아넣기에 충분했다. 소위 '경기침체 속의 물가폭등'이라는 전대미문의 스태그플레이션(stagflation)을 경험하게 되었다. 이 충격은 1975년부터 조금씩 회복하는 듯 보였으나, 그로부터 4년 후인 1979년에 또 다시 2차 석유위기가 터진 것은 주지의 사실이다. 그럼으로써 1980년에서 1984년까지 유럽경제와 일본경제는 최장 36개월이라는 장기불황을 겪게 되었고, 그리고 한국경제도 처음으로 1981년에 1차 외환위기를 겪게 되었다. 여기서 중시되어야 할 점은 베트남 전쟁으로 광범위하게 유포된 달러화에 의한 세계적인 인플레이션 속에서 생산비용을 결정하는 석유위기가 터졌다는 것이다. 이 두 가지 요인이 시차를 두고 융합 및 수렴하면서 세계경제는 '경기침체 속의 물가폭등'이라는 일찍이 경험해보지 못한 스태그플레이션을 발현시켰다. 문제는 1차 석유위기의 경제적 충격이 체 해소되기도 전에 1979년 2차 석유위기가 「중첩」되면서, 1980년 초의 세계경제는 36개월이라는 최장기 경기침체를 경험하게 되었다. 이 세계사적 경험을 통해서 선진공업국들은 경제 및 산업구조를 재편하게 되었다는 것 또한 말할 필요도 없다.

이제 2023년 현재 시점에서 경제상황을 살펴보면, 미국이 아프가니스탄 전쟁에 투입된 것이 2011년부터 2020년 7월까지 총 12년간이며, 이 기간 중에 아프가니스탄 전쟁을 위해 투입된 전쟁비용이 2억 4000만 달러라고 한다. 이 금액은 당시 미국 GDP의 4.3%에 해당하는 거대한 금액이 이 전쟁을 위해 지출 및 유포·확대되었다. 당연히 1970년대처럼, 달러화의 가치는 폭락하기 시작했고, 세계적인 물가폭등과 부동산가격 상승, 그리고 달러 자산을 대체하고자하는 욕구가 분출되면서 '가상화폐의 전성기'를 만들어내는 기이한 현상이 만들어졌다. 여기에 더하여 공교롭게도, 2020년 중국발 코로나19가 세계적으로 발생·확산되면서,

각국은 순식간에 항만 및 공항 출입을 통제하였다. 이것은 단순한 물류의 통제조치를 넘어서, 미·중 무역마찰과 패권경쟁이 결합되어 그때까지 구축 및 유지되어왔던 다국적 경제시스템이 수정되어, 자본주의 영내 중심의 경제시스템으로 전환되기 시작했다. 이 과정 속에서 각국 경제는 필연적으로 공급망에 충격이 발생했고, 생산공급에 심각한 문제를 초래했다. 이는 기존의 물가상승(수요 확대에 따른 상승) 속에서 공급부족에 따른 경기침체가 동반되는 기이한 경제현상이 나타나기 시작했다.

불행하게도 아프가니스탄 전쟁으로 과잉 공급된 달러는 2017년 미국의 금리인상에 따라 체 해소되기도 전에, 2020년 코로나19의 발생과 더불어 2022년 2월 러시아의 우크라이나 침공은, 다시금 달러화의 대량 공급으로 회귀되었다. 더욱이 우크라이나–러시아 전쟁은 1979년의 2차 석유위기 때와 같이 석유산품 가격을 폭등시키면서 '물가폭등 속의 경기침체'라는 1970년대의 '공급 쇼크'를 그대로 재현시켰다. 그 결과 미국 연방은행은 그때까지 경험해지 못한 속도로 금리를 1.2%에서 5.5%까지 2개월에 한번씩, 심지어 금리 인상을 한번에 0.75%포인트씩 올리기도 했다. 그 덕분에 물가는 진정되는 듯 보였으나, 필연적 결과로서 한국경제는 드디어 경제의 불안전 요인들이 나타나기 시작하면서 한국경제를 다시금 '불안정 위기상태'로 몰아가고 있다.

section 02 한국경제의 위기구조 배양

최근의 한국경제는 2023년에 들어와서 2017년과는 판이하게 달라졌다. 현재의 한국경제는 그야말로 살얼음판을 걷고 있는 상황에 직면해 있다고 해도 과언이 아니다. 한국의 경제문제를 말할 때 우리들은 다음과 같은 불안정 요소들을 언급한다. 국내적으로는 ① 1868조 원(2022년 기준)의 가계부채와 2703조 원의 기업부채, ② 인구의 급속한 고령화, ③ 첨단기술에 대한 독립 및 자립, 그리고 미래 전략산업의 부재, ④ 내수시장의 침체, ⑤ 기업 매출액과 이익률 저하 등이다. 그리고 대외적으로는 ① 미국의 금리인상, ② 미국과 중국의 패권경쟁과 무역 분쟁의 확대, ③ 세계경제의 부채 증가, ④ 중국경제의 버블 붕괴 등을 주로 거론하고 있다. 제2차 세계대전 이후 대부분의 선후진국들은 사회·경제적, 그리고 정치적으로 불안정한 요소들을 이미 가지고 있거나, 또는 경제성장 과정에서 생성 및 배양되고 있다.

1. 해외의 불안정 경제 요소의 배양

먼저 경제위기를 생각할 때, 첫 번째로 생각해야 할 해외경제 문제는 국제적인 부채 문제의 증가이다. 전절에서도 이미 살펴본 것처럼, 미국을 비롯하여 유럽, 그리고 일본 및 중국, 한국 등의 국가들에게서 막대한 국가채무와 민간채무가 급증하고 있다. 2008년 미국의 리먼 쇼크 이후의 세계적인 금융완화를 통해 선진국과 신흥국을 불문하고, 전 세계의 국가채무가 과도하게 증가했다는 것이 사실이다. 특히 미국의 가계부채는 2020년 3월 말로 GDP 대비 75.6%로 과거 최고수준을 갱신하고 있는 것 이외에, 2022년 공식적인 미국 부채규모는 31.22조 달러로 GDP의 121%에 달하는 규모이다. 이 비율은 제2차 대전 직후 119%까지 올랐다가 1980년대 초 31% 수준까지 떨어졌고 2022년에는 121% 수준으로 올랐다. 즉, 2차 대전 직후보다도 높은 부채비율을 가지고 있다. 그 부채 비율은 2008년 금융위기 이전의 20년 동안 60%대 수준을 유지하고 있었으나, 2008년 이후 급격히 늘어나기 시작했다.

한편 유럽에서는 국가, 은행, 가계가 각각 무거운 부채에 시달리고 있는 가운데, ECB(European Central Bank: 유럽중앙은행)도 양적완화를 통해 자산 규모를 확대하고 부채를 계속 늘리고 있다. 2018년 국내총생산(GDP) 대비 총자산은 미 연준(FRB)이 약 20% 수준인데 비해, ECB의 40% 수준은 미국보다도 높다. 국제통화기금(IMF)에 따르면, 2022년 그리스의 GDP 대비 정부부채 비율은 178%로

2012년(162%) 유럽발 재정위기 때의 수준을 넘어섰다. 이탈리아와 스페인의 GDP 대비 정부부채 비율도 각각 147%과 114%로 2012년(이탈리아 126%·스페인 90%) 수준을 웃돌았다. 따라서 향후 유럽중앙은행(ECB)의 통화긴축 기조가 지속되면 남유럽 국가의 채무상환 부담이 가중될 수 있다. 즉, 2012년 남유럽발 재정위기가 다시금 발생할 가능성이 있다. 한편 일본에서도 국가가 무거운 채무를 안고 있어, 일본은행이 대규모 양적완화의 실시가 전례없는 속도로 실행되고 부채의 팽창이 급속하게 진행되고 있다. 한편 일본은행의 총자산 규모는 GDP 대비 130%를 넘었다[1]. 일본은행은 일본 GDP에 맞먹는 규모다. 2008년 리먼 위기가 잦아든 이후, 미국과 유럽 중앙은행이 통화정책을 정상화해 온 반면 일본은행은 국채 매입을 주축으로 양적완화를 지속해왔기 때문이다.

둘째로 더욱 문제가 되는 것은 중국의 기업 및 민간부채이다. 2008년 미국 연준(FRB)이 양적완화를 실시하고 있던 당시, 중국기업은 주로 달러화 부채를 늘려 대규모 설비투자를 해왔다. 그 결과 철강, 시멘트 등의 소재산업뿐만 아니라, 자동차나 스마트 폰 등의 제조업까지 과잉상태가 지속되었다. 지금 중국기업은 과잉에 따른 수익성 악화로 인해 채무상환에 어려움을 겪고 있다. 특히 달러화 부채가 많은 기업은 위안화 약세에 따라 채무부담이 증가하고 있는 것이 현실이다. BIS(국제결제은행)의 추산에 따르면, 중국의 비금융기업 부채는 167%이고, 가계부채는 63.3%로 2008년 미국발 금융위기 이후 2배나 늘어났다. 놀랍게도 2023년 중국의 채무 총액은 GDP 대비 279.7%(2014년의 200%)에 이르고 있다. 즉, 중국기업부채는 감소한 반면에 가계부채가 증가했기 때문이다. 중국의 부채 규모는 이미 1989년 일본의 민간부채는 GDP 대비 200%를 초과했으며 이 때 버블이 붕괴했다. 즉, 중국의 민간부채(기업+가계)는 이미 일본의 버블말기의 수준에 이르렀다. 중국 시진핑 지도부는 공산당 독재체제를 유지하기 위해 어떻게 해서든 경제를 연착륙(soft landing) 하려고 노력하고 있지만, 그것이 달성될지 여부는 아무도 모르는 것이다. 다시 말해서 2000~2007년까지는 미국과 유럽의 부채 버블에 의

---

1) 일본 정부의 채무 잔액에 대한 GDP 대비를 보면, 2020년 일본 GDP의 238%, 이탈리아 134%, 미국 108%, 영, 독, 프가 모두 100% 이하이다.

해 세계는 호황을 구현했지만, 2007년 미국발 경제위기가 일어난 후에 새로운 세계경제를 뒷받침한 것은 중국을 필두로 한 신흥국이었다. 그러나 선진국의 중앙은행이 대규모 양적완화를 단행함에 따라 오랫동안 초저금리에 의해 신흥국은 기업 활동의 부채의존도를 높이게 되었고, 오랫동안의 초저금리는 국가의 빚 중독을 고칠 수 없게 되어 버렸다.

그림 12-2 주요국의 GDP에 대한 가계부채 비율

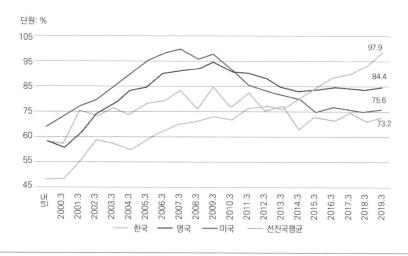

자료: 일본 CEIC 통계자료에 의거 작성.

세 번째로는 신흥국 기업의 부채 문제이다. BIS(국제결제은행)통계에서 신흥국 기업의 총부채는 2008년말 GDP 대비 110%에서 2018년에는 200%, 그리고 2021년에는 230%에 도달해 있다. 같은 기간 이들 국가·지역의 명목 GDP가 1.5배 밖에 증가하지 않은 것과 비교하면 부채증가율은 이상할 정도로 급증하고 있다. 일반적으로 선진국의 경기가 침체할 때, 선진국의 투자자금이 신흥국과 개발도상국으로 윤택하게 흘러 들어가도록 한다. 그렇게 되면 신흥국과 개발도상국에서는 투자자금이 남아돌게 되어 은행의 대출기준이 낮아져 기업과 가계는 성장률 이상의 빚을 지게 되고 설비투자와 소비를 활성화시키는 경향이 강해진다. 이러한 신용버블(거품)이 신흥국과 개발도상국의 경제성장을 가속화한다. 그러나 이러한 부채 경제는 반드시 큰 함정이 기다리고 있다. 이미 스리랑카는 코로나19 등으로 주력 산업인 관광업이 붕괴되었고, 정치 폐단 등으로 인해 경제위기의 신호가 감지되었다. 결국 2022년 4월 대외부채 510억 달러(62조 9천억원)의 국채 이자를 상환하지 못하여 디폴트의 늪에 빠졌다. 이로 인해 스리랑카는 최악의 경제난을 겪게 되었다. 2022년에는 스리랑카의 GDP가 무려 -7.8% 줄어드는 큰 위기를 겪었다.

2. 한국경제의 불안 요소의 배양

한국경제에서 가장 중요한 첫 번째는 구조적인 문제로, 수출부진 시에 경제위기가 발생 가능하다는 것이다. 한국경제의 경우, 수출은 우리가 좋든 싫든 이제는 수출을 통해 살아갈 수밖에 없는 필연적 선택에 놓여 있다. 따라서 내수경제가 붕괴된 상태에서 지속적인 수출증가 없이는 살아갈 방법이 없는 것이 엄연한 현실이다. 따라서 한국경제에서 가장 문제가 되는 그 첫째가 바로 수출의존도가 너무 높은 문제에 더하여 수출 산업의 편중이 너무 심하다는 것이다. 즉, 극단적으로 말해서 1997년 한국의 외환위기도 1996년 당시 반도체 가격이 폭락하지만 않았어도 그렇게까지 심각한 외환부족에 시달리지 않았을 것이라는 회고가 나올 정도이다. 1997년 당시 전체 수출에서 차지하는 반도체의 비중이 높은 가운데 반도체의 가격 폭락이 외환부족에 일조했다는 점을 고려해 보면 지금의 현실도 크게 다르지 않다.

실제로 2017년 한국의 수출액은 5739억 달러(약 613조 원)로 1956년 이래 61년 만에 사상 최고의 수출을 기록했다. 수입은 4781억 달러로 2016년 대비 17.7%의 증가율을 보였다. 2017년은 세계의 경기회복과 반도체 수출 호조에 힘입어 무역수지는 1198억 달러 흑자를 냈다. 2017년 경상수지는 784억 6000만 달러로 20년 연속 흑자를 냈지만 흑자의 폭은 축소됐다. 특히 반도체 수출이 크게 늘면서 979

억 4000만 달러를 수출하여 단일 품목으로는 사상 최대였다. 반도체가 전체 수출금액에서 차지하는 비중이 29%로 이 역시 사상 최대를 기록했다. 한편 무역협회에 따르면, 2022년 연간 수출액은 6,836억 달러로 전년 대비 6.1% 증가를 기록했다. 수입은 18.9% 늘어난 7,314억 달러를 기록했다. 무역수지는 −478억 달러 적자였다.

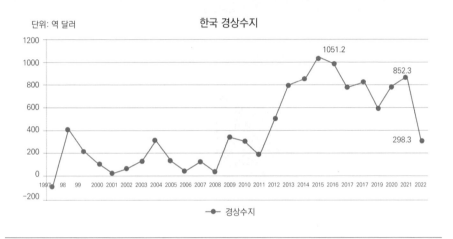

그림 12-3 한국의 경상수지 추이

자료: 한국은행 DB에 의해 작성.

문제는 2023년 3월 말 기준 외환보유액이 4260억 달러인 상태에서 1997년처럼 반도체 및 이동통신의 수출에 문제가 발생하면 과거와 같은 외환위기는 발생하지 않는다 하더라도, 경제가 극도로 악화될 가능성이 높다. 더욱이 2017년의 총수출에서 차지하는 반도체 비중이 29%였는데 반해, 2022년의 그 비중은 18.8% 낮아진 상태여서 문제는 더 크다. SIA(미국 반도체공업회)에 따르면, 세계 반도체 판매액은 2021년부터 2022년까지 급격히 확대되고 있었다. 그러다가 2022년 전반에 접어들면 성장이 둔화되기 시작했다. 2022년 5월~11월을 보면, 미국과 유럽, 일본은 거의 보합세를 보인 반면 중국과 아태 지역의 감소가 두드러졌다. 즉, 2022년 5월 중국시장 판매액은 170억 2,000만 달러로 지역별 1위, 아태 지역 판매액은 141억 3,000만 달러로 2위를 차지했었다. 그러다가 2022년 11월에는 중국이 134억 1,000만 달러, 아태 지역이 114억 6,000만 달러까지 감소해 버린다. 즉, 중국은 21% 감소, 아태 지역은 19% 감소로 시장이 상당히 축소됐다.

그림 12-4-1 한국의 주력 수출 산업 동향 변화

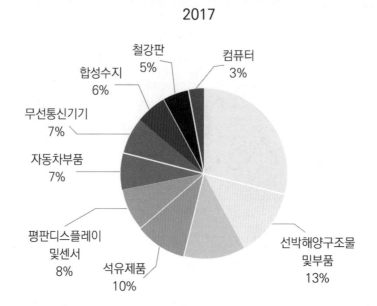

자료: 한국무역협회, 2017년 보고서.

그림 12-4-2 한국의 주력 수출 산업 동향 변화

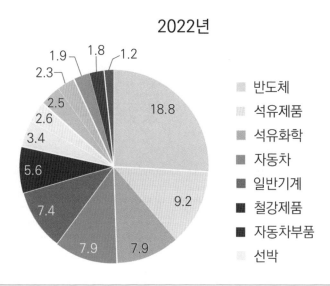

2022년

- 반도체
- 석유제품
- 석유화학
- 자동차
- 일반기계
- 철강제품
- 자동차부품
- 선박

자료: 한국무역협회 2023년 자료에서 작성.

한편 반도체 성장률로는 2022년 5월~11월까지 중국시장과 아태 지역은 6개월 연속 전월 대비 마이너스를 이어갔다. D램 거래가격(기업거래 가격)이 20% 넘게 급락했다. 세계적인 경기둔화로 반도체 수요가 빠른 속도로 위축된 것으로 보인다. 더 큰 문제는 전체적으로 반도체 비중이 크게 낮아지면서, 반도체에 대한 중국 수요가 감소하는 가운데 이를 대체할 수출상품 및 지역이 뚜렷하게 나타나지 않는다는 점이다. 또한 미·중 갈등에 따라 대중국 수출은 과거와 같은 증가세를 기대할 수 없기 때문에 한국경제에 위기 요인으로 나타날 수 있다. 즉, 반도체 및 이동통신의 수출 편중이 심한 한국의 경제구조에서 미래 지향적인 대체 수출 산업이 아직 현실화되지 않은 지금, 미국과의 패권경쟁에 돌입한 중국의 반도체 시장은 쉽게 회복될 것 같지 않다. 게다가 선진공업국 중심으로 전략산업의 자국 유치 및 반도체 산업으로의 회귀 경향이 격화하고 있어, 수요부족에 더하여 새로운 경쟁국의 등장까지 걱정해야 할 상황이다.

그림 12-5 세계반도체 시장의 판매가격 추이

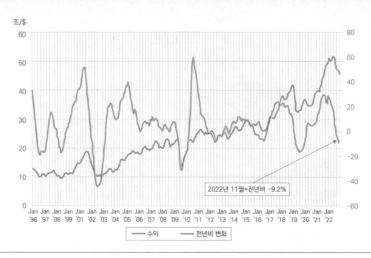

조/$

2022년 11월=전년비 -9.2%

Jan Jan Jan Jan Jan Jan Jan Jan Jan Jan Jan Jan Jan Jan Jan Jan Jan Jan Jan Jan Jan Jan Jan Jan Jan Jan Jan
'96 '97 '98 '99 '01 '02 '03 '04 '05 '06 '07 '08 '09 '10 '11 '12 '13 '14 '15 '16 '17 '18 '19 '20 '21 '22

수익   전년비 변화

주1: 가격은 달러 표시 기준.
주2: 세계반도체시장의 판매액 추이(월별, 과거 3개월 이동평균)과 전년 동월비의 추이.
자료: WSTS에서 인용.

　특히 전체 수출에서 차지하는 반도체 관련 수출 비중이 지나치게 높은 가운데 일부 회사에 의해 발생하는 무역수지 흑자라면 문제는 간단하지 않다. 결과적으로 어느 한 산업 및 일정 회사가 한 나라의 전체 수출 및 외화 가득을 책임질 정도로 산업경제가 편중 및 단층적이라면 그만큼 위기의 발생 가능성도 높고, 크고, 그리고 깊게 나타날 수 있다. 즉 1997년과 2008년 한국의 사례처럼, 완충적인 역할을 할 수 있는 산업이나 건실한 중소 및 중견기업이 많지 않은 가운데 대기업에 편중된 수출구조 및 경제구조는 다층적인 산업구조 및 경제구조에 비해 경제위기의 충격이 더 크고, 길게 나타날 수 있다.

　둘째로, 2022년 3월 말 현재 한국의 가계부채는 총 1868조 원(2022년 기준)에 도달했다. 그중에서 주택담보대출 및 집단대출, 전세자금대출, 정책금융기관의 모기지론 등을 합한 전체 주택관련 대출규모를 반영하면 2925조 3000억 원에 달한다. 이중 전세자금 및 주택담보대출 등이 1057조 원에 달한다. 최근 수년간 주택관련 대출 비중을 보면, 2015년 43.3%, 2017년 3월 말은 45.5%를 기록했다.

이처럼 가계부채의 증가율이 기본적으로 40%를 넘는데 여기에는 두 가지 문제가 있다. ① 부동산 가격하락이 금융위기를 촉발할 수 있다는 점이고, ② 처분가능소득의 감소로 소비를 위축시킨다는 점에서 향후 '장기불황'의 요인으로 작용할 수 있다는 점이다.

부동산 부채 문제에 대하여 최근 월스트리트저널(2018.2.18)은 가계부채가 위험한 나라로 10개국[2]을 지정했는데, 이들은 지리적으로 멀리 떨어져 있음에도 불구하고 공통점을 갖고 있다고 지적했다. 이들 10개국은 지난 10년간 발생한 미국의 리먼 브러더스 사태, 유럽 재정위기 등 최악의 금융위기 때 직접적인 타격을 입지 않아 주택시장이 크게 붕괴되지 않았다는 특징이 있다고 언급했다. 즉, 부동산시장의 붕괴를 경험하지 않았기 때문에 부동산시장의 과열과 거품까지 내다볼수 있다는 것이다. 다시 말해서, 어떤 요인으로 인해 부동산시장이 붕괴하면 그 충격은 더 클 수밖에 없다는 의미로도 해석된다.

한편 처분가능소득 증가율을 보면, 2012년 이후 처분가능소득 대비 가계부채 비율의 추이가 2015년 이후 급격히 높아졌다. 2014년 부동산 경기활성화를 위해 규제를 완화한 것이 경기회복에 큰 영향을 미쳤다. 반대로 2015년 4분기의 처분가능소득의 증가율은 5.2%였는데, 2016년 3분기에는 3.5%로 떨어졌다. 이것은 가계부채의 증가율이 비슷한 수준에서 처분가능소득의 증가율이 낮아지면서 상대적으로 가계의 채무부담이 늘었다는 것을 의미한다. 즉, 가계의 부채상환 부담이 늘어난다는 것은 그만큼 가계의 소비가 위축될 가능성이 높아진다는 것이고, 내수경기의 활성화가 중요한 한국경제에서 가계부채의 증가에 따른 소비위축은 장기적으로 상당한 위협 요인으로 작용한다. 어떤 외적인 충격(위기)이 한국경제에 가해지면 가계부채와 부실기업의 증가와 같은 내재된 불안정 요소에 의해 상호결합 및 충돌해 '장기불황'에 직면할 가능성이 그만큼 높아질 수 있다.

특히 문제가 되는 것은 정부의 가계대출 규제정책에 따라서 가계대출의 증가

----

2) 가계부채 위험국가는 한국, 노르웨이, 스위스, 호주, 캐나다, 뉴질랜드, 스웨덴, 태국, 홍콩, 핀란드 등이다.

율이 예금은행에서 비은행 예금취급기관 쪽으로 옮겨가고 있다는 점이다. 2016 년 4분기 비은행권 가계대출은 전분기 대비 29조 4000억 원이나 증가했다. 이는 3분기 증가액 19조 8000억 원 대비로 보면 1.5배에 이르는 거액으로 위험 수준에 도달했다. 또한 국내신용의 대출규모는 하위 20%를 포함하여 2016년 마이너스 통장 등 신용대출 규모는 174조 8562억 원으로 2015년에 비해 12조 8596조 원이나 증가한 규모이다. 2012년 149조 419억 원 수준에 비교하면 4년 만에 25조 원 늘어난 규모이다. 가계부채는 2017년 1400조 원을 넘어선 이후 증가세를 지속하고 있다. 또한 2022년 9월 이후 완만한 감소세를 보이기도 했으나, 2023년 4월 다시 증가세로 돌아섰고 7월부터는 증가폭이 커지고 있다. 가계부채의 경우, 총액 증가보다는 GDP 대비 비율이 중요한데, 2022년 말 기준 104.5%로 스위스 (128.3%), 호주(111.8%)에 이어 세 번째 높은 수준이다. 2023년 10월 정부도 '가계부채 문제는 1997년 외환위기의 몇 십배 위력'이라 말할 정도로 해결의 실마리를 찾지 못하고 있다.

2023년 한국은행 총재는 지난달 30일 금융통화위원회 회의 직후 기자 간담회에서 가계부채 문제에 대해 "가계부채 절대액을 줄이는 정책은 여러 가지 문제를 야기할 수 있다"면서 가계부채 문제는 "장기적으로 GDP 대비 비율을 줄여가야 한다"고 말했다. 부채규모를 줄이기 위해 고금리정책을 유지한다면 금융안정을 해치고 경제에 악영향을 끼치기 때문에 GDP 성장률을 높여 가계부채를 효율적으로 관리하는 방안을 마련해야 한다는 의미로 해석된다. 그러나 이 역시도 쉽지 않은 상황이다. 왜냐하면, 대중정치에 크게 의존하는 현재의 상황에서 수시로 경제성장률이 낮아지면, 어떤 정부나 즉시 부동산 및 건설부문을 통해 경기부양을 도모하기 때문에 부채는 늘어날 수밖에 없고, 또 다른 측면에서는 부채규모를 일정 수준으로 묶어두고, 대신 경제성장률을 높임으로써 장기적으로 GDP 대비 부채비율을 낮출 수도 있지만 이 역시도 잠재성장률이 낮아지고 있는 상황에서는 그 가능성도 높지 않기 때문이다.

셋째는, 한국의 기업부채 문제가 1997년 이후 다시금 문제시되고 있다. 국제결제은행(BIS)에 따르면, 최근 GDP 대비 총부채 비율이 확대된 국가는 OECD 내에서 한국이 유일한 것으로 알려졌다. 부채규모가 커진 것도 있지만, 경제성장률이 2002년 2.6%에서 2023년 1.5%(예상)로 낮아짐에 따라 분자에 해당하는 부채규모는 커진 데 비해, 분모인 자산에 해당하는 GDP 성장률은 상대적으로 크게 늘지 않았기 때문이다. 즉, 저성장 속에서는 자산은 줄어드는데 반해, 부채는 오히려 증가한 결과물로 풀이된다.

국가부채를 항목별로 보면, 가계부채와 기업부채가 각각 2218조 원과 2703조 원이고 정부부채는 1035조 원이다. 먼저 정부부채는 코로나19 시기를 거치면서 확대재정의 영향으로 빠르게 증가했다. 정부부채 비율은 GDP 대비 49.6%로 상대적으로 낮은 편에 속한다. 그러나 기업부채는 그동안 가계부채와 정부부채에 비해 상대적으로 관심을 적게 받았다. 하지만 GDP 대비 기업부채의 비율이 123.9%로 1997년 외환위기 당시 수준을 넘어서고, 최근 들어서는 건설부문의 PF 대출을 중심으로 부실위험이 대두되면서 우려가 커지고 있다. 특히 '내수 침체와 고금리의 지속'이라는 이중 악재가 지속되면서 기업의 금융부담이 갈수록 늘어나는 상황으로 몰리고 있다. 기업의 자구노력 이외에는 뚜렷한 해결책이 없는 기업부채 문제 역시 가계부채와 함께 우리 경제의 새로운 뇌관으로 떠오르고 있다.

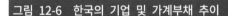

그림 12-6 한국의 기업 및 가계부채 추이

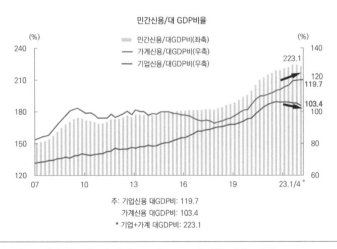

민간신용/대 GDP비율

주: 기업신용 대GDP비: 119.7
가계신용 대GDP비: 103.4
* 기업+가계 대GDP비: 223.1

자료: 『한국은행』 공식사이트 「금융안정보고서」 2023년 6월 인용 작성.

돌이켜 보면, 1997년의 외환위기는 기업의 위기였다. 당시 30대 재벌 중 16개 대기업이 문을 닫았지만 가계 부문만은 건실했다. 그러나 2023년 현재 한국경제는 기업과 가계부문 모두 경쟁력을 일어가고 있거나, 부실 덩어리로 변해가고 있다. 기업의 건전성 측면을 보면, GDP 대비 기업부채 비율은 1997년에 396.3%, 2007년에 97.8%, 2017년에는 66.7%까지 건전해졌다. 그러나 2023년 현재 126.1%로 거꾸로 급증했다. [그림 12-6]을 보면, 기업부채는 2008년 미국발 금융위기 이후 꾸준히 감소하였다. 그러나 2017년 문재인 정부 때부터 갑자기 기업부채가 급증하면서 급기야 2023년 1/4분기에는 세계적인 금리인상 추세에도 불구하고 GDP 대비 119.7%라는 위험 수위에 도달했다. 반대로 세계적인 금리인상의 결과로 계속 증가하던 가계부채는 2022년부터 감소세로 돌아선 것이 그나마 위안이라고 하겠다. 차입금 의존도도 1997년에 54.22%에서 2017년에는 20.0%까지 떨어졌다. 그러나 이 역시도 2022년 30.4%로 크게 올랐다. 그 결과 매출액 대비 영업이익률은 2017년 2분기에는 8.4%에서 2022년 3분기에는 4.0%로 떨어졌다. 매출액 증가율은 2007년 9.28%, 2017년에는 8.4%, 2022년은 전년 대비 −11.2%로 떨어졌다[3]. 즉, 기업의 활동성은 떨어지고, 기업수익성도 떨어지고 있다는 점에서 과거 일본기업들의 형태와 유사하다.

---

3) new.joins.com/article/print/22133125. 원자료 한국은행. 또한 제조업 기준임.

그림 12-7 주요국의 GDP 대비 부채비율

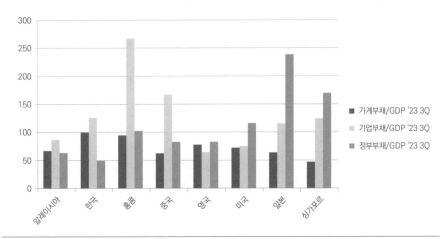

범례:
- 가계부채/GDP '23 3Q
- 기업부채/GDP '23 3Q
- 정부부채/GDP '23 3Q

자료 : 국제금융협회(IIF) 자료에 의거 작성. 주: 2023년 3분기까지.

2023년 11월 국제금융협회(IIF)의 세계부채(Global Debt) 최신 보고서에 따르면, 2023년 3분기 기준으로 세계 34개 나라(유로 지역은 단일 통계)의 GDP 대비 비(非)금융기업 부채비율을 조사한 결과 한국(126.1%)은 세 번째로 높았다. 한국을 웃도는 나라는 홍콩(267.9%)과 중국(166.9%) 뿐이었다. 한국의 GDP 대비 기업부채 비율은 2분기(120.9%)보다 5.2%포인트(p)나 뛰어 3개월 만에 3위로 올랐다. 이 증가 폭은 말레이시아(28.6%p · 58.3→86.9%)에 이어 세계 2위 수준이다. 부채비율이 3위라는 것은 그만큼 우리나라 기업부채 증가 속도가 고금리 환경 등을 고려할 때 다른 나라와 비교해 매우 빠르다는 것이다.

또한 이 시점에서 건설 및 주력산업의 몰락과 함께 일명 좀비기업이라는 한계기업의 처리가 한국경제의 또 다른 암초로 작용하고 있다. 국내 상장기업 가운데 영업이익으로 이자도 못 갚는 한계기업의 비율이 30%가 넘는다. 기업정보 제공업체인 NICE 평가정보에 따르면, 한계기업 수가 지난 6년간에 46%나 늘어났다. 정부보증과 은행 빚으로 연명하는 일명 좀비기업들이 급증하고 있다. 이들에 대한 자원배분은 혁신기업에 대한 지원을 어렵게 하는 요인으로도 작용한다. 만약 어떤 경제적인 충격이 발생하면, 이들 한계기업이 제일 먼저 타격을 받고, 연이어 실업률 증가 및 은행의 부채 증가로 이어질 것이다.

이제 2017년과는 달리 금리인상 비용에 따른 기업의 경영위기는 한층 증가하고 있고, 건설·부동산업을 중심으로 금융권까지 확대되고 있다. 특히 기업과는 달리 가계는 1868조 원에 달하는 빚더미에 올라 앉아 있다. 또한 기업부채는 2,703조 원, 정부부채는 1,035조 원으로 나타났다. 즉, 과거의 위기가 단순히 기업만의 위기였다면 지금은 기업은 물론이거니와 가계 및 정부 부문까지 더해져 위기의 심각성은 오히려 현재가 더 심각하다고 말할 수 있다. 기업에서 나타나는 위기는 도산이라는 청산 절차로 해결된다고 하지만, 가계부문의 위기는 소비지출의 상당부분을 차지하고 있는 현실에서 기업과 가계부문의 동시다발적 도산은 그야말로 헤어나기 힘든 장기불황의 열차를 타는 것과 같다.

section 03　새로운 경제위기의 발현(發現)

앞서 언급한 것처럼, 첫째로 지적할 것은 2016년부터 우려했던 대로 미국은 정책금리를 인상하기 시작했다. 미국은 2019년까지 정책금리를 2.5%p까지 올렸다가, 2020년 코로나19로 인해 급하게 금리인하를 단행했다. 그 후 2년간의 저금리 정책을 버리고 2022년부터 다시금 급격한 금리인상을 단행했다. 그 결과 2024년 1월 현재 미국의 정책금리 상한은 5.5%p까지 수직 상승했다. 미국의 금리상승은 신흥국 및 중국 등에서 경제위기가 발생할 가능성이 더 커졌고, 동시에 한국경제도 내부의 경제적인 왜곡 요인들에 의해 경제위기로 발현될 가능성이 커졌다. 일반적으로 금리가 인상되면 고점에 있던 주식가격이 선행적으로 급락하기 시작하고, 그로부터 대체로 1~2년 후에 부동산 가격이 급락했다. 즉, 한국의 주식가격은 2021년에 과거의 전고점을 돌파한 후, 하락 추세에 있다. 또한 2022년 하반기부터 약간의 상승세라는 다소의 변곡점은 있었으나 대체로 2023

년 9월부터 부동산 가격이 하락하고 있다.

2024년 현재 역시도 미국의 금리인상이 국제경제에서 경제위기의 '방아쇠' 역할을 하고 있다. 또한 초판에서도 언급했듯이, 미국발 금리인상이 경제위기의 '방아쇠'라면, 그 '발화'는 '중국의 부동산 가격 폭락과 불황'이라고 말했던 가정이 현실화되고 있다. 즉, 그 영향이 한국경제에 '폭발'로 전이되어 경제위기가 발생할 가능성이 높아지고 있다. 과거의 경제위기가 단순히 '외화의 부족'에서 발생한 위기였다면, 그리고 위기의 생성주체가 대기업과 금융권이었다면, 다가오는 경제위기의 생성주체는 기업과 은행, 그리고 가계 부문까지를 포함한 '3자 파산'에 따른 경제위기라고 말할 수 있다. 즉, 미국의 금리인상은 기업 및 가계 부문, 그리고 금융시장의 파산을 초래해 한국경제는 '3자 파산'이 동시에 나타나면서 경제가 걷잡을 수 없을 만큼 혼란에 빠질 가능성도 배제하기 어렵다. 더 문제가 되는 것은 1867조 원(2022년 3월 말 기준)에 달하는 가계부채가 파산하면 이는 2008년 미국의 서브프라임 금융위기 및 일본의 버블경제의 붕괴와 비슷한 경제환경과 구조, 그리고 진행 과정을 거칠 가능성도 있다.

다시 말해서, 향후 한국에서 나타나는 경제위기는 '3자 파산'에서 나타나는 경제위기인 만큼, 과거의 경제위기와 다르게 쉽게 처리 및 치료할 수 없는 '시스템적 불일치'에서 오는 문제까지도 포함하고 있다. 이는 곧 장기불황으로 이어질 수 있는 개연성을 충분히 내포하고 있다. 경제위기는 내적으로 휘발성이 강한 불안정한 경제적 요소들이 장기간에 걸쳐 지하실에 기화되어 있다가 그 자체의 제도적 및 구조적인 개선이나 변화가 없는 상태로 불안정한 경제적 요소들이 누적되는 것으로부터 시작된다. 즉, 어느 시점에 외적인 충격(예를 들어 금리인상)이 '방아쇠 역할'을 하면 불안정한 경제적 요소, 즉 가계부채와 기업부채, 그리고 금융기관 등의 경제주체들이 상호충돌 및 융합하면서 폭발력이 가중될 수 있다.

일부에서 한국경제는 통화 스왑과 같은 안전장치가 있어 과거와 같은 '외환위기'는 일어나지 않을 것이라고 말한다. 그러나 외화부족에 따른 '유동성 위기'는 발생하지 않는다 하더라도, 현재 중국경제의 구조적 경기침체가 나타나는 상황에서 한국의 수출 감소 및 경기침체라는 실물경제의 침체가 나타나고 있다. 그리고 이자를 지불하지 못하는 한계기업도 고금리와 경기침체의 상황이 지속되면 파산으로 이어질 것이다. 게다가 현재 우려했던 대로 부동산 가격의 하락은 건설부문의 부실을 유발하고 있다. 금리인상에 따른 실물경제의 침체가 진행 중에도 부채비율은 감소하지 않는데 자산가격이 급격히 하락함으로써 부채처리 능력이 감소하여, 기업 및 가계부문이 모두 신용불량에 빠질 것이다. 이는 전형적인 1990년대 일본의 상황이다. 일본의 경우, 이 같은 부채 문제를 처리하는 데만 약 10여년의 기간이 소요되었고, 그 결과는 가처분소득의 감소로 인해 장기불황의 단초가 되었음은 이미 밝힌바 있다.

이렇게 되면 시간이 흐를수록 건실한 기업마저 부실해지면서 불량채권의 급증을 초래할 수 있다. 곧이어 금융시장에서 부실채권이 급증하면서 은행부실에 따른 '시스템의 위기'로 전이되고, 기업과 가계의 도산은 실업을 증가시키면서 소득 및 생산감소, 투자감소로 이어지는 소위 '실물경제의 위기'로 나타난다. 현재는 안전자산이면서 우량 채권일지는 모르지만, 경제가 불황으로 급격하게 나빠지면 우량 금융고객도 일시에 불량 금융고객으로 변할 수 있고, 이 자체가 은행의 부실증가로 이어질 수 있다. 다시 말해서, 유동성위기 → 시스템위기 → 실물경제 위기라는 과정 중에서 유동성 위기의 과정을 건너뛰고, 바로 시스템 위기에서 실물경제 위기로 나타날 수 있다.

실제로 2023년부터 건설부문의 부실이 현실화되고 있다. 한 건설사는 시공능력 16위의 대형 건설사로, 방송사를 소유한 모태 기업이다. 이 건설사의 주택건설을 위한 PF대출은 약 3조 2000억 원에 이른다. 이 돈은 아파트·오피스를 지어 분양한 후 PF를 갚아야 하지만, 고금리와 공사비 급등, 그리고 주택시장의 불황 등으로 착공조차 못해 대출상환을 못하고 있다. 이 같은 부실 문제의 발현은 이제 시작에 불과하며, 시중에서는 건설관련 부실 문제가 2023년 총선이 끝나면 본격화할 것이라는 말이 돌고 있다. 한 대형 시행사는 "정부도 부동산 PF시장이 갑자기 경색되는 것을 우려해, 지금까지 PF정리를 미뤄두는 것에 암묵적으로 동의하고 있다"고 말했다고 한다. 그럼에도 불구하고, PF부실대출 위기는 1~2곳의 건설사뿐 아니라 건설업계 전반으로 퍼지고 있다. 이미 공사 자체를 하지 못해

PF를 연체하는 중소건설사들이 잇따르고 있다. PF부실대출 위기는 건설업계에 그치지 않고, 금융업 부실로 이어질 수밖에 없다. 이 때문에 PF가 현실적으로 '경제위기의 뇌관'이 될 것이라는 우려가 커지고 있다. 건설 및 시행사와 관련된 저축은행과 증권회사, 그리고 보험사 등의 금융부실이 현실화되고 있는 실정이다. 고금리와 부동산 경기의 침체가 장기화되면, 부채비율이 일정한 상태에서 자산가격의 상대적 하락은 건설관련 기업의 부채 부실을 더욱 가중시킬 것이다.

특히 2020년 이후 기업 및 가계, 자영업자들의 연체율은 심각한 수준이다. 코로나19 충격과 경기부진으로 금융기관 대출로 버텨온 자영업자들 가운데 원리금을 감당하지 못하는 사례도 속출하고 있다. 2022년 이후, 고금리, 고환율, 고물가, 저성장 등으로 채무 상환능력이 떨어지면서 취약 차주와 다중채무자를 중심으로 가계와 개인사업자 대출의 연체율이 상승하고 있다. 즉, 2023년 들어 연체율(1개월 이상 원리금 연체 기준) 상승 속도도 2022년보다 눈에 띄게 빨라졌다. 비은행 금융기관의 기업대출 연체율은 지난해 4분기 기준 2.24%로, 직전 분기(1.81%)보다 0.43%p 올라 2016년 1분기(2.44%) 이후 6년 9개월 만에 최고 기록을 세웠다([그림 12-8] 참조).

한편 2023년 1분기 기준 자영업자의 전체 금융기관 연체율은 1.00%로 집계됐는데, 2022년 4분기(0.65%)보다 0.35%포인트(p) 높다. 연체율 상승폭도 2022년 4분기(0.12%p)나 3분기(0.06%p)와 비교해 크게 뛰었다. 자영업자의 전체 금융권 연체율은 코로나 사태 직전 수준을 넘어서 무려 8년 만에 최고에 이르렀고 중·저소득층 자영업자의 연체율은 2%에 육박하고 있다. 특히 그동안 은행권 문턱을 넘지 못하고 저축은행 등 '2금융권'(비은행 금융기관)에서 대거 돈을 끌어 쓴 결과, 자영업자 연체율 역시 2금융권을 중심으로 뛰고 있다. 더구나 이런 '자영업자 대출 대규모 부실' 사태가 대출 만기연장·상환유예 등의 금융지원이 아직 끝나지 않은 상태에서 시작된 만큼, 앞으로 상황이 더욱 나빠질 것이라는 경고가 잇따르고 있다. 현재 자영업자의 전체 금융기관 대출 잔액은 1033조 7천억 원으로 사상 최대기록을 갈아치웠다.

그림 12-8 비은행 금융기관 기업대출 연체율

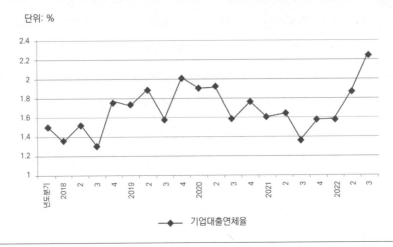

단위: %

자료: 연합신문 2023년 5월 22일에서 인용.
주: 저축은행, 상호신용금융, 보험사, 여신전문금융사 등 1개월 이상 원리금연체 기준

　둘째로 세계적으로 경제위기의 배양은 '미·중 무역마찰'이 '미·중 패권경쟁'으로 전이되어, 이 같은 마찰구조가 장기화 되면서 경제위기가 나타날 수도 있다. 2017년부터 미국에 대한 중국과 일본, 그리고 한국의 거대한 무역흑자는 미국의 불만을 가중시키고 있다. 특히 흥미로운 점은 미국과 중국의 무역마찰 문제가 과거 1985년 일본이 경험했던 무역마찰과 유사하며 그에 따른 대응조치도 결과적으로 유사하게 흘러가고 있다는 것이다. 다소 다른 것이 있다면, 중국이 일본과는 다르게 미국에 대해 강하게 반발하면서 무역전쟁에 임하는 것인데, 결국은 일본처럼 '내수 중심의 경제구조'로 전환하는 것 이외에 달리 방법이 없을 것이다.

　더욱 우려스러운 것은 현재 우크라이나－러시아의 전쟁과 이스라엘 중심의 중동지역 분쟁에 다른 미국과 유럽 지역의 재정지출 확대는, 미 연방은행의 금리인상에 따른 경제적 충격을 크게 상쇄하고 있다. 즉, 미국의 금리인상이 가져올 실물경제에서의 경제적 충격을 전쟁비용의 증가에 따른 각국의 재정지출확대가 불경기에서 공전의 경기회복으로 전환시켰다. 그러나 문제는 이들의 전쟁이

2024년 미국의 대통령 선거 후 종전으로 접어들 때부터 재정지출의 축소에 따라 세계적인 불경기를 초래할 가능성이 매우 높다. 특히 한국의 경우, 고금리에 따른 경기불황은 인플레이션이 억제되면 시간과 더불어 해결될 문제지만, 소비수요의 감소에 따른 실물경제의 침체는 정책수단이 마땅치 않은 것이 문제이다. 현재의 상황에서는 금리를 내리면 자산거품이 발생하고, 고금리를 유지하면 소비수요 감소로 나타나기 때문이다.

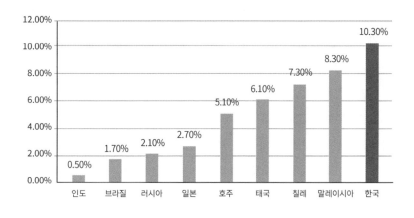

그림 12-9 국가별 GDP 대비 중국수출 비중

자료: 한국무역협회, 2017년도 자료.

사실 일본의 경우도 1980년대 전반기에 레이건 행정부의 거대한 재정 및 무역적자의 결과로 일본은 GDP 대비 3%를 넘는 무역흑자를 구현했다. 그 결과 일본은 미국으로부터 심각한 무역마찰을 초래했고, 결국 시장개방 압력에 굴복하여 '내수 중심의 경제체제'로 전환하는 과정에서 금리인하 조치와 더불어서 엔화가치 상승이라는 굴욕적인 미국의 요구를 받아들였다. 그 후유증이 바로 1990년부터 시작된 일본의 20년 장기불황이다. 즉, 미국에 의해 제공된 경기순환적 불황요인이 일본이 가지고 있던 구조적인 경제문제와 결합 및 융합되어 만들어진 『복합 불황』이 바로 일본의 20년 장기불황이라고 말할 수 있다. 따라서 한국경제도미·중 갈등과 지정학적 리스크가 쉽게 해소되지 않는 한 일본과 유사한 『복합 불황』으로 전이될 가능성이 높다.

실제로 2024년 현재, 미·중 패권경쟁의 과정에서 중국의 경기침체가 심화되고 있다. 미·중 패권경쟁 과정에서 중국 진출 외국기업의 중국 이탈은 중국기업 및 가계부문의 실업증가와 가계 및 기업부실을 초래하고 있다. 패권경쟁에 따른 중국의 경제적 충격은 중국의 수출의존도([그림 12-9])가 높은 한국경제에게 중국 수출이 줄어듦과 동시에 대기업 및 중소기업들의 매출이 급감하고, 이 과정에서 경기침체를 유발하고 있다. 특히 중국에 대한 반도체 수출이 급감하면서, 반도체 관련 산업뿐만 아니라, 수출 소득에 의한 내수산업에까지 영향을 주고 있다.

2017년 한국의 GDP 대비 중국에 대한 수출비중은 10.3%에서 2021년에는 8.3%로 크게 줄어들었다. 심지어 그 대부분이 반도체 관련 산업의 수출 비중이 크게 줄어든 탓이다. 2023년 한국개발연구원(KDI)에 따르면, 반도체 수출물량이 10% 줄어들면 국내총생산(GDP)이 0.78% 감소한다고 분석했다. 여기에 반도체 가격이 20% 하락하면 GDP는 0.93% 하락할 것으로 예상됐다. 또한 반도체 수출 물량의 감소는 민간소비와 투자에도 부정적인 영향을 미친다는 것이다. 반도체 불황이 수출에 이어 고용시장까지 얼어붙게 만들고 있다. 즉, 취업자 수는 수출이 호조를 보이는 자동차산업에서는 증가했으나, 반도체 불황으로 전자부품, 컴퓨터, 영상 등에서 감소했다. 통계청에 따르면 "앞으로 수출과 관련된 부분이, 반도체 관련된 수출 부분이 개선되지 않은 상황이라면 아마 제조업 취업자 부분에 대한 전환은 쉽지 않을 것"이라고 설명했다. 그만큼 한국경제에서 반도체 산업이 차지하는 경제적 위상은 상상을 초월한다.

한편 미·중 갈등 등 지정학적 리스크가 커지면서 중국의 리오프닝(경제활동 재개) 효과를 기대하기 어려워질 수 있다는 우려에 고용시장 한파가 장기화할 수 있다. 지금 한국의 반도체 경기는 글로벌 금융위기 때와 같은 정도로 심각하게 부진한 상황이다. 즉, 한국의 반도체 경기는 2001년도에 IT버블 붕괴, 2008년도 글로벌 금융위기와 같은 정도로 아주 심각한 상황이다. 이 같은 상황은 과거와 같은 반도체 경기순환과는 다른 양상을 보일 가능성이 커서, 미·중 산업경쟁과 패권경쟁의 해소 없이는 반도체 수요의 회복 시기를 가늠할 수 없다. 또한 중국 경제의 회복 여부도 불투명한 상태로서 향후 불확실성은 과거에 비해 상당히 커졌다. 즉, 반도체 경기회복이 더디게 진행될 가능성이 있어, 그만큼 한국경제의 단기 성장전망은 성장률을 더 낮추는 쪽으로 움직일 수밖에 없다.

또한 미국 달러에 대한 한국의 원화가치 상승이 일본의 엔화가치 상승에 비해 상대적으로 더 높게 나타나는 현상(원高)이 나타날 때 한국경제는 위기에 직면할 수도 있다. 한국의 수출 산업이 대부분 일본의 수출산업과 경쟁관계에 있기 때문에 일본 엔화에 비교해서 원화가치의 상대적 상승은 한국의 수출감소 및 무역적자로 나타날 수 있기 때문이다. 1997년과 2007년 경제위기 전에도 일본 엔화가치에 대한 원화가치의 상대적인 고평가가 한국의 수출감소로 이어졌고, 급기야 경제위기로 나타났기 때문이다. 실제로 2022년 한국의 무역수지 적자가 472억 달러(약 60조 원)였다.

한편 생산인구의 급격한 감소 시기가 외적인 충격에 의한 경기불황과 겹칠 때의 문제이다. 2020년부터 본격화되고 있는 대학 진학인구의 감소와 생산가능 인구의 격감, 그리고 인구 노령화의 진행은 한국 정부의 재정부담을 가중시킬 수 있다. 학력인구의 감소와 노령인구의 증가는 재정지출의 증가를 유발함과 동시에 내수를 침체시키면서 곧바로 학원, 문구류, 의류, 식당, 숙박업, 운수업 등의 내수 중심의 중소기업에 경제적인 타격을 크게 주게 될 것이다. 즉, 중소기업의 파산은 단순히 실업증가 및 소득감소의 요인으로 작용하지만, 가계경제의 붕괴가 가져오는 충격은 소비감소에 더하여 생산감소를 유발해 국내경제를 더욱 더 수출 편향적구조로 만들어 가게 된다. 또한 수출편향적인 경제구조는 극단적인 경상수지 흑자를 유발해 상대국으로부터 시장개방 압력과 더불어 원화가치의 상승 압력을 받게 된다. 수출편향적인 경제구조는 환율에 부정적인 영향을 주어 한국경제를 더욱 더 대외의존적인 경제구조로 왜곡·심화시킨다. 따라서 이 구조를 유지하기 위해서는 일본과 같은 저임금구조를 만들게 된다. 이에 따라 상대국으로부터 무역보복 및 환율조정 압박을 강하게 받게 되어 경제정책에 대한 운신의 폭이 더욱 좁아지게 된다.

또한 한국 가계경제의 붕괴는 필연적으로 빈부의 격차를 심화시켜 극단적인 정치변화를 초래할 가능성도 내재하면서, 체제적으로는 반(半)사회주의적 성향의 강화로 이어져 재정지출의 요구가 강화되고, 장기적으로는 재정부실까지 초래될 수도 있다. 그야말로 소비지출 감소에 따른 불황에 더하여 재정부실까지 가지고 있는 현재의 남부 유럽 및 일본경제 바로 그 모습일 수도 있다. 경제 불황에 따른 소득감소는 더 나아가 출생인구 감소 및 노령인구 급증으로 이어지고, 생산인구 감소와 더불어 학력인구 감소에 따라 사학의 붕괴는 사회·경제 전체에 또 다른 위기를 만들어 낼 수도 있다.

그림 12-10 한국 경제의 위기구조 및 가상 경로

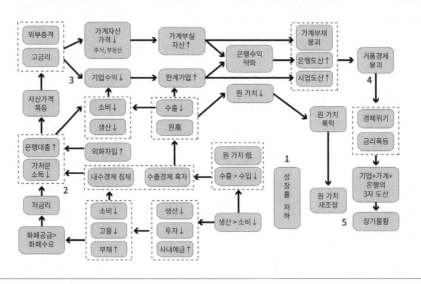

자료: 저자 작성.

지금까지의 논의된 내용을 간단히 정리한 것이 [그림 12－10] 경로도이다. 이 그림을 통해 설명해 보면, 위기의 전제조건, 즉 휘발성이 강한 위기적 요인들이 ①~③의 과정에서 생성 및 수렴되어야 하고, 뒤이어 외부적인 충격이 발생해야 한다. 그 외부적인 충격이 예를 들어 미국의 금리인상, 혹은 기타 무역 분쟁에 따른 원화가치의 급격한 변동일 수도 있다. 만약 한국의 경우 원화가치의 급격한 상승이 발생한다면 이는 수출 감소 및 무역적자를 유발하고, 이를 자본수지로 메우기 위한 금리인상은 가계부문에 충격을 주어 한국 경제가 흔들리게 된다. 혹은 다른 이유로 인해 중국의 환율이 하락하거나 금리가 인상된다면 중국의 부실기업 및 부동산시장이 붕괴되고 '그림자금융(Shadow Banking System)'[4]이 붕괴되면서 중국의 거품경제가 무너질 수 있다. 이는 곧바로 한국경제에 외적인 충격으로 작용하여 한국경제에 악영향을 주게 된다. 이처럼 한국경제에서 외적인 충격, 즉 미국과 중국의 무역분쟁이나 미국의 금리인상 혹은 환율의 급격한 변화와 같은 경제적인 요인은 우리가 어떻게 통제할 수 있는 변수가 아니다. 다만 이 같은 외적인 충격이 왔을 때 이를 내적인 경제요인들이 얼마만큼 완충적인 역할을 할수 있는가에 따라 경제위기의 크기 및 심화의 정도는 달라질 것이다.

글을 마치며

현재 중국의 무역흑자 규모는 과거 일본의 무역흑자 규모와 비교해 볼 때 절대금액에서는 일본을 크게 앞서고, GDP 대비로 보면 1985년 직전의 일본과 비슷한 규모이다. 즉, 미국은 무역상대국이 일정수준 이상으로 무역수지 흑자가 과대해지면 반드시 이를 수정하기 위하여 '강력한' 정치·경제적인 압력을 행사하였다. 그 결과 미국의 위치는 국제정치적으로 더욱 견고해지면서 동시에 세계경제 질서는 다시금 '미국 중심의 세계체제'로 회귀하는 경향을 보여 왔다. 그런 측면에서, 일본은 미국에게 외형적으로 자연스럽게 굴복했다고 한다면, 중국은 자신들의 중화부심(中華浮心)과 시장규모를 토대로 미국에 대항하고 있다. 결국에는 시장개방과 '내수 중심의 경제체제'로 전환할 수밖에 없을 것이다. 그러나 장기적

---

4) 그림자금융(Shadow Banking System)은 금융시장 일반적인 은행 시스템 밖에서 이루어지는 신용중개 혹은 신용중개기관을 통칭하여 일컫는 말이다.

으로 중국경제 자체의 사회경제적 모순과 사회자원의 한계 노출에 따라, 중국의 선택은 체제 위기를 초래할 것이냐, 아니면 '미국 중심의 세계체제'에 순응할 것이냐의 기로에 놓여있다고 하겠다.

다시 말해서, 미국 수출시장을 대체할 수 있는 것은 오직 중국 자체의 소비증가 이외에 다른 방법이 없을 것이고, 결국에는 일본과 같은 순환적 불황과 구조적 불황이 결합된 중국의 '복합불황'이 발생할 수 있다. 그것은 곧바로 한국경제에 또 다른 경제문제로 나타날 가능성이 크다. 중국에 대한 한국의 수출 비중이 일본에 대한 한국의 수출 비중보다 훨씬 크기 때문이다. 즉, 미국의 금리인상과 더불어 발생하는 최근의 미국과 중국의 '무역전쟁과 패권경쟁'은 한국경제에 검은 그림자를 드리우는 가장 큰 요소라고 하겠다. 더욱이 미·중 패권경쟁은 최근 들어 더욱 격화되는 경향뿐만 아니라, 단기간에 종결될 것 같지도 않은 상황이라 한국경제의 미래는 더욱 불투명해질 수밖에 없다. 게다가 단기간에 중국시장을 대체할 만한 나라도 마땅히 없다는 것이 더욱 문제이다.

한편 앞서 언급했지만, 한국경제의 미래를 재구축하려면 무엇보다도 저출산 문제를 해결해야 한다. 이런 저런 요인들이 다 저출산에 영향을 미치겠지만, 한국, 일본, 중국, 대만, 이들 동아시아 국가들만 보아도 부동산 가격상승 및 물가 폭등이 얼마나 출산율에 큰 영향을 미치는지는 쉽게 알 수 있다. 이들 4개국의 특징은 하나 같이 2016년을 전후하여 출생률이 급격히 하락했다는 점이고, 다른 하나는 모든 나라들이 부동산 가격이 하락하던 시기에 출생률은 증가했다. 마지막으로 임금격차가 작을수록, 그리고 대학진학율[5]이 낮을수록 청년실업율이 낮았고, 그만큼 출생률은 반대로 높았다는 점이다. 따라서 한국경제의 안정적 성장을 도모하기 위해서라도 조속히 사회적 합의를 통해 대기업과 중소기업 간의 임금격차를 해소해 한다. 이를 해결하지 못하면 가처분소득의 감소와 부동산 부채에 발목 잡힌 민간소비는 살아날 수도 없고, 저출산 문제도 해결할 수 없다.

마지막으로 부동산 가격과 소비자물가 안정을 위해 정부와 금융당국, 그리고

---

5) 2020년 기준 일본의 대학진학율은 56%, 한국은 75%, 중국은 85%, 대만은 86%였다.

정치권은 주택공급의 논의 이상으로 재정 및 금융완화정책에 대해 신중한 정책 운영이 필요하다. 단기간의 정치적 업적 달성을 위해 무분별한 통화량 증가나, 선심성 재정확대정책에 대해 진중하게 임하지 않으면, 그 피해는 결국 부동산 가격과 물가폭등으로 이어져 저출산 및 산업경쟁력 저하로 나타난다. 결국에는 부동산의 존부 여부와 임금격차에서 나타나는 상대적 빈부격차의 심화가 반(反)자본주의 성향의 강화로 이어져 체제 위협과 같은 결과로 나타나, 국가위기로 이어질 수 있다는 점을 다시금 강조하고 싶다.

참고문헌
(한국문헌은 가나다순, 외국문헌은 ABC순)

【한국 자료】

- 企業銀行(1992), 『韓国의 中小企業』中小企業調査部.

- 김수근·문유식·부광식 편(1991), 『한국경제론-당면쟁점 중심-』軽世院.

- 金 錫淡(1990), 『朝鮮経済史의 探究』ビォウ社.

- 金 日坤(1992), 『韓国経済発展論』, 貿易経営社.

- 김 일식(2006), 「동아시아경제구조의 차이(相異)와 통화위기에 관한 연구」『국제통상연구』, 제11권 제2호 9월.

- 김 일식(2013), 「한국과 대만에서의 경제구조의 형성과 고용구조 분석」『한국무역보험학』.

- 강 명훈(1996), 『재벌과 한국 경제』, 나남출판사.

- 権 丙卓(1982), 『韓国経済史』, 博英社.

- 곡 민호(1995), 『東アジア新興工業国의 政治制度와 経済成功』, 全南大学校出 版部.

- 경제기획원 調査統計局(1980), 『韓国統計年鑑』.

- 경제기획원(1986), 『한국 경제지표』.

- 대만경제연구소(1998), 『대만총람』의 일본자료.

- 대만연구소(2000), 『대만총람』의 일본 자료.

- 대외경제정책 연구원(2018), 『한중경제포럼』5, 2016년 12월 8일. 2.

- 대한상공회의소(1988), 『한국 경제 20년의 회고와 반성』.

- 宋 丙楽(1999), 『韓國経済論』, 博英社 제3판.

- 安 忠榮(2001), 『現代韓國·東아시아 經濟論』, 博英社.

- 吳 明鍋(1999), 『韓國現代政治史의 理解』, 올무도서출판사.

- 이 근영(2003), 「주가와 환율의 동태분석: 아시아 국가들의 경우」, 『국제경제연구』, 제 12권, 제9호(3).

- 이내영(1987), 『한국 경제의 관점』, 백산서당.

- 李 鎭勉(1997), 『원화의 실질실효환율의 再檢討』, 韓國開發研究院.

- 李 鍾和(2000), 『金融部門의非效率性과金融危機』, 韓國金融研究院.

- 이 한구(1999), 『한국의 재벌 형성사』, 比峰出版社.

- 李 憲昶(1999), 『한국 경제통사』, 法文社.

- 林 元澤 외7인(1992), 『韓国経済の理解』比降出版社.

- 우 영수(1996), 『韓国大企業集団의 内部取引行為와 競争政策』 対外経済政策 研究院.

- 吳 正根(2001), 『金融危機과 金融通貨政策』, 茶山出版社.

- 유 정호(2006), 『한국 경제포럼』 제2집.

- 연합신문 2023년.

- 張 源昌(2000), 『資本統制가 金融變數에 미치는 影響—태국·말레시아의 事例研究』, 韓國金融研究院.

- 정 동현·조 준현(1999), 『동아시아 경제발전론』, 世宗出版社.

- 趙潤濟·김종섭(1998), 『韓國과 멕시코의 通貨·經濟危機의 示唆点과 構造調整의 課題』, 對外經濟政策研究院.

- 中小企業庁(1994), 『中小企業関連統計』 中小企業庁.

- 한국비교경제학회(1999), 『아시아적 경제발전은 가능한가』, 博英社.

- 허수열(2005), 『개발 없는 개발—일제하, 조선경제 개발의 현상과 본질』, 은행나무.

- 한국무역협회, 2016년 4월과 2018년 1월의 자료.

- 한국은행(2023.6), 「금융안정보고서」.

- 한국은행(1997), 『기업경영분석』. — (2004), 『기업경영분석』.

- 한국 증권거래소(2004), 『증권통계연보』.

- 한국 전자통신협회(2017), 「보고서」.

- 한국 통계청(2000), 『한국 통계연감』. — 통계청(2022), 『한국 통계연감』. — 통계청(2001), 『국제통계연감』.

- 최상오(2003), 「이승만 정부의 수입대체공업화와 한·미간 갈등」 『사회연구』 한국사회조사연구소.

- IBK증권투자(2016), 『IBK증권투자 보고서』.

- KDB 대우증권 리서치센터(2017), 『KDB 투자 보고서』.

【영문 자료】

- Ahn C Y., K. T. Hong and S. W. Kim(1992).

- Asia Development Bank(1998, 2000), Economic indicators of Asia and Pacific countries.

- Akamatsu, Kaname.(1962), "A Historical Pattern of Economic Growth in Developing Countries," The Developing Economies, Preliminary Issue, No.1.

- B. Bluestone(1988), The Great U−Turn: An Inquiry into Recent U.S. Trends in Employment, Earning, and Family Income. 札幌 米国研究セミナー.

- Bloomberg(2020), SFGI.

- BBC NEW 코리아 2020.

- Bruch, M.& Hiemenz, U.(1984), Small−And Medium−scale Industriesin The ASEAN Countries : Agents or victims of Economic Development？, Westview Press.

- Circular Economy Indicators Coalition(CEIC, 일본).

- Counsil for Economic Planning and Development, Taiwan statistics Data Book, Various issues.

- Cummings, B., (1984), "The origins and Development of the Northeast Asian Political Economy: Industrial Sectors, Product Cycles, and Political Consequences", International Organization, Vol.38, no.1.

- Deyo, Frederic C.(1987), The Political Economy of the New Asian Industrialism, Cornel University Press.

- Eatwell, John and Lance Taylor.(2000), Global Finance at Risk, The New Press(岩武和・伊豆久譯(2001), 『金融グロ・バル化危機』, 岩波書店).

- EU(2023), European Commission, Eurostat.

- Fomio Hayashi.(1982), "Tobin's Marginal q and Average q: A Neoclassical

Aapproach", Econometrica Vol 50.

• Friedman, D.(1988), The Misunderstood Miracle, Cornell University Press (丸山恵也 監訳『誤解された日本の奇跡』ミネルヴァ書房, 1992年).

• Haggard, S., Pathway from the Periphery : The Politics of Growth in the Newly Industrializing Countries, Ithaca, Cornell University Press.

• Harry T. Oshima(1987), Economic Growth in Monsoon: A comparative Survey, University of Tokyo Press, Japan(渡辺・小浜訳, モンスーンアジアの経済発展, p.211).

• Hoa, Tran van and Harvie, Charles.(2000). The Causes and Impact of the Asian Financial Crisis , Macmillan Press.

• Hong Kong's South China Morning Post, September 21, 1997.

• Hong Wontack(1979)Trade, Distortions and Employment Growth in Korea, Korea Development Institute.

• House of Representatives(2017), The 2017 Joint Economic Report: Report of the Joint Economic Committee, Congress of the United States on the 2017 Economic Report of the President together with Minority Views, February 2.

• IMF.(1998), World Economics Outlook.

• IMF.(2000), International Financial Statistics Yearbook.

• IMF.(2022), International Financial Statistics Yearbook.

• Jomo, K. S., (1998), "Malaysia: fromMiracle to Debacle" in Jomo K. S., ed., Tigers in Trouble: Financial Governance, Liberalization and Crisis in East Asia, ZED Books Ltd, London and New York.

• Kang, T . W . 『IS KOREA THE NEXT JAPAN？』(竹内　弘訳(1990)『韓国, 日本を終えられるか』TBSブリタニカ).

• Koo hagen(1987), "The Interplay of State, Social class, and World system in East Asian Development: The cases of South korea and Taiwan.

• Kristin Mckenna(2022.4), Darrow Wealth Management.

• Krugman Paul.(1999), The Return of Depression Economics, W.W. Norton(三上　義一譯(1999), 『世界大不況への警告』, 早川書房).

• Li Kuo－Ting(1988), The Evolution of Policy Behind Taiwan's Development Success, New Haven, Yale University Press.

- Maddison, A.(1982), Phases of Capitalist Development, Oxford University(関 西大学 西洋経済史研究会訳『経済発展の新しい見方』嵯峨野書院, 1988年).

- Malaysia(1998), Prime Minister's Office, Economic Planning Unit, National Economic Recovery Plan: Agenda for Action, pp. 14~16.

- Mullineux, A.W.(1986)The Business Cycle after KEYNES, Harvester Wheat sheaf (小島 照男訳『ケインズ以後の景気循環論』多賀出版, 1992年).

- Nurkse Ragnar, Problems of Capital Formationin Underdeveloped Countries, Basil Blackwel and Mott Ltd., Oxford, 1953.(土屋六郎訳(1977)『後進 諸国の資本形成』 厳松堂出版社).

- Norman, Flynn.(1999), Miracle to Meltdown in Asia: Business, Government, and Society, Oxford University Press.

- OECD(1990) Historical Statistics .

- OECD(2016), 「http://stats.oecd.org/, Economic Outlook No 100 – November 2016_GDP growth」, 12.

- OECD(2015), 「OECD Economic Outlook」.

- OECD (1994)The OECD Jobs Study : Facts, Analysis, Strategies, Paris(島田晴雄監訳 『先進諸国の雇用・失業 – OECD研究報告』日本労働研究機構, 1994年).

- Ominami, C.(1986) LeTiersMondeMansLaCrise, Edition la Decouverte, Paris(奥村和 久訳『第三世界のレギュラシオン理論 – 世界経済と南北問題』大村書房, 1991年).

- OSADA, H.and HIRATSUKA, D.(1991), Business Cycles in ASIA, Institute of Developing Economies.

- P.バーガ – ・B.バーガ – ・H . ケルナ – 高山 真知子訳(1988), 『故郷喪失者たち – 近代 化と日常意識 – 』新曜社.

- P.クル – グマン他, 竹下 興喜訳(1995)『アジア成功への課題 – 「フォ – リン・アフェ ア – ズ」』中央公論社.

- Peter G. Peterson Foundation, 2021.

- Rabushka, The New China: Comparative Economic Development in Main China, Taiwan, and Hong Kong, 1987, p224.

- Ranis, G., (1979), "Industrial Development," Galenson, W.ed., Economic Growth and Structural Change in Taiwan, Ithaca, Cornell Univ. Press.

- R.ボワイエ(1992)清水 耕一編訳『レギュラシオン – 成長と危機の経済学 – 』ミネル

ヴァ書房.

- Schumpeter, J.(1950)Capitalism, SocialismandDemocracy, The President and Fellows Harverd College(中山 伊知郎、東 畑清一 訳『資本主義, 社会主義, 民主主義』上・中・下, 東洋経済新報社, 1991年).

- Seligson, M. A. & Passe－Smith, J.(1993) Development and Under Development: The Political Economy of Inequality, Lynne Rienner Publishers.

- Semiconductor Industry Association(2022), Global Semiconductor Sales Increase 23% in Q1 2022 Compared to Q1, Friday, Apr 29.

- Taiwan Stock Exchange Corporation.(2004), Taiwan Stock Exchange.

- The World Bank.(2000), East Asia : Recovery and Beyond, No.5.

- The World Bank.(1998), Global Development Finance.

- Todaro, M.(1992) Economics for a Developing World, Longman Group UK Limited.

- Transmitted to the Congress , The state of small business: A Report of the President各年度版(中小企業事業公団訳『アメリカ中小企業白書』同友館, 各年版).

- United Nations(1981), Statistics Yearbook.

  －－－－－－－－－ (1987), Statistics Yearbook.

  －－－－－－－－－ (2022), Statistics Yearbook.

- United Nations(1993), Statistics Year book for ASIA and the Pacific.

- U.S. (2022), Bureau of Labor statistics.

- U.S Department of commerce(1978, 2022), business Statistics.

- U.S Department of Labor Bureau of Labor Statistics(1989), Handbook of Labor Statistics.

- U.S.(2022), Fed of St. Louis, Department of the Treasury.

- U.S. Government Publishing Office(1988), Economic Report of the President 1988.

- United Nations・New York.(2000), World Economic And Social Survey.

- United States Department of Commerce(1982), Survey of Current Business, Jan.1982.

- Wade, Robert.(1990), Governing the Market : Economic Theory and the Role of Government in East Asian Industrialization, Princeton University Press(長尾伸一

ほか譯(2000),『東アジア資本主義の政治經濟學』, 同文館).

- Weeks, J.(1989), Acritique of Neoclassical Macroeconomics, Macmillan Press Limited, UK(山本 一巳、岡本 郁子修訳『新古典派マクロ経済学批判』御茶の水書房, 1996年).

- Wilkinson, R. G.(1973)Poverty and Progress: An ecological model of economic development, Methuen &Co.Ltd, 1973(斉藤修訳『経済発展の生態学』リブロポート社, 1985年).

- Wade, R(1990), Governing the market : Economic Theory and the Role of Government in East Asian Industrialization, Princeton, Princeton University Press.

- World Bank(2014), World Development Indicators.

- World Bank(2014), Commodity Price Data Outlook.

【일본어 자료】

(A)

- 赤松要(1945),『經濟新秩序の形成原理』理想社.

- 赤松要(1965),『世界經濟論』國元書房.

- 上野剛志(2023),『まるわかり'實質實効為替れレ-ト'』ニッセイ基礎研究所.

- 上海易居房地産研究院(2013),「全国35大中都市住宅総価格対世帯所得比報告書」

- 秋山喜文(1995),『日本経済論』九州大学出版会.

- 青木 健(1998),『マレーシア経済入門』日本評論社.

- 青木健・馬田啓一編(2000),『ポスト通貨危機の經濟學ーアジアの新しい經濟秩 序』勁草書房.

- 朝元 照雄(1999),『現代台湾経済分析』勁草書房.

- 朝元照雄・雄劉文甫(2001), 『台湾の経済開発政策ー経済発展と政府の役割ー』 Keiso shobo社..

- 有田 辰男(1997),『中小企業理論ー歴史・理論・政策ー』, 新評論.

- 今井賢一・小宮隆太郎(1993),『日本の企業』東京大学出版会.

- 岩田規久男(1992,)「景気後退・株価暴落の原因：日本銀行理論をやめる」週間東洋経済.

- 岩田規久男篇著(2000),『金融政策の論点：檢證・ゼロ金利政策』東洋経済新報社.

- 岩田・浜田(2009),「実質実効レートと失われた10年」『季刊政策分析』4巻−1.

- 市川眞一(2022),「内部留保で賃金は払えるのか？」ピクタ・ジャパン.

- 今岡日出紀「韓国・台湾の工業発展−複線型成長パターン−」今岡日出紀編(1985)『中進国の工業発展』アジア経済研究所.

- 石川経夫編(1994),『日本の所.と富の分配』東京大学出版会.

- 石田浩(1999),『台湾経済の構造と展開−台湾は'開發獨裁'モデルか−』大月書店.

- 伊藤修(1996),「東アジアの経済発展と日本の経験−世銀レポートThe East Asian Miracle をめぐて」神奈川大学経済学会『商経論叢』第31巻 第4号.

- 伊藤史郎・八田 英二編著(1994),『実証日本経済−現在, 過去, 未来−』晃洋書房.

- 岩下有司(1994),『景気循環の経済学』勁草書房.

- 上川・新岡・増田 編(2000),『通貨危機の政治経濟學−21世紀システムの 展望−』日本経濟評論社.

- 梅原直樹(2022.5),「不動産を中心とする中国政府の政策動向とリスク評価」国際通貨研究所.

- 内田勝敏(1994),『国際化のなかの日本経済』ミネルヴァ書房.

- 上田宗次郎(1974),『現代資本主義と中小企業経営』新評論.

- 園田 哲男(2015),『戦後台湾経済の実証的研究』, 八千代出版.

- 大林 弘道(1975)「海外投資と中小企業の問題」『三田学会雑誌, 68巻1, 2号』.

- 大川 一司・小浜 裕久(1993),『経済発展論−日本の経験と発展途上国−』東洋経済新報社.

- 小川一夫・北坂真一(1998),『資産市場と景気変動』日本経済新報社, p.71.

- 奥村茂次(1988),『現代世界経済と資本輸出』ミネルヴァ書房.

- 岡本英男(2013),「失われた20年と財政金融政策」東京大学会誌,第279.

- 大森健吾(2020),「目で見るアベノミクスの成果と課題」国立国会図書館財政金融課.

(K)

- 片岡剛士(2013),『アベノミクスのゆくえ』光文社.

- 片桐正俊(2018),「オバマ政権の経済再生・財政健全化・経済格差縮小政策の成果と課題」

『経済学論集』第58－3，4号,中央大学.

• 加藤 秀樹(1996),『アジア各國經濟社會システム－インドネシア，韓國，タイ，中國－』 東洋經濟新報社.

• 関辰一(2022),「中国の不良債権問題－金融危機を回避できるか－日本のバブル期を想起」 nipon.com.

• 国土交通省(2021),『地価公示』.

• 金森 久雄編(1996),『ケインズは本当に死んだのか』東洋経済新報社.

• 梶原 弘和(1995),『アジアの発展戦略－工業化波及と地域経済圏』東洋経済新報社.

• 梶原弘和(1999),『アジア発展の構図』東洋經濟新報社.

• 金 日植(1995),「日本における産業構造の転換と海外生産に関する研究」神奈川大学大学 院経済研究科『研究論集』第25号.

• 金日植(1995),『アジア経済発展の限界と危機構造の検証－アジア経済発展と中小企業 の役割－』Leders Note社.

• 鞠重稿(2023),「日本経済はなぜ低迷し続けるのか」平和政策研究所.

• 熊野英生(2022),「弱い消費支出の'からくり'」『Economic Trends』第一生命経済研 究所.

• 経済企画庁(1991, 94, 96, 97),『経済白書』大蔵省.

• 経済企画庁(1989),『国民経済計算年報』.

• 厚生省(2022),「令和2年 賃金構造基本統計調査」.

• 栗原 源太(1989),『日本資本主義の二重構造』御茶の水書房.

• 河野 龍太郎(2010),『BNPパリバ証券』東洋經濟新報社.

• 小林 英夫(1991),『戦後日本資本主義と「東アジア経済圏」』御茶の水書房.

• 合衆国商務省センサス局編,『現代アメリカデータ総覧』原書房, 1989, 1994年版.

• 小林 伸(1995),『台湾経済入門』日本評論社.

(S)

• 坂井・小島(1989),『香港・台湾の経済変動－成長と循環の分析－』アジア経済研究所.

• 産経新聞(日本), 2016.6.27.

• 斉藤光雄(1993),『国民経済統計』創文社.

- サクラ綜合研究所環太平洋研究センター(1999),『アジアの經濟發展と中小企業』, 日本評論社.

- 下平尾 勲(1995),『円高と金融自由化の経済学』新評論.

- 篠原 三代平(1994),『戦後50年の景気循環』日本経済新聞社.

- 鈴木多加史(1992),『日本経済分析』東洋経済新報社.

- 末廣 昭(2000),『キャッチアップ型工業化論』, 名古屋大學出版會.

- ジェトロ開発問題研究会編(1991),『アジア産業革命の時代』日本貿易振興.

- 總務省(2023)『家計調査』.

(T)

- 高木保興・猪木武徳(1993),『アジアの発展構造-ASEAN・NIES・日本』, 同文館.

- 高田 亮爾(1995),『現代中小企業の構造分析-雇用変動と新たな二重構造』新評論.

- 高木 保興(1994),『開発経済学』有斐閣.

- 第一生命経済研究所(2022.4.21),「2022年度総株主還元(自社株買い＋配当)は過去最高の見込み」.

- 瀧井・福島(1995),『アジア通貨危機-東アジアの動向と展望』文眞堂.

- 東京 미쓰미시 銀行調査部(1999),『アジア 經濟金融の再生』東洋經濟新報社.

- 東洋経済新報社編(1991),『完結 昭和国勢総覧』東洋経済新報社.

- 冨岡 倍雄(1995),「機械制工業世界の成立」冨岡 倍雄・中村 平八編『近代世界の歴史像』世界書院.

- 寺西重郎(1995),『經濟開發と途上國債』, 東京大學出版會.

- 辻 忠夫(1995),『世界市場と長期波動』お茶の水書房.

- 通商産業省(1985),『主要産業設備投資計画』.

(M)

- 松永宣明(1996),『経済発展と企業発展』勁草書房.

- 前原正美・前原鮎美(2023),「プラザ合議以後の日本経済の推移と岸田政権の課題」東洋学園大学報.

- 丸屋豊二郎編(2000),『アジア國際分業再編と外國直接投資の役割』, アジア經濟研究所.

- 南亮進(1992),『日本の経済発展(第2版)』東洋経済新報社.

- 南亮進(1990),『中国経済論)』,東洋経済新報社.

- 三井逸友(1991),『現代経済と中小企業』青木書店.

- 三井賢一(1993),『経済統計論』有斐閣.

- 三木敏夫(1999),『アジア經濟危機を讀み解く－雁は飛んでいるか』,日本經濟評論社.

- 三木敏夫(2005),『ASEAN先進経済論序説－マレーシア先進国への道－』,現代図書.

- 宮沢健一(1989),『産業の経済学』東洋経済新報社.

- 溝口梅行・松田芳郎(1996),『アジアにおける所得分配と貧困率の分析』多賀出版.

- 森 一夫(1997),『日本の景気サイクル』東洋経済新報社.

- 森口親司(1988),『日本経済論』創文社.

- 森野勝好・西口 清勝(1994),『開発途上国経済論』ミネルヴァ書房.

- 本山美彦(1995),『開発論のフロンティア』同文館.

(N)

- 中村隆英(1993),『日本経済－その成長と構造(第3版)』東京大学出版会.

- 中谷巌(1990),『入門マクロ経済学』東洋経済新報社.

- 西口清勝・西澤信善編(2000),『東アジア經濟と日本』,ミネルヴァ書房.

- 日本経済新報社(2020),『日経平均資料』.

- 日本貿易振興会(1992),『NIES, ASEANの持続的成長』日本貿易振興会.

- 日本銀行調査統計局(19, 86, 87, 96),『国際比較統計』日本銀行.

- 日本銀行調査統計局(1996),『経済統計年報』日本銀行.

- 日本統計庁(198, 1995),『経済統計年報』.

- 西川潤(1992),『経済発展の理論』日本評論社.

- 西川俊作(1996),『日本経済の成長史』東洋経済新報社.

- 日本政策総研(2023.9.4),「経済構造とアナログ規制改革のインパクト」.

- NRI(2023.8.8),「中国経済は日本化するか？(上)：ダブル・デフレと深刻なディレバ
  レッジ (資産圧縮)のリスク」『静かなる危機』.

- Net IB－News(2023),「覇権国、米国国益遂行の手段為替レート」武者リサーチ

(H)

- 萩原伸次郎(2021),「トランプ政権とアメリカ経済」『立命館経済学』立命館大学.

- 浜田宏一(2000),「ゼロ金利下の金融政策にも経済回生の手段あり」『週間東洋経済』
  2000年3月11日.

- 速佑次郎(1996),『開発経済学』創文社.

- 服部民夫・佐藤幸人編(1996),『韓國・台灣の發展メカニズム』, アジア經濟研究所.

- 梶原宏和(1999),『アジア發展の構圖』, 日本.濟評論社.

- 平川均・朴一編(1994),『アジアNIES―転換期の韓国・台湾・シンガポール現代台湾 経
  済分析』, 世界思想社.

- 平川均(1992),『NIES―世界システムと開発―』同文館.

- 平野泰郎(1996),『日本的制度と経済成長』藤原書店.

- 隅谷三喜男編(1992),『台湾の経済―典型NIESの光と影―』, 東京大学出版社..

- 東洋経済新報社(1992),「戦後中小企業問題7新展開」『日本經濟年報』昭和23 年第3集.

- 東洋經濟新報社編 (1980),『昭和國勢統監―』, 上巻, 東洋經濟新報社, ―1980年,

- 植田 浩史(1987),「戦時統制経済"下請制の展開」『年報・近代日本研究』戦時 経済, 山川
  出版社.

- 宮城和宏(2003),『経済発展と技術軌道―台湾経済の進化過程とイノベ―ション―』創成社.

- 台湾研究所(2000),『台湾総覧』.

- 中小企業庁(1975, 84, 87, 95),『中小企業白書』大蔵省.

- 中小企業事業団訳編(1993),『アメリカ中小企業白書』同文館.

(Y)

- 柳田義章(1994),『労働生産性の国際比較と商品貿易および海外直接投資』文眞堂.

- 柳原透譯(2000),『東アジア再生への途』東洋経済新報社.

- 横溝夫・日興リサ―チセンタ―編(1991),『景気循環で読む日本経済』日本経済新聞社.

- 吉村 真子(1998),『マレーシアの経済発展と労働力構造』法政大学出版.

- 吉元字楽(2015),「アベノミクスによる円安と輸出企業への影響」エコのミア第66―2.

- 渡辺利夫(1991),『成長のアジア停滞のアジア』東洋経済新報社.

- 渡辺・小浜訳(1991),『モンス―ンアジアの経済発展』, 勁草書房.

- 金融財政事情硏究会(1989), 『大蔵省国際金融局年報』 第19回.

기타

- 중국 국가통계국 『중국통계연감』
- 일본 TSH(Trilateral Statistics Hub)
- investing.com(日本)各年版.
- http://www.Business insider.jp, 2022.07.15.
- http://www.garbagenews.net/.07.18.2023.

색인

(C)

CPI 지수　78
CPI 주거비　78

(E)

ECB　88, 403
ECSC(유럽석탄철강공동체)　84
EFTA(유럽 자유무역연합)　87
EMI　88
EU(European Union; EU)　84
EU거출금(지출금)　113

(G)

G5합의　82
GATT　14
GATT 체제　341
GDP디플레이터　153

(H)

HR테크 기업　380

(I)

IMF　14
IMF 일반차입협정(GAB)　15

(M)

M2 통화량　145

(N)

NIES　266
NIES(Newly Industrializing
　Countries)　18

(O)

OECD　341
OEM 생산　29
OPEC 산유국　18, 21

(P)

PF대출　418
PIIE(피터슨국제경제연구소)　378

(W)

WTO　216, 341
WTO 체제　341

(ㄱ)

가격탄력성　313, 322
가계저축률　162
가상화폐　77

간접투자   349

감가상각 제도   131

감가상각비   185, 186

감량경영   123

강한 달러   138

개혁   200

게인(capital gain)   35

경기주도형 산업   356

경상이윤   185

경상이익   185, 188

경자유전(耕者有田)   297

경제   88

경제국제화   90

경제안정화   338

경제위기   105

경제적 사슬   367

경제조건(fundamental)   89

경제특별구   199

경제협력개발기구(OECD)   377

계열   293

고금리정책   311

고령화   372

고령화 사회   225

고이즈미(小泉)정권(2001~2006년)   160

고학력자   376

공공투자   69, 399

공급경제학(supply side economic)   31, 33

공급망(SCM)   79, 83

공동부유(共同富裕)   242, 251

공동화(空洞化)   29

공업화 종합정책   280

공영기업   293

공적자금   160

공정무역(fair trade)   82

과잉유동성   20

과점적 지배   25

과점적 축적체제   26, 27

관리무역   83

관민기업   257

구조개혁   398

구조적 불황   183

국내총생산(GDP)   372

국내총생산량(GDP)   78

국민국가(國民國家)   3

국민의료제도(NHS)   116

국영 경제체제   224

국유 토지사용권   247

국유기업   244

국제경쟁력   390

국제경제   3

국제통화시스템   13

국제통화기금(IMF)   17

국채 발행   136

규제완화   160

균제성장론   266

균형재정   309

근원 인플레이션(core-inflation)   46

글로벌 금융위기   173, 202

금   16

금융국제화   137

금융기관 연체율   419

금융긴축정책   128

금융대출   147

금융시스템   344

금융완화   51

금융완화정책   141, 186

금융위기 92

금융자유화 135, 136, 137, 142, 350

금융재정정책 91

금융파생상품 245

금풀(Gold Pool) 15

급부금 165

기대 인플레이션 166

기대 인플레이션율 169, 170

기러기 비행형발전(雁行形態發展) 327

기술진보 373

기업연금제도 49

기준금리 148

기회의 불평등 71

(ㄴ)

나프타(NAFTA 43

낙수효과 이론(trickle down effect) 178

낙수효과(trickle down) 66, 68, 367

남북문제 4

남순강화(南巡講話) 200

남유럽 국가 105

납세유예 제도 66

내부유보 177, 184, 186, 188

내수 기여도 126

내수시장 395

노동분배율 188

노동비용 104

노동생산성 185, 194, 390

노동자보수 382

농업집단화 197

뉴딜(New Deal) 25

뉴딜연합(자본가와 노동자의 연합) 40

닉슨 독트린 323

닛게이 평균 주가 171

(ㄷ)

다국적기업 4, 15, 351

다품종 소량생산 130

단기외채 369, 370

달러본위 제도 13

당기이익 178

대중(大衆)경제 364

대중(大衆)경제론 363

대중적 민주주의 397

대차대조표 233

덩샤오핑 200, 205

동방정책(Look East Policy) 276

디레버리지(부채억제) 246

디스인플레이션 222

디플레이션 161, 165, 166, 220, 392

(ㄹ)

레이건 노믹스 31

로마 조약 116

리먼 쇼크 70, 211, 238, 372

리스케줄링(만기된 채무의 상환기간 연장) 23

리카도 79

(ㅁ)

마드리드 조약(Treaty of Madrid) 87

마라야계획 277

마샬K   78
마셜 플랜(유럽 부흥계획)   86
마오쩌둥   198, 232
매입 오퍼레이션   136
메커 업(make up)   25
명목임금   179
모기지 금리(mortgage rate)   51
모노컬처   277
무역의존도   204
무역이론   400
문화대혁명   198, 250
물가지수   394
물가체감치   179
물품부족 시대   129
민간소비지출   127, 156
민간소비지출의 기여도   127
민간주도 경제   340
민생주의   294
민의정치(民意政治)   397

(ㅂ)

바이든   68
반관반민 회사   245
반도체 시장   207
방아쇠 역할   398
밸런스시트 불황설   160
밸런스시트(balance sheet)   161
밸런스시트(대차대조표)   240
버팀목 산업   235
베트남 전쟁   73
베트남 특수작전   73
변동환율제   17
병력자원   374

병목 현상(bottleneck)   198
보호관세   267
복지국가   63
복합불황설   182
부가가치세(VAT)   116
부동산 담보 의존도   158
부동산 지가   149
부실채권   157, 158
부실채권액   159
부채비율   415
분세제   247
브렉시트(Brexit)   109, 112
블랙 먼데이   47
블루칼라   111
비관세 장벽   339
비신축성   345
비정규직   388, 389
비패권 중심국   8

(ㅅ)

사내유보금   131
사영기업   244
사회보장제도   164
사회복지   75
사회주의 경제시스템   197
사회주의 경제체제   400
사회주의 시장경제체제   241
사회주의적 시장경제체제   200
사회주의적인   391
산업혁명   97
삼각무역   199
삼각주 지역   199
생산관리 시스템   74

생산비이론 400
생산요소 가격 184
서브프라임 모기지(subprime mortgage 54
서브프라임 모기지론 234
서브프라임(subprime: 비우량) 52
서울지역 주택가격 385
선호사상 379
성과주의 397
세계경제(World Economy) 3
세계무역기구 341
소득불평등 40
소득증가 효과 367
소득탄력성 330
소득효과 161
소비성향 162
소비성향자체 184
소비자물가(CPI) 145
소비자물가지수 394
소비주도형 성장 모델 212
소비주도형의 경제성장 26
소작농민 257
수요포화설 129
수입가격(CIF) 268
수입대체 공업화전략 328
수입대체산업 328, 329
수출기여도 214
수출의존도 184, 211
수출주도형 경제구조 363
수출주도형 경제체제 330
수출주도형 공업화 전략 365
순환적 불황 182, 183
스미소니언(Smithsonian) 16
스태그플레이션(stagflation) 20, 21,

30, 31, 32, 33, 74, 75
스파이럴 현상(spiral: 악순환) 159
스페인 377
승수효과 162
시스템의 위기 418
시장개방 339
시진핑 219, 243
신경제정책 275
신경제정책(NEP) 278
신디케이트론(syndication loan) 21
신용억제 335
신용창조 145
신자유주의 경제 364
실물경제의 위기 418
실제 인플레이션율 170
실질금리 170
실질성장률 382
실질실효환율 332, 345, 357, 359
실질임금 19, 179
실질환율 351
싱어=프레비슈 명제(命題) 7
쌍둥이 적자 36, 43

(ㅇ)

아베노믹스 162, 168, 169, 171
아베신조(安倍晋三) 168
아이뉴스 380
아파트 임대비 389
아프가니스탄 62, 78, 81
아프가니스탄 전쟁(2001년) 76
안정성장기 123
양육분담률 379
양적금융완화 159

양적완화정책　57, 58, 170
엔고(円高)위기　140
엔고불황(円高不況)　140, 141
엔고위기　140
역플라자 합의　342
연체율　419
영업이익률　188
예금보험 보유비율　165
예대비율　368
오바마　62, 63
오바마 케어　65
오일쇼크　18
완전실업률　153
외국인 직접투자　206
외수(수출)의 기여도　125
외수의 기여도　125, 126
외화보유액　365
외화의 제약　313, 328, 329, 366
외환보유고　336, 369
외환보유액　407
우크라이나　81
월러스테인　5
유동성　145
유동성 자금　145
유럽 경제공동체(EEC)　87
유럽 석탄　87
유럽중앙은행(ECB)　403, 404
유상원조　316
융자평대　245
은행채　368
의료비 최적화법　64
이노베이션　71
이익잉여금　186
이탈리아　377

인건비　185
인구재앙　374
인크루트　380
인플레이션　31, 33
인플레이션 타깃팅　166
일대일로　244
임금소득　391
임금격차　386

(ㅈ)

자기자본　160
자기자본이윤율(ROE)　188, 190
자본노동비율　156
자본수익률　156
자본주의 경제체제　400
자사주 매입(자기자본 감소)　191
자산 지니계수도　228
자산가격의 폭등　124
자산불평등도　228
자산시장　149
자유재량권　197
자유지(自由地)　197
잠재성장률　193, 372
재정긴축정책　128
재정위기　101, 105
재정확대 정책　122
저축의 갭(Gap: 저축-투자)　35
전미경제연구소(NBER)　376, 380
전세자금대출　410
전요소생산성(TFP)　156
전쟁비용　401
정교회　85
정규직　388, 389

제로 코로나 214, 248
제로 코로나 정책 221
조세 회피 지역 66
졸업비율 379
좀비기업 415
주가수익비율(PER) 345, 357
주가순자산비율 357
주룽지(朱鎔基) 239
주변국 8
주택가격에 영향 380
주택담보대출 53, 54, 217
주택담보증권 56
주택매매 가격지수 380
주택상품 226
준주변국 8
중심부 국가 102
중앙집권적 제도 197
중화학공업화 335
증권담보대출 149
증권투자 349
지니계수 40, 63, 227
지불보증 301
지주계급 295
직접투자 349
집단대출 410
집단소유제 247

(ㅊ)

차별정책 275
차입금 반환 131
채권 금리 103
채무불이행 55
채무불이행(디폴트) 235, 237

천안문 사건 200
총수요억제정책 127, 128
출산율 376
출생자 376

(ㅋ)

카드사태 368
캐시 아웃(cash-out) 52
케인즈 경제학 163
케인즈주의(keynesism) 31
코로나19 399
클리핑 인플레(creeping inflation:
    소폭의 물가상승) 25

(ㅌ)

탈공업화 96
토지개혁 311
토지공유제 229
토지이용권 236
통화 스왑 370, 417
통화교환성 14
통화량(M2)/GDP 382, 384
통화주의(monetarism) 31, 33, 38
퇴직연금계좌 49
투자주도형 성장 모델 211
트럼프 65, 71
특별 융자 160
특수경기 122

(ㅍ)

패권국 8
패권시스템 8
평가절상 103

포드-테라 시스템   94
포드시스템   25, 27
플라자 합의   139, 140, 167
플랜테이션   277
피크 코리아   373

(ㅎ)

하시모토(橋本)   162, 181
한계기업   415
한계생산체감   156
해외무역 의존도   208
해외증권투자   135

헷지 펀드   345
현금유동성   142
현금유통량   169
현금통화량   166
화폐수량설   143
화궈펑(華國鋒)   198
후방효과   367
후진타오(胡錦濤)   235
휴업지원금   165
흑묘백묘론(黑猫白猫論)   199
흡수처(absorber)   83

저자 약력

김일식(金日植)

일본 神奈川大學校(Kanagawa University) 대학원 경제학 연구과(경제학박사 [일본])
현) 광운대학교 인제니움학부대학 교수

관심 분야

주로 일본 경제 및 동아시아 경제, 그리고 국제경제 분야에 관심을 가지고 있고, 이론적
으로는 거시경제 및 국제경제론, 그리고 중소기업론에 관심을 가지고 연구하고 있다.

저서

伊藤修 外 4人(2005), 『通貨·金融危機と東アジア経済(통화·금융위기와 동아시아경
   제)』, 日本評論社[일본 저서]. 金日植(2009), 『アジア経済発展の限界と危機構造の
   検証－アジア経済発展と中小企業の役割－(아시아 경제발전의 한계와 위기구조의
   검증－아시아 경제발전과 중소기업의 역할)』, LEDERS NOTE사 [일본 저서].
김일식(2019), 『세계경제의 성장과 위기구조－세계경제 이해를 위하여－』(초판) 박영
   사, [한국 저서].
김일식(2021), 『경제생활의 이론과 실제－생활 속의 경제－』 박영사, [한국 저서] 외
   다수.

제2판

세계경제의 성장과 위기구조: 세계경제 이해를 위하여

초판발행	2019년 9월 4일
제2판발행	2024년 3월 31일

지은이	김일식
펴낸이	안종만·안상준

편 집	조영은
기획/마케팅	최동인
표지디자인	Ben Story
제 작	고철민·조영환

펴낸곳	(주) **박영사**
	서울특별시 금천구 가산디지털2로 53, 210호(가산동, 한라시그마밸리)
	등록 1959. 3. 11. 제300-1959-1호(倫)
전 화	02)733-6771
f a x	02)736-4818
e-mail	pys@pybook.co.kr
homepage	www.pybook.co.kr
ISBN	979-11-303-1975-9 93320

정 가	28,000원